高等职业教育铁道机车专业系列教材
高职院校专业教学创新系列教材
——铁道运输类

电力机车控制

DIANLI JICHE KONGZHI

主编◎黄秀川　司全龙　吴晓燕
主审◎何成才

西南交通大学出版社
·成　都·

图书在版编目（CIP）数据

电力机车控制 / 黄秀川，司全龙，吴晓燕主编. —成都：西南交通大学出版社，2018.7（2024.1 重印）

高等职业教育铁道机车专业"十三五"规划教材 全国高职院校专业教学创新系列教材. 铁道运输类

ISBN 978-7-5643-6266-9

Ⅰ. ①电… Ⅱ. ①黄… ②司… ③吴… Ⅲ. ①电力机车－控制－高等职业教育－教材 Ⅳ. ①U264.91

中国版本图书馆 CIP 数据核字（2018）第 145332 号

高等职业教育铁道机车专业系列教材
高职院校专业教学创新系列教材——铁道运输类

电力机车控制

主编 黄秀川 司全龙 吴晓燕

责任编辑 张文越
封面设计 墨创文化

出版发行 西南交通大学出版社
（四川省成都市二环路北一段 111 号
西南交通大学创新大厦 21 楼）
邮政编码 610031
发行部电话 028-87600564
官网 http://www.xnjdcbs.com
印刷 四川森林印务有限责任公司

成品尺寸 185 mm × 260 mm
印张 18
插页 4
字数 475 千
版次 2018 年 7 月第 1 版
印次 2024 年 1 月第 4 次
定价 59.00 元
书号 ISBN 978-7-5643-6266-9

课件咨询电话：028-81435775

前　言

铁道运输作为我国中长距离、大运量、快捷、安全、低耗、环保的运输形式，是适应我国国民经济高速发展、实现中国梦的重要保障。目前，全国铁路运营里程已达到 12.4 万千米，其中时速 200 ~ 350 千米的客运专线及城际铁路达 2.2 万千米，复线率和电气化率均达到 50% 以上，投入运营的先进动车组、大功率机车分别达到 2 600 组和 10 000 台。高速铁路已经成为"中国站"，这标志着我国铁路已经进入发达国家的前列。

高速铁路及重载牵引涉及很多高新技术问题，作为铁路运输装备的高速动车组及大功率机车就是这些高新技术的综合和具体体现。随着高速动车组和大功率机车的大量投入和使用，行业对动车组和大功率机车的技术、设备、运营、检修、管理等高技能人才的需求更加迫切。

为适应铁道机车专业高技能人才培养的要求，我们在搜集大量技术资料的基础上，坚持理论联系实际的原则，突出实用性和可授性，编写了《电力机车控制》一书。

本书在编写的过程中，得到了武汉铁路局职教处、武汉高铁技能训练段、武汉动车段、江岸机务段、武汉大功率机车检修段的大力支持和帮助，在此表示衷心的感谢。本书由武汉铁路职业技术学院黄秀川、湖南铁路科技职业技术学院司全龙、昆明铁路职业技术学院吴晓燕主编，武汉铁路职业技术学院何成才担任主审。参加编写的有：武汉高铁技能训练段张海波，江岸机务段高胜利，襄阳机务段周秀东，武汉铁路职业技术学院彭文菁。编写分工如下：黄秀川编写第四章、第五章（第一、二、三、四节），司全龙编写第六章，吴晓燕编写第七章，张海波编写第一章，高胜利编写第二章，周秀东编写第五章（第五、六节），彭文菁编写第三章。

由于时间紧迫、编者水平有限，书中不足及疏漏之处在所难免，欢迎读者批评指正。

编　者

2018 年 2 月

目 录

第一章　电气化铁道与电力牵引

第一节　概　述

一、电气化铁道概述

采用电力机车为主要牵引动力的铁路称为电气化铁路，最早出现于 19 世纪 70 年代末的欧洲。早期的电气化铁路多采用直流供电方式，电压等级较低，需在地面（牵引变电所内）设整流装置，不宜设置在长距离的铁路干线上。在城市轨道交通中，由于在公共场所只允许使用低压电源，而且相对于交流供电方式来说，直流供电方式对毗邻接触网的信号和通信系统干扰较小，因此，城市轨道交通一般采用直流供电方式。

目前国际上普遍采用比较先进的单相工频交流制电气化铁路，它便于升压和减少电能的损耗，可以增加牵引变电所之间的距离，大大降低建设投资和运营费用。

随着高新技术的发展，特别是计算机及其网络技术的应用，电力机车和牵引供电装置的工作性能不断提高。低能耗、高效率、节能环保、大功率、高速度的电力牵引已成为世界各国铁路发展趋势，是铁路现代化的标志。目前我国正式运营的高速铁路均采用电气化铁道技术，在高速铁路上运行的动车组均采用电力牵引方式，既有铁路上运营的动车组主要采用电力牵引方式。

根据中国铁路“十二五”发展规划，“十二五”末，中国铁路营业里程达到 12 万千米左右，电气化率将达到 60%以上。从 1958 年第一条电气化铁路开始修建，到 2012 年 12 月 1 日哈大高铁正式开通，中国电气化铁路总里程在 54 年突破 4.8 万千米，超越了原电气化铁路世界第一的俄罗斯，跃升为世界第一位。

二、电气化铁路的组成

由于电力机车本身不携带能源，靠外部电力系统经过牵引供电装置供给其电能，故电气化铁路是由电力机车和牵引供电装置组成的。

牵引供电装置一般分成牵引变电所和接触网两部分，所以人们又称电力机车、牵引变电所和接触网为电气化铁道的“三大元件”。电气化铁路的组成如图 1-1 所示。牵引供电回路应为下列顺序：牵引变电所→馈电线→接触网→电力机车→钢轨或回流线→牵引变电所。

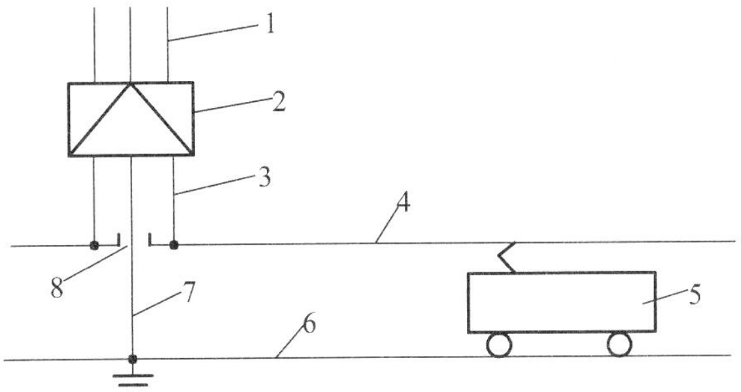

图 1-1　牵引回路构成

1—输电线路；2—牵引变电所；3—馈电线；4—接触网；5—电力机车；6—钢轨；7—回流线；8—分相绝缘

1. 电力机车

电力机车靠其顶部升起的受电弓，直接接触导线获取电能。每台电力机车前后各有一台受电弓，由司机控制其升降。受电弓升起工作时，以（68.6+9.8）N 的接触压力紧贴接触线摩擦滑行，将电能引入机车主断路器，再经主变压器降压和牵引变流器变流供给牵引电动机，牵引电动机通过齿轮传动使电力机车运行，如图 1-2 所示。

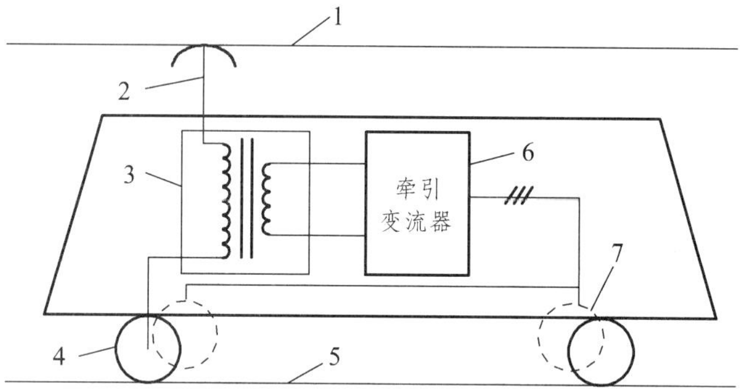

图 1-2 电力机车的工作原理

1—接触网；2—受电弓；3—主变压器；4—轮对；5—钢轨；6—牵引变流器；7—牵引电动机

2. 牵引供电装置

1）牵引变电所

牵引变电所的主要任务是将电力系统输送来的电能降压，然后以单相供电方式经馈电线送至接触网上。电压变换由牵引变压器进行。电力系统的三相电改为单相电是通过牵引变压器的电气接线来实现的。

城市轨道交通一般采用直流供电方式，牵引变电所的任务除了降压之外，还需要把交流电变换为符合牵引要求的直流电。因此，在城市轨道交通系统的牵引变电所内，还应有整流设备。

2）馈电线

馈电线是连接牵引变电所和接触网的导线，它把经牵引变电所变换成合乎牵引制式用的电能馈送给接触网。

3）接触网

接触网是一种悬挂在轨道上方沿轨道敷设的、与铁路轨顶保持一定距离的输电网。其功用是电力机车的受电弓与其直接滑动接触，将电能传送给电力机车，驱动牵引电机使列车运行。

4）钢轨

钢轨在非电牵引情形下只作为列车的导轨。在电力牵引时，钢轨除仍具有导轨功能外，还需要完成导通回流的任务。因此，电力牵引的轨道，还需要具有连续导电的功能。

5）回流线

回流线是连接钢轨和牵引变电所的导线，通过回流线把轨道中的回路电流导入牵引变电所。

3. 电力牵引方式的动车组

传统的牵引编组模式通常采用带动力的机车牵引连挂好的不带动力车辆方式。一列列车由机车和车辆组成，根据需要车辆可以灵活编组。现代铁路客运要求高速、便捷、准点、专用于客运，针对这些特点，客运列车采用固定编组形式，机车和车辆不再分解。分布在列车两端起控制作用的头车可带动力也可不带动力，动力装置也可分布在中间车辆。动车组按牵引动力分布的不同来分，有动力集中式动车组和动力分散式动车组两种形式。其工作原理与电力机车工作原理类似，如图 1-3 所示。

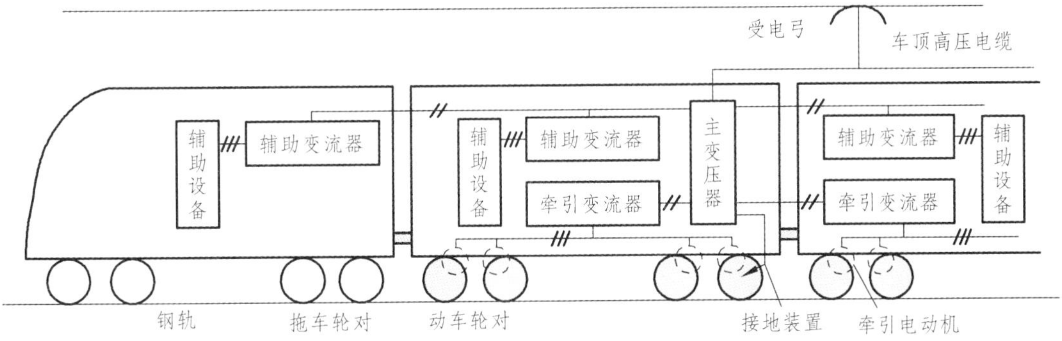

图 1-3 动力分散式动车组工作原理

动车组牵引供电及牵引传动系统主要由供电系统、牵引传动系统、辅助系统组成。通常供电系统包括牵引变电所、接触网、受电弓等；牵引传动系统包括主断路器、主变压器、牵引变流器、牵引电动机及其控制装置等；辅助系统包括辅助变流器、辅助设备、蓄电池系统等。

三、电力牵引的特点及优越性

在各种牵引动力中，电力机车与蒸汽机车、内燃机车的根本不同点在于它牵引列车时所需的能量不是由机车本身产生的，而是通过接触网（或其他供电装置）供给的，这种机车称为非自给式机车。而蒸汽机车、内燃机车在牵引列车时所需要的能量，则是由机车本身装载的燃料（如煤、柴油等）燃烧而产生的，这种机车称为自给式机车。由于电力机车与其他机车这种根本的区别，客观上决定了它取用能量的万能性。对于自给式机车来说，只有机车上储存的燃料，才能作为它能量的来源，这就表现出它取用能量的单一性。但对于电力机车来说，它所需要的电能却可以由一切形式的能量转换而来。如可以由热力、水力、风力、天燃气甚至于地热、原子能、太阳能等转换而来。只要有相应的发电站，便可以利用相应的能量。由于这种取用能量的非自给性，使得电力机车具有一系列的特点。

1. 电力牵引的特点

1）功率大

现代铁路运输的发展，要求机车具有强大的功率。由于电力机车是非自给式机车，没有燃料储备，因而在同样的机车质量下，其功率要比自给式机车大。机车按单位质量所具有的功率称为比功率，这是衡量机车技术水平的标志之一。目前，电力机车的比功率一般达到 40 ~ 60 kW/t。而较好的内燃机车，其功率也只有 25 ~ 30 kW/t。按每轴功率来说，电力机车已超过 750 kW，最高已达到 1 800 kW（采用三相交流异步牵引电机），较好的内燃机车每轴功率为 440 ~ 580 kW。从整台机车来说，电力机车的轮周功率已达 7 500 kW 以上，内燃机车最高功率为 4 800 kW（柴油机功率，若折算到机车轮周功率，则还要降低 20% ~ 30%）。

2）速度高

由于电力机车功率大，因而可以获得较高的速度。目前，客运电力机车运行速度可达到 250 km/h，货运电力机车也可达到 120 km/h，随着新型电力机车的不断出现，机车运行速度将进一步提高。法国的电力机车在试验线路上已达到 331 km/h 的速度，TGV 电动车组试验速度为 570 km/h，我国 CRH3 型动车组试验速度已达 460 km/h。

3）效率高

对于自给式机车来说，每台机车的平均热效率实际上是基本固定的，例如蒸汽机车的平均热效率为 8% ~ 10%，内燃机车的平均热效率为 25%左右。电力机车本身的效率是很高的，但考虑到整个电力牵引系统，其平均效率则不是固定的，它与供电系统的电能来源有关。在由水力发电站供电的情况下，电力牵引的效率可达到 60% ~ 70%；在由高参数火力发电站供电时，其效率为 25%左右；由低参数火力发电站供电时，其效率为 16% ~ 18%。由此可见，在电力牵引的电能来源平均来自各种电站的情况下，其效率要高于内燃机车和蒸汽机车。

4）过载能力强

机车在起动、牵引重载列车和通过困难区段时，具有一定的过载能力是十分重要的。自给式机车的过载能力受两方面的限制：一方面受机车发动机（如蒸汽机、内燃机车的牵引发电机或液力变扭器）过载能力的限制；另一方面受机车所带的能量装置（如锅炉、柴油机）过载能力的限制。对于非自给式电力机车，其能量来自较强大的供电系统，因而机车的过载能力是较高的。

2. 电力牵引的优越性

由于电力机车具有上述一系列的特点，故在铁路运输中显示出很大的优越性和良好的运营效果。根据电力机车的运行经验，其优越性表现在下述几个方面：

1）运输能力强

电力机车功率大、速度高，最符合铁路运输多拉快跑的要求，这样就可以提高牵引定数，缩短区间运行时间，因而使线路的通过能力大大提高，其完成铁路运量的效果更为显著。法国、德国、日本等国电气化铁路里程占全国总运量的 30% ~ 40%，但完成铁路运量却达到全国总运量的 52% ~ 83%。有资料表明，一条电气化铁路的运输能力，相当于 1.5 条内燃机车或 3 条蒸汽机车牵引铁路的运输能力。此外，电力牵引还不受外界条件的限制，在山区和高寒地区较之蒸汽机车和内燃机车更为优越。

2）经济效果显著

使用电力牵引容易实现多机重联牵引，因而使得运输中各项经济技术指标大为提高。同时，由于电力机车的检修周期长，检修工作量少，从而减少了维修费用和人力，使机务成本大大降低。此外，由于电力机车整备作业少，宜于长交路行驶，这样可以减少机务段的数量，而且乘务人员和使用的机车台数也会相应减少，使劳动生产率大大提高。

3）能源利用合理

电力牵引的能源可以来自多方面，因而实行电力牵引可以合理地利用能源，特别是可以利用丰富而廉价的水力资源和天然气资源，即使由火力发电站供电，发电站也可以使用质量较差的煤作燃料，蒸汽机车则要消耗优质煤。使用电力牵引时，燃料的消耗也较蒸汽机车和内燃机车低得多。

4）利于环保，劳动条件好

蒸汽机车和内燃机车工作时，均要排出大量的煤烟和有害气体，造成空气污染。使用电力牵引时则排除了这种情况，增强了环境保护。特别是在机车运行中，当机车进入市区和人口稠密地区时，电力机车的噪声干扰也大大低于蒸汽牵引和内燃牵引，因而改善了乘务人员的劳动条件和铁路沿线居民的生活环境。

5）加强了行车安全

宝成铁路电气化后，列车正点率大幅度提高，1962—1964 年正点率为 98.2%，以后一直保持着较高的水平。电力机车具有电制动功能，提高了长大坡道上的运行速度，保证了行车安全，解决了由蒸汽牵引而带来的大量车辆轮、轴等事故，并且大大减少了因使用空气制动而产生的闸瓦熔化引起的火灾事故，因此电力牵引使行车更安全。

6）有利于实现城乡电气化

发展电力牵引是整个国民经济电气化的一个组成部分，对城乡及其他部门的电气化，也有一定的推动作用。特别是在一些发展中国家，农村电气化程度较低，使用电力牵引后，就使沿线农村可以方便地修建电网，促进了城乡的电气化。

四、我国电力机车的技术发展概况

我国电力机车的技术发展分成四个阶段，形成四代产品，同国际上技术发展路径相类似，经历了由直流电传动到交-直流电传动再到交流电传动三个技术体系。我国干线电力牵引由于一开始决策正确，采用 25 kV 工频交流供电制式，所以没有经过直流电传动体系，而直接进入交-直流电传动体系。其过程也是经过了从二极管全波整流和调压开关调幅式有级调压，调压开关粗调和晶闸管相控微调相结合的级间平滑调压，到多段桥晶闸管相控无级调压的交-直流电传动系统的三代产品。第一代产品为 SS_1、SS_2 型；第二代产品为 SS_3 型；第三代产品为多机型组成，其共同的特征是采用多段桥（3 段或 4 段）相控无级调压方式。第一至第三代产品为交-直流传动方式，仅以调压调速方式和单轴功率级来区分；而第四代电力机车的基本特征则以电传动方式来确定，即交流电传动方式定为第四代产品标志。

1. 交-直流传动技术——第 1 代电力机车采用的传动技术

1958 年底，我国试制出第 1 台干线电力机车 6Y1 型，经运行试验后，于 1962 年前后共试制了 5 台样车投入宝凤线试运行。但由于一些重要设备一直存在技术和质量问题，加上当时大功率电力电子器件尚未成熟，尤其是引燃管整流器难以达到实际运用要求，因此，6Y1 型电力机车未能投入批量生产。随着我国电力电子工业的发展，大功率整流二极管开始进入工程实用阶段，为机车电传动技术的发展提供了必要条件。正是在这样的技术背景下，在 6Y1 型电力机车基础上，我国第一代有级调压、交-直流传动电力机车——SS_1 型电力机车于 1968

年试制成功，1969 年开始批量生产，使我国机车电传动技术进入交-直流传动时期。

2. 第 2 代电力机车的传动技术

可控型器件——晶闸管的出现，使机车电传动技术跨上了一个新台阶。SS_3 型电力机车正是作为我国机车电传动技术由二极管整流有级调压到相控无级调压的第 2 代交-直流传动客货用电力机车，1978 年底，由株洲电力机车厂和株洲电力机车研究所共同研制成功。SS_3 型电力机车主电路采用牵引变压器低压侧调压开关分级与晶闸管级间相控调压相结合的平滑调压调速技术，使机车获得良好的调速性能。

3. 第 3 代电力机车的传动技术

随着大功率晶闸管性能的提高，相控技术成熟应用到机车电传动领域，其代表车型为 SS_4 型电力机车。SS_4 型机车是 1985 年开发的相控无级调压、交-直流传动 8 轴重载货运电力机车，是我国相控机车的“代表作”，与后续开发的 SS_5，SS_6，SS_7，SS_8 及 SS_9 型电力机车一起，构成我国晶闸管相控调压、交-直传动的系列产品。

4. 交流传动技术

我国自 20 世纪 70 年代开始交流传动技术的研究，1996 年，第一台 4 轴 4000 kW 交流传动干线电力机车 AC4000 研制成功，标志着我国电力机车的研制进入了高科技领域，实现了我国机车牵引传动从常速到高速和从交-直流传动到交-直-交流传动的两个里程碑式的跨越。在内燃机车方面，交流传动也在逐渐取代直流传动。1999 年，被命名为“捷力号”机车的交流传动内燃机车在青岛四方机车车辆厂诞生，标志着我国交流传动内燃机车实现了“零”的突破。目前我国已研制成功 DJ1，DJ2，DJ3，“熊猫号”等交流传动电力机车，“中原之星”“中华之星”“蓝箭号”交流传动高速动车组以及交流传动内燃机车。

2004 年以来，我国与德国、法国、日本等合作，引进了世界一流大功率交流传动技术和动车组技术，同时进行国产化改造，命名为“和谐型”系列电力机车。目前已形成 HXD_1（HXD_{1B}、HXD_{1C}、HXD_{1D}）、HXD_2（HXD_{2B}、HXD_{2C}）、HXD_3（HXD_{3B}、HXD_{3C}、HXD_{3D}）系列大功率交流传动电力机车。

第二节　牵引供电概述

牵引供电系统是电气化铁路的重要组成部分，牵引供电系统与动车组和电力机车之间有着紧密的联系，熟悉和了解牵引供电系统的组成、作用、类型、相关概念等，能更好地学习和理解动车组牵引与控制系统的相关知识。

一、牵引供电系统的特点

1）负荷大

由于牵引质量大（最大超过 10 000 t）、速度快（高速动车组最高时速超过 380 km/h），所以列车负荷比城市轨道交通、矿山轨道运输大得多。

2）采用 25 kV 工频交流供电

可以采用大功率的高速动车组、电力机车，减少系统的电压损失和电能损失，降低导线等有色金属的消耗量。而城市轨道交通、矿山轨道运输的供电一般采用 750 ~ 1 500 V 的直流供电。

3）对电力系统影响大

由于牵引供电系统是单相负荷，所以会有负序电流流入电力系统。为了减少负序电流的影响，牵引变电所往往采用轮换接线方式或采用三相二相平衡变压器。

4）对通信线路干扰大

由于系统中交流电产生电磁影响以及负荷中的高次谐波电流，会严重影响通信线路和通信设备，使通信质量下降。为了减少影响，一般在系统中采用对通信线路影响小的供电方式，如 AT 方式、BT 方式。

二、牵引变电所

牵引变电所的主要任务是将电力系统输送来的电能降压。然后以单相供电方式经馈电线送至接触网上，电压变换由牵引变压器进行。电力牵引为一级负荷，牵引变电所应由二路独立电源供电。为了保证供电的可靠性，由电力系统送到牵引变电所的高压输电线路无一例外地为双回路，两条进线互为备用，平时均处于带电状态。一旦一条回路发生供电故障，另一条回路自动投入，从而保证不间断供电。

牵引变压器（主变）是牵引变电所内的核心设备，是一种特殊电压等级的电力变压器。牵引变压器担负着将电力系统供给的 110 kV 或 220 kV 的三相电源变换成适合电力机车使用的 25 kV 单相电的作用。由于牵引负荷具有极度不稳定、短路故障多、谐波含量大等特点，所以牵引变压器运行环境比一般电力负荷恶劣的多，因此要求牵引变压器过负荷和抗短路冲击的能力要强，这也是牵引变压器区别于一般电力变压器的特点。

牵引变压器根据接线方式不同，可分为单相牵引变压器、三相牵引变压器、三相-二相牵引变压器等。我国牵引变压器接线形式主要有五种：单相接线、V/V 接线、YN-d11 接线、Scott 接线和阻抗平衡接线变压器等。目前 110 kV 单相接线和 V/V 接线牵引变压器应用较多。

单相接线变压器（图 1-4）高压侧由二相供电。单相变压器的结构简单，可靠性高，容量利用率可达 100%，造价及年运行费用、容量电费较低，因此在电气化铁路中广泛应用。但单相变压器的负序容量较高，对电网污染较大，带来了较严重的电能质量问题。

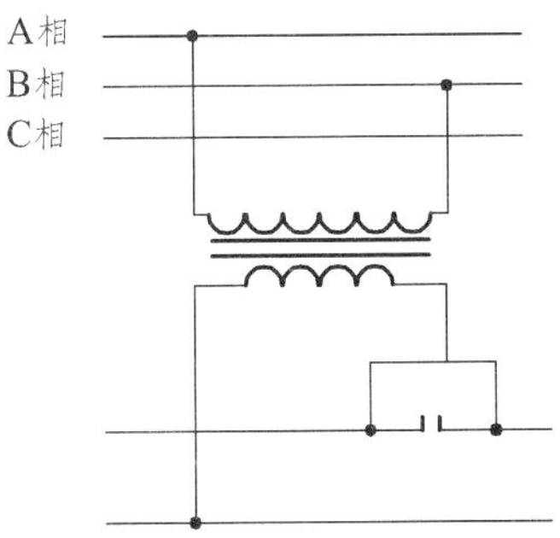

图 1-4　单相接线牵引变压器

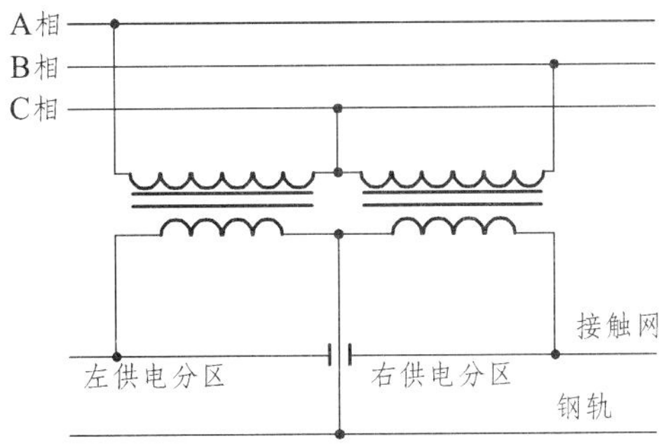

图 1-5　三相 V/V 接线牵引变压器

V/V 接线有单相变压器 V/V 接线和三相变压器 V/V 接线，单相 V/V 接线即用 2 台单相变压器连接成开口三角形。三相 V/V 接线如图 1-5 所示。V/V 接线变压器高压侧由三相供电，容量利用率可达 100%，负序容量较单相变压器大大降低，因此降低了对电网的不利影响。对 2×27.5 kV 的 AT 系统，可省略变电所内的自耦变压器，相应二次侧采用中点抽出式的接线方式。图 1-6 是 V/X 接线方式。

Scott 接线牵引变压器原理如图 1-7 所示，它是将原边对称的三相电压变换为副边两相对称电压，用其一相供应一边供电臂，另一相供应另一边供电臂。

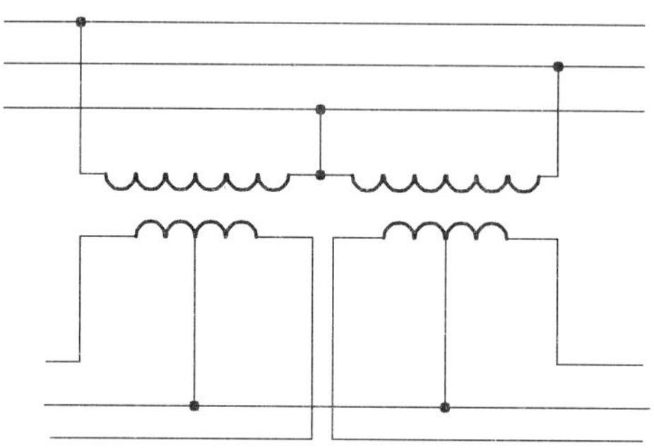

图 1-6　三相 V/X 接线牵引变压器

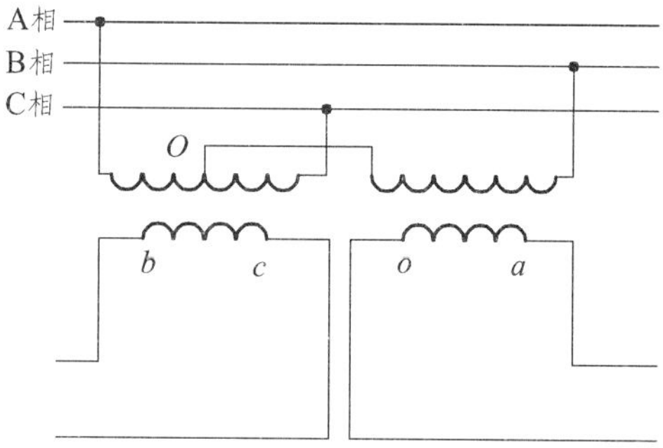

图 1-7　Scott 接线牵引变压器

自耦变压器是 AT 供电的专用变压器，自身阻抗很小，一般沿牵引网每 10～20 km 设一台，用以降低线路阻抗，提高电压水平及减少通信干扰。

三、接触网

接触网是沿铁路上空架设的一条特殊形式的输电线路，它由接触悬挂、支持装置、定位装置、支柱与基础等几部分组成，如图 1-8 所示。

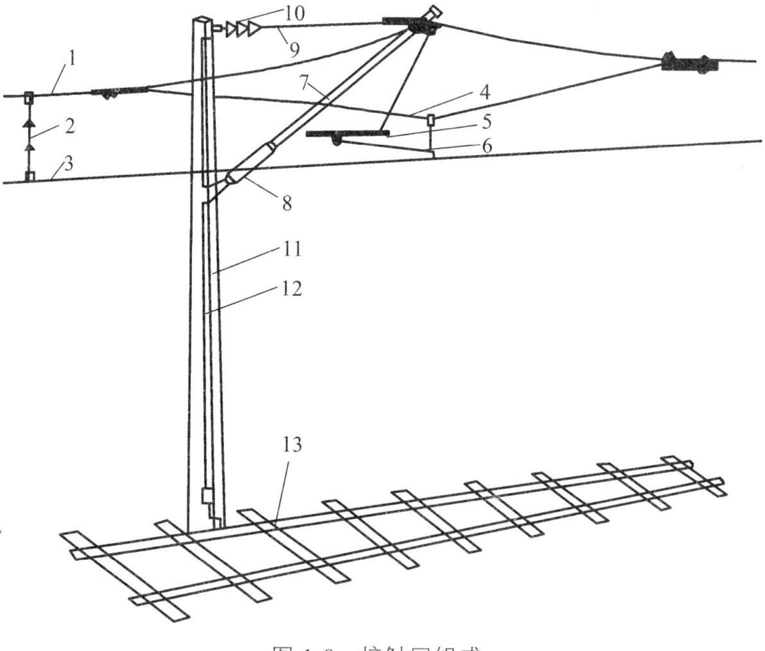

图 1-8　接触网组成

1—承力索；2—吊弦；3—接触线；4—弹性吊弦；5—定位管；6—定位器；7—腕臂；8—棒式绝缘子；9—水平拉杆；10—悬式绝缘子；11—支柱；12—地线；13—钢轨

1. 接触悬挂

接触悬挂包括接触线、吊弦、承力索和补偿器及连接零件，接触悬挂通过支持装置架设在支柱上，其作用是将从牵引变电所获得的电能输送给电力机车。电力机车运行时，受电弓顶部的滑板紧贴接触线摩擦滑行取流。

2. 支持装置

支持装置包括腕臂、水平拉杆、悬式绝缘子串、棒式绝缘子及吊挂接触悬挂的全部设备。支持装置用以支持接触悬挂，并将其负荷传给支柱或其他悬挂的全部设备。支持装置用以支持接触悬挂，并将其负荷传给支柱或其他建筑物。根据接触网所在区间、站场和大型建筑物而有所不同，图 1-8 所示为区间安装形式。支持装置包括腕臂、水平拉杆、悬式绝缘子串、棒式绝缘子及其他建筑物上的特殊支持设备。

3. 定位装置

定位装置包括定位管、定位器、支持器及其连接零件。其作用是固定接触线的位置，在受电弓滑板运行轨迹范围内，保证接触线与受电弓不脱离，使接触线磨耗均匀，同时将接触线的水平负荷传给支柱。

4. 支柱与基础

支柱与基础用以承受接触悬挂、支持和定位装置的全部负荷，并将接触悬挂固定在规定的位置和高度上。我国接触网中采用预应力钢筋混凝土支柱和钢柱，基础是对钢支柱而言的，即钢支柱固定在地下用钢筋混凝土制成的基础上，由基础承受支柱传给的全部负荷，并保证支柱的稳定性。预应力钢筋混凝土支柱与基础制成一个整体，下端直接埋入地下。

三、供电方式

牵引网是以接触网—钢轨—大地为回路的单相不对称供电系统，单相交流负荷在接触网周围空间产生交变电磁场，从而对附近通信设施和无线电装置产生一定的电磁干扰。尤其随着电气化铁路向平原和大城市发展，电磁干扰矛盾日显突出，为了减少电气化铁道对沿线通信设备的干扰，保障其设备、人身安全及正常工作，于是在接触网供电方式上采取不同的防护措施，便产生了不同的供电方式。目前主要有：直接供电（简称 TR 供电）方式、吸流变压器供电（简称 BT 供电）方式、带回流线的直接供电（简称 DN 供电）方式、自耦变压器供电（简称 AT 供电）方式、同轴电力电缆供电（简称 CC 供电）方式等。

1. 直接供电方式

直接供电方式是指，牵引变电所与接触网间不设置任何防干扰设备。这种供电方式的馈电回路结构简单，造价低、牵引网阻抗小、能耗低，供电距离单线一般为 30 km 左右，复线一般为 25 km 左右，维护费用低。但由于钢轨与大地不绝缘，在负荷电流较大的情况下，钢轨电位高，对沿线的通信线路产生感应影响，对弱电系统的电磁干扰较大。因此，根据我国目前通信设备状况，此种供电方式仅适用于通信线路较少的电气化铁路区段，或将通信线路改迁至远离电气化铁路的地区。其工作原理如图 1-9 所示。

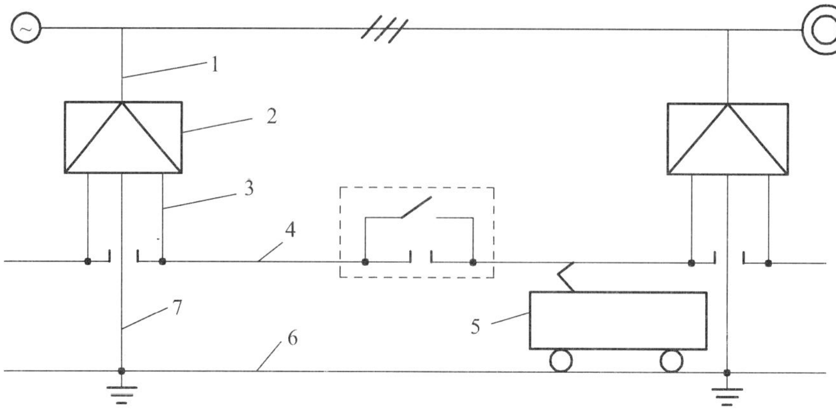

图 1-9　直接供电方式

1—输电线；2—牵引变电所；3—馈电线；4—接触网；5—电力机车；6—钢轨；7—回流线

2. 吸流变压器供电方式

在牵引供电系统中加装吸流变压器—回流线装置的供电方式称为吸流变压器（BT）供电方式。这种供电方式适用于电气化铁道穿越大、中城市及铁路两侧分布通信线路较多的地区，能有效地减轻电磁场对附近通信设备的干扰影响。

吸流变压器采用变比为 1∶1 的特殊变压器，每隔 2～4 km 装设一台吸流变压器，并与接触网同杆架设回流线。每两台吸流变压器之间，经吸上线与轨道相连。其工作原理如图 1-10 所示。

接触网上的牵引电流流经吸流变压器原边绕组，经电力机车流入钢轨。吸流变压器次边绕组串入回流线内，通过吸流变压器电磁工作原理，将钢轨回路中的牵引电流经吸上线吸引至回流线并返回牵引变电所。在理想的情况下，接触网与回流线上的电流大小相等、方向相反，它们在周围空间产生的电磁场互相抵消，从而消除了对附近通信线路的电磁干扰。

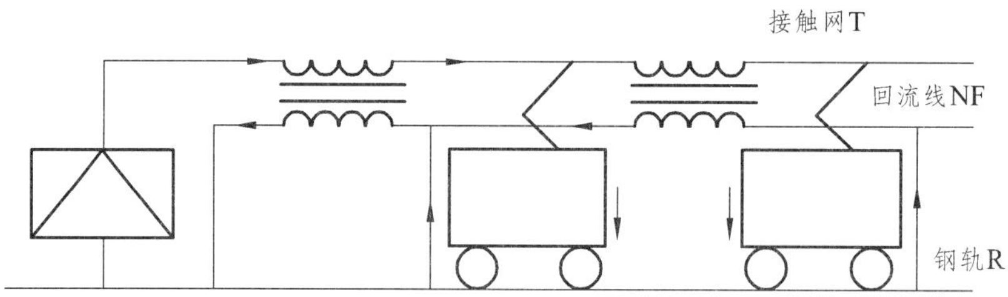

图 1-10　吸流变压器供电方式

在实际使用上，回流线的电流总是小于接触网上的电流，仍有少部分牵引电流经钢轨和大地返回牵引变电所。其次，当电力机车位置在吸流变压器附近时，从机车到吸上线之间的半段距离中，牵引电流基本上流经钢轨，这种情况称为“半段效应”，上述情况下对通信线路仍有一定的干扰。另外，由于吸流变压器原、次边线圈串入接触网和回流线内，使牵引网阻抗增大、降低了供电臂末端电压，造成牵引变电所间距减小、馈电回路结构复杂、造价较高等弊病。

3. 带回流线的直接供电方式

带回流线的直接（DN）供电方式如图 1-11 所示，此方式取消了 BT 供电方式中的吸流变压器，保留了回流线，利用接触网与回流线之间的互感作用，使钢轨中的回流尽可能地由回流线流回牵引变电所，从而部分抵消接触网对临近通信线路的干扰，其防干扰效果不如 BT 供电方式，通常在对通信线路防干扰要求不高的区段采用。这种供电方式设备简单，因此供电设备的可靠性得到了提高。由于取消了吸流变压器，只保留了回流线，所以牵引网阻抗比直供方式低一些、供电性能好一些、造价也不太高，因此这种供电方式在我国电气化铁路上得到了广泛应用。

这种供电方式实际上就是带回流线的直接供电方式，NF 线每隔一定距离与钢轨相连，既起到防干扰作用，又兼有 PW 线特性。由于没有吸流变压器，所以改善了网压，而且接触网结构简单可靠，近年来得到广泛应用。

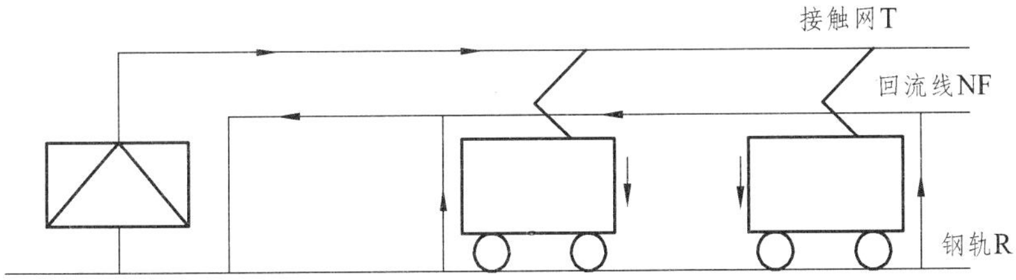

图 1-11　带回流线的直接供电方式

4. 自耦变压器供电方式

在自耦变压器（AT）供电方式中，牵引变电所主变输出电压为 55 kV，经 AT（自耦变压器，变比 2∶1）向接触网供电，一端接接触网，另一端接正馈线（简称 PF 线，亦架设在田野侧，与接触网悬挂等高），AT 中点抽头与钢轨相连，如图 1-12 所示。

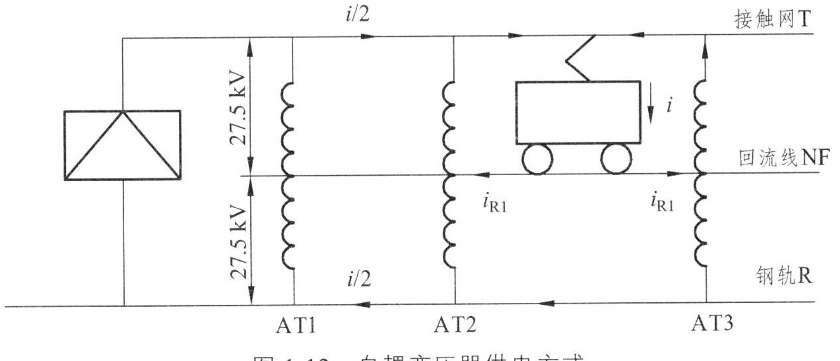

图 1-12　自耦变压器供电方式

由于自耦变压器的作用，接触网和正馈线的电流均为 $i/2$，方向相反，有效地减少了牵引网对通信线的干扰。此外，在 AF 线下方还架有一条保护（PW）线，当接触网绝缘被破坏时起到保护跳闸作用，同时亦兼有防干扰及防雷效果。

AT 供电方式牵引变电所由于馈线供电电压提高至 2×25 kV（牵引网电压仍为 25 kV），与 25 kV 馈线电压相比，变电所间距离成倍扩大，主变压器容量相应增大（单机最大容量为 63 MVA 以上），采用三相-二相平衡接线主变压器有利于改善变电所的主要运行技术指标（电压水平和负序电流等），提高供电质量。但牵引变电所主接线相对较复杂，使其一次投资费用增大。它适用于高速、重载和繁忙干线的电气化铁路。例如，在欧洲等一些国家的高速铁路牵引变电所应用较广泛。随着新世纪高速铁路在中国和世界上不少国家的推广和发展，AT供电方式牵引变电所以其技术经济的整体优势，将得到进一步采用。

5. 同轴电力电缆供电方式

同轴电力电缆（CC）供电方式是一种新型的供电方式。同轴电力电缆沿铁路线路埋设，其内部芯线作为馈电线与接触网连接，外部导体作为回流线与钢轨相接。每隔 5 ~ 10 km 做一个分段，如图 1-13 所示。由于馈电线与回流线在同一电缆中，间隔很小，而且同轴布置，使互感系数增大，所以同轴电力电缆的阻抗比接触网和钢轨的阻抗小得多，牵引电流和回流几乎全部经同轴电力电缆中流过。因此电缆芯线与外部导体电流相等、方向相反，二者形成的磁场相互抵消，对邻近的通信线路几乎无干扰。同时，由于阻抗小，因而供电距离长。而且 CC 供电方式不需要像 AT 供电方式的正馈线或 BT 供电方式的回流线那样的架空电线，对净空要求低，接触网结构简单。但由于同轴电力电缆造价高，投资大，现在采用此供电方式的区段很少。当电气化铁路穿越大城市或长大隧道时，经过技术和经济比较，可采用同轴电力电缆供电方式。

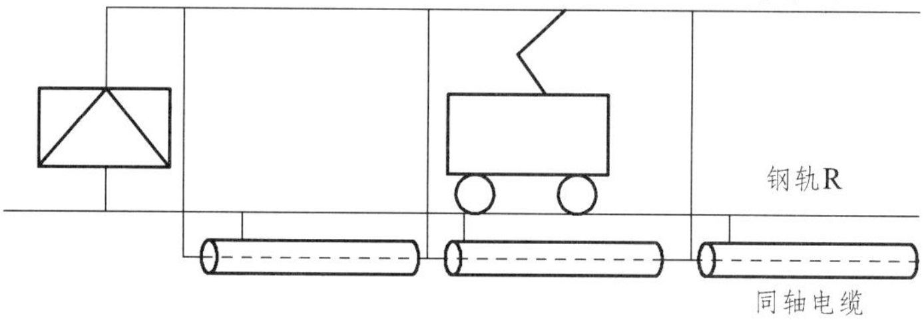

图 1-13　同轴电力电缆供电方式

四、分段、分相绝缘装置

在交流电气化铁道区段同相电之间，是靠绝缘锚段关节或分段绝缘器实现电分段，不同相电是采用分相绝缘器，它们都是接触网上的重要电气设备。

1. 分段绝缘器

分段绝缘器又称分区绝缘器，它安装在各车站装卸线、机车整备线、电力机车库线、专用线等处，因为在这些区段设立绝缘锚段关节受站场股道限制，既不经济又无法实现。

目前现场常用的分段绝缘器，有高铝陶瓷和菱形分段绝缘器。在结构上既能保证机车受电弓平滑通过，又能满足供电分段的要求。

2. 分相绝缘器

分相绝缘器用于接触网需要分相供电的电分段处，避免在接触网上发生相间短路，同时承受一定的机械负荷。

通常相邻分相绝缘器之间形成一个无电的中性区，考虑到机车前后弓同时升起时也不至于发生相间短路事故，分相区段总长度为 30 m。

为防止受电弓通过分相绝缘器时，发生瞬间断电拉弧而烧损绝缘元件，造成断线事故。要求机车在通过分相区段前，应断开机车主断路器，不带负荷滑行通过分相区段。为此在分相装置附近的路肩上，应设置“禁止双弓”“断”“合”标志牌以提示司机，如图 1-14 所示。

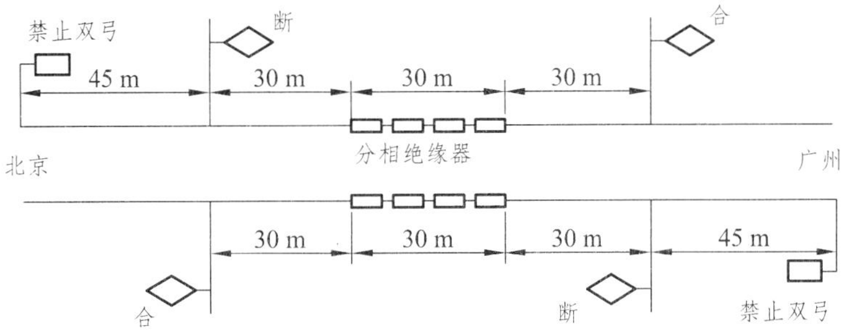

图 1-14　标志牌位置示意图

五、自动过电分相技术

由于电力机车是由单相电供电，为了使电力系统三相负荷基本平衡，牵引供电系统采用了分段换相取流的方法，称为电分相。每隔 20 ~ 30 km，在变电所出口处或两牵引变电所之间的分区所（供电臂末端）设电分相装置，电分相装置在牵引网不同相供电臂之间实现电气隔离，一般每一个分相区长度为 80 ~ 150 m。电力机车不能直接带电闯过电分相，否则会产生电弧并烧毁接触网和受电弓，甚至导致相间短路故障。

过分相方式有手动过分相和自动过分相。手动过分相就是由司机控制，按顺序完成退级（减小牵引负荷电流）、关辅助机组、断主断路器等一系列操作，机车靠惯性滑过电分相区，之后再由司机按照相反顺序恢复对机车的供电。当列车运行速度为 200 km/h 时，每 6 ~ 10 min 要过一处电分相，其频度非常高，这样频繁而紧张的操作，不仅加大了司机的劳动强度及精神负担，而且易发生拉弧烧损分相绝缘器，对高速运行是很不利的。

随着列车提速及高速电气化铁路的发展，电分相环节已经成为制约列车运行速度的瓶颈之一。为适应火车提速和高速铁路的要求，车上人工切换主断路器过分相的方式已不可行，必然采用自动过分相技术。目前自动过分相方式主要有：车载自动控制断电、地面开关自动切换、接触网柱上开关自动断电等。

1. 车载自动控制断电过分相

车载自动控制断电方式就是通过感应地面预埋磁铁等方式来确认机车所处位置（图 1-15），机车自动控制完成退级、关辅助机组、断主断路器等系列操作，机车靠惯性滑过电分相区之后，再按照相反顺序自动恢复对机车的供电。

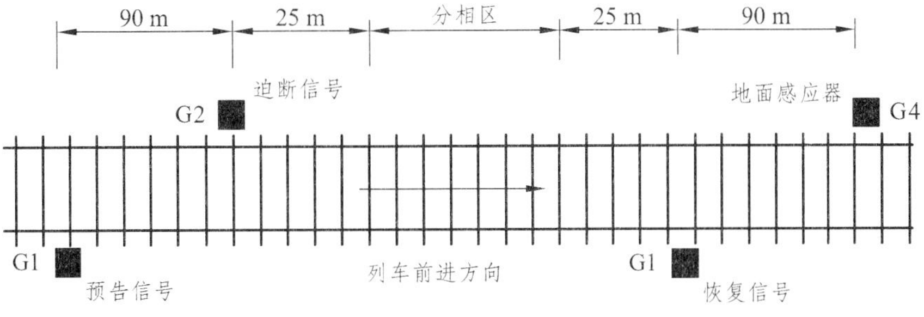

图 1-15　车载开关自动切换过分相示意图

2. 地面开关自动切换过分相

地面开关自动切换过电分相方式是通过地面传感器感应机车位置并控制相应的真空断路器，使电力机车通过电分相时能轮流由两侧供电臂供电。这种装置的工作原理如图 1-16 所示。

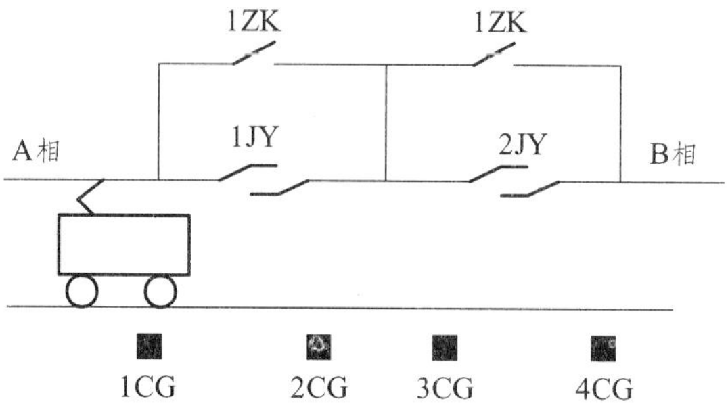

图 1-16　地面开关自动过分相示意图

图 1-16 中，1JY、2JY 不采用一般的分相绝缘设备，而是用绝缘锚段关节，以保证机车受电弓连续受流平滑通过。

当机车从 A 相驶来到达位置传感器 1CG 时，使位置开关 1ZK 闭合，中性段接触网由 A 相供电。待机车进入中性段到位置传感器 3CG 时，1ZK 分断，2ZK 随即迅速闭合，使中性段由 A 相转为 B 相供电，机车司机不用进行任何操作，待机车驶离 4CG 后，2ZK 分断，中性段失电恢复原状。反向来车时，由控制系统自动识别，控制两台真空开关以相反顺序轮流闭合。机车过中性段时，仅有 0.1 ~ 0.13 s 的断电时间。所有开关设备均安设在变电所内。

3. 接触网柱上开关自动断电过分相

柱上开关自动断电方式就是采用接触网上特殊安装的线圈来检测机车的位置，并由该线圈控制真空断路器的闭合来实现网上的断电操作。柱上开关自动断电方式原理如图 1-17 所示。

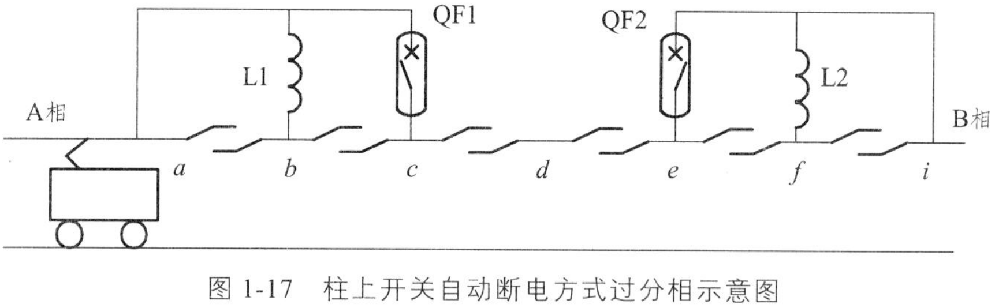

图 1-17　柱上开关自动断电方式过分相示意图

第三节　电力牵引传动系统概述

一、电力牵引传动系统的分类

目前，世界上使用的电力牵引传动系统种类繁多，通常采用电力牵引传动系统的动力形式主要包括：高速电动车组、电力机车、城市轨道交通电动车组等。

1. 按供电电流制（接触网）——传动型式（牵引电机）不同

1）直直型

直直型是指接触网采用直流供电，牵引电机采用直流牵引电动机的方式，接触网与牵引电机之间采用斩波调压装置改变直流电的大小。

2）直交型

直交型是指接触网采用直流供电，牵引电机采用三相交流牵引电动机的方式，接触网与牵引电机之间采用逆变装置将直流电变换为三相交流电。

目前国内的地铁、轻轨等城市轨道交通车辆均属于直交型。

3）交直型

交直型是指接触网采用交流供电，牵引电机采用直流牵引电动机的方式，接触网与牵引电机之间采用整流装置将交流电变换为直流电。

SS 系列电力机车均属于交直型电力机车。

4）交直交型

交直交型是指接触网采用交流供电，牵引电机采用三相交流牵引电动机的方式，接触网与牵引电机之间采用变流装置（整流+中间直流环节+逆变）将单相交流电变换为牵引电机需要的三相交流电。

目前国内的 HXD 系列大功率电力机车、CRH 系列动车组均属于交直交型。

2. 按动力车和拖车编组方式不同

1）动力集中式动车组

动力集中式动车组是指列车两端的车采用带牵引动力装置的动力车，中间的车辆为不带动力的拖车的编组方式；

2）动力分散式动车组

动力分散式动车组是指带牵引动力装置的动力车分散布置在头车或中间车辆中的编组方式。

目前国内的 CRH 系列动车组均属于动力分散式动车组。

二、电力牵引传动系统的工作原理

1. 直直型传动系统工作原理

直直型传动系统使用的是直流电源和直流串励牵引电动机，目前有些工矿电力机车、地铁电动车组和城市无轨电车仍采用这种型式。工作过程为：机车由受电弓从接触网取得直流电，经主断路器 QF，启动电阻 R 向四台直流牵引电动机 M1 ~ M4 供电，牵引电流经钢轨流回变电所。四台牵引电动机接通电源后即行旋转，把电能转变为机械能，再分别通过各自的齿轮传动装置，驱动机车动轮牵引列车运行。直直型传动系统工作原理如图 1-18 所示。

直直型传动系统的基本特点：

（1）机车结构简单，造价低，经济性好。

（2）采用适合于牵引的直流串励电动机，牵引性能好，调速方便。

（3）控制简单，运行可靠。

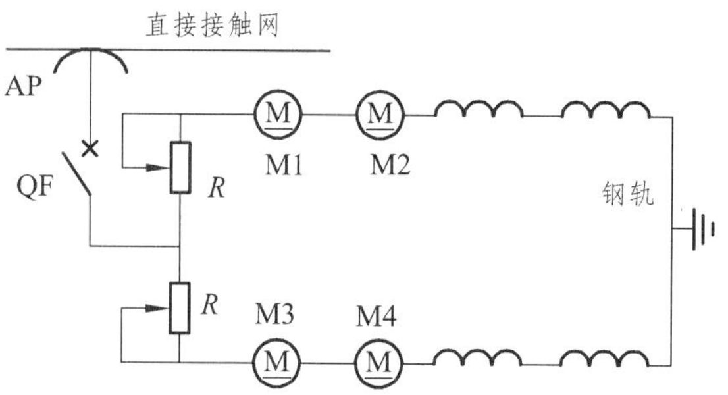

图 1-18　直直型传动系统工作原理

（4）供电效率低。由于受牵引电动机端电压的限制，接触网电压一般为 600 ~ 3 000 V。传输一定功率时电流较大，接触网导线损耗量大，因此供电效率低。

（5）基建投资大。

（6）效率低，有级调速。由于机车使用调压电阻进行起动、调速，因此调节过程中有能量损耗，使得机车效率很低，同时也难以实现连续、平滑地调节。若采用斩波器进行调速，可以对牵引电动机端电压进行连续、平滑地调节，从而实现无级调速。

2. 直交型传动系统工作原理

直交型传动系统使用的是直流电源和三相异步牵引电动机。

随着电力电子技术的发展，全控型电力电子器件与功能强大的微处理器芯片成功地开发应用，加之少维护、结构简单又坚实牢固的交流异步牵引电机的发展及其控制理论不断完善，从 20 世纪 90 年代中后期起，逐步采用异步牵引电机的交流传动取代直流牵引电机的直流传动。直交型传动系统工作原理如图 1-19 所示。

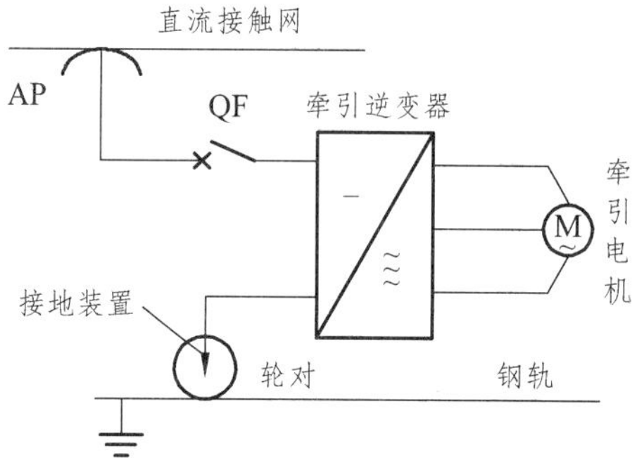

图 1-19　直交型传动系统工作原理

工作过程为：机车由受电弓从接触网取得直流电，经主断路器 QF，由牵引逆变器将直流电逆变为三相交流电，其电压幅度和频率可调，向四台并联的牵引电动机 M1 ~ M4 供电，牵引电流经钢轨流回变电所。

3. 交直型传动系统工作原理

交直型传动系统使用的是交流电源和直流（脉流）牵引电动机。

交直型电力机车通过受电弓、主断路器，将接触网供给的单相工频交流电引入车内，经机车内部的牵引变压器降压，再经整流装置将交流电转换为直流电，然后向直流（脉

流)牵引电动机供电,从而产生牵引力牵引列车运行。交直型传动系统工作原理如图 1-20 所示。

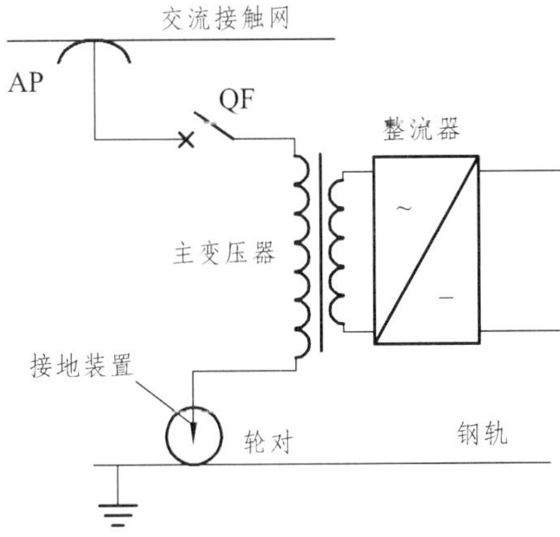

图 1-20 交直型传动系统工作原理

交直型传动系统有以下特点:

(1)整流器电力机车的变流过程是在机车内完成的(直直型电力机车的变流过程是在牵引变电所进行),因此整流器电力机车是一个集变压、变流、牵引为一体的综合装置,不仅简化了电气化牵引的供电设备,而且由于采用交流电网供电,提高了接触网的供电电压,使一定功率的电能得以采用小电流输送,既可减小接触网导线的截面,节省有色金属用量,也可减少电能损耗,提高电力机车的供电效率。

(2)由于机车内设有变压器,调压十分方便,牵引电动机的工作电压不再受接触网电压的限制,机车就可以选择最有利的工作电压,使牵引电动机的重量/造价比降低,同时工作更为可靠。

(3)牵引电动机采用适合牵引的串励或复励电动机,可以获得良好的牵引性能和起动性能,尤其起动时它采用了调节整流电压的方式,省略了起动电阻,不仅减轻了电气设备的重量、降低了起动能耗,而且改善了电力机车的起动性能,提高了机车的运行可靠性。

(4)由于整流器电力机车采用单相 50 Hz 整流,其输出电压有很大的脉动,因而流过牵引电动机的电流也有较大脉动。脉动电流不仅使牵引电机的损耗增加,而且使牵引电机的换向恶化,因此在整流器电力机车上需要装设平波电抗器和固定磁场分路电阻,以限制电流的脉动,改善牵引电动机的工作条件。同时,在牵引电动机的结构上亦做了特殊设计。

4. 交直交型传动系统工作原理

交直交型电力机车属于交流传动机车。由逆变器供电,机车和动车组采用交流异步电动机做牵引动力。机车在工作时,受电弓将网压引入机车变压器降压后送入整流电路,将交流电转换为直流电,经直流环节滤波后,送入逆变器,将直流电逆变为电压和频率可调的三相交流电,经平波电抗器,供给三相异步牵引电动机,实现牵引运行。在这个系统中,机车先将电网的交流能量转换为直流能量,然后进一步转换成电压和频率可调的交流能量。交直交型传动系统工作原理如图 1-21 所示。

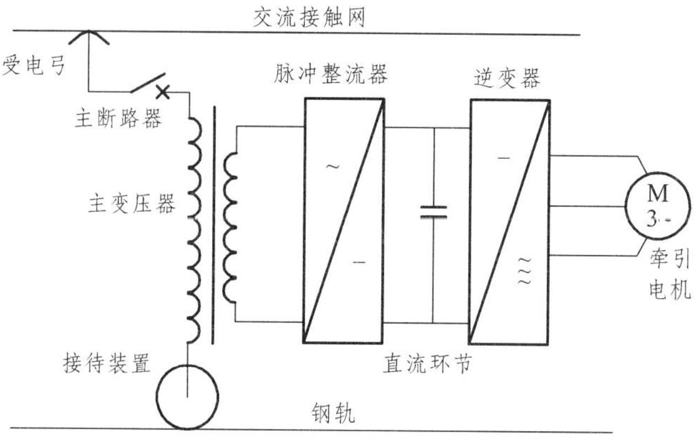

图 1-21　交直交型传动系统工作原理

5. 交流传动系统优势

电力牵引作为电气传动的一个单独类别，过去一起采用直流电动机牵引或脉流电动机牵引。近 20 年来，由于电子技术尤其是大功率变流技术的发展、控制理论和控制技术的完善，以及静止变频器研究技术的成熟,使三相交流电动机在机车牵引中的应用得到了关键性突破，获得了极为迅速的发展。

三相交流异步电动机牵引有着显著优越的技术经济指标。一般说来有以下优点。

1）优异的运行性能

电力牵引传动系统的运输能力主要取决于它能够产生的起动牵引力、持续功率和最高速度下的剩余加速力。

由于交流异步电动机有较硬的自然特性，其防空转（机车黏着利用）性能较好。当机车轮对发生空转（黏着破坏）时，牵引力会急剧下降，使黏着牵引力很快恢复。经过近十年的研究，机车牵引控制已用矢量控制或直接转矩控制取代了滑差——电流控制。这些控制技术，不仅能使系统稳态精度高，而且能获得高的动态性能，可以使牵引力沿着轮轨之间蠕滑极限进行控制，极适合于当代机车高速、重载牵引的要求。试验和运行结果表明，交流传动电力机车经优化控制之后，在干燥轨面上的黏着系数大于 0.4。若采用交流传动技术和蠕滑率控制，所测得的起动黏着系数可以达到 0.45。

由于采用异步牵引电动机，一台质量 2.2 ~ 2.4 t 的电动机可提供的最大持续功率超过 1 700 kW。迄今生产的 4 轴交流传动电力机车的持续功率，不少都在 5 400 kW 以上，远大于任何一类的传统机车。所以，交流传动电力机车在额定速度下保持一定的剩余加速力，保证列车在坡道上也能以所希望的速度稳定运行。正是交流传动电力机车所显示的高起动力、大持续功率和宽恒功率区的特点，使得对欧洲国家的客、货列车编组来说，成为名副其实的“通用机车”。就是说 1 台功率 5 400 kW 的 4 轴交流传动电力机车，既可以用于牵引货运列车，也可以用于牵引高速客运列车。

交流传动电力机车可以通过改变异步电动机转差的符号，使其方便地从电动机工况转换到发电机工况，实现再生制动。这不仅节约了能源，又改善了制动性能。甚至在接近于零的很低速度下也能够发出足够的制动力，使机车制停。

高速动车组普遍采用动力分散的编组形式，牵引电机的功率一般为 300 ~ 500 kW，其体积更加小型化、重量更轻，容易满足列车高速运行的要求。

2）显著的节能效果

使用三相交流传动电力机车，可以明显地降低电能的消耗。由于成功地应用了四象限脉冲整流器，使得机车在 1/4 额定功率以上时的功率因数接近于 1。测试表明，牵引相同吨位的列车，使用交流传动电力机车时接触网的电流要比使用传统的电力机车时低 20%左右。因此，地区供电网中的电流也相应减少，并使损耗减少 5%，或者节省牵引变电所的装备容量投资。

此外，交流传动电力机车不需要增加任何设备，就能实现再生制动。从运行结果来看，再生制动可反馈 10%左右的能量。在峰谷交错的区段，反馈能量几乎达到 40%。值得注意的是，现代交流传动电力机车反馈的能量品质比相控机车的要好得多。与牵引工况一样，再生制动时的功率因数也接近于 1。

3）解决了对信号和通信设备的干扰问题

大功率可控变流装置在调节过程中将产生不同频率的高次谐波，从而对毗邻接触网的信号和通信系统造成干扰。现代交流传动电力机车，几乎全部采用脉冲整流器作为输入端变流装置，这不仅改善了接触网的功率因数，而且也从根本上保证了流过接触网的电流波形不会发生明显畸变，消除了信号和通信系统的干扰源。德国铁路使用 BR120 电力机车时，接触网上测得的 100 Hz 电流分量小于 2 A，9.5 ~ 15 kHz 的音频电流分量几乎为零，等效噪声干扰电流不大于 1.5 A。

4）减少磨耗，降低运营成本

首先，由于采用异步牵引电动机，因此没有电刷和换向器，也就不需要更换电刷和修整换向器表面这一类工作。此外，有触点的转换电器也已大大减少。

其次，采用电制动，尤其是采用再生制动，可一直持续到制停为止，减少了制动闸瓦的消耗量。

最后，由于相对于直流牵引电动机而言，异步牵引电动机重量较轻，簧下重量大大减少，降低了轮缘和轨面磨耗。

5）良好的可靠性与维修性

由于减少磨耗件的种类和数量，以及广泛采用模块结构和诊断装置，提高了无故障运行的公里数。而且也缩短了检修时间，减少了维修费用。经验表明，在相同的运用条件下，交流传动电力机车的维修费用仅为相控电力机车的 1/3，每年的运营费用仅为相控电力机车的 70%左右。此外，降低故障率的另一直接效果是，使交流传动电力机车每月的可使用时间较其他机车增加 2 天，并因之可减少机务段的备用机车数量。

三、动车组的编组形式

1. 高速动车组的基本编组模式

动力集中型动车组是指将列车电器和动力设备集中安装于位于列车两端的动力车上，仅动力车的轮对是动力轮对，动力车不载客的动车组。动力集中型动车组设备布置如图 1-22 所示。

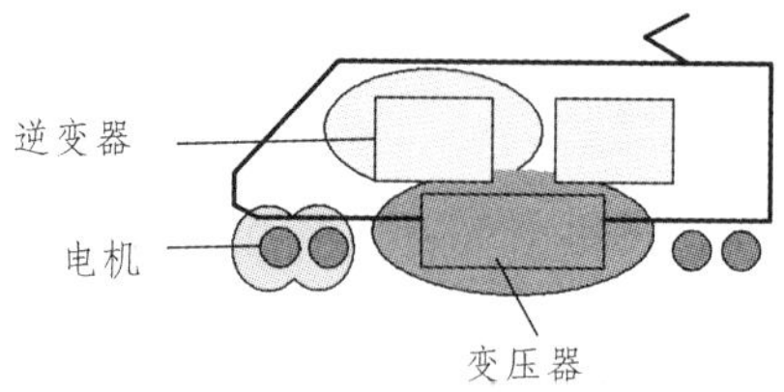

图 1-22　动力集中型动车组设备布置

动力分散型动车组是将由电机驱动的动力轮对分散布置在列车的全部或部分轮对上，同时将列车的主要电器和机械设备吊挂在车辆下部，列车全部车辆可载客的列车模式。动力分散型动车组设备布置如图 1-23 所示。

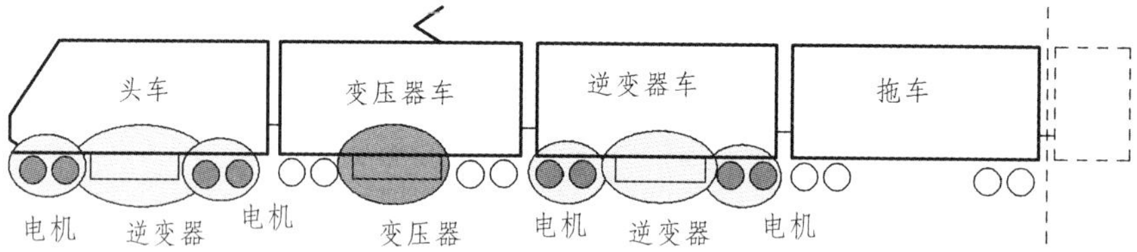

图 1-23　动力分散型动车组设备布置

2. 动力分散动车组优点

（1）牵引功率大，载客人数多。

（2）轴重小，黏着利用合理，更加适合高速运行。

（3）启动快，加速性能好。

（4）运用可靠，不需换向。

（5）利用率高，适合公交化客运。

（6）编组灵活，经济效益高。

但是，采用动力分散方式的电动车组，由于电气设备分散、数量多，造价高；另外，其维修工作量大，维修费用较大。

由于动力分散动车组与动力集中动车组比较,在高速运用条件下有明显的优点，原采用动力集中技术的国家在开发时速 300 km 及以上高速动车组时，也选择了动力分散的技术。动力分散是高速动车组的发展趋势。

习　题

一、填空题

1. 采用电力机车为主要牵引动力的铁路称为____________。

2. 城市轨道交通一般采用_______供电方式。

3. 我国高速铁路的供电方式采用______________。

4. 电气化铁道的“三大元件”是：______________________________。

5. 动车组按牵引动力分布的不同来分，有__________________________________两种形式。我国 CRH 系列动车组采用的形式为：____________________________。

6. 接触网是沿铁路上空架设的一条特殊形式的输电线路，它由__________、

__________和___________、____________等几部分组成。

7. 接触网供电方式上采取不同的防护措施，便产生了不同的供电方式。主要有：__________、_______________、______________、___________、____________等。

8. 在交流电气化铁道供电区段同相电之间，是靠________________________实现电分段；不同相电之间是采用___________________________；分段绝缘器又称分区绝缘器，它安装在____等处；分相绝缘器用于__________________，避免在接触网上发生相间短路，同时承受一定的机械负荷。

9. 根据各电路实现的功能以及工作特点，电力机车电路通常由三部分组成，即___________、_____________、_______________。

二、问答题

1. 牵引供电装置由哪些部分组成？

2. 电力牵引有哪些特点？

3. 电力牵引的优越性有哪些？

4. 三相异步牵引电机与直流牵引电机相比有哪些优点？

5. 我国铁路牵引供电系统有哪些特点？

6. 电力机车和动车组过分相的方式有哪些？手动过分相时，司机应如何操作？

7. 按供电电流制（接触网）——传动型式（牵引电机）不同分类，电力牵引传动系统有哪些类型？国内的 HXD 系列电力机车属于哪种类型？

8. 简述交直交型传动系统工作原理，画出工作原理图。

9. 交流传动系统有哪些优势？

第二章　交直型电力机车调速及工作原理

第一节　概　述

电力机车是电气化铁道的牵引动力，为了满足铁路运输生产的需要，要求电力机车的牵引力和速度能在宽广的范围内均匀而可靠地调节。电力机车的驱动力来自牵引电机，因此对牵引电机的参数进行适当的调节就可以实现电力机车调速。

一、电力机车运行工况

电力机车的运动状态主要有：静止、加速、匀速、减速。静止状态为停车状态。

（1）加速状态时，电力机车产生的与运动方向相同的牵引力大于与运行方向相反的列车阻力。

（2）匀速状态时，牵引力等于列车阻力。

（3）减速状态时，牵引力小于列车阻力。有时候，为了满足进站停车以及安全限速等的需要，可以采取制动措施，人为地产生一个与运动方向相反的制动力。

概括起来，电力机车的基本运行工况有：牵引、制动和惰行三种。

牵引工况时，牵引电机处于电动机状态；制动工况时，牵引电机处于发电机状态（此时的制动工况属于电气制动，有别于另一种制动方式——空气制动，空气制动将在机车制动课程中学习）；惰行工况时，既不牵引，也不制动，列车依靠惯性运动，此时牵引电机不工作。

二、电力机车调速的基本要求

（1）宽广的调速范围。在所有调速范围内，电力机车能稳定运行。

（2）冲击力小，牵引力变化连续。速度调节应力求平稳，不间断牵引电机的供电，并且有尽可能多的速度运行级，从而避免电流和机械冲击。

（3）调速经济。在保证速度范围的情况下，附加设备要少，且尽量减少附加能量损耗。

（4）运行可靠，控制简单，操作方便。

三、电力机车电气系统的组成

采用电力牵引传动方式的电力机车电气系统较为复杂，车内电气部件数目十分庞大，实现各种功能的电路类型众多，根据各电路实现的功能以及工作特点，电力机车电路通常由三部分组成，即主电路、辅助电路、控制电路及安全监控装备。

1. 安全监控装备

安全监控装备主要用于电力机车的安全运行，列车运行中出现威胁行车安全的情况时，将安全装备运算的结果通过控制电路作用于主电路（或空气制动系统），使机车报警提示引导司机操纵，或根据情况使电力机车自动卸载、分级制动直至紧急制动，以保障电力机车的安全运行。从安全监控装备的属性来看，安全监控装备是控制电路的一部分。

2. 主电路

主电路是实现电力机车主要功能的电路，具体指实现电力机车牵引、电气制动的电路。电力机车主电路是指将牵引电动机及其相关的电气设备连接而成的电气线路，该线路具有电压高、电流大的特点，因此亦称高压电路或牵引动力电路。主电路从根本上决定着电力机车的性能特点。

牵引电动机及其相连接的电气设备和导线组成了机车主电路。电传动设备主电路中流过的电流为牵引负载电流，主电路电压为牵引电动机的电压，或者是接触网的网压，故机车主电路是电力机车上的高电压、大电流的大功率动力回路。通过主电路的功率传递，将变电所的电能转变成适用于列车牵引所需要的牵引力。由此可以看出主电路是电力机车最重要的组成部分。不同的主电路结构，在很大程度上决定着机车的基本性能。电力机车性能的好坏、技术上难易的程度、投资的多少以及它的运行费用的高低和可靠性等重要技术经济指标，均与主电路的结构密切相关。

电力机车的性能主要由以下因素决定：牵引电动机的型式、供电方式、牵引电动机的数目及组合方式、整流线路、调速方式和电气制动方式。

3. 辅助电路

辅助电路是实现电力机车辅助功能的电路，具体指为保证主电路中各电气设备的正常工作、满足列车安全运行、满足旅客服务而设置的电气线路。该线路一般采用三相 380 V 或单相 220 V 电源。

4. 控制电路

控制电路是实现对主电路、辅助电路进行控制的电路。该线路一般采用直流 110 V 电源，若考虑电子设备、微机设备、网络通信设备等，还包括各种直流低压电源。

电力机车主电路、辅助电路、控制电路、安全装备是一个有机的整体。目前，大功率电力机车及动车组普遍采用计算机及网络技术，各设备分散布置于不同的车辆、不同的位置，各设备间通过网络系统连接为一个整体，相互间协调工作，有效地保障电力机车及动车组安全、高效、平稳的运行，为旅客创造一个舒适的乘车环境。相互间的关系如图 2-1 所示。

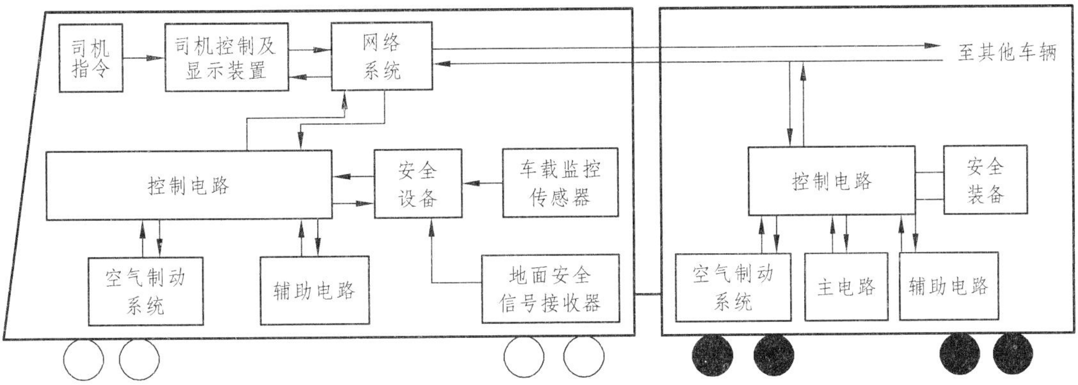

图 2-1　动车组牵引控制系统的组成及关系

第二节　交直型电力机车调速

牵引电动机是电力机车的重要部件之一，是电力机车得以实现牵引及电制动的动力机械。在起动、牵引及电制动等各种工况下，都是通过电气传动控制系统改变牵引电动机的转速以达到车辆调速的目的。牵引电动机安装在转向架上，通过传动装置与轮对相连，牵引电动机在牵引状态时，牵引电动机将电能转换为机械能，通过轮对与钢轨产生牵引力，并通过轮对驱动电力机车运行。当电力机车在电制动状态下运行时，牵引电动机转换成发电机状态，将机械能转换成电能，通过轮对与钢轨产生制动力。因此，牵引电动机是电力机车电气设备中最主要的构成部分，其性能和可靠性直接关系到电力机车的运行性能。

牵引电动机取代蒸汽机用于铁路电力牵引传动已有 100 多年的历史，其类型众多，但是按照牵引电动机的供电类型来分，不外乎两大类，即直流牵引电动机和交流牵引电动机（包括直线牵引电动机）。

- 电动机
  - 交流电动机
    - 同步电动机
    - 异步电动机
      - 鼠笼式异步电动机
      - 绕线式异步电动机
  - 直流电动机
    - 他励、并励电动机
    - 串励、复励电动机

改变直流电机的端电压或励磁可以方便地调节转速，因而直流牵引电动机曾经在电力牵引系统中得到广泛的应用，目前，铁路电力机车中仍有相当比例采用直流牵引电机作为牵引动力。特别是直流串励牵引电动机，由于具有适合牵引需要的“牛马”特性、起动性能好、调速范围宽、过载能力强、功率利用充分、控制简单等优点，因此多年来一直作为各种车辆的主要牵引动力。应用大功率可关断晶闸管（GTO）等元件构成相控整流调速系统、直流斩波调速系统，可以进一步改善直流传动车辆的运行性能。

一、直流电机特性

直流电机的特性与励磁方式有关，直流电机的励磁方式（图 2-2）有串励、他励、复励、并励（不用于铁路电力牵引）。

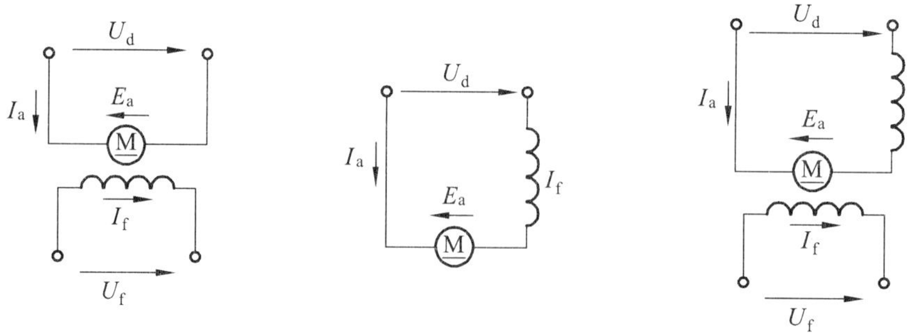

（a）他励　　（b）串励　　（c）复励

图 2-2　直流电机的励磁方式

1. 直流电机的转速特性

无论哪一种励磁方式，直流电机的转速特性均可由下式表示：

$$n=\frac{U_d - I_a \sum R}{C_e \Phi}$$

式中　U_d——牵引电动机的端电压；

I_a——牵引电动机的负载电流；

$\sum R$——牵引电动机电枢回路中的电阻；

Φ——幸引电动机的主极磁通；

C_e——牵引电动机电动势常数。

转速特性公式中，磁通 Φ 由电机的磁化曲线决定，典型的电机磁化曲线具有饱和特性，在图 2-3 中以标幺值表示。

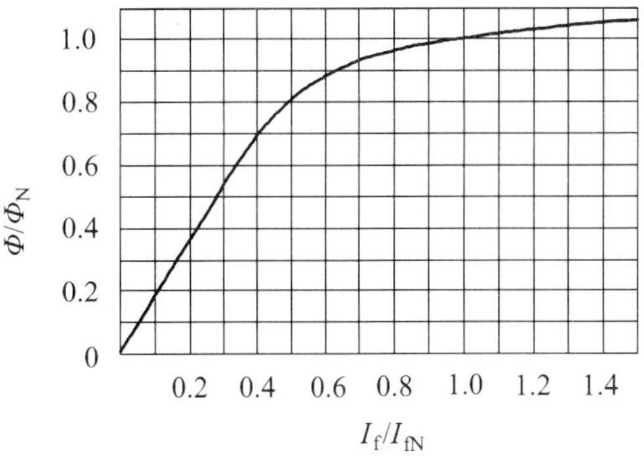

图 2-3　电机磁化曲线

图 2-2（b）所示的串励电机中，励磁电流等于电枢电流，电机的转速随电枢电流的增加迅速减小。这是因为随 I_a 的增大，磁通增大，电枢电路的电阻压降也增大。相反，小负载时 I_a 很小，磁通 Φ 和 $I_a \sum R$ 也很小，电动机转速迅速上升。

图 2-2（a）所示的他励电机的励磁绕组是独立的，电机的磁通取决于励磁电源电压，与电枢电流无关，所以不计电枢反应，且磁通 Φ 可视为常数；一般情况下，电阻压降 $I_a \sum R$ 的数值，相对于 U_d 来说要小得多（除非电压 U_d 调到很小时）；因此转速 n 随电流 I_a 的增加只是略有减小。

一般地说，串励电动机有软特性，他励电动机有硬特性，如图 2-4 所示。

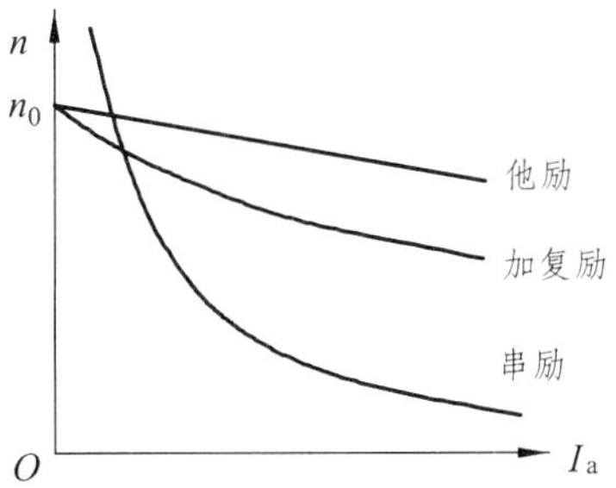

图 2-4　直流电动机的转速特性

根据他励绕组和串励绕组连接时磁势是相加或相减的不同，复励电机分为加复励和减复励两种。图 2-2（c）的加复励电动机，其转速特性介于他励和串励电动机之间，其硬度由他励绕组磁势占总磁势的比例而定，他励绕组磁势比例越大，转速特性越接近他励电动机，反之则接近串励电动机的特性。

2. 直流电机的转矩特性

直流电机的转矩特性可由下式表示：

$$T = T_{\mathrm{E}} - \Delta T = C_{\mathrm{T}} \Phi I_{\mathrm{a}} - \Delta T$$

式中 T——牵引电动机输出转矩；

T_{E}——牵引电动机电磁转矩；

ΔT——由牵引电动机空载损耗引起的制动转矩；

C_{T}——牵引电动机常数。

由空载损耗引起的制动转矩ΔT一般为电机额定转矩的 1% ~ 3%。对他励电机来说，当励磁电流一定时，若不计电枢反应的影响，磁通Φ也就不变，电动机的电磁转矩 T_{E}与电枢电流 I_{a}成正比。

串励电动机的励磁电流 I_{f}等于电枢电流 I_{a}，即磁通Φ由电枢电流 I_{a}确定。I_{a}较小时，Φ与 I_{a}成正比例，即电磁转矩 T_{E}与 I_{a}的平方成正比。I_{a}较大时，磁路饱和，Φ变化不大，T_{E}近似为与 I_{a}成正比。但对电动机的轴转矩 T 来说，由于ΔT 的影响，串励电动机的转矩 T 在较大工作电流范围内，与电枢电流 I_{a}成线性关系。

直流电动机的转矩特性如图 2-5 所示。

根据电动机的转矩特性与转速特性，可以得到图 2-6 的 $T = f(n)$的关系，即电动机的机械特性。

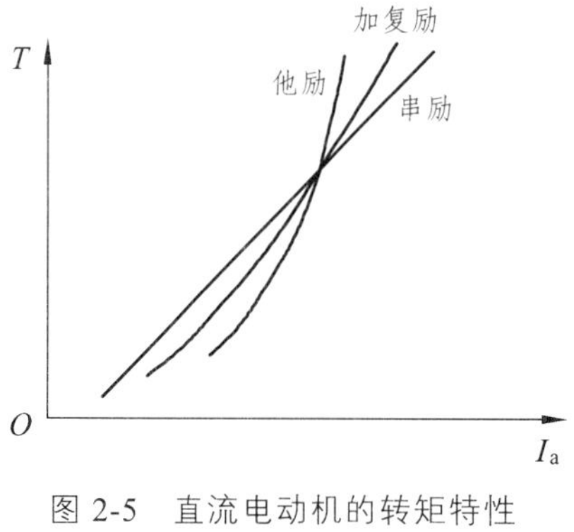

图 2-5 直流电动机的转矩特性

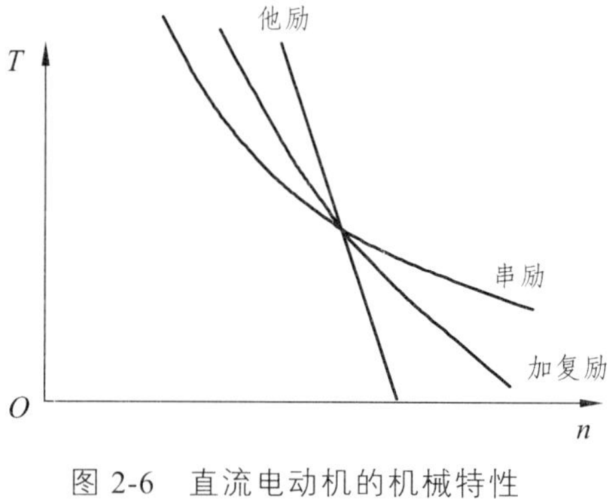

图 2-6 直流电动机的机械特性

二、直流牵引电动机的选择

电力机车牵引力与电动机转矩、电力机车速度与电动机转速都是正比例关系，因而电力机车的牵引特性曲线 $F = f(v)$与电动机的机械特性曲线 $T = f(n)$只是坐标比例尺不同，其形状是相同的。因此，分析牵引电动机的性能即可以定性地知道电力机车的性能。从以下分析比较来看，串联牵引电动机应用于电力机车有若干优势。

电力机车运行时，必须具有机械上和电气上的稳定性。

1. 机械稳定性

机械稳定性是指列车正常运行时，由于偶然的原因引起速度发生微量的变化后，电力机车本身能恢复到原有的稳定运行状态。

可以用列车速度获得增量Δv时，引起的反馈是负反馈还是正反馈来判断是否稳定。

图 2-7 为列车运行时的基本阻力曲线 $W_0 = f(v)$和两条不同斜率的电力机车牵引特性：$F_1 = f_1(v)$和 $F_2 = f_2(v)$，设在某一速度 v_1时，牵引力与阻力平衡（即交点 A），列车在此速度下恒速运行。由于偶然因素，列车速度获得了增量Δv。如果这时牵引特性为 $F_2 = f_2(v)$，从图中可以看出，速度增大Δv后，牵引力 F_2大于阻力 W_0，将使速度继续增大，正反馈的结果，使列车速度越来越高，所以 $F_2 = f_2(v)$是不稳定的。反之，如牵引特性为 $F_1 = f_1(v)$，当速度增大Δv后，牵引力 F_1将小于阻力 W_0，列车运行速度将减小，负反馈直至返回到稳定工作点。因此，特性为 $F_1 = f_1(v)$是稳定的。

可以认为，机械稳定的条件是牵引特性曲线的斜率小于基本阻力曲线的斜率，即

$$\frac{\mathrm{d}F}{\mathrm{d}v} < \frac{\mathrm{d}W_0}{\mathrm{d}v}$$

因为列车的基本阻力曲线 $W_0 = f(v)$的斜率具有正值，而由图 2-5 可见，除差复励外的各种励磁方式下，直流牵引电动机的特性曲线都具有负斜率，均满足稳定性条件，在电力机车牵引时具有机械稳定性。

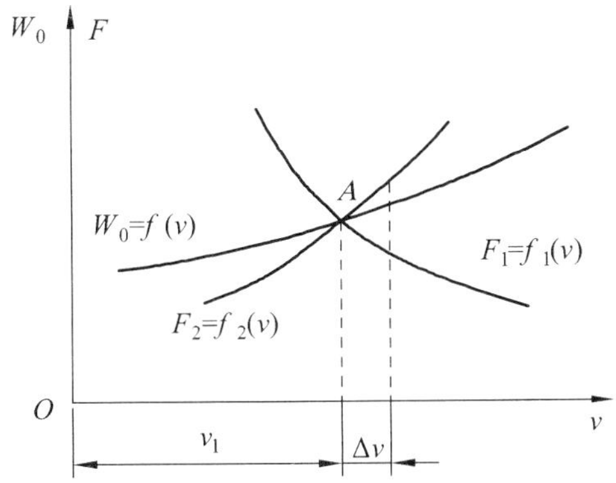

图 2-7　牵引特性机械稳定性分析

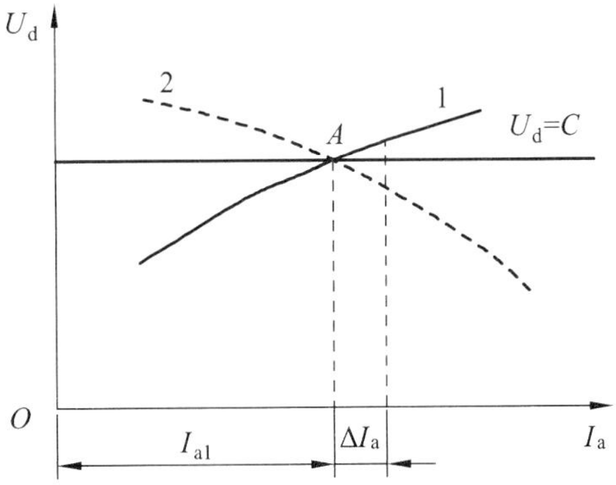

图 2-8　牵引特性电气稳定性分析

2. 电气稳定性

牵引电动机的电气稳定性是电力机车正常运行时，由于偶然的原因引起电流发生微量变化后，电动机本身能恢复到原有的电平衡状态。

同样可以用电机电流获得增量ΔI_a时，引起的反馈是负反馈还是正反馈来判断是否稳定。

直流牵引电动机的动态电压平衡方程式为：

$$U_d = E + I_a \sum R - L\left(\frac{\mathrm{d}I_a}{\mathrm{d}t}\right) = C_e \Phi n + I_a \sum R - L\left(\frac{\mathrm{d}I_a}{\mathrm{d}t}\right)$$

式中　U_d——牵引电动机的端电压；

E——牵引电动机的反电势；

I_a——牵引电动机的负载电流；

ΣR —— 牵引电动机的总电阻；

L —— 牵引电动机的电感量；

C_e —— 由电动机结构决定的电势常数；

Φ —— 电动机的主极磁通；

n —— 电动机的转速。

假定牵引电动机的电压 U_d 是一常数，如图 2-8 中的水平线所示。当牵引电动机的 $U_d = f(I_a) = C_e\Phi n + I_a\sum R - L\left(\dfrac{dI_a}{dt}\right)$ 曲线为图中曲线 1 时，其交点 A 处的电流为 I_{a1}，此时电动机的端电压 U_d 等于 $C_e\Phi n + I_{a1}\sum R$，为电气平衡状态。如果由于偶然因素，电机的负载电流有一个微小的增量 ΔI_a，从图中曲线可以看出，电流的增加使 $f'(I_a)$ 的值大于端电压 U_d，$U_d - f'(I_a)$ 为负值，即 $L\left(\dfrac{dI_a}{dt}\right)$ 为负值，这将使电流减小，并自动地恢复到 A 点稳定工作。反之，如电动机的 $f'(I_a)$ 曲线为曲线 2 时，当电流有增量 ΔI_a 后，电机的 $f'(I_a)$ 小于电压 U_d，使 $U_d - f'(I_a)$ 为正值，即 $L\left(\dfrac{dI_a}{dt}\right)$ 为正值，电动机电流 I_a 将继续增加，不能恢复到原来的 A 点，电气平衡被破坏。所以，曲线 2 在电气上是不稳定的。

从上述分析可知，牵引电动机的 $f'(I_a)$ 曲线斜率为正值时，具有电气稳定性。图 2-9 分别画出串励、他励电动机的 $f'(I_a)$ 曲线，可以看出：串励电动机在任何负载情况下，斜率处处为正值，具有电气稳定性。

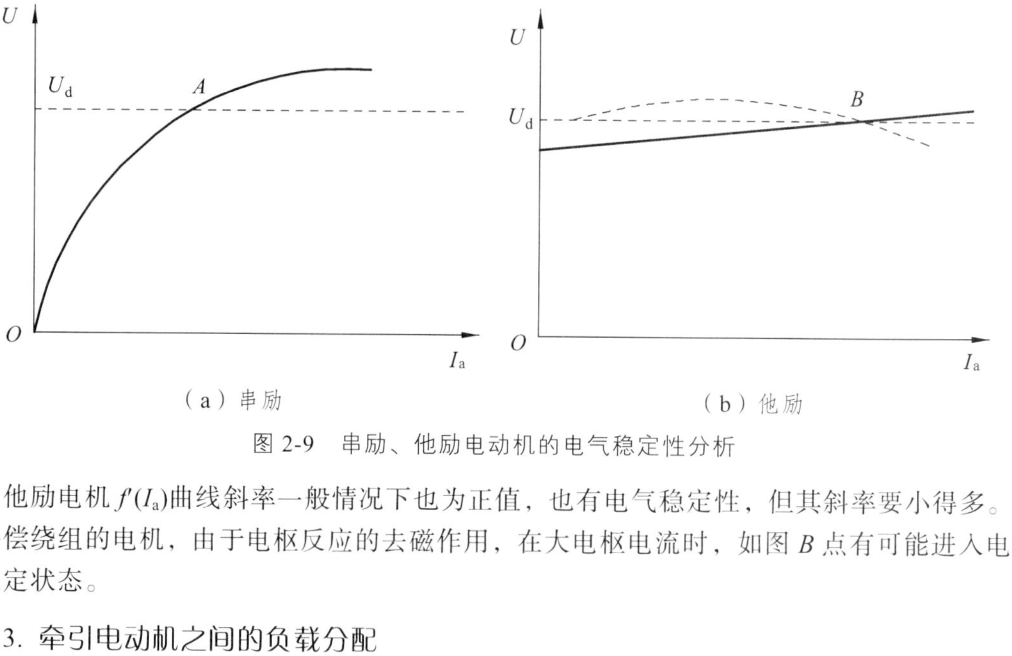

图 2-9　串励、他励电动机的电气稳定性分析

他励电机 $f'(I_a)$ 曲线斜率一般情况下也为正值，也有电气稳定性，但其斜率要小得多。对无补偿绕组的电机，由于电枢反应的去磁作用，在大电枢电流时，如图 B 点有可能进入电气不稳定状态。

3. 牵引电动机之间的负载分配

列车运行时，为了充分利用电力机车的功率及黏着质量，电力机车上各台牵引电动机的负载应均匀分配。但由于实际上各台牵引电动机特性曲线的差异和动轮直径的差异不可避免，从而造成各牵引电动机间负载分配是不均匀的。

当两台特性有差异的牵引电动机装在同一电力机车上并联运行时，即使动轮直径完全相同，从图 2-10（a）可以看出，串励电动机由于特性较软，在同一运行速度下的负载电流 I_1 和 I_2 的差值ΔI_a比较小。而特性差异程度相同的他励电动机，由于特性较硬（图 2-10（b）），负载电流 I_1 和 I_2 的差值ΔI_a要比串励电动机大得多。所以串励电动机负载分配不均匀的程度远比他励电动机小。

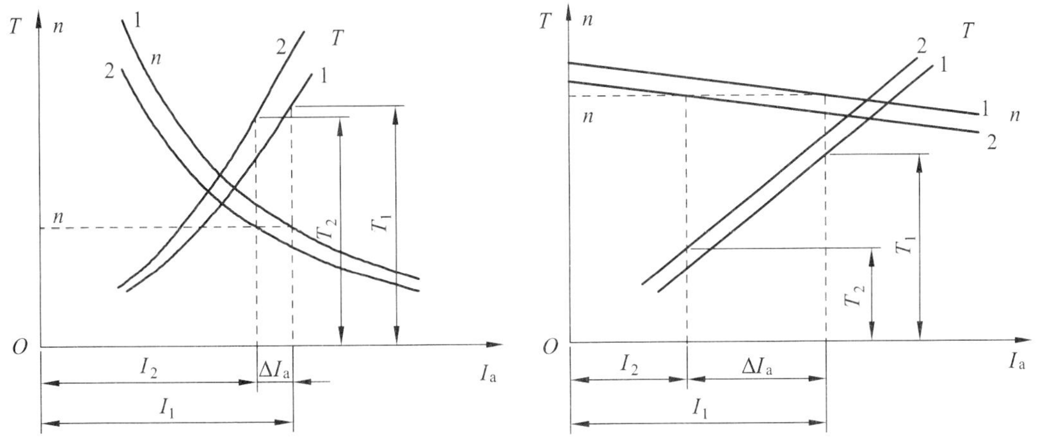

（a）串励　　　　（b）他励

图 2-10　特性有差异的牵引电动机负载分配

如果两台电动机的特性完全相同，而它们各自的动轮直径不同时，两台电动机的转速将会产生某些差异。设一台的转速为 n_1，另一台的转速为 n_2，从图 2-11（a）和（b）的比较可以看出，串励电动机负载分配不均匀程度比他励电动机小。

因此，就牵引电动机间负载分配而言，串励优于他励。

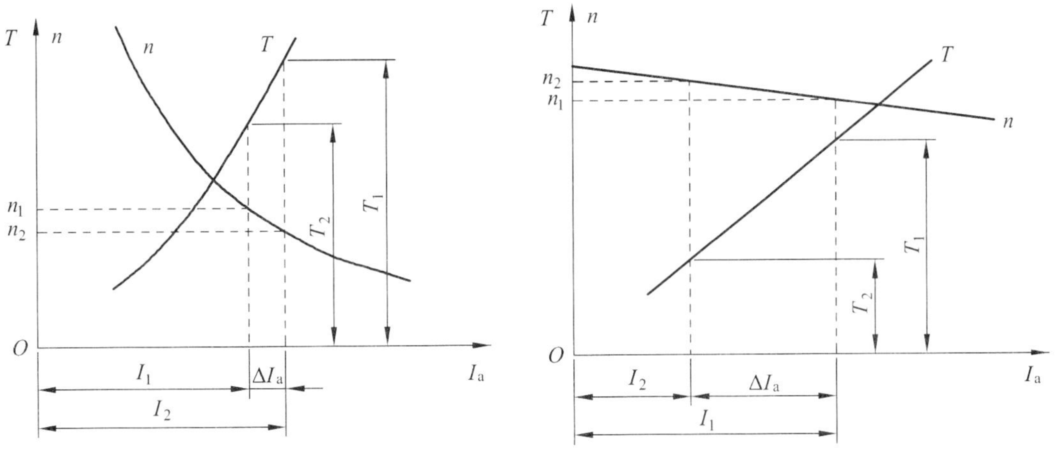

（a）串励　　　　（b）他励

图 2-11　动轮直径有差异的牵引电动机负载分配

4. 电压波动对牵引电动机工作的影响

接触网电压经常会产生波动，例如当电力机车运行经过两个牵引变电所供电的交界处时，供电电压会突然发生变化，在电力机车速度还来不及变化时，很可能产生较大的电流冲击和牵引力冲击。图 2-12 表示串励、他励电动机在电压突然增加时产生的电流和牵引力（转矩）

的变化。设电动机原来的端电压为 U_1，相应的转速特性曲线为 $n_1 = f_1(I_a)$，变化后的电压为 U_2，相应的转速特性曲线为 $n_2 = f_2(I_a)$。比较图 2-12（a）和（b），可以看出，当电网电压波动时，由于他励电动机具有硬特性，其电流冲击和牵引力冲击都比串励电动机大得多，将引起列车冲动并使牵引电动机工作条件恶化。

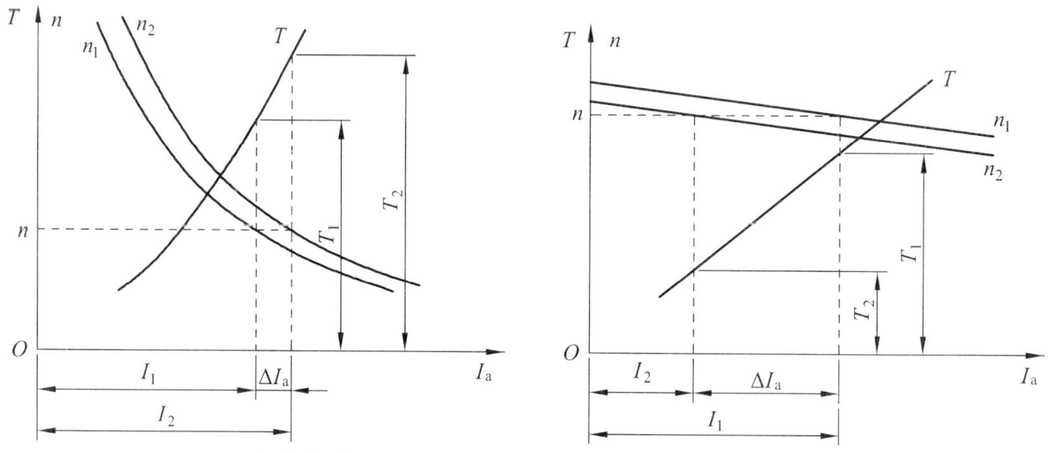

（a）串励　　　　（b）他励

图 2-12　电压波动时牵引电动机电流和牵引力的变化

另外，当电动机的外加电压突变时，由于他励电动机励磁电路内电流不变，电枢反电势不能及时增加，将使过渡过程开始阶段电枢电流冲击过大。而串励电动机的励磁绕组与电枢绕组串联，因而电流增长速度相同。虽有磁极铁心内涡流的影响，磁通增长速度稍慢于电枢电流的增长速度，但引起的电流冲击比他励电动机要小得多。

因此，就电压波动对牵引电动机的影响而言，串励优于他励。

5. 功率的利用

图 2-13 画出了串励和他励电动机的机械特性：$T = f(n)$，变换比例后，也就是电力机车的牵引特性：$F = f(v)$。

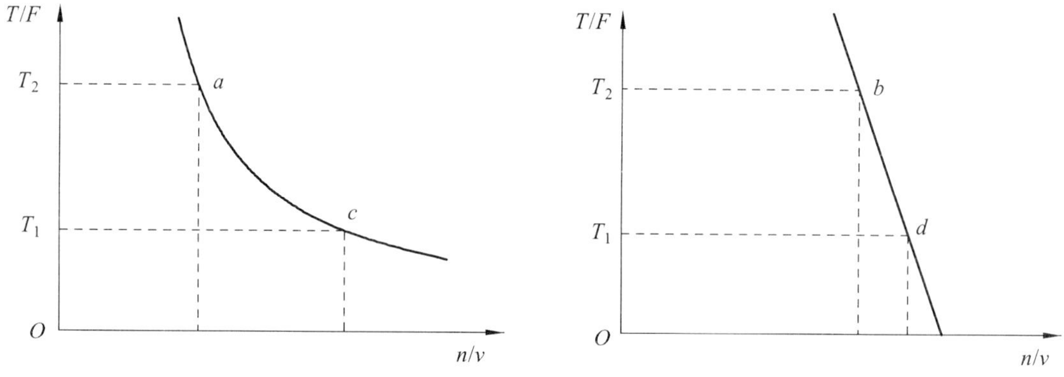

（a）串励　　　　（b）他励

图 2-13　牵引电动机机械特性与功率利用的关系

假设串励和他励牵引电动机具有相同的额定转矩和额定转速，当转矩自 T_1 变化到 T_2 时，串励电动机的工作点由 c 点变为 a 点。因为功率是转矩和转速即牵引力和速度的乘积，其功率变化可用 a 点横、纵坐标所围成的矩形面积与 c 点横、纵坐标所围成的矩形面积之差来表示。同理，他励电动机在转矩自 T_1 变化到 T_2 时，他励电动机的工作点由 d 点变为 b 点，其功率变化可用 d 点和 b 点横、纵坐标所围成的矩形面积之差来表示。两者相比，由于串励电动机具有软特性，转速随着转矩的增大而自动降低，所以串励电动机的功率变化比他励电动机要小，接近恒功率曲线，可以合理地利用与牵引功率有关的各种电器设备的容量。

6. 黏着质量的利用

具有硬特性的牵引电动机，产生空转的可能性较小。他励电动机因具有硬特性，在空转过程中牵引力随转速的上升而迅速下降，很快地与滑动摩擦力相平衡，停止空转。当引起黏着破坏的原因消失时，它能较快地恢复到原来的工作状态。

串励电动机由于特性较软，一旦黏着破坏，将产生更大的滑动速度形成空转，使车轮踏面磨损，牵引力下降。

所以，从黏着质量利用观点出发，他励电动机优于串励电动机。

三、调节直流串励牵引电动机转速的方法

由直流电机的转速特性公式可见，调节直流串励牵引电动机的转速可有如下方法：改变牵引电动机的端电压 U_d；改变牵引电动机的主极磁通 Φ。

1. 改变牵引电动机的端电压 U_d

（1）改变牵引电动机的连接法，例如串并联的方式。由于连接的方式有限，所以可调的电压等级也有限，同时使电动机的连接复杂。

（2）在电动机回路串接电阻，通过凸轮或斩波方法调节电阻值实现调压。这种应用已久的方法要消耗电能，不经济。

（3）在电动机与电源之间串接斩波器，调节斩波器的导通比来改变电动机的端电压。

（4）利用整流器改变电动机的端电压。SS 系列电力机车均采用此种方法调速，且作为调速的主要方法。

2. 改变电动机的主极磁通 Φ

普遍采用主极绕组上并联分路电阻，使电流的一部分分流经分路电阻，从而减少励磁电流、磁势和磁通。图 2-14 是这种调节方法的示意图。

直流串励电动机在恒电压下削弱磁场时，电动机的电枢电流将会增加，电力机车的功率和牵引力也随之增加，所以普遍采用这种方法来提高电力机车的功率和速度。但是，削弱磁场的深度是有限制的，因为在高速度大电流时削弱磁场会导致电机换向困难，可能产生火花，甚至环火。

电机在恒功率条件下削弱磁场，不能提高牵引力和功率，但是可使电机的恒功率调速范围扩大。

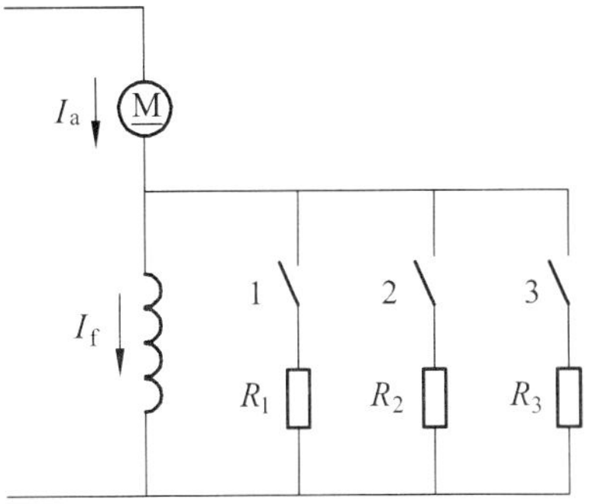

图 2-14　分路电阻磁场削弱

四、电力机车的起动

1. 对起动的要求

电力机车起动的基本要求是：起动迅速、平稳。

电力机车起动迅速可以减少起动时间，提高平均运行速度，对于起动频繁的电力机车来说意义非常重大，这样可以更为快捷地把乘客送达目的地。要使电力机车起动迅速，必须使电力机车有较大的起动电流以产生大的起动牵引力，从而使电力机车有较大的加速度在较短的时间内由静止变为自然特性上的运行速度。

电力机车起动平稳可以使车辆内部电器免受电流冲击，使整个列车免受机械冲击，更为重要的是可以极大地改善电力机车的舒适感。为此要求电力机车以匀加速运动过程起动，所以，电力机车起动时应尽量减少起动电流和起动牵引力的波动。

此外，在电力机车的起动过程中，不应有附加的能量损耗或尽量减少能量损耗，对频繁起动的电力机车来讲，这一要求也有较大的经济意义。

2. 起动电流

由于大的起动电流可以使电力机车获得大的牵引力，产生大的加速度，使列车起动迅速，因此从要求电力机车起动迅速这一角度出发，希望起动电流愈大愈好。但过大的起动电流不仅会给牵引电动机的换向带来困难，而且过大的起动牵引力可能还会超出电力机车轮对与钢轨间的黏着条件，使轮对发生空转，导致起动失败。因此由电机的换向条件和黏着牵引力条件限制了电力机车的起动电流不能太大。由于牵引电动机设计、制造的不断发展和完善，已能保证在黏着条件许可的范围内牵引电动机有良好的换向，因此主要限制条件是电力机车的黏着条件。

电力机车起动时，牵引电动机的转速为零，电动机的反电势 E_a 为零。这时在电动机内流通的电流为起动电流 I_q：

$$I_q = \frac{U_d - E_a}{\sum R} = \frac{U_d}{\sum R}$$

$\sum R$ 是电机内电枢回路的总电阻，一般值很小，若这时将直流供电网（或接触网）的电压直接加在牵引电动机两端，势必产生很大的起动电流，使牵引电动机因换向电流过大产生强烈火花而灼伤换向器表面，严重的将使电动机因起动电流过大而烧坏。同时，由此起动电流产生一个更大的起动牵引力（直流串励电动机中，牵引力近似正比于电流的平方），不仅使电力机车起动时受到强大的机械冲击，还可能导致起动牵引力超出粘着条件限制，使电力机车牵引力丧失而导致起动失败。

3. 起动方式

电力机车需采取适当的方法限制起动电流和起动牵引力。一般采取以下起动方式：

1）变阻起动

即电力机车起动时，在牵引电动机回路中串入起动电阻，以减小起动电流，随着起动过程的进行，逐步切除起动电阻，待起动电阻全部切除后，起动过程结束。由于有附加损耗，且属于有级调速，目前已不再采用。

2）降压起动

即电力机车起动时，降低加在牵引电动机上的端电压，以减小起动电流。

电力机车起动过程中，随着司机控制器的升位，牵引电动机的端电压由零开始逐步升高，至起动过程结束时，端电压上升到额定电压。

五、励磁调节

1. 电力机车磁场削弱及其参数确定

电力机车通常采用改变牵引电动机主磁通的方法进行调速，以扩大电力机车运行速度的调节范围。这种调速方法称为磁场削弱。

牵引电动机磁场削弱的程度一般用磁场削弱系数β表示，定义为同一电枢电流下，削弱后与削弱前电动机的磁势比。记作：

$$\beta=\frac{(IW)_{\beta}}{IW}$$

用磁势比来定义磁场削弱系数，其主要原因是磁通强弱取决于磁势（磁路不变），并且磁势容易测算。但必须指出，β与磁通削弱系数（Φ削弱程度）是不同的概念，在电机磁路不饱和时可用β值近似表示磁通削弱系数；在电机额定工况附近（弱饱和状态），这两个系数有一定差值（约 1.2 倍）。

从扩大调速范围方面考虑，希望β值愈小（削弱愈深）愈好。但从牵引电机工作条件考虑，β值不宜太小，否则主磁场太弱，电枢反应造成电机气隙磁场畸变更甚，换向器片间电压分布严重不均，电机换向困难，难于正常运用。权衡考虑，直流电机β值应不小于 0.25 ~ 0.㉜ 脉流电机应不小于 0.35 ~ 0.4。

直接由全磁场一次过渡到最深度的磁场削弱，会产生很大的电流冲击和牵引力冲击。为此，通常采取分级过渡式磁场削弱，削弱级数越多，过渡时的电流和牵引力冲击越小。但级数过多，造成控制线路复杂，附加设备增多，并且运用可靠性不易保证，故磁场削弱过渡级数不宜超过三级。实际运用中，应根据具体情况综合考虑。

2. 磁场削弱工况分析

电力机车的牵引性能取决于牵引电动机的工作特性，因此，在分析电力机车磁场削弱下的牵引特性之前应先讨论磁场削弱对牵引电动机特性的影响。

1）磁场削弱对牵引电动机特性的影响

（1）磁场削弱时牵引电动机的转速特性。

全磁场时电动机的转速为：

$$n=\frac{U_{\mathrm{d}}-I_{\mathrm{a}}\sum R}{C_{\mathrm{e}}\Phi}\approx\frac{U_{\mathrm{d}}}{C_{\mathrm{e}}\Phi}$$

磁场削弱系数为β时的转速为：

$$n_{\beta}=\frac{U_{\mathrm{d}}-I_{\mathrm{a\beta}}\sum R}{C_{\mathrm{e}}\Phi_{\beta}}\approx\frac{U_{\mathrm{d}}}{C_{\mathrm{e}}\Phi_{\beta}}$$

式中　n_β ——磁场削弱时的电机转速；

I_β ——磁场削弱时的电机电枢电流；

Φ_β ——磁场削弱时的电机主磁通。

若令全磁场时的电机转速 n 与削弱磁场后的转速 n_β 相等，即 $n = n_\beta$，则必须有

$$\Phi = \Phi_\beta$$

也就是说，如果 $n = n_\beta$，则全磁场时的励磁电流与磁场削弱时的励磁电流必须相等。要保证这一条件，削弱磁场时的电枢电流 $I_{a\beta}$ 应为全磁场时的电枢电流 I_a 的 $\dfrac{1}{\beta}$ 倍，即

$$I_{a\beta} = \frac{1}{\beta} I_a$$

根据以上分析，在已知牵引电动机在恒电压下全磁场时的特性曲线基础上，只要将其各点上的横坐标加大 $\dfrac{1}{\beta}$ 倍，就可以得出恒电压下磁场削弱系数为 β 时的转速特性曲线。

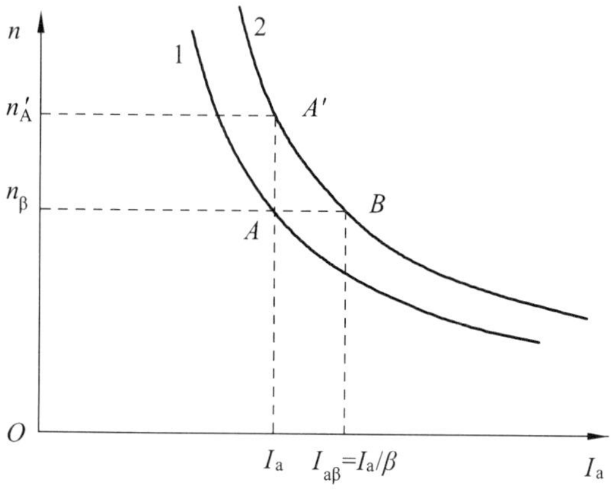

图 2-15　磁场削弱时的转速特性

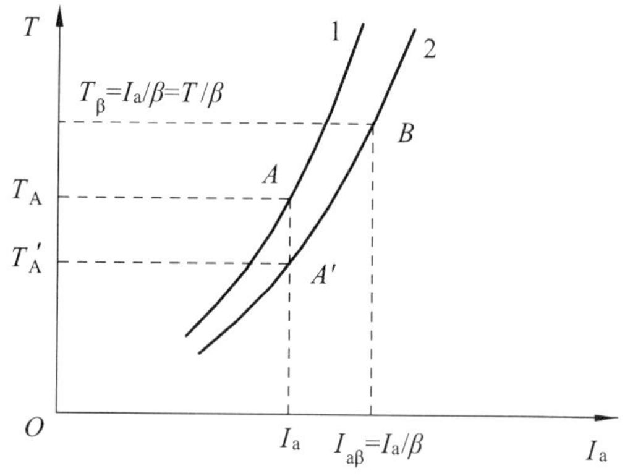

图 2-16　磁场削弱时的转矩特性

图 2-15 中曲线 1 是电机全磁场时的转速特性曲线，任取曲线上一点 A，将 A 在水平方向上右移到原横坐标的 $\dfrac{1}{\beta}$ 倍处，便得到磁场削弱后牵引电动机的转速特性曲线 2 上的一点 B，按此法逐点平移，就可绘制出磁场削弱后的牵引电动机转速特性曲线 2。

（2）磁场削弱时牵引电动机的转矩特性。

全磁场时，牵引电动机的转矩特性为：

$$T = C_T \Phi I_a$$

磁场削弱时电动机的转矩特性为：

$$T_\beta = C_T \Phi_\beta I_{a\beta}$$

若令磁场削弱前后的电机主磁通相等，即

$$\Phi_\beta = \Phi$$

则其电枢电流之间必有下列关系：

$$I_{a\beta}=\frac{1}{\beta}I_a$$

将此式代入磁场削弱时的转矩特性表达式，并与全磁场时的转矩特性表达式进行比较，则有：

$$T_\beta=\frac{1}{\beta}T$$

因此，只需在已知的全磁场特性曲线基础上将任一点的横、纵坐标各乘以$\frac{1}{\beta}$倍，就得到了电动机磁场削弱系数为β的转矩特性上的一个点。图 2-16 中曲线 1 是全磁场时的电动机转矩特性曲线，在曲线上任取一点A，将其横、纵坐标各乘以$\frac{1}{\beta}$倍，便得到曲线 2 上的B点。按照这个方法逐点计算，便可得出磁场削弱时的转矩特性曲线 2。

以上对磁场削弱的分析，忽略了电动机内部的电阻压降（全磁场时压降为$I_a\sum R$，磁场削弱时压降为：$\frac{1}{\beta}I_a\sum R$）、转矩损耗，以及电枢反应等因素，因而其特性曲线只能作为定性分析时的参考。

2）磁场削弱工况下的速度特性及牵引特性

前面已讨论了牵引电动机磁场削弱时的转速特性和转矩特性，考虑在一定的比例系数及传动效率基础下，便可获得相应的电力机车在磁场削弱工况下的速度特性及牵引特性。

3. 磁场削弱的条件和目的

由公式$n=\frac{U_d}{C_e\Phi}$可以看出，牵引电动机端电压U_d较小（未达到最大值）时，使用磁场削弱是不合适的。一方面调节牵引电动机端电压U_d仍然可以方便地进行调速；另一方面若此时转速较低（牵引电动机的电枢电流I_a较大），贸然采取磁场削弱调速，会造成牵引电动机过流、电机换向困难，甚至导致电机环火。因此，我们可以得出结论：磁场削弱的时机是牵引电动机端电压达到额定值，电枢电流未达到额定值，有进一步提高速度的要求。

由图 2-15、图 2-16 来分析磁场削弱的变化情况，假定A点为平衡点、且满足采取磁场削弱的时机，此时考虑两种典型情况：线路为平道和坡道。

1）线路为平道

磁场削弱后，由于电力机车的速度不可能突变，工作点将由A点变化到B点，此时$\Phi_\beta=\Phi$、$I_{a\beta}=\frac{1}{\beta}I_d$，则电力机车的牵引力增大了，牵引力大于列车阻力，列车将加速，由B点开始沿曲线 2 上移，到达A'点牵引力等于列车阻力，列车恒速运行。

2）线路为坡道

由平道转入坡道，列车的阻力将会增大，A点牵引力小于列车阻力（有减速的可能），磁场削弱后，B点的牵引力将会增大，此时牵引力等于列车阻力，列车将维持原速运行。

由此可见，磁场削弱在平道有助于提高速度，在坡道有助于保持速度。在恒功率条件下，采取磁场削弱可以扩大调速范围，也就是牵引电动机的恒功率调速范围扩大了。

4. 交直型电力机车磁场削弱的方法

1）电阻分路法

如图 2-14 所示，采用开关串联分路电阻，然后并联在串励牵引电机励磁绕组的两端，要改变磁场削弱系数，只需改变分路电阻的大小。一般情况下，交直型电力机车采用三级磁场削弱，即一级磁场削弱时，开关 1 闭合，并联阻值较大的电阻 R_1；二级磁场削弱时，开关 1 断开，开关 2 闭合，并联阻值较小的电阻 R_2；三级磁场削弱时，开关 1、2 均闭合，并联两个电阻。

电阻分路法的特点：

（1）控制简单，易于实现。磁场削弱超过三级时，控制较复杂，增大了故障发生的机率。

（2）属于有级调速。

（3）对分路电阻有精度要求，交直型电力机车多台牵引电机并联工作，分路电阻阻值不同时，会造成各台牵引电机负载分配不均。

2）晶闸管分路法

晶闸管分路法是利用晶闸管分路励磁电流，此种方法可以实现无级磁场削弱。

第三节　交直型电力机车的电气制动

一、电气制动概念

制动是机车运行的基本工作状态之一。当列车需要减速、停车或在长大下坡道运行，需要限制列车的运行速度时，都必须采取制动措施，以控制机车的运行速度。目前电力机车采用的制动方式主要有空气制动和电气制动两种。

空气制动时，列车中每节车（包括机车在内）均产生制动力；而电力机车电气制动时，仅仅机车产生制动力。因此，可以看出列车的空气制动力比机车的电制动力要大很多。列车在安全的距离内停车（例如紧急制动停车、在短时间内快速减速、进站最终停车等），仍然必须使用空气制动。而电气制动主要用于列车调速时使用。

电气制动是指列车运行中，利用列车惯性带动牵引电机，此时牵引电机做发电机运行，将列车的动能转化为电能，并输出制动电流的同时，在牵引电机轴上产生反转矩并作用于轮对，形成制动力使列车减速或在下坡道上限速。根据电气制动时电能消耗的方式不同，电力机车电气制动可分电阻制动和再生制动两种形式。其中，电气制动时将牵引电机产生的电能利用制动电阻转化为热能消耗掉，称之为电阻制动；将牵引电机产生的电能反馈到电网，加以重新利用，称之为再生制动。

二、电气制动的优缺点

（1）提高列车运行的安全性。

列车除机械制动系统外，由于配备了电气制动系统，因而提高了列车运行的安全性。随着列车速度、载重和长度的迅速提高，电气制动的作用更加明显。因为随着列车上述因素的增长，机械制动效果下降，机械摩擦系数随着温度明显下降，故在高速时列车的机械制动系统呈现不稳定性。而电气制动则相反，高速时制动效果越发明显，而且与制动时间长短无关。

（2）减少了闸瓦和轮缘磨耗。

机械制动时，接触表面温度很高，闸瓦和轮缘的磨耗十分严重。由于机械制动的磨耗主要取决于制动力的强度，高速时所需制动强度大，低速时所需强度小。因此，在低速范围内机械制动效果较好，此时，机械磨耗并不严重；而在高速时，机械磨耗非常严重。所以，高速时使用电制动，低速时使用机械制动，可以减少闸瓦和轮缘磨耗，大量的节约成本。

（3）提高了列车下坡运行速度。

采用机械制动时，列车下坡速度波动较大，使列车平均下坡时速下降。这是由于每次机械制动后，至少用 1 min 才能恢复风压。如在 10%下坡道上，1 min 可使列车速度增加 15 km/h。如果是接连多次进行机械制动，每次所需恢复风压的时间则更长，列车速度波动更大，有时由于闸瓦发热，摩擦系数下降，不得不停车凉闸。采用电气制动，制动性能与制动时间长短无关，由此可使列车下坡速度提高 8%。其结果提高了运输能力，节约了机车车辆所需数量，列车牵引重量得到大幅提高。

（4）节约能源。

采用电气制动可使列车的动能得到较好地利用。例如，由于下坡速度提高，列车下冲动能大，平道上惰行距离增加，加之再生制动时，能量得到了重复使用，节能效果显著。

（5）能够实现制动力自动控制。

可以采用恒流、恒速或恒制动力闭环控制，以及实现黏着、功率、电流、安全整流和速度各种极限限幅控制。高性能的自动控制系统，可使电气制动性能获得充分的发挥。

（6）再生制动时，机车功率因数很低，谐波干扰严重。

电力机车再生制动时反馈给电网的电能可供运行于同一区段的电力机车使用，或者反馈给交流电网的一次侧线路，经济效益较大，同时可以取消制动电阻及其转换开关，使机车主电路得到简化。但是采用再生制动的机车必须采用全控整流线路，控制线路较为复杂。此外，再生制动时，机车功率因数很低，电网电压和电流波动较大，对通信和运行于同一区段的其他整流器电力机车工作有较大的干扰作用。

三、电阻制动调速

1. 电阻制动的方式

按接线方式可以有他励式电阻制动和串励式电阻制动两种。

1）他励式电阻制动

采用他励式电阻制动时，把串励绕组改由另外电源供电，电枢绕组与制动电阻 R_Z 相连构成回路，牵引电机作他励式电机运行，如图 2-17（a）所示。改变他励绕组的励磁电流和磁通，可以调节牵引电机的制动电流和制动力。

2）串励式电阻制动

采用串励式电阻制动时，牵引电动机励磁绕组反向与电枢串联，再接到制动电阻 R_Z 上，电机仍保持串励型式，如图 2-17（b）所示。这种方式虽不需要有额外的磁场电源，但是需要改变 R_Z 的大小来调节制动电流和制动力。斩波调压的地铁电动列车可以采用斩波器与制动电阻并联，通过改变斩波器的导通比来调节电阻。

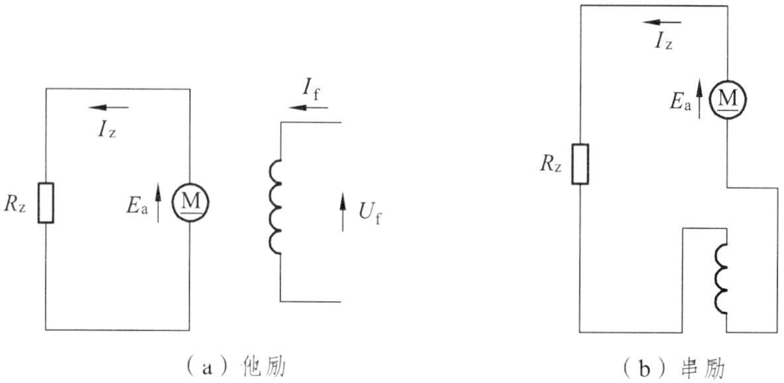

图 2-17　电阻制动原理

2. 电阻制动特性

铁路交直型电力机车在实施电阻制动时一般采用他励式电阻制动，电枢回路压降平衡方程为：

$$E_a = C_e \varPhi n = I_z \left(R_z + \sum R\right)$$

牵引电机产生的制动转矩为：

$$T = C_T \varPhi I_z$$

由以上两公式可得：

$$T = C_T \varPhi \cdot \frac{C_e \varPhi n}{R_z + \sum R} = \frac{C_T C_e}{R_z + \sum R} \cdot \varPhi^2 \cdot n \tag{2-1}$$

$$T = C_T \cdot \frac{I_z \left(R_z + \sum R\right)}{C_e n} I_z \cdot I_z = \frac{C_T \left(R_z + \sum R\right)}{C_e} \cdot I_z^2 \cdot \frac{1}{n} \tag{2-2}$$

由公式（2-1）可看出：当 $\varPhi$ 恒定时（即励磁电流恒定），牵引电机制动转矩 T 与牵引电机转速 n 成正比，并且励磁电流越大，特性曲线越陡。由于机车电制动力 B 与牵引电机制动转矩 T 成正比，机车速度 v 与牵引电机转速 n 成正比，因此机车的电阻制动特性曲线与牵引电机电阻制动特性曲线形状一致。当 $\varPhi$ 恒定时（即励磁电流恒定），机车制动力 B 与机车速度 v 成正比，并且励磁电流越大，特性曲线越陡。特性曲线如图 2-18 所示，图中 $I_{f4} > I_{f3} > I_{f2} > I_{f1}$。

由公式（2-2）可看出：制动电流保持恒定时，机车制动力 B 与机车速度 v 成反比，并且制动电流越大，特性曲线在外上方。特性曲线如图 2-18 所示，图中 $I_{z3} > I_{z2} > I_{z1}$。

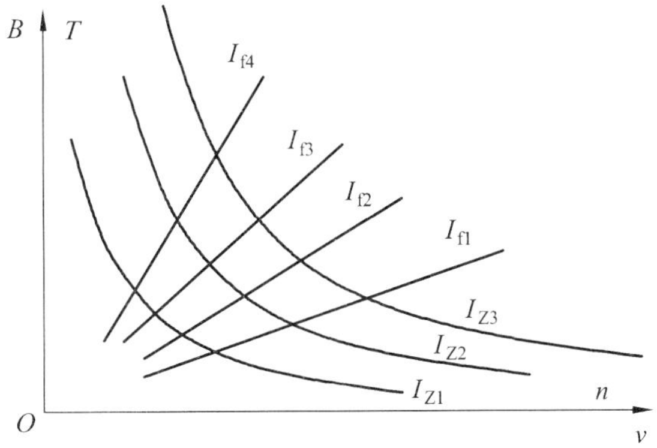

图 2-18　电阻制动特性曲线

3. 电阻制动的调速方法

由图 2-18 可知，调节电阻制动时制动力的大小可以调节电力机车的速度。制动力的调节方法有：

1）调节励磁电流

改变励磁绕组的外接电源的大小，可以调节励磁电流的大小。

2）调节制动电流

调节制动电流的方法主要有两种：① 改变制动电阻的大小，但是此种方法受到诸多因素的限制，如制动电阻的发热热容量、各牵引电机制动电阻的精度及一致性、控制的复杂程度等。② 电枢回路串接外接电源，通过调节外接电源的大小来调节制动电流，即加馈电阻制动。

四、电阻制动的工作范围

交直型电力机车在电气制动时，由于受机车速度、制动电流、励磁电流等因素的限制，只允许在一定范围内使用电阻制动，其工作范围如图 2-19 所示。

（1）最大励磁电流的限制：*OA* 线的右下方为励磁电流的允许工作区域，若超过此限制值，励磁绕组会发热烧损。此外，磁路饱和，磁通增加不明显，调节效果不明显。

从图中也可看出，在 *OA* 线左侧区域，是电阻制动的盲区，无法调节，应采取空气制动措施调速，或采用电阻制动的改进形式 ——加馈电阻制动。

（2）最大制动电流的限制：*BC* 线，最大制动电流是根据牵引电机电枢绕组、制动电阻的允许发热容量而定。由于牵引电机热容量大，因此最大制动电流一般取决于制动电阻的热容量。

（3）黏着力的限制：*AB* 线，计算制动时的黏着系数应比牵引时低 20%，如果制动力大于此值会造成机车滑动。

（4）牵引电机换向条件的限制：*CD* 线，牵引电机安全换向取决于电抗电动势 e_r 和片间最高电压 U_{Hmax}，前者可能引起火花，后者可能引起环火。

（5）机车构造速度的限制：*DE* 线，主要受机车走行部机械强度限制，实际上还可能受线路允许速度的限制。

电阻制动工作范围为 *OABCDE* 范围，所限定的面积等于制动功率。以上制动特性是在制动电阻等于常值时求出的。在限定的范围内，制动力能可靠地调节。

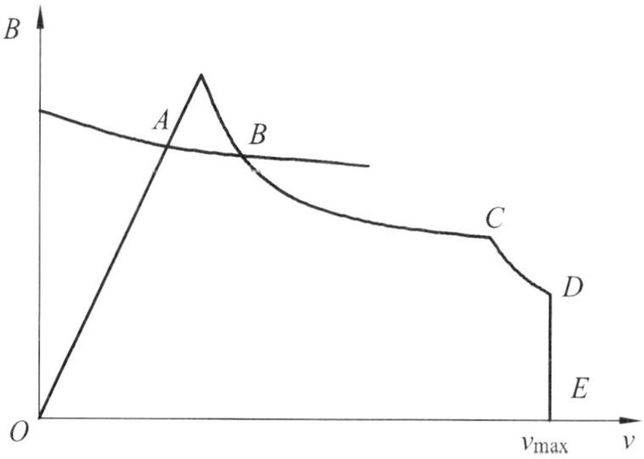

图 2-19　电阻制动的工作范围

五、电阻制动的不足及解决措施

从制动特性曲线可以看出电阻制动最大的缺点是：低速时制动力直线下降，制动效果较差，存在电阻制动盲区。为了提高低速时的电制动力，交直型电力机车一般采用下述两种方法来改善低速时电制动力不足的问题。

1. 半电阻制动

利用改变制动电阻阻值来改变制动特性，即将制动电阻分成若干级，通常分为两级（主要受制动电阻的发热热容量、各牵引电机制动电阻的精度及一致性、控制的复杂程度等因素影响）。低速时由于发电机电势随机车速度（电机转速）的降低而正比地降低，对于一定的制动电阻，制动电流也正比减小，因而不能维持一定制动力时所需的电流。若将制动电阻短接一部分，则尽管由于机车速度的降低使发电机电势下降，但由于制动电阻的减小，制动电流仍能保持较大的值，以维持低速时有较大的制动力。例如 SS_3 型电力机车制动电阻 R_z 分成 1.000 52 Ω和 0.60 Ω两级，如图 2-20 所示。图中虚线表示“低速制动”时的制动特性。

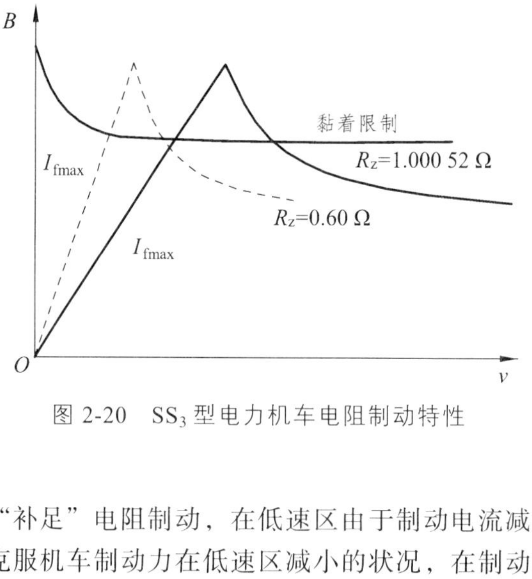

图 2-20　SS_3 型电力机车电阻制动特性

2. 加馈电阻制动

加馈电阻制动又称“补足”电阻制动，在低速区由于制动电流减小而使制动力下降，为了维护制动电流不变，克服机车制动力在低速区减小的状况，在制动回路外接附加制动电源来补足。其原理如图 2-21（a）所示。

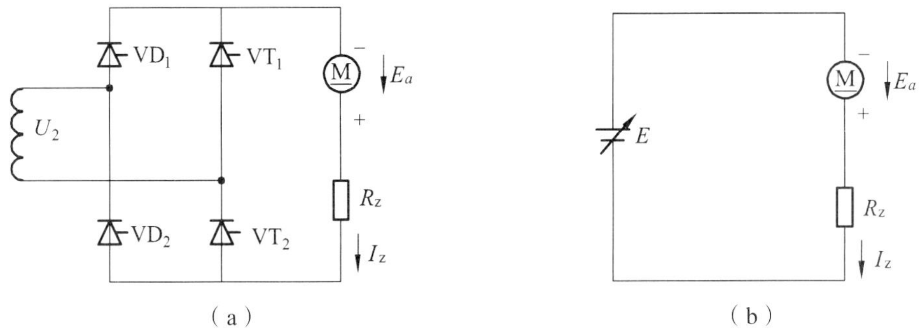

图 2-21　加馈电阻制动原理

根据图 2-22（b）可以列出电压平衡方程式为：

$$E+E_a=I_z\left(R_z+\sum R\right)$$

则制动电流为：

$$I_z=\frac{E+E_a}{R_z+\sum R}$$

由于需要根据实际制动电流及时补足发电机电势减少部分，故要求附加制动电源连续可调。一般相控调压的电力机车不另设加馈电源，而是使用牵引时整流调压电路在制动工况作为加馈电源。

根据图 2.21（b），制动电流又可改写成：

$$I_z=\frac{0.9U_2\dfrac{1+\cos\alpha}{2}}{R_z+\sum R}\qquad 0<\alpha<\pi$$

调节半控整流电路中晶闸管的移相角 α 可以调节加馈电源输出，及时补足制动电流的减小，使制动电流维持不变。显然，加馈电阻制动时需要消耗部分电网能量。有计算表明，所需外加制动功率几乎与机车额定功率相等。

从理论上讲，加馈电阻制动可使机车制停，而实际上由于牵引电机换向器不允许在机车速度很低时长时间流过额定电流，以防止换向器过热而烧损。另外，机车制停后存在反方向运行的安全风险，故在机车速度低于一定值时，应切除加馈电阻制动，改用空气制动使机车停车。

六、再生制动

电力机车进行再生制动时，牵引电机作发电机运行，并且将电能回馈给电网。此时，电力机车相当于一个移动的发电站。目前国内交直型电力机车中，只有少量的机车使用再生制动。

1. 再生制动的基本原理

再生制动时，交直型电力机车必须采用全控桥式整流电路，以实现有源逆变，其原理如图 2-22 所示。

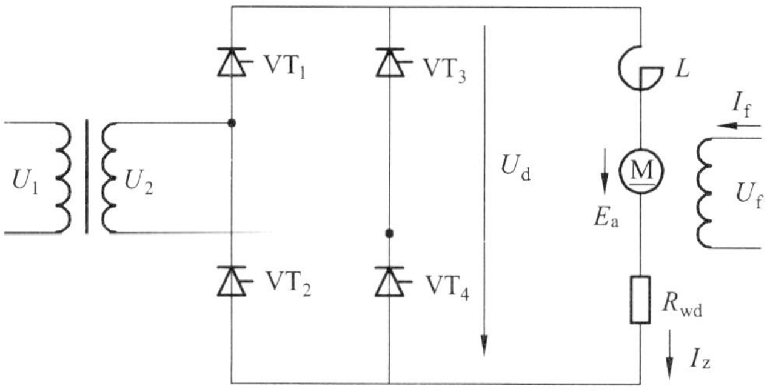

图 2-22　交直型电力机车再生制动原理

当控制角$\alpha>90°$时，整流电压的平均值为负值，即 $U_d=0.9U_2\cos\alpha<0$。再生制动电流 I_z 表示为：

$$I_z=\frac{E_a-|U_d|}{R_{wd}+\sum R}=\frac{C_e\Phi n-|0.9U_2\cos\alpha|}{R_{wd}+\sum R}$$

电机电枢回路串有稳定电阻 R_{wd}，一方面使并联工作的各牵引电机负载分配均匀，另一方面使电机再生制动时保证其电气稳定性。

由再生制动电流公式可以看出，调节再生制动电流 I_z 的方法有：① 调节牵引电机主磁通 Φ（调节励磁电流 I_f）。② 调节整流器的整流电压（调节控制角 α）。

再生制动时，牵引电机的转速 n 可表示为：

$$n=\frac{|U_d|+I_z(R_{wd}+\sum R)}{C_e\Phi}$$

再生制动时，牵引电机的转速 n 公式表明，当牵引电机主极磁通 Φ为常量时，机车速度特性曲线为一直线，即机车速度越高，其再生制动电流越大。另一方面，机车速度和他励电流 I_f（主极磁通 Φ）成反比。要想在一定制动电流下维持再生制动的稳定性，可在机车速度下降时，加大牵引电机的励磁，并且再生制动电流越小，牵引电机的励磁越强，机车的速度越低。

2. 再生制动调节过程

由再生制动电流公式可知，欲调节制动电流，可采用调节发电机励磁电流或逆变器电压来实现。再生制动调节过程大致分为 3 个阶段，如图 2-23 所示。

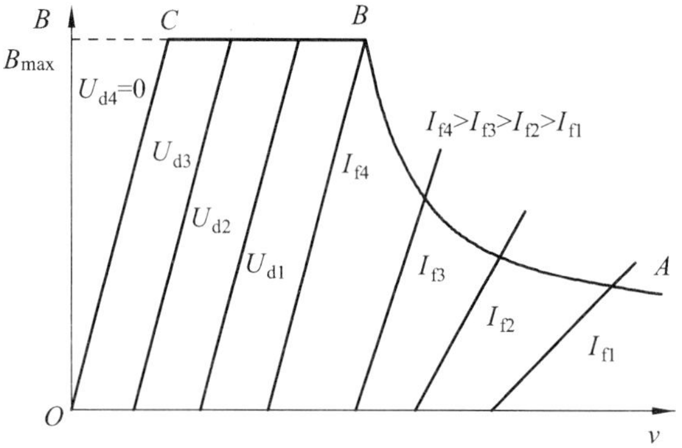

图 2-23　再生制动的调节过程

第一阶段：调节励磁电流。

机车在高速区进行再生制动时，为了提高功率因数，可以维持逆变器输入电压 U_d 基本恒定且为最大值，通过改变励磁电流 I_f 来调节制动电流，如图 2-23 中 *AB* 段所示。随着励磁电流的增加，机车运行速度减小，直到励磁电流达到额定值为止。

励磁电流的最小值受电机安全换向的限制，一般不应小于牵引电机额定电流的 40%。励磁调节的优点是调节功率小，可实现平滑调节；缺点是由于受电机磁路饱和的限制，随着机车速度的增加，制动力会相应减小。

第二阶段：调节逆变器电压。

在励磁电流调节到额定值之后维持不变，调节逆变电路晶闸管的控制角 α，改变整流电压 U_d。减小 U_d 以维持制动电流 I_z 为常数，即维持制动力不变，直至控制 $U_d=0$ 为止。其特性如图 2-23 中 *BC* 段所示。

第三阶段：加馈电阻制动。

此阶段整流器由逆变状态转而工作在整流状态，整流电压 U_d 的极性改变。由再生制动电流公式可知，此时制动电流 I_z 由电枢电势 E_a 和整流电压 U_d 共同产生，以保持低速时制动力不变，如图 2-23 中 $B_{max}C$ 段虚线所示。加馈制动时曲线 *OA* 的斜率取决于制动电阻的大小，制动电阻越小，斜率越小，*C* 点速度越低。

上述 3 个阶段中，只有前两个阶段为再生制动工况，向电网回馈能量；第三个阶段为加馈电阻制动，从电网吸收能量，以产生维持低速时的制动力不变。

第四节　交直型电力机车特性曲线

机车牵引特性是指机车轮周牵引力 F 与机车速度 v 之间的关系，即 $F=f(v)$，它是列车运行时牵引计算的依据。对牵引特性影响较大的因素有牵引电动机的特性和机车的控制方式，此外还有牵引变流器的外特性。同时，机车的牵引特性受其部件运行条件的制约，因而在不同的速度下，机车最大牵引力受到限制。

一、交直型电力机车牵引特性的限界

交直型电力机车一般属于相控机车，相控机车的特性由整流器、牵引电动机、机车的结构参数确定。机车的牵引特性有诸多限制，如图 2-24 所示。

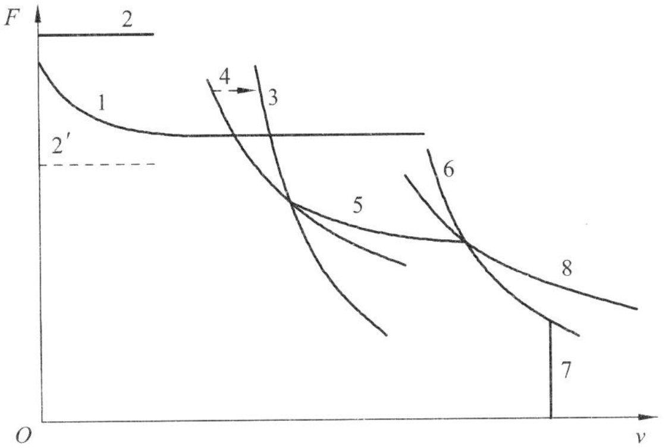

图 2-24　相控电力机车牵引特性限制曲线

1. 黏着限制（曲线 1）

机车的牵引力应该小于动轮与钢轨之间由黏着条件所决定的极限黏着力，否则动轮将发生空转。该曲线是按计算黏着系数计算得出的计算黏着牵引力曲线。

2. 牵引电动机允许的最大电流限制（曲线 2）

机车发挥的牵引力应小于牵引电动机低速大电流换向所决定的最大电流时的牵引力。该电流大于牵引电动机的额定电流，受牵引电动机绕组发热温升的限制，只允许短时运行。对干线电力机车，一般为额定电流的 1.2 ~ 1.4 倍，个别达到 1.6 倍。对客运电力机车，由于其传动装置的传动比较小，因而由牵引电动机电流限制计算所得的牵引力也小。曲线 2 可能如图 2-24 中的虚线 2′所示，低于黏着限制之下。这时机车的牵引特性限制应是曲线 2′，而不是曲线 1。

3. 牵引电动机允许的最高电压限制（曲线 3）

受换向片间电压和电位条件限制，牵引电动机有一个最高工作电压。曲线 3 即为满磁场（固定磁场分路）时的最高端电压，是由牵引电动机特性计算所得的牵引特性。

4. 整流器输出特性确定的最大电压限制（曲线 4）

在《电力机车通用技术条件》（GB 3317—1982）中规定：机车受电弓电压额定值为 25 kV，并在 20 kV 到 29 kV 变化范围内能正常工作。所以整流器输出的最高电压也随受电弓处的电压变化而变化，当网压升高时，曲线 4 将如箭头方向向右移动，反之则向左移。牵引电动机最高电压限制曲线 3 比整流电压最高电压限制曲线 4 有更陡的特性。这是因为整流器交流侧的阻抗压降和平波电抗器的电阻压降所致。由图 2-24 也可以看出，机车的牵引力越大，则牵引电机电流越大，上述压降也越大，所以大电流时曲线 4 位于曲线 3 的下侧。

5. 牵引电动机功率限制（曲线 5）

当牵引电动机在曲线 3 工作时，电压已达到最高允许值，电流则由列车的阻力而定。

在曲线 3 的右侧，牵引电动机的工作电压不变，进入磁场削弱下工作。曲线 5 是牵引电动机额定电压和额定电流计算所得的牵引特性，显然这是一条恒功率的限制曲线。由牵引电动机发出传递至机车轮缘的功率限制为常数：

$$P = Fv/3.6 = NU_{\mathrm{N}}I_{\mathrm{N}}\eta_{\mathrm{m}}\eta_{\mathrm{d}} = \text{常数}$$

式中 N——牵引电动机数；

U_{N}——牵引电动机额定电压，V；

I_{N}——牵引电动机额定电流，A；

η_{m}——牵引电动机效率；

η_{d}——牵引驱动装置效率。

所以恒功率限制的牵引特性为双曲线。因为工作电压已达最高值，这里指的恒功率曲线 5，实质上是牵引电动机额定电流的限制，而电流限制实质上又是牵引电动机的发热限制，也就是不超过电机绝缘温升标准时的允许电流。

6. 最深磁场削弱限制（曲线 6、8）

牵引电动机的换向受最深磁场削弱限制，最深磁场削弱系数由牵引电机设计确定。图中曲线 6 相当于电机最高端电压，最深磁场削弱时的牵引特性。曲线 8 则相当于整流器最大输出电压，最深磁场削弱时的牵引特性。

7. 机车构造速度限制（曲线 7）

机车的运行速度应小于由机车构造所决定的最大安全速度。

由上可知，电力机车牵引特性的工作范围应在图 2-24 所示粗实线决定的范围内。对相控机车，而且采用无级磁场削弱时，可以工作于上述范围中的任一点；对有级磁场削弱时，在满磁场区可以工作于范围内的任一点；而磁场削弱区则工作于曲线 3、曲线 6 间的磁场削弱级曲线上。

二、牵引特性与控制

在计算机车的牵引特性时，首先必须知道牵引电动机的工作特性，而牵引电动机的工作特性取决于其转轴上的输出特性。

1. 整流电压控制

相控机车中，通过对晶闸管的相位控制和牵引绕组的投入数量，来改变整流电压的大小、图 2-25 是一般相控整流电路的原理图。若采用反馈控制，则可以构成自动调节系统。随反馈信号的不同，就构成所谓恒流控制、恒压控制、恒速控制，但这些只能在没有达到满电压前才有可能（尚有调节余量）。当达到满电压后，电压只能按整流器输出的外特性变化。对一定控制角 α 的整流电压 U_d，将随整流电流 I_d 的增大而减小。其整流外特性如图 2-26 中直线 1 所示。由牵引电动机转速公式可知，机车的速度不仅受电动机电枢电阻的影响，还受整流器内阻的影响，由此计算出的牵引特性与电动机端电压为额定值 U_N 时计算的牵引特性是不同的。

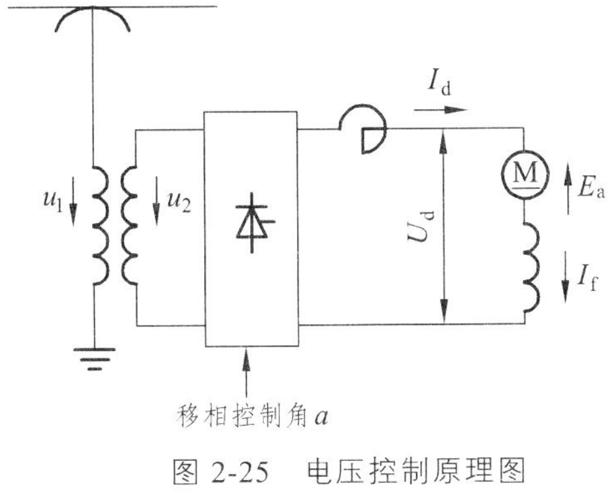

图 2-25 电压控制原理图

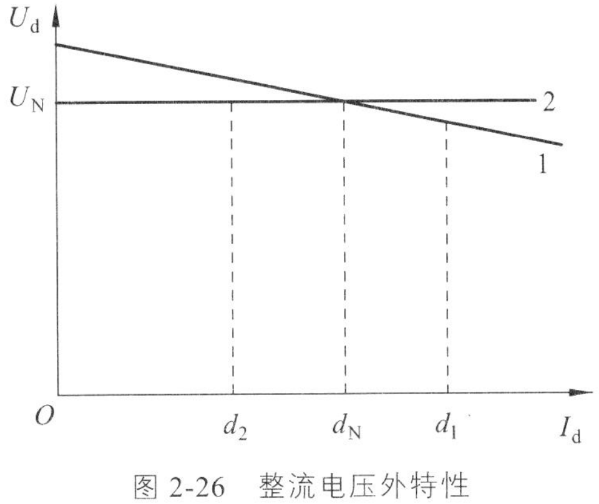

图 2-26 整流电压外特性

1—U_2 = const；2—U_d = const

2. 恒流控制

所谓恒流控制是指机车运行中，维持电动机电枢电流按某一指令值保持不变的控制。它常用于机车起动加速过程。由于电动机电枢电流是由整流器提供的，因此实际上是对整流电

流 I_d 进行恒流控制。

当整流器向单台电机供电时，整流电流 I_d 即是电机的电枢电流 I_a。由电压平衡方程式可得电流 I_d 的表达式：

$$I_d = \frac{U_d - E_a}{R_m} = \frac{U_d - C_e \Phi n}{R_m}$$

由上式可知，如果随着电动机转速 n 的变化，控制整流电压 U_d，使整流电流 I_d 不变，就达到恒流控制的目的。恒流控制的原理如图 2-27 所示。

牵引电动机输出轴上的转矩为：

$$T_z = T \quad T_0 = C_m \Phi I_d \quad T_0$$

通常电机铁耗和机械损耗产生的空载转矩 T_0 约为额定转矩的 1.5%左右。对于串励电机来说，电枢电流与主极磁通有一定的比例关系。所以当恒流控制时，机车的牵引力也是恒定的，其牵引特性如图 2-28 所示。

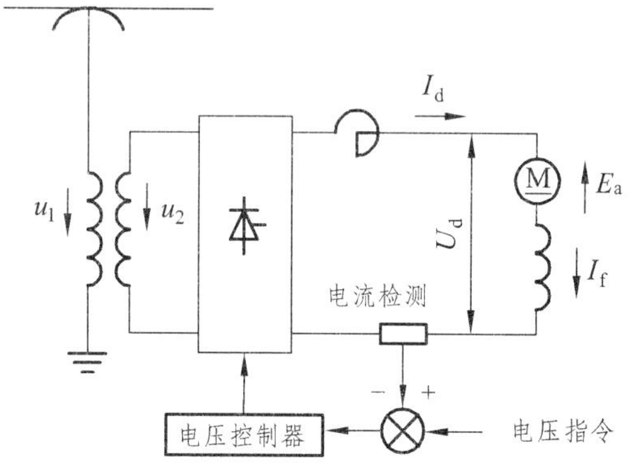

图 2-27　恒流控制原理图

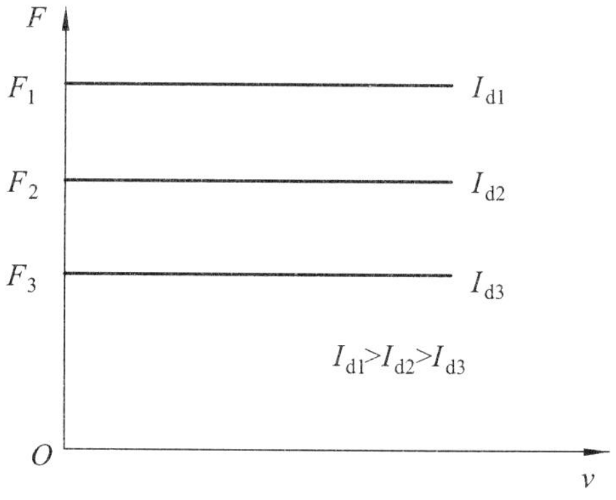

图 2-28　恒流控制的牵引特性

相控机车在起动过程中，无一例外均采用恒流起动的方式。因为在起动过程中没有牵引力的波动，所以平均起动牵引力大，可以最大限度地接近黏着限制。

当机车一旦发生空转时，恒流控制就不能抑制空转，这是不利的一面。为了克服恒流控制而形成的持续空转，必须由空转保护装置发出信号，终止恒流控制，甚至减载运行以恢复黏着。

3. 恒压控制

所谓恒压控制是指机车运行中，维持牵引电动机的端电压不变，也就是维持整流电压按某一指令值维持不变的控制，如图 2-29 所示。恒压控制时，其实质是用自动调节的办法，补偿了整流器内阻的电压降。

当电网电压提高时，曲线 1 向右移；当网压降低时，曲线 1 向左移。如图 2-30 中，曲线 2 是电机额定电压下得到的牵引特性，当速度 $v > v_0$ 时，由于整流器的输出电压将高于额定电压，尚有调节余量，通过恒压控制使整流器输出电压 U_d 保持恒定，因而可运用于曲线 2。反之，当速度 $v < v_0$ 时，由于整流器的输出电压达不到电机的额定电压，所以只能运用于曲线 1。

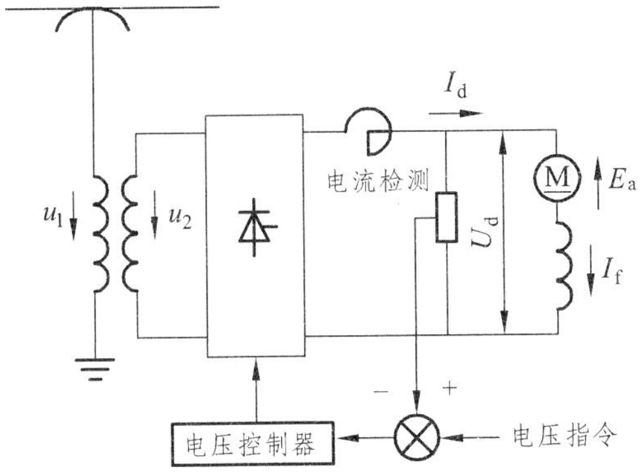

图 2-29　恒压控制原理图

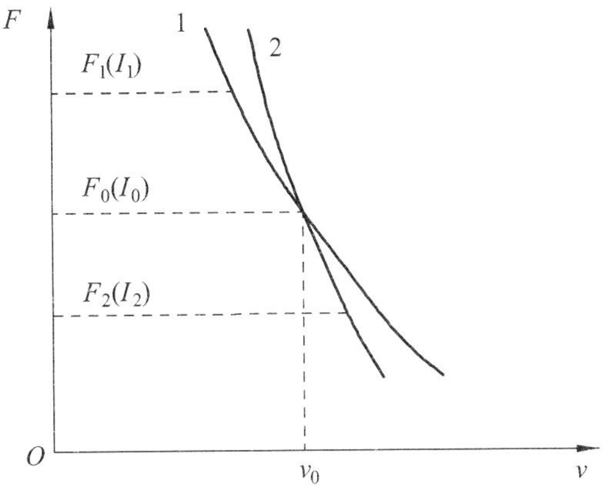

图 2-30　电压控制与恒电压控制的牵引特性

1—U_2 = const；2—U_d = const

恒压控制方式在日本的机车上运用得比较广泛，因为恒压控制有较硬的牵引特性，所以有较好的再黏着性能。

4. 速度控制

速度控制是采用速度反馈，让机车的速度按一定规律变化的控制。通常使用的是准恒速控制。

恒速控制的原理如图 2-31 所示，机车的速度信号可以从反应机车速度的任一环节取得，例如轮对、大小齿轮、电机轴等。装于轮对上的传感器必须能耐受轮轨间的冲击。恒速控制可通过电机电压的控制和磁场削弱（仅当采用无级磁削时）来达到。

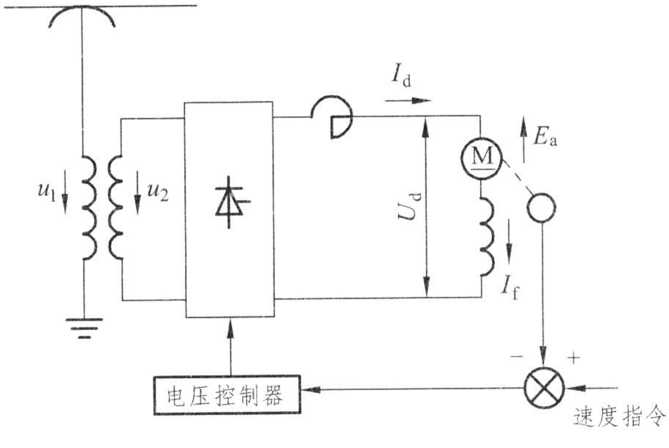

图 2-31　恒速控制原理图

恒速控制的牵引特性如图 2-32 中的虚线所示，它是一组平行于纵轴的直线，其值随速度指令值变化。从牵引特性可知，只要速度有微小的变化，牵引力会产生很大的波动，这是不希望的。因而往往采用图中实线的准恒速形式，速度和牵引力之间的关系式可写成：

$$F = A - Bv$$

或者写成电动机电枢电流 I_d 与速度 v 之间的关系式：

$$I_d = a - bv$$

电流 I_d 与牵引力之间则由 $T_z = T - T_0 = C_m \Phi I_d - T_0$ 和 $F = 2N\mu\eta_d \frac{T_z}{D}$ 确定（N 为牵引电动机台数，μ 为齿轮传动比，D 为动轮直径）。

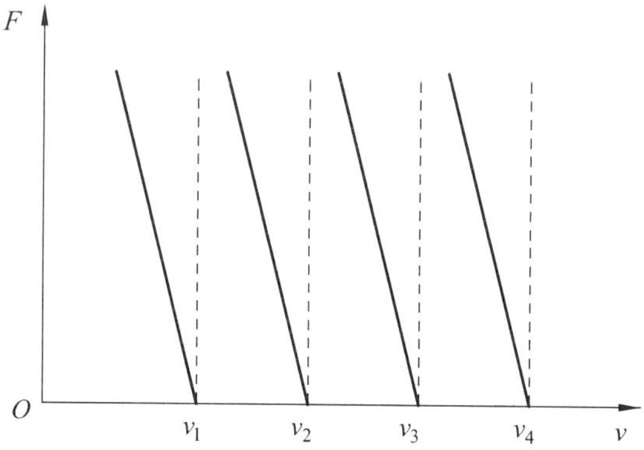

图 2-32　恒速控制与准恒速控制的牵引特性

我们只要确定 $F = A - Bv$ 中的斜率 B，就可确定牵引特性的倾斜程度，这时的牵引特性如图 2-32 中的实线所示。对于不同的 A 值，可以得到一组平行的直线，这种控制我们称为准恒速控制。为实行这一控制，应该在速度反馈回路中插入一个反应式为 $I_d = a - bv$ 的函数发生器（检测电流值 I_d，实时计算出速度 v 的指令）。

5. 特性控制

特性控制目前广泛用于国内机车上，它首先用于引进的 8K 机车上。它是恒流控制和准恒速控制的结合，即使机车牵引特性具有恒流起动和准恒速运行的双重性能。例如 8K 机车就有下列要求：

（1）恒流曲线，对不同的级位 N，存在下面的函数关系：

$$I_a = 200N \quad (\text{A})$$

（2）准恒速曲线，根据级位 N 和机车速度 v，有函数关系式：

$$I_a = 930N - 90v \quad (\text{A})$$

我们将曲线（1）和（2）取最小值。例如对于第 N 级司机手柄位，上述两曲线的交点为 v_N，则当 $v < v_N$ 时，取恒流曲线（1）的输出；当 $v > v_N$ 时，取准恒速曲线（2）的输出，由此构成图 2-33 的曲线。根据公式 $I_a = 200N$ 或公式 $I_a = 930N - 90v$，可得出 8K 机车牵引的控制特性。

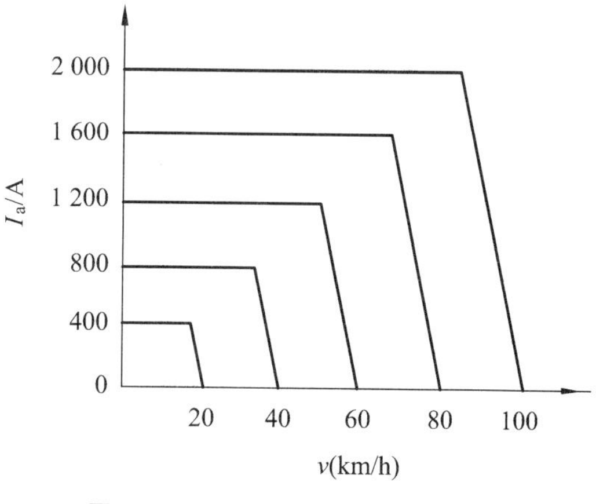

图 2-33　8K 机车牵引特性的构成

三、SS_9 型电力机车特性

电力机车是一个能量变换器，它将接触网上的高压电能经过多次转换变换为牵引列车的机械能，最终以机车的牵引力和机车的速度表现出来。由于每一环节的能量转换总是伴随着损耗或者性能的变化，所以均会对机车的牵引特性产生影响，其中以牵引电动机的特性和机车控制方式的影响较大。

机车牵引特性是指机车轮周牵引力 F 与机车速度 v 之间的关系，即 $F=f(v)$。它是列车运行时牵引计算的依据。计算牵引特性的同时，必须计算机车的速度特性和机车的牵引力特性。

1. 机车速度——电流特性[$I_a=f(v)$]

机车的速度——电流特性是指机车运行速度 v 与牵引电动机电枢电流 I_a 之间的关系，即 $I_a=f(v)$。

SS_9 型电力机车采用恒流准恒速特性控制，即低速时的恒流控制和设定速度点的准恒速控制，机车运行电流和速度随司控器调速手柄的级位调节而变化。司控器调速手柄分 18 级，但级位是连续的，标定的两级位间的位置也可以使用。

机车特性控制函数如下：

$$I_a=\begin{Bmatrix} 110N \\ 880N-88v \\ 1\,305 \end{Bmatrix} \quad (\text{A}) \quad 取最小值$$

式中 I_a——牵引电机给定电流，A；

v——机车速度，km/h；

N——级位。

根据机车牵引控制特性及牵引电动机特性，可得出机车速度——电流特性曲线如图 2-34 所示。图中 $OABCDEFG$ 是限制曲线，由于 SS_9 型电力机车采用了晶闸管整流及磁场削弱，牵引电机的端电压和励磁电流均可平滑调节，因此机车可以运行在限制曲线内的任何一点。

机车限制曲线由以下限制条件形成：

（1）最大起动电流限制。SS_9 型电力机车在 0～5 km/h 内起动电流被限制在 1 305 A，如图 2-34 中 OA 所示。

（2）黏着及最大功率限制。机车从 5 km/h 开始，电流随机车速度的增加而线性下降，到 B 点时，机车功率达到最大值 5 400 kW，其限制曲线如图 2-34 中 AB 所示。

（3）牵引电动机额定电压的限制。这是为保证额定电压下安全换向的限制，如图 2-34 中曲线 BC 所示。该曲线为电动机端电压为 990 V 时的自然速度特性。

（4）牵引电动机持续功率的限制。机车运行到 C 点达到牵引电动机的额定电压 990 V，额定电流 870 A，机车如需增加速度，则电压将自动线性超压至 1 100 V，相应的电流由 870 A 降至 783 A，以维持机车功率不变，其限制曲线如图 2-34 中 CD 所示。这时机车若需继续增加速度，则保持电压 1 100 V 不变，采用无级磁场削弱的办法，即将磁场分路系数由 0.87 减小至 0.49 来达到，相应限制曲线如图 2-34 中 DE 所示。

（5）最深磁场削弱限制。SS_9 型电力机车控制最深磁场削弱系数为 0.49，其限制曲线如图 2-34 中 EF 所示。

（6）机车最高速度限制。机车最高速度为 170 km/h，其限制曲线如图 2-34 中 FG 所示。

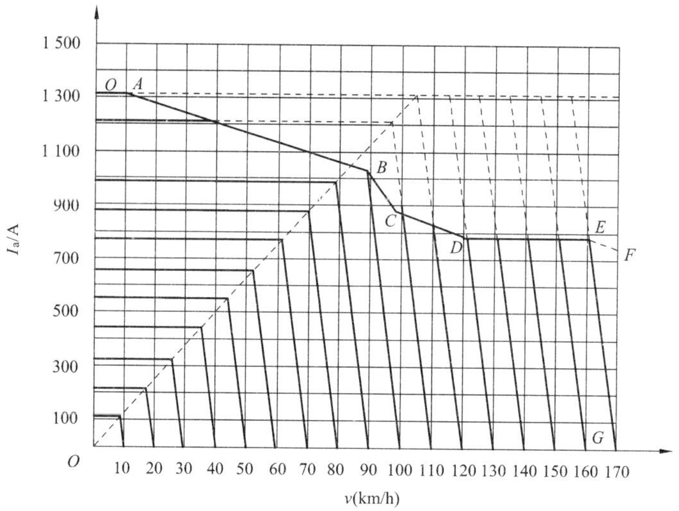

图 2-34　SS_9 型机车牵引速度——电流曲线 $I_a = f(v)$

2. 机车牵引力特性[$F = f(I_a)$]

机车牵引力特性是指机车轮周牵引力 F 与牵引电机电枢电流 I_a 之间的关系，即 $F = f(I_a)$。机车牵引力可以根据牵引电机输出轴上的转矩进行计算，其关系可由下式求出：

$$F = \frac{2N}{D}\mu\eta_d T_z$$

式中　N——牵引电机台数，SS_9 型电力机车为 6 台牵引电机；

η_d——传动效率；

T_z——牵引电机轴上转矩，kN·m。

其中 T_z 等于牵引电动机产生的电磁转矩 T 减去用于克服电机铁耗和机械损耗形成的空载转矩 T_o，即

$$T_z = T - T_o = C_m \Phi I_a \times 10^{-3} - T_o \quad (\text{kN}\cdot\text{m})$$

根据牵引电机特性和机车型式试验的数据所得的机车牵引力特性曲线如图 2-35 所示。

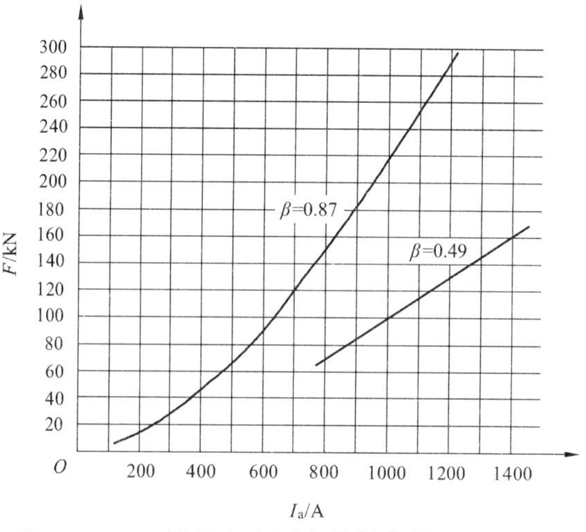

图 2-35　SS_9 型机车牵引力特性曲线 $F = f(I_a)$

3. 机车牵引特性[$F=f(v)$]

机车牵引特性是指机车轮周牵引力 F 与机车速度 v 之间的关系，即 $F=f(v)$。机车牵引特性可由前述的机车速度——电流特性 $I_a=f(v)$ 和机车牵引力特性 $F=f(I_a)$ 求得。

机车牵引特性曲线一般由机车行驶试验测出，如图 2-36 所示。

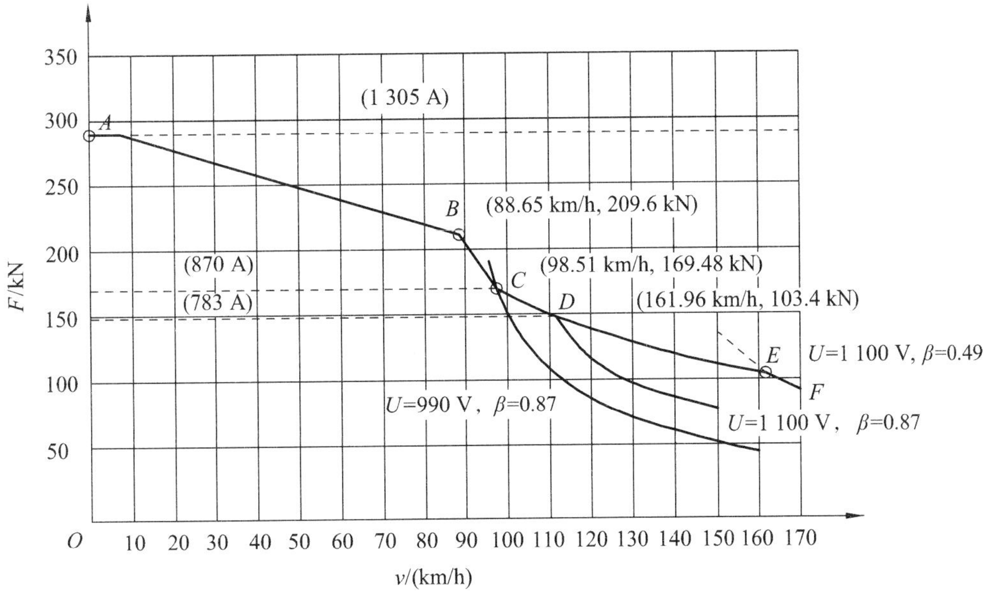

图 2-36　SS_9 型机车牵引特性曲线 $F=f(v)$

四、SS_{6B} 型机车特性

1. 机车牵引特性

机车牵引特性是指机车轮周牵引力 F_k 与机车速度 v 之间的关系，即 $F_k=f(v)$ 特性，可以说是机车的基本特性。

SS_{6B} 型机车牵引特性编制的基本条件是：受电端网压为工频 25 kV，动轮直径为半磨耗轮（1 200 mm），特性曲线按牵引电动机电压 1 020 V 额定工况和 1 100 V 超压工况，以及 β_1、β_2、β_3 三级磁场削弱级时的特性绘制。

$$F_k = 6U_d I_a \eta_d \eta_e / v$$

式中　F_k——轮周牵引力，N；

U_d——电机电压，V；

I_a——电机电枢电流，A；

η_d——电机效率，%；

η_e——齿轮传动效率，%；

v——机车速度，m/s。

从而得到牵引特性公式：

$$F_k = 3.6\frac{P_M}{v}\eta_e$$

式中　F_k——轮周牵引力，kN；

P_M——机车总功率，kW；

v——机车速度，km/h；

η_e——齿轮传动效率，0.975；

P_k——轮周功率，kW。

SS_{6B}　机车总功率 $P_M = 4\ 800$ kW；

轮周功率 $P_k = 4\ 680$ kW。

牵引特性曲线特征点：

起动点	471 kN	0 ~ 5 km/h
持续点（1020 V，$\beta_0 = 0.96$）	337.5 kN	50 km/h
超压点（1100 V，$\beta_0 = 0.96$）	306 kN	55 km/h
I 级削弱点（$\beta_1 = 0.7$）	270 kN	62.3 km/h
Ⅱ级削弱点（$\beta_2 = 0.54$）	238.6 kN	70.6 km/h
Ⅲ级削弱点（$\beta_3 = 0.45$）	210 kN	80.3 km/h

牵引特性参数见表 2-1 所示。

表 2-1　牵引特性参数表

电机电压 U_d/V	电枢电流 I_a/A	励磁电流 I_f/A	削弱率 β/%	电机转速 n/（r/min）	电机转矩 T/（kN·m）	机车牵引力 F_k/kN	机车速度 v/（km/h）
1 020	845	811	96	962	8.00	337.5	50
1 100	785	753	96	1058	7.23	306	55
1 100	785	550	70	1198	6.37	270	62.3
1 100	785	424	54	1358	5.63	238.6	70.6
1 100	785	353	45	1544	4.95	210	80.3
1 100	615	277	45	1925	3.2	136	100

表 2-1 中参数的关系式：

$$v_k = 0.06\frac{\pi D}{\mu}n = 0.06\frac{1.2\pi}{4.35}n = 0.052n$$

$$F_k = 6\times\frac{\mu\eta_e}{D/2}T = 6\times\frac{4.35\times0.975}{0.6}T = 42.4T$$

式中　D——车轮直径（半磨耗），$D = 1.2$ m；

μ——齿轮传动比，74/17 = 4.35；

η_e——齿轮传动效率，0.975；

T——牵引电机转矩，kN·m；

n——牵引电机转速，r/min；

v_k——机车速度，km/h；

F_k——机车牵引力，kN。

SS_{6B} 型电力机车牵引特性曲线见图 2-37。

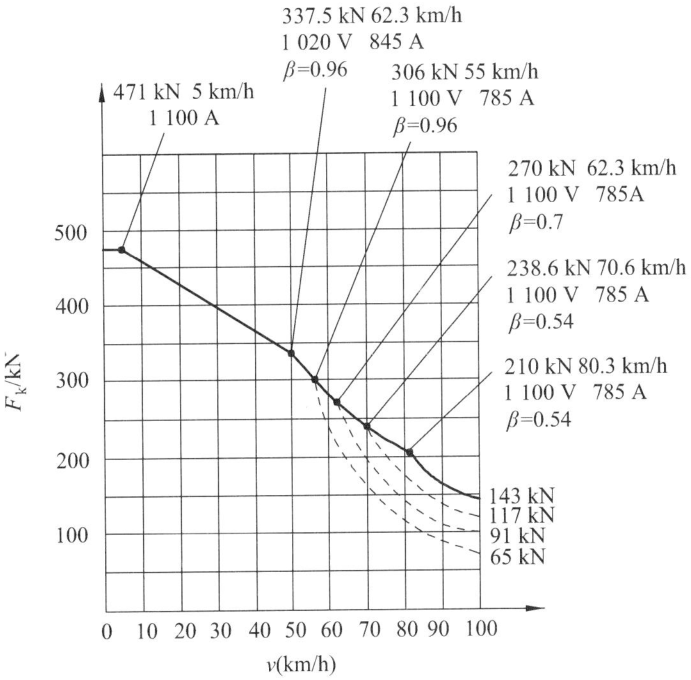

图 2-37 SS_{6B} 型电力机车牵引特性曲线图

SS_{6B} 型电力机车牵引特性控制函数为：

$$I_m = \begin{Bmatrix} 150n \\ 600n - 54v \\ 1100 \end{Bmatrix} \quad (\text{A}) \quad 取最小值$$

式中 I_m——牵引电机给定电流，A；

v——机车速度，km/h；

n——级位。

牵引特性控制函数参数见表 2-2 所示。

表 2-2 牵引特性控制函数参数表

n（级）	0	1	2	3	4	5	6	7	8	9	10
I_m/A	0	150	300	450	600	750	900	1050	1100	1100	1100
v/（km/h）	0	8.33	16.67	25	33.33	41.67	50	58.3	68.5	79.6	90.7
I_m/A	0	0	0	0	0	0	0	0	0	0	0
v/（km/h）	0	11.11	22.22	33.33	44.44	55.55	66.66	77.77	88.88	99.99	111.11

牵引特性控制函数曲线见图 2-38。

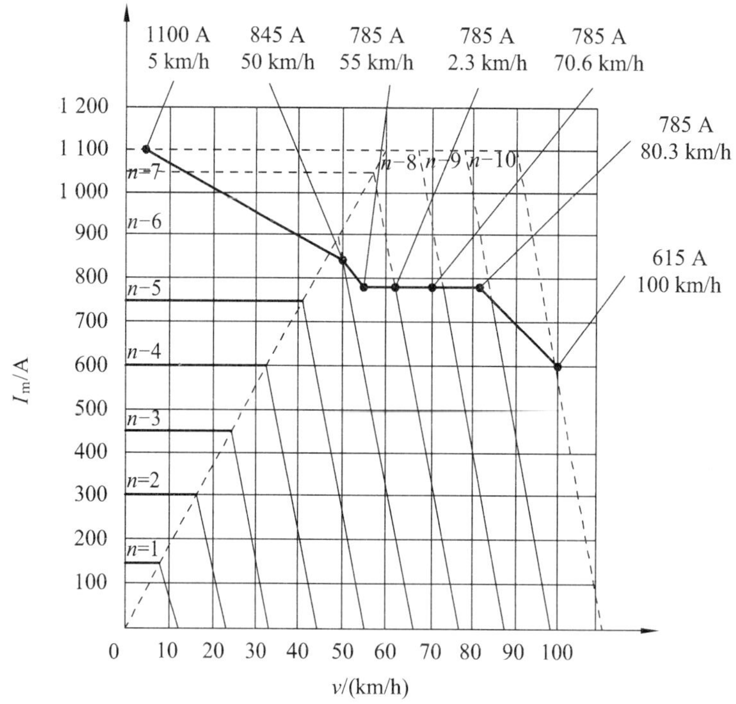

图 2-38　SS_{6B} 型电力机车牵引特性控制函数曲线图

2. 机车电阻制动特性

机车电阻制动特性是指机车轮周制动力 B_k 与机车速度 v 的关系，即 $B_k = f(v)$，其标准计量单位为 kN。

SS_{6B} 型电力机车电制动特性编制的基本条件是：动轮直径为半磨耗轮（1 200 mm），牵引电动机作他励发电机运行，6 台电机主极串联他励，低速区采用电枢电路的制动电流加馈，以维持最大制动力矩。所以，SS_{6B} 型电力机车电制动特性绘制分纯电阻制动特性区和加馈电阻制动特性区。

SS_{6B} 型电力机车纯电阻制动特性区，制动电流最大限制值 775 A 时，调节励磁电流各值，即在不同 Φ 下其制动力与机车速度的关系式为：

$$B_k = K_1 \Phi^2 v$$

式中　K_1——结构系数，$\dfrac{860 C_e C_T}{R_z + \sum R}$

Φ——励磁磁通（由电机空载特性查出），Wb；

v——机车速度，km/h。

在纯电阻制动特性区，为实现恒制动力控制的目的，可以调节励磁电流值（< 930 A）。最大制动电流的限定曲线由以下机车制动力与机车速度关系式决定：

$$B_k = K_2 I_z^2 \frac{1}{v}$$

式中　K_2——结构系数，$\dfrac{2.32C_T\left(R_z+\sum R\right)}{C_e}$；

I_z——制动电流，A；

v——机车速度，km/h。

当机车速度下降到一定值后，励磁电流已调节到最大值 930 A，电机励磁电流已无法调节，将无法保持恒制动力特性。此时，需要进入加馈制动特性区，利用回路中的外电源注入电流，使回路制动电流不变，从而维持最大制动力。

SS_{6B}型电力机车轮周电制动功率 4 000 kW（50 ~ 80 km/h），最大恒制动力 288 kN（10 ~ 50 km/h）。

注：单电机电阻柜工作功率 600 kW（装机容量 633 kW）；

电阻值 1 Ω（热态），0.9 Ω（冷态）；

工作电流 775 A（装机允许电流 800 A）；

单电机发电机功率 650 kW；

机车电制动功率 3 900 kW；

齿轮传动效率 0.975。

电制动特性曲线特征点见表 2-3 所示。

表 2-3　电制动特性曲线特征点

特征点	制动力/kN	速度/（km/h）
低速点	288	10
转折点	288	32.8
恒功起点	288	50
恒功终点	173.5	83
限速点	93.5	100

电制动特性参数见表 2-4 所示。

表 2-4　电制动特性参数表

电机电压 U_d/V	电枢电流 I_a/A	励磁电流 I_f/A	电机转速 n/（r/min）	电机转矩 T/（kN·m）	机车牵引力 F_k/kN	机车速度 v/（km/h）
348	628	930	192.3	6.46	288	10
630	620	930	631	6.46	288	32.8
777	775	542	960	6.46	288	50
777	775	236.5	1596	3.89	173.5	83
626	624	174	1925	2.09	93.4	100

表中参数关系式：

$$v_k = 0.052\,n$$

$$B_k = 44.6\,T$$

式中　n——电机转速，r/min；

T——电机转矩，kN·m；

v_k——机车速度，km/h；

B_k——机车制动力，kN。

SS_{6B}型电力机车电制动特性曲线见图 2-39。

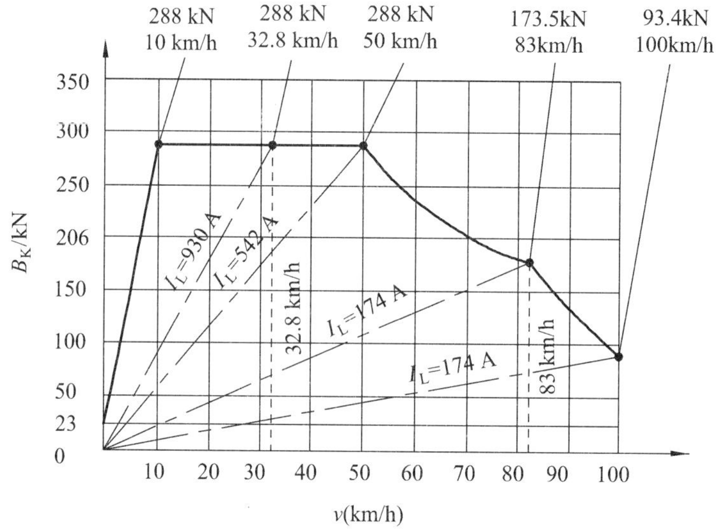

图 2-39　SS_{6B}型电力机车电制动特性曲线图

SS_{6B}型电力机车电制动特性控制函数：

$$I_z = \begin{Bmatrix} 57.8v - 578(n-1) + 50 \\ 50 \end{Bmatrix} \qquad \text{(A)} \quad \text{取最小值}$$

式中　I_z——制动电流给定电流，A；

v——机车速度，km/h；

n——级位。

电制动特性控制函数参数见表 2-5 所示。

表 2-5　电制动特性控制函数参数表

n（级）	0	1	2	3	4	5	6	7	8	9	10
I_z/A	0	50	50	50	50	50	50	50	50	50	50
v/（km/h）	0	0	10	20	30	40	50	60	70	80	90
I_z/A	0	628	628	628	628	628	628	628	628	628	628
v/（km/h）	0	10	20	30	40	50	60	70	80	90	100

电制动特性控制函数曲线见图 2-40。

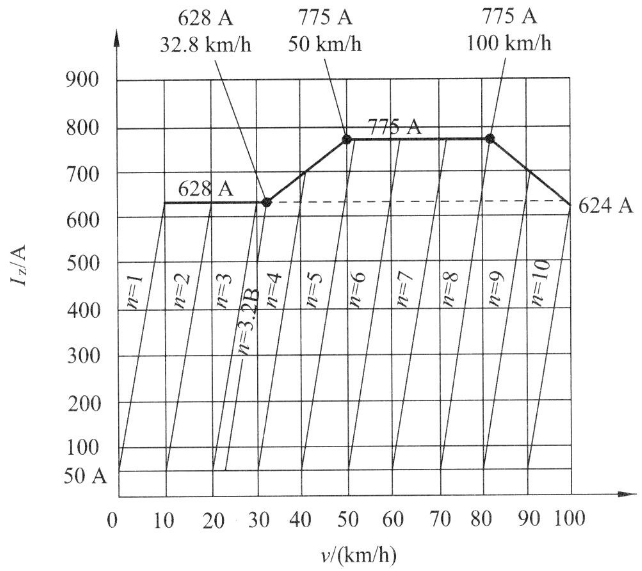

图 2-40　SS_{6B} 型电力机车电制动特性控制函数曲线图

习　题

1. 电力机车的运动状态有哪些？电力机车的基本运行工况有哪些？
2. 电力机车调速的基本要求有哪些？
3. 电力机车电路通常由哪三部分组成？各部分分别起什么作用？有什么特点？
4. 电力机车牵引电机启动时，应先起动主电路还是先启动辅助电路？为什么？
5. 根据串励电机与他励电机的比较结果，简述牵引工况时为何选择串励电机。
6. 调节直流串励牵引电动机转速的方法有哪些？
7. 什么是磁场削弱？机车实施磁场削弱的条件是什么？
8. 什么是磁场削弱系数？说明磁场削弱系数的物理意义。
9. 交直型电力机车的起动电流有什么特点？为什么？有哪些危害？应采取哪些措施？
10. 交直型电力机车磁场削弱的方法有哪些？
11. 电力机车电气制动的基本原理是什么？电力机车电气制动有哪几种形式？
12. 何谓电阻制动？何谓再生制动？
13. 交直型电力机车电气制动有哪些优缺点？
14. 交直型电力机车一般采用电阻制动还是再生制动，为什么？
15. 交直型电力机车在实施电阻制动时，是采用他励式电阻制动还是串励式电阻制动？
16. 交直型电力机车电阻制动的调速方法有哪些？
17. 交直型电力机车电阻制动的工作范围受到哪些限制？
18. 电阻制动的不足是什么？解决措施有哪些？
19. 再生制动时，交直型电力机车必须采用哪种整流电路？
20. 什么是加馈电阻制动？实施加馈电阻制动的条件是什么？

21. 加馈电阻制动能否制停？为什么停车制动不使用加馈电阻制动？
22. 交直型电力机车有哪几种控制方式，有何优缺点？
23. 什么是机车的牵引特性？画图说明交直型电力机车牵引特性的工作范围。
24. 交直型电力机车有哪些特性？各特性曲线如何？

第三章　交直交型电力机车调速及工作原理

第一节　概　述

一、铁路电力牵引传动的发展方向

多年以来直流牵引电动机一直作为各种铁道车辆的主要牵引动力。直流牵引电动机具有优良的牵引和制动性能，调节端电压和励磁，就可以方便地进行调速。它具有启动性能好、调速范围大、过载能力强、功率利用充分、控制简单等优点。但是，直流牵引电动机的换向器结构尚存在一些缺点：电机换向困难和电位条件恶化、结构复杂、工作可靠性较差、制造成本高和维修麻烦。特别是在高电压大功率时，换向变得困难，电位条件恶化，使电机的工作可靠性降低。因此直流牵引电动机的发展受到了很大限制。

随着大功率晶闸管，特别是近年来全控型电力电子器件的迅速发展，可调压调频的逆变装置已经成功解决了交流电动机的调速问题。交流电动机没有换向器，作为牵引电动机就消除了由此引起的一连串问题，而且具有结构简单、维修方便、体积小、重量轻、转速高、功率大、能自动防滑等一系列优点，所以是一种较理想的牵引电动机，在铁路电力牵引装备中正在迅速取代直流牵引电动机。

铁路电力牵引传动系统普遍采用的是交流异步牵引电动机，这是因为同步电机需要集电环和电刷或者在转子上安装旋转整流器，不适于频繁起动和停止的工作需要；也不能在轮径不同或牵引电机转速有差别时，由一台逆变器驱动多台电动机并联工作。

异步电动机在空间利用和重量上都优于同步电动机，因此被广泛应用。异步电动机采用VVVF 控制，即直流电通过逆变器变为三相交流电，用电压和频率的变化来控制异步电动机，获得最佳的调速性能，并实现再生制动。

二、电力牵引交流传动系统的结构及类型

1. 电力牵引交流传动系统的结构

图 3-1 所示为采用交流传动技术电力机车的系统结构。由图 3-1 可以看出，在现代交流传动电力机车上，来自接触网的单相交流电在牵引变压器中变换成所需大小合适的电压，经整流器整流后供给中间直流回路。中间直流回路起无功能量交换的作用，完成储能、能量变换、滤波的任务。再通过牵引逆变器的逆变，将直流变换为交流牵引电机调速所需要的交流能量。工作过程中，控制装置接受司机控制器的控制指令，通过触发脉冲发生器控制整流器和逆变器中的电力电子器件，从而实现交-直-交的能量变换。

从电力牵引交流传动系统的工作过程可以看出，牵引变流器由整流器、中间直流环节、牵引逆变器、控制系统组成。

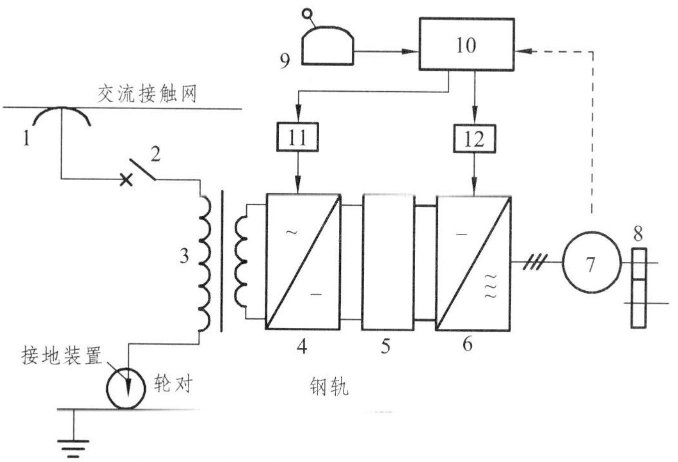

图 3-1　交流传动电力机车的系统结构

1—受电弓；2—主断路器；3—牵引变压器；4—整流器（网侧）；5—中间回路；
6—逆变器（电动机侧）；7—交流牵引电动机；8—传动齿轮；9—司机控制器；
10—电子控制装置；11、12—触发脉冲发生器

2. 电力牵引交流传动系统的类型

1）根据中间直流环节储能元件的类型分类

在现代交流传动电力机车上，来自接触网的单相交流电在牵引变压器中变换成所需大小的合适电压，经整流器整流后供给中间直流回路。由于从单相交流接触网来的功率是以脉动形式提供给中间回路的，从传动特性来看，希望得到尽可能恒定的功率，从而得到尽可能恒定的转矩。因此，中间回路首先是一个能量存储和变换的装置，同时它又是一个滤波器，在平衡功率波动方面起着决定性的作用。

在电工技术领域，存在两种具有储能特性的无源元件：电容器和电抗器。根据所选择的不同储能元件，交流传动相应地分为两种基本系统：电压型系统和电流型系统。相应地，把有关的交-直-交变流器称为电压型变流器和电流型变流器。电路结构如图 3-2 所示。

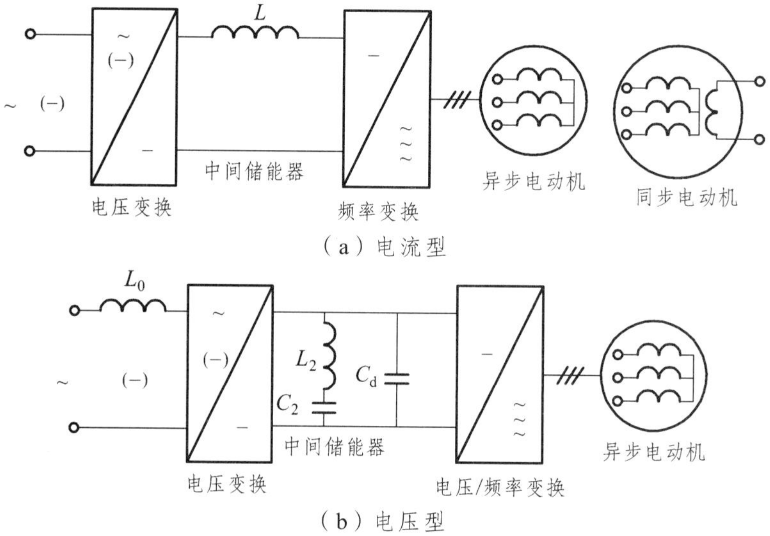

图 3-2　电力牵引交流传动系统类型

电压型变流器中，电容器用作中间回路的储能器，它接受向中间回路供给的瞬时电流与从中间回路取用的瞬时电流之差，并使电压保持恒定。作为逆变器的电源，在其输入端提供一个实际上恒定不变的电压。由于这个电源具有低的内阻抗，所以逆变器的端电压不随负载变化。这种逆变器称为电压源逆变器，对于单电动机传动或多电动机传动同样适用。但是低的内阻抗使得时间常数很小，在逆变器端子上出现的任何短路，都会使短路电流迅速上升，很难通过一般方法加以消除，必须采用快速熔断器或特殊的保护措施。

对于电流型变流器，采用电抗器作为中间回路储能器。它吸收波动形式的差电压，保持中间回路的电流强度恒定。由于这个作为逆变器电源的中间回路具有很大的内阻抗，逆变器输入端的电流在负载变化时保持恒定。这种逆变器称为电流源逆变器。但是，电流源逆变器的端电压明显地随负载变化。如果用来向多台并联的电动机供电，那么其中任何一台电动机负载的变化都会影响到其他电动机的工作。所以，电流源逆变器对于多电动机传动系统来说是不适用的。

目前，我国 HXD 系列电力机车、CRH 系列动车组（包括地铁列车）均采用电压源逆变器。

2）根据交流牵引电动机的类型分类

对于电力牵引交流传动，除了不同类型变流器的选择以外，人们还面临不同类型的交流牵引电动机的选择：同步型还是异步型。迄今，在电力牵引领域出现的交流传动系统基本上有以下两类：

（1）电流型变流器供电的同步电动机或笼型异步电动机系统（图 3-2（a））。

电流型系统（见图 3-2（a））其实是从相控整流桥供电的脉流牵引电动机系统直接演变过来的。只不过在采用直流电动机的情况下，频率变换是由电动机上的机械式变频器——换向器来实现的。而在交流传动中，这项任务由逆变器完成。对于采用异步电动机的电流型系统，逆变器依靠电动机漏抗和谐振电容进行换相；而对于采用同步电动机的情况，则借助负载本身的换相电压（电动机反电势）进行换相。在这两种情况下，电动机各个绕组都将流过方波电流，除了增大铜耗外，还使转矩中含有较明显的谐波成分。因此，需要采取特殊措施。

在使用同步牵引电动机的情况下，逆变器比较简单，也不需对晶闸管提出特殊的关断方面的要求。但是，当速度在接近于零的范围内，由于电动机反电动势的值太小，不足以使晶闸管换相。所以，当电力牵引上采用这种系统时，在 3% ~ 10%额定速度值以下，仍然需要依靠附加的强迫换相装置进行工作。另外，为了向同步电动机的励磁绕组供电，必须采用集电环和电刷，或者采用旋转整流器，结构比较复杂。

（2）电压型变流器供电的笼型异步电动机系统（见图 3-2（b））。

与上述两种电流型系统不同的方案是，采用电压型变流器供电的异步牵引电动机系统。逆变器向牵引电动机输出频率和幅值可变的三相电压，通过适当地选择脉宽调制技术，能够进一步改善输出电压波形。在电动机漏抗的影响下，使电动机绕组中的电流尽可能接近于正弦形，从而减小转矩的脉动程度。此外，网侧变流器通过中间回路储能设备（二次谐波吸收电路、支撑电容器）解耦，使得对接触网的反作用（如干扰电流和功率因数等问题）可以通过网侧变流器的设计技巧加以解决。在迄今开发的交流传动动车组以及电力机车上，网侧变流器几乎全是采用四象限脉冲整流器，电机侧变流器几乎全是采用电压型变流器。

第二节　三相交流异步牵引电动机调速

一、三相交流异步牵引电动机的基本原理及机车方向和工况控制

1. 异步电动机的结构和原理及交直交型电力机车方向的控制

异步电动机由定子和转子两大部分组成，定子铁芯上安放着三相对称交流绕组；转子铁芯上安放着一组对称交流绕组，其上这组对称绕组可以是三相对称绕组（称为绕线式），也可以是多相对称绕组（称为鼠笼式）。鼠笼形异步电动机的转子结构是把转子笼条固定在端环上，这些转子绕组在工作时都是短路的，转子笼条与端环构成封闭的线圈。图 3-3 所示为异步电动机的原理。

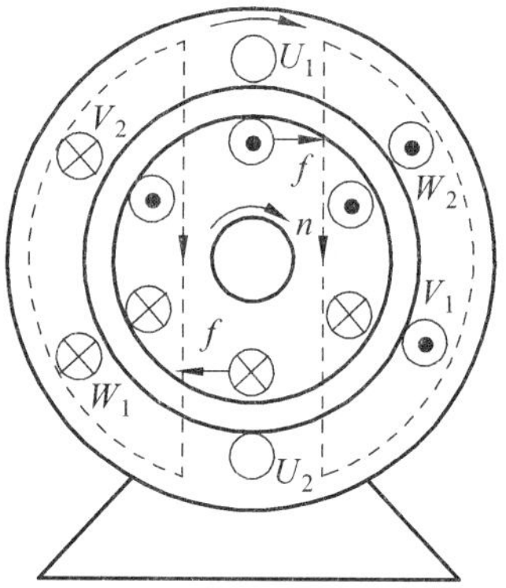

图 3-3　异步电动机原理图

当定子三相绕组中通入三相对称电流，这时在电机气隙圆周上产生了一个旋转磁场（旋转磁场按顺时针方向旋转），旋转磁场的转速 n_1（即同步转速）与频率 f_1 以及极对数 p 满足式：$n_1 = 60f_1/p$ 的关系。当这个磁场旋转时，转子导体与旋转磁场之间存在相对运动，必在转子导体中产生感应电势，其方向可用右手定则确定，其上半部导体感应电势的方向是由里向外，而下半部导体感应电势的方向是由外向里。由于转子导体是短路的，则转子导体中有感应电流流过。转子导体中的感应电流与旋转磁场相互作用产生电磁力 f，其方向可用左手定则确定。电磁力作用在转子上形成电磁转矩，使转子按旋转磁场（顺时针方向）的旋转方向转动。

结论：改变三相交流电源的相序时，可以改变定子旋转磁场的旋转方向，进而可以改变转子导体所受到电磁力的方向，从而决定转子的旋转方向。以此控制高速电动车组、地铁电动车组、电力机车的前进和后退方向。

为了在转子导体中产生感应电势和电流，转子与旋转磁场之间必须存在相对运动，则异步电机转子转速 n 总是小于同步转速 n_1，故三相鼠笼式电动机又称为异步电动机。

图 3-3 给出了在三相 2 极电机中旋转磁场产生的原理，在这种情况下，一个周期内磁场沿圆周旋转一周。由此可以推断出：

4 级电机每周期旋转 1/2 周，

6 级电机每周期旋转 1/3 周，

$2p$ 级电机每周期旋转 $1/p$ 周。

由此类推，设电源频率为 f_1（Hz）、转子转速为 n（r/min）、极对数为 p，则有

$$n_1 = \frac{2 \times f_1 \times 60}{2p} = \frac{60 f_1}{p}$$

式中，n_1 为同步转速。

2. 转差、转差频率、转差率的概念

转子的旋转速度大致随同旋转磁场的旋转速度，但不完全一致，其差值称作转差（$\Delta n = n_1 - n$）。转差是异步电动机的一个非常重要的控制因素。

在牵引时，如果转子上有负荷，则转子转速稍慢于旋转磁场。反之，再生制动时，转子转速稍快于旋转磁场。设旋转磁场的旋转频率为 f_1（Hz）、转子的实际旋转频率为 f（Hz），则 $f_1 - f = f_s$ 称作转差频率；$\dfrac{n_1 - n}{n_1} = s$ 称作转差率。（制动时因 $f_1<f$，所以 f_s、s 皆为负值。）

此外，通常说转差时往往是指转差频率或转差率。

异步电动机的转子必须切割磁通，才能产生力矩，所以转子的速度必须比磁场的速度（同步转速）略慢一些。同步转速 n_1 与转子实际转速 n 之差与同步转速的比称为转差率 s。

异步电动机的转速为：

$$n = (1-s)n_1 = (1-s)(60f_1/p)$$

式中　f_1——定子频率；

　　　p——电动机极对数；

　　　s——转差率。

通常异步电动机在额定负载时，n 接近于 n_1，转差率 s 很小，为 0.015 ~ 0.060。这就是说，异步电动机的额定转速接近于同步转速。

3. 三相异步电动机的运行状态及交直交型电力机车工况的控制

按异步电动机转差率的大小和正负符号的不同，异步电动机可分为三种方式，即电动机状态、发电机状态和电磁制动状态，如图 3-4 所示。

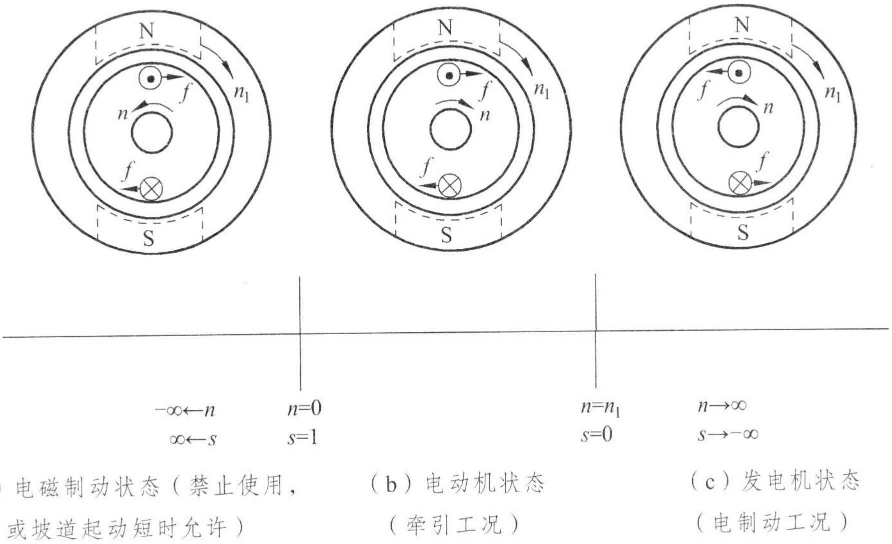

（a）电磁制动状态（禁止使用，或坡道起动短时允许）　（b）电动机状态（牵引工况）　（c）发电机状态（电制动工况）

图 3-4　三相异步电动机的运行状态及交直交型电力机车工况的控制

1）电动机状态

当异步电动机作为电动机运行时，为了克服负载的阻力矩，三相异步电动机的转速 n 总是小于同步转速 n_1。在这种情况下电机电磁转矩的方向是迫使转子沿着旋转磁场方向旋转，如图 3-4（b）所示。转矩与转速同方向，此时电机处于电动机状态。

转差率是异步电动机的一个基本变量，它可以表示异步电动机的各种运行状态。

下面根据公式 $s=\frac{(n_1-n)}{n_1}$ 来分析三相异步电动机作为电动机运行的情况。

① 在电动机刚启动时，转子转速 $n=0$，则 $s=1$，转子切割旋转磁场的相对速度为最大，转子中的电势及电流也最大。如果电动机的电磁转矩足以克服机械负载的阻力矩，转子就开始旋转，转速会不断上升。

② 随着转子转速 n 的上升，转差率 s 减小，转子切割旋转磁场的相对速度减小，转子的电势及电流也减小。在额定状态下，转差率 s 的数值通常都是很小的，转子转速与同步转速相差并不很大。而空载时，因阻力矩很小，转子的转速 n 很高，转差率更小，接近同步转速。

③ 假设 $n=n_1$，则转差率 $s=0$，此时转子导体不切割旋转磁场，转子中就没有感应电动势及感应电流，也不会产生电磁转矩。

可见，作为电动机运行时，转速 n 在 $0\sim n_1$ 的范围内变化，而转差率 s 则在 $1\sim0$ 的范围内变化，即当 $0<s<1$ 时，电机处于电动机状态。此时，调节三相交流电源的频率 f_1，满足 $0<s<1$ 时，可以使高速电动车组、地铁电动车组、电力机车工作于牵引工况。

2）发电机状态

当 $s<0$ 时，转子转速 n 高于同步转速 n_1，如图 3-4（c）所示，电磁转矩与转子转速方向相反，为制动转矩，电机从转子轴上吸收机械功，通过电磁感应由定子向逆变器及电网输出电功率，此时电机处于发电机状态。

对于高速电动车组、地铁电动车组、电力机车，如果牵引电动机在正常运转时，突然降低定子的供电频率，转子的机械惯性将使之维持在高于旋转磁场的转速上，这时转差率为负值，进入发电机状态运行。电动机转轴上的机械能变成电能回馈给电网或消耗在电阻上。在动车组下坡或高速运行需要制动时极易实现上述运行状态，称为再生制动或电阻制动。此时，调节三相交流电源的频率 f_1，满足 $s<0$ 时，高速电动车组、地铁电动车组、电力机车工作于电制动工况。

3）电磁制动状态

当 $s>1$ 时，转子转速 n 与同步转速 n_1 方向相反，如图 3-4（a）所示，电磁转矩与转子转速方向相反，为制动转矩，电机一方面从转子轴上吸收机械功，同时又从电网吸收电功率，这两部分功率消耗在转子回路的电阻上，电机处于电磁制动状态。

对于高速电动车组、地铁电动车组、电力机车，牵引电动机在正常运行时，倘若突然改变定子的相序或者改变三相交流电源的相序，即可获得这种运行状态，此时电动机将急剧趋于停转。而电源若不及时断开的话，转子将继续加速至相反的方向旋转。电机处于电磁制动状态下运行。

当高速电动车组、地铁电动车组、电力机车处于高速运行时，电磁制动所产生的机械冲击和电气冲击过大，应绝对禁止电磁制动状态的出现，在《铁路技规》中规定：电力机车处于高速运行中，禁止使用反方向牵引。但是，坡停后坡道起动时，在一定的限定范围内，允许电磁制动状态的出现，以利于列车缓解后，出现轻微的向后溜逸，及时防止溜逸，并顺利地完成坡道起动。

在上述三种运行状态下，转子转速总是与旋转磁场转速（同步转速）不同，因而称为异步电机。又由于异步电机的转子绕组并不直接与电源相接，而是依靠电磁感应的原理来产生感应电势和电流，从而产生电磁转矩使电动机旋转，因而异步电机又称为感应电机。

二、三相交流异步牵引电动机的机械特性及机车调速

1. 异步牵引电机等效电路

异步电动机和变压器一样，利用了一次线圈和二次线圈之间的互感，所以异步电动机也可以用类似于变压器的等效电路（图 3-5（a））来表示。

旋转磁场以同步转速 n_1 旋转。如果转子静止不动（$s=1$），转子与旋转磁场的相对速度就是 n_1，在转子中产生的感应电势 E_2' 的频率等于旋转磁场的频率 f_1。

如果转子旋转，转差率为 s，则转子与旋转磁场的相对速度为 sn_1，在转子中产生的感应电势为 sE_2'，频率为 sf_1，二次漏抗为 sx_2。

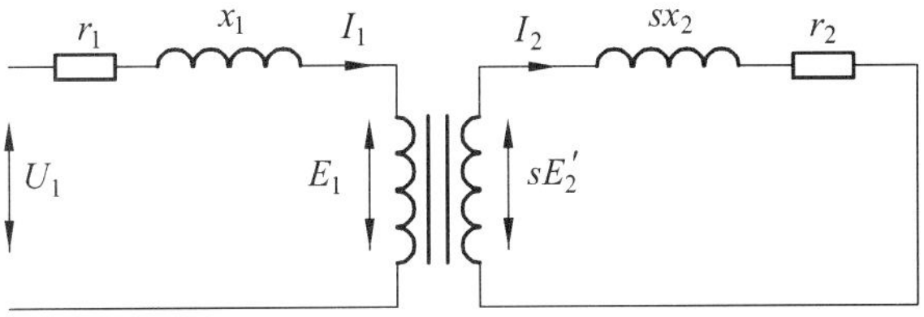

（a）

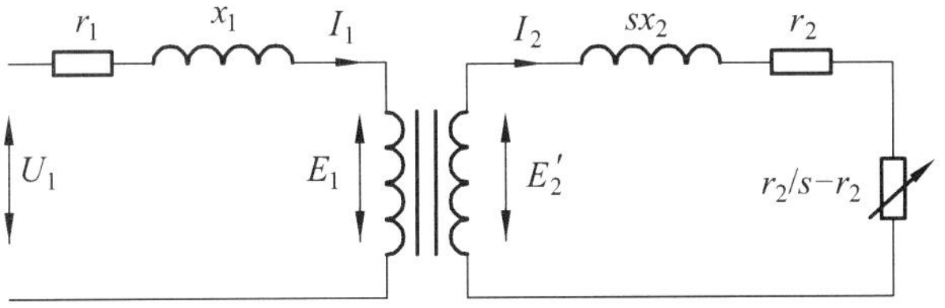

（b）

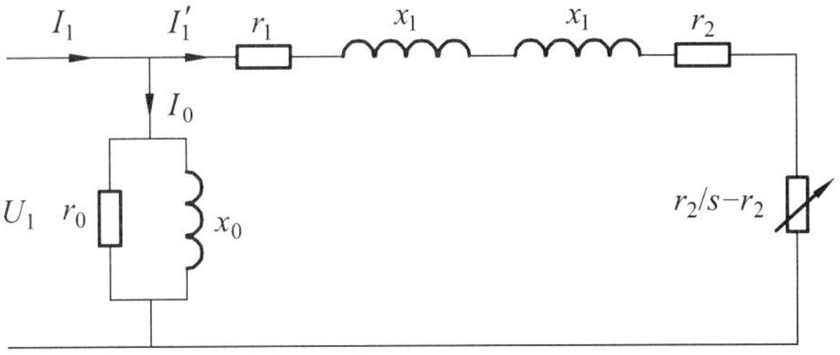

（c）

图 3-5　三相异步电动机的等效电路

由图 3-5（a），转子电流 I_2 为：

$$I_2=\frac{sE_2'}{\sqrt{r_2^2+(sx_2)^2}}=\frac{E_2'}{\sqrt{[r_2+(r_2/s-r_2)]^2+x_2^2}}$$

图 3-5（a）也可以用图 3-5（b）来等效表示，相当于在变压器的二次侧接入了负载电阻

（$r_2/s-r_2$）。

和变压器计算一样，将二次侧以 1∶1 的变比（为了简化计算，假定变比为最简单的一种）换算到一次侧；并考虑到励磁电流 I_0 比较小，可以将励磁回路移到电源侧，得到简化的等效电路图 3-5（c）。

2. 参数计算

根据图 3-5（c）所示等效电路，可以求出感应电动机的各项特性：

1）电流

定子负载电流 I_1'（等于二次电流到一次的换算值）：

$$I_1'=\frac{U_1}{\sqrt{(r_1+r_2/s)^2+(x_1+x_2)^2}}$$

定子电流 I_1：

$$I_1=I_1'+I_0$$

式中　I_0——励磁电流。

2）二次输入与输出功率

由定子向转子输入的功率 P_2，即在负载 r_2/s 消耗的功率为：

$$P_2=(I_1')^2\cdot r_2/s=\frac{U_1^2 r_2/s}{(r_1+r_2/s)^2+(x_1+x_2)^2}$$

转子铜损 P_{C2} 为：

$$P_{C2}=I_1^2 r_2$$

转子输出的机械功率 P_0 为：

$$P_0=P_2-P_{C2}=I_1^2 r_2\frac{1-s}{s}=\frac{U_1^2(1-s)r_2/s}{(r_1+r_2/s)^2+(x_1+x_2)^2}$$

3）电磁转矩

一般电动机的输出功率可表示为：

$$P_0=\omega T$$

转差率为 s 的异步电动机电磁转矩 T 为：

$$T=\frac{P_0}{\omega}=\frac{60}{2\pi n}P_0=\frac{60}{2\pi n_1}\frac{U_1^2 r_2/s}{(r_1+r_2/s)^2+(x_1+x_2)^2}$$

$$=\frac{1}{2\pi f_1}\frac{U_1^2 r_2/s}{(r_1+r_2/s)^2+(x_1+x_2)^2}$$

若考虑异步电动机的结构参数、定子极对数等因素，电磁转矩 T 还应该乘以一个固定不变的系数。

3. 定压定频时的特性曲线

电动机电磁转矩由定子在气隙产生的磁通和转子电流决定，当电源的频率、转差和加在电动机上的电压变化时，电磁转矩、定子负载电流和定子电流都会相应变化。

以下的分析的条件为：电源电压、电源频率为恒定。

1）异步电动机负载电流和定子电流的变化曲线

转差率由 1 到 0，即转子由静止到同步转速时，定压、定频下异步电动机的负载电流和定子电流变化曲线如图 3-6 所示。

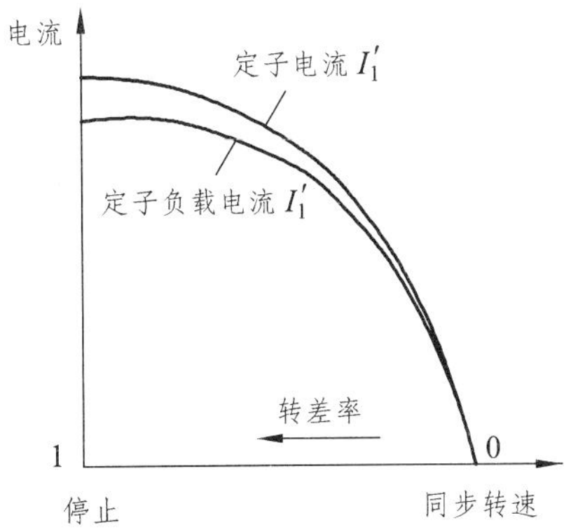

图 3-6　定压、定频下异步电动机的负载电流和定子电流变化曲线

2）异步电动机的自然机械特性曲线

当电源电压、电源频率一定，并且没有人为地改变异步电动机的极数及各参数时，得到的机械特性称为异步电动机的自然机械特性。如图 3-7 所示为一定频率和电压下的 $T=f(s)$ 自然机械特性曲线。

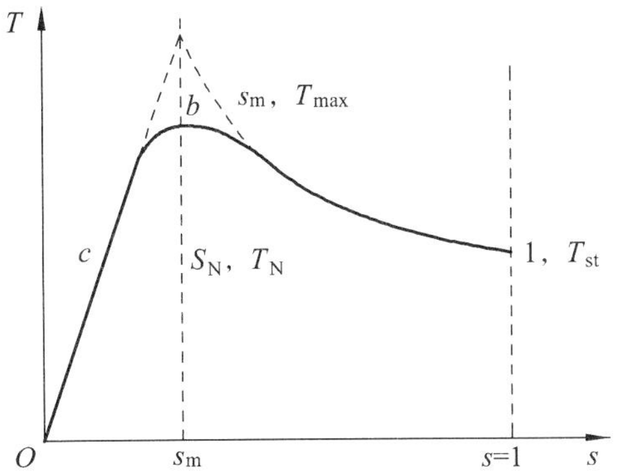

图 3-7　一定频率和电压下异步电动机的自然机械特性

$T=f(s)$ 曲线的形状可由异步电动机电磁转矩 T 公式加以解释。当 s（$s\approx1$）值较大时，r_2'/s 的值较小，式中分母中 r_2'/s 可以忽略，分母中剩余的参数都是固定不变的量，则电磁转矩 T 近似地与转差率 s 成反比；当 s（$s\approx0$）值很小时，r_2'/s 的值很大，式中分母中 r_1、x_1 和 x_2' 都可以忽略，则分母可以化简为 $2\pi f_1(r_2'/s)^2$，此时电磁转矩 T 近似地与转差率 s 成正比。

3）三个重要转矩和四个特殊点

从特性曲线上可以看出，有三个重要转矩，此外还有四个特殊点可以决定特性曲线的基本形状和异步电动机的运行性能。

（1）三个重要转矩。

① 额定转矩 T_N。

异步电动机带额定负载时的输出转矩，用字母 T_N 表示，此时的转差率为额定转差率 s_N。T_N 可由铭牌上的额定功率 P_N（kW）和额定转速 n_N 来确定。

$$T_N = 9\ 550\frac{P_N}{n_N}$$

② 最大转矩 T_{max}。

当 s 达到临界转差率 s_m 时，电磁转矩达到最大值 T_{max}，称为最大电磁转矩。它也是异步电机带动最大负载的能力。最大电磁转矩与额定转矩之比称为电动机的过载能力 λ_k，即 $\lambda_k = T_{max}/T_N$，它是衡量电动机过载能力的一个重要指标。最大电磁转矩越大，短时过载能力越强。

三相异步电动机的 T_{max} 和电压的平方成正比，所以三相异步电动机对电压的波动很敏感，使用时要注意电压的变化；三相异步电动机转子轴上机械负载转矩 T_2 不能大于 T_{max}，否则将造成堵转（停车），异步电动机堵转时转子转速 n 为零，转子电流 I_2' 增大，定子电流 I_1 急剧增大，电机严重过热而烧损。

③ 启动转矩 T_{st}。

电机在启动的瞬间，即 $s = 1$ 时的电磁转矩为启动转矩 T_{st}（又称堵转转矩）。把 $s = 1$ 代入异步电动机电磁转矩 T 公式，启动转矩 T_{st} 为：

$$T_{st} = \frac{U_1^2 r_2'}{2\pi f_1[(r_1 + r_2')^2 + (x_1 + x_2')^2]}$$

当施加在定子每相绕组上的电压降低时，启动转矩会明显减小。T_{st} 体现了电动机带载启动的能力，若 $T_{st} \geqslant T_N$，电机能启动，否则不能启动。通常把在固有机械特性上启动转矩 T_{st} 与额定转矩 T_N 之比 $\lambda_{st} = T_{st}/T_N$ 作为衡量异步电动机启动能力的一个重要数据。一般启动转矩倍数 $\lambda_{st} = 1.0 \sim 1.2$。

（2）四个特殊点。

① 启动点。

当异步电动机接入电网，$n = 0$，$s = 1$，电磁转矩 $T = T_{st}$，如图 3-7 中的 a 点所示，启动点的启动电流（堵转电流）很大，但由于转子绕组的功率因素 $\cos\Phi_2$ 很小，故启动转矩 T_{st} 并不很大。

② 临界点。

如果启动转矩大于轴上的阻转矩，电机将加速。随着转速的上升，转差率 s 减小。在 $s > s_m$ 范围内，随着 s 减小转矩 T 是逐渐增大的。当 $s = s_m$ 时，转矩达到 T_{max}，出现了图中 b 点所示的最大值。我们把这一点称为机械特性曲线的临界点，s_m 称为临界转差率，转矩 T_{max} 称为临界转矩（又为最大转矩）。

③ 额定点。

转速继续上升，转差率 s 减小。在 $s < s_m$ 范围内，随着 s 减小转矩 T 是逐渐减小的。当 $s = s_N$ 时，如图中 c 点所示，转矩 $T = T_N$，这一点称为额定工作点。不改变电机的参数，当电源电压、电网频率和轴上输出功率都为额定值时，电机运行在这一点上。

④ 同步转速点。

如果轴上的外加转矩与电磁转矩的方向相同，帮助异步电动机克服空载转矩，电磁转矩 $T = 0$，$n = n_1$，$s = 0$。我们称这点（$s = 0$，$T = 0$）为同步转速点。显然当轴上没有外转矩时，靠电机本身的力量不可能在这一点上运行。这一点是电动工作状态与发电（制动）状态的分界点。

一般地，电动机具有转速增加时转矩减小，转速减小时转矩增大的特性才能稳定运行。

设电动机原在额定转矩 T_N 下运行，则对应的转速为 n_N（转差率 s_N），现假设负载转矩突然增加，如图 3-7 所示，则电动机转速将减小（s 将增大），随着 s 的增加，电动机产生的转矩也将增加，当增加到与新的负载转矩相等时，电动机即在稍大的转差率 s（稍低的转速下）稳定运行。这同时也是为什么电动机的空载转速稍高于额定转速的原因。

从图 3-7 分析可知，异步电动机不能稳定地运行在 $1 \sim s_m$ 区间，当负载转矩小于电机转矩时，电机很快加速进入稳定运行区；当负载转矩大于电机转矩时，电机很快减速而堵转。而在 $0 \sim s_m$（$0 \sim n_1$）区间，电动机的电磁转矩可以随负载的变化而自动调整（这种能力称为自适应负载能力），即异步电动机可以稳定运行的区域是在最大转矩点到同步转速之间，只限于转差率为 0% ~ 10%的狭小区域。正是由于这种硬的机械特性，才使它的自动调速困难，也正是由于这种硬特性，作为牵引电机使用时具有良好的防空转性能，从而可以充分利用电动车组的黏着重量。

4. 三相异步电动机的调速方法

根据异步电动机的转速公式

$$n_1 = (1-s)\frac{60 f_1}{p}$$

可以看出，改变鼠笼式异步电动机转速的方法有：① 变频调速——改变异步电动机定子所加电源的频率 f_1 调速；② 变极调速——改变异步电动机定子绕组的磁极对数 p 的调速；③ 改变转差率调速——改变异步电动机的转差率 s 进行调速。

1）变极调速（有级调速）

变极调速是通过改变电动机定子绕组的接线方式以改变电机极数实现调速，这种调速方法是有级调速，不能平滑调速，而且只适用于鼠笼电动机。因为鼠笼式异步电动机的磁极对数能自动地随着定子磁极对数的变化而变化，从而保证定、转子磁极对数相等，以便转子产生恒定的电磁转矩。

变极调速通常采用的方法是单绕组变极调速，即在定子铁芯中装一套绕组，通过改变定子绕组的连接方式，使部分绕组中电流的方向改变，来实现电动机的磁极对数和转速的改变。

这种调速方法其特点为：具有较硬的机械特性，稳定性良好；无转差损耗，效率高；接线简单、控制方便、价格低；有级调速，级差较大，不能获得平滑调速；可以与调压调速、电磁转差离合器配合使用，获得较高效率的平滑调速特性；变极调速适用于不需要无级调速的生产机械，如风机等。

2）变转差率调速（无级调速）

变转差率调速可以通过调节定子电压、转子电阻（适应于绕线式异步电动机）、转差电压（适应于绕线式异步电动机）等方法来实现。改变外加定子电源电压来改变转差率 s，这种调速方式可用于鼠笼式异步电动机的调速。图 3-8 所示为改变定子电压调速。

由负载特性曲线 1 与不同电压下电动机的机械特性的交点，可以有 a、b、c 点所决定的速度，其调速范围很小。这种调速方法能够无级调速，但当降低定子电压时，转矩也按电压的平方比例减小，所以调速范围不大。为了扩大调速范围，调压调速应采用转子电阻值大的笼型电动机，如专供调压调速用的力矩电动机。

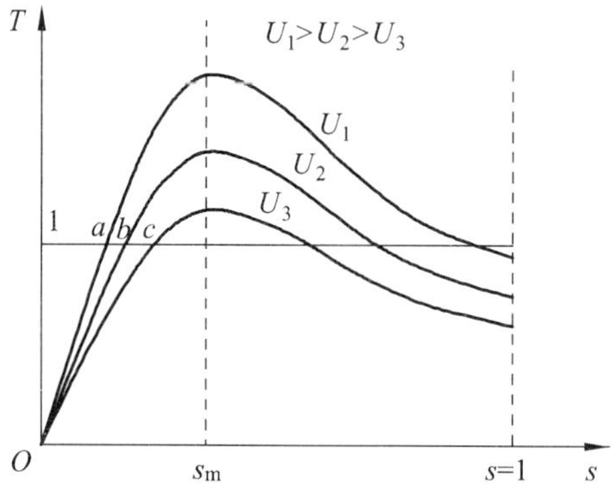

图 3-8　异步电动机变转差率调速（改变定子电压）

目前常用的调压方式有串联饱和电抗器、自耦变压器以及晶闸管调压等几种。晶闸管调压方式为最佳。其特点为：调压调速线路简单，易实现自动控制；调压过程中转差功率以发热形式消耗在转子电阻中，效率较低；调速范围较窄。调压调速一般适用于 100 kW 以下的生产机械。

3）变频调速（无级调速）

变频调速通过改变电机定子的供电频率，以改变电机的同步转速达到调速的目的，其调速性能优越，调速范围宽，能实现无级调速。进行变频调速时，为使电机得到满意的性能，通常应保持气隙磁通 Φ_m 不变，即可保持铁芯磁路的饱和程度。励磁电流和电动机的功率因数基本不变。这样，此种调速方法不仅调速范围大，效果好而且效率亦较高。如略去异步电动机定子阻抗压降，则 $U_1 \approx E_1 = 4.44K_1N_1f_1\Phi_m$，为使 Φ_m 保持不变，应使电压 U_1 随频率按正比例变化，即

$$\Phi_m \propto \frac{U_1}{f_1} \approx \text{常数}$$

也就是说，在改变频率的同时，必须相应调节电压，这种变频调速常用英文缩写 VVVF 来表示。

利用 VVVF 调速，也可用于异步电动机的启动。异步电动机启动时，按负载的要求选择合适的启动频率，获得所需的启动转矩，然后随着电机转速的上升相应地升高电源的频率，这种方式称为软启动。

从调速范围、平滑性以及调速过程中电动机的性能等方面来看，变频调速很优越，可以和直流电动机相媲美。但需要专门的变频变压电源，控制动车组、电力机车、轨道交通动车

异步电动机的变频变压装置通常采用脉冲宽度调制器，亦称 PWM 变频器。变频调速其特点为：效率高，调速过程中没有附加损耗；应用范围广，可用于鼠笼式异步电动机；调速范围大，特性硬，精度高；技术复杂，造价高，维护检修困难。

变频调速适用于要求精度高、调速性能较好的场合，如电力机车、内燃机车、动车组、城市轨道车辆等。

5. 变压、变频时的机械特性

由于异步电动机稳定运行时的转差率非常小，此时转差频率与电源频率相比要小得多，r_2/s 比 r_1、(x_1+x_2)都大得多，因此，异步电动机的电磁转矩可近似用下式表示：

$$T \approx k\left(\frac{U_1}{f_1}\right)^2 f_s$$

利用异步电动机电磁转矩的简化公式可以方便地分析异步电动机变压变频时的机械特性，但是，特别要注意简化公式的使用条件是：转差率非常小。

电源的频率、电压变化时，异步电动机机械特性曲线的变化如图 3-9 所示。

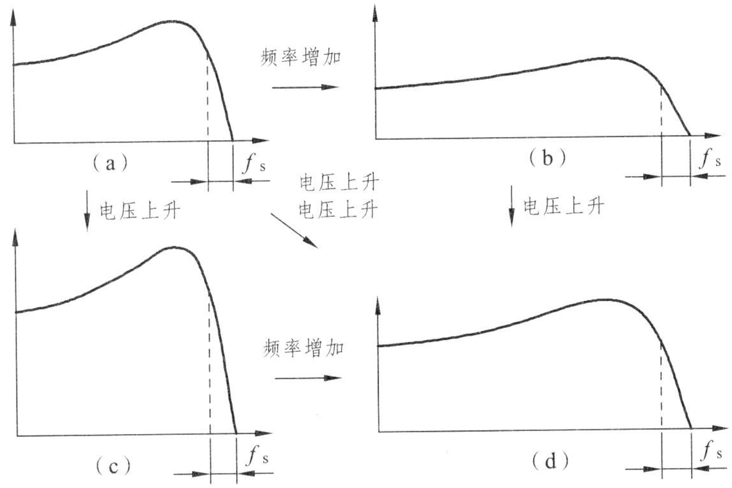

图 3-9　异步电动机机械特性曲线的变化

当电源的电压与频率之比保持恒定时改变频率，异步电动机的电磁转矩相应变化曲线如图 3-10 所示。

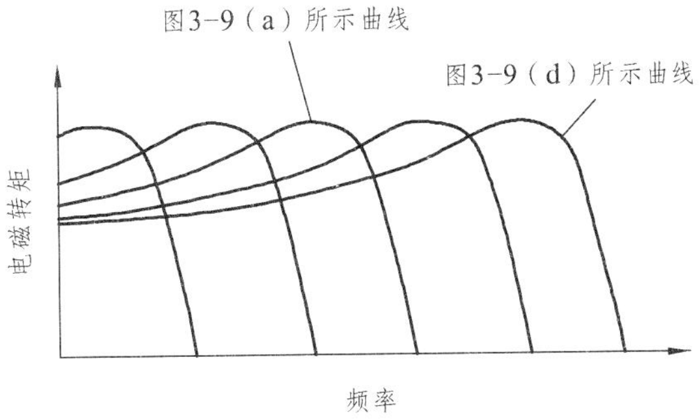

图 3-10　*U*/*f* 恒定时异步电动机机械特性曲线的变化

一般地说，电动机具有转速增加时力矩减少、转速减小时力矩增大的特性才能稳定地运行，由图 3-9、图 3-10 可知，稳定状态下的转速要比最大力矩转速稍大。

6. 三相异步电动机的旋转方向

三相异步电动机的旋转方向取决于定子旋转磁场的旋转方向，并且两者的方向相同。只要改变旋转磁场的方向，就能使三相异步电动机反转。因此，将三相接线端中的任意两相接线端对调，或者改变三相电源顺序（例如将 U-V-W 改为 U-W-V），就改变了旋转磁场的方向，从而使三相异步电动机反转；在逆变电路中，改变半导体开关的触发顺序，即改变三相交流电的相序就可以使旋转磁场反向，从而使三相异步电动机反转。

7. 三相异步电动机的制动

三相异步电动机的制动是指加上一个与电动机转向相反的转矩来使电动机迅速停转或限制电动机的转速。电动机在下属情况下运行时属于制动状态。一种情况是在负载转矩为势能转矩的机械设备中（例如电力机车下坡运行，起重机下放重物）使设备保持一定的运行速度。另一种情况是在机械设备需要减速或停止转动时（例如电力机车进站停车），电动机能实现减速或停止转动。

三相异步电动机的制动方法有两种：机械制动和电气制动。机械制动是利用机械装置（如动车组所使用的空气制动系统、电磁抱闸机构等）来使电动机迅速停止转动。电气制动是使异步电动机所产生的电磁转矩的方向和电动机转子的旋转方向相反，电气制动通常可分为反接制动、再生制动和电阻制动。

（1）反接制动。

三相异步电动机反接制动就是在分析异步电机工作原理时指出的电磁制动状态（$n<0$，$s>1$），此时转子的转向与定于旋转磁场的转向相反。

将正在电动机状态下运行的异步电动机的定子绕组三根供电线任意对调两根，则定子电流的相序改变，其相应的旋转磁场立即反转，从原来与转子转向一致变为与转子转向相反，于是电机立即进入相当于 $s\approx2$ 时的制动状态。当电动机转速下降至零时，必须立即切断定子电源，否则电动机将向相反方向旋转。

反接制动方法简单，制动迅速，效果较好；但制动过程冲击强烈，能量消耗较大；不易实现准确停车；且存在电动机反向旋转的风险。

当高速电动车组、地铁电动车组、电力机车处于高速运行时，应绝对禁止电磁制动状态的出现，也就是《铁路技术管理规程》所规定的：电力机车处于高速运行中，禁止使用反方向牵引。但是，坡停后坡道起动时，在一定的限定范围内，允许电磁制动状态的出现，以利于列车缓解后，出现轻微的向后溜逸，及时地使溜逸列车进入电磁制动状态而迅速制停，并顺利地完成坡道起动。

（2）再生制动。

调节三相交流电源的频率 f_1，满足 $s<0$ 时，异步牵引电机进入发电机状态，列车的动能被转化为电能，并以一定的方式回送到电网，由电网下的其他负载（如其他运行的电力机车）消耗这一部分再生电能，称为再生制动。使 $s<0$ 的方法有：① 保持 f_1 恒定，由外在因素使转子转速增加到 $n>n_1$，例如电动车组长大下坡维持恒速运行；② 随时减小 f_1，并始终使 n_1

$< n$，例如电动车组进站停车。

例如电动车组下坡运行、需要电气制动维持恒速运行时，如果保持三相交流电源频率恒定不变，仍按电动机状态运行，即转子旋转方向和定子旋转磁场旋转方向相同，则在电动机的电磁转矩和电力机车所组成的列车或者电动车组下坡运行重力分量所产生的转矩共同作用下，列车将加速运行，当电动机转子转速超过同步转速，即 $n > n_1$ 时，异步电机就进入发电机制动状态运行，电磁转矩方向立即改变，一直到电磁转矩（阻碍列车的运行）与列车等效阻力（利于列车加速）产生的转矩相平衡时，转子转速才稳定不变，使列车恒速下坡。这时列车运行的动能转换为电能回送到接触网，回送的电能由接触网下的其他负载（例如运行中的其他电动车组）消耗掉，因此也称再生制动。

再生制动的优点是经济性能好，可将负载的机械能变为电能返送回电网；利于列车的安全运行，调速过程中不使用机械制动，没有机械磨耗，更加能保证列车的安全运行；主回路简单，在由电动机状态转换为发电机状态的过程中不需要电气线路的转换，系统可靠性高。因此，再生制动主要用在电动车组下坡运行或鼠笼式异步电动机变频调速由高速调为低速的时候，再生制动是电力机车和电动车组电气制动的主要形式。

（3）电阻制动（能耗制动）。

电阻制动作为电力机车、电动车组电气制动的补充形式，若回送接触网的电能没有其他负载消耗，将无法形成电气制动，此时，应在牵引逆变器的直流侧并接制动电阻，由制动电阻通过发热的形式来消耗产生的电能。

8. 异步电动机的调节性能

图 3-11 给出了在电机电压和电源频率（逆变频率）一定情况下，异步电动机的机械特性（电动机及发电机状态）。

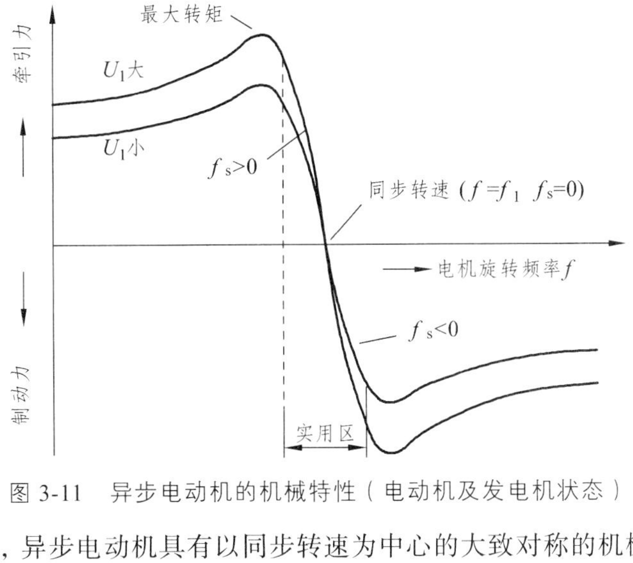

图 3-11 异步电动机的机械特性（电动机及发电机状态）

如图 3-11 所示，异步电动机具有以同步转速为中心的大致对称的机械特性曲线，电动机状态下机械特性曲线在横轴的上方，发电机状态下机械特性曲线在横轴的下方。

（1）恒速性能。

起动异步电动机时，就会产生起动转矩而旋转。若负载转矩小于电机转矩则加速，在初始阶段转矩随转速增大，当超过极点（最大转矩）后，转矩急剧减小。然后在最大转矩点的速度和同步速度之间与负载转矩的交点上电机的速度得到平衡。

假定加速后达到同步速度，则转矩变为 0，而不稳定，此时若没有外力支持，则速度将减小，又回到平衡点。

假如强制地使电机加速，超过同步速度，则会产生制动转矩，如果没有外力来维持这个速度，则会很快制动，使电机的速度回到原来的平衡点。

从以上的分析可以知道，异步电动机本身具有恒速电机的性质。

（2）稳定运行的范围。

当改变电机电压（逆变电压）时，随着电压的增减，转速也增减，但是由于同步速度不变，平衡点仅有稍许变化，而速度不会产生大的变化。

因此，为了控制速度必须改变电源的频率。同步速度与电源频率成正比地变化，而转矩具有随电源频率增加而减少的倾向。所以，仅仅提高电源的频率，电动机也未必能够加速。

如图 3-11 所示，在使用上异步机可以稳定使用的区域是在最大转矩点到同步转速之间，只限于转差率为 0 ~ 10% 的狭小区域。

（3）调节性能。

图 3-12 为异步电动机的调节特性，表示在实际中调节异步电动机的电源电压、转差频率和逆变频率（电源频率）时，异步电动机的机械特性及转矩（牵引状态时）的变化规律。从图 3-12 可以看出，为控制异步电动机的转矩和转速，必须同时控制电机电压（逆变电压）和电源频率（逆变频率）。在实际中，控制牵引逆变器的输出电压和输出频率，即能有效地控制异步电动机的转矩和转速。

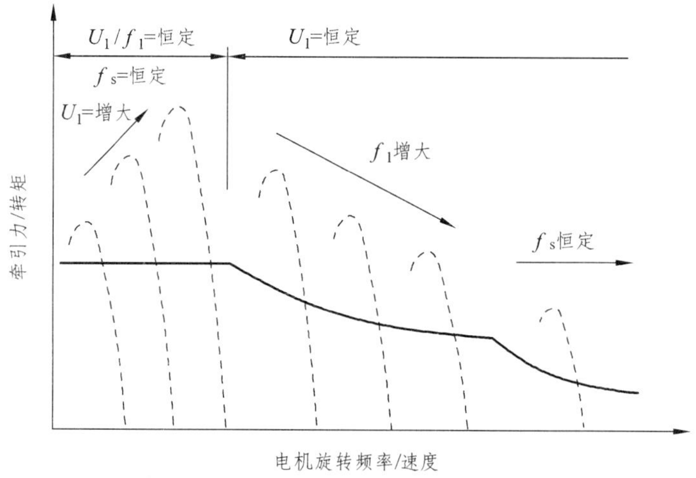

图 3-12　异步电动机的调节特性

四、三相交流异步牵引电动机的调速控制

1. 三相交流异步电动机的转速控制方法

为了得到与直流串励电动机类似的牵引特性，根据异步电动机电磁转矩简化公式 $T \approx k\left(\dfrac{U_1}{f_1}\right)^2 f_s$，动车组异步电动机的转速控制一般采用以下几种方法：

① U_1/f_1 恒定控制；

② 恒功率控制；

③ 恒转差频率控制；

④ 恒电压控制。

（1）U_1/f_1 恒定控制。

U_1/f_1 恒定控制又称为恒压频比控制、恒磁通控制或恒转矩控制，采用 U_1/f_1 恒定控制可以在较大的速度范围内输出恒定转矩。这一控制方法主要用于电力机车、动车组的起动阶段，在起动过程中保持恒定的起动转矩。U_1/f_1 恒定控制特性与直流串励电动机保持电枢和励磁电流恒定、调节电压改变速度的控制方法相同。

由异步电动机的电磁转矩简化公式可知，保持电源的电压与频率之比 U_1/f_1 及转差频率 f_s 恒定可以得到这一特性；另外，从车辆的速度与电动机的反电势也是正比关系来看，若电源电压与车辆的速度成正比，同样可以保持 U_1/f_1 恒定。

但是，逆变电路输出电压的最大值受电网电压限制，采用这种控制方法得到的速度范围不是无限的。它相当于应用直流串励电动机的电力机车采用调节牵引电动机端电压来调速所得到的速度范围。

U_1/f_1 保持恒定时，如果忽略定子的漏阻抗，气隙磁通和转矩保持恒定不变。但是，当定子频率 f_1 降低至一定数值以下时，虽然定子漏抗数值也相应减小，但定子电阻却与定子频率 f_1 无关，此时定子电阻压降影响大大增加，因而造成气隙磁通迅速减小，转矩随之减小，所以用恒 U_1/f_1 运行时，低频特性不够满意。为此，在低频时要适当加大电压，以近似地补偿定子压降，即增大 U_1/f_1 值以保持气隙磁通不变。带压降补偿的恒压频比控制特性如图 3-13 所示。

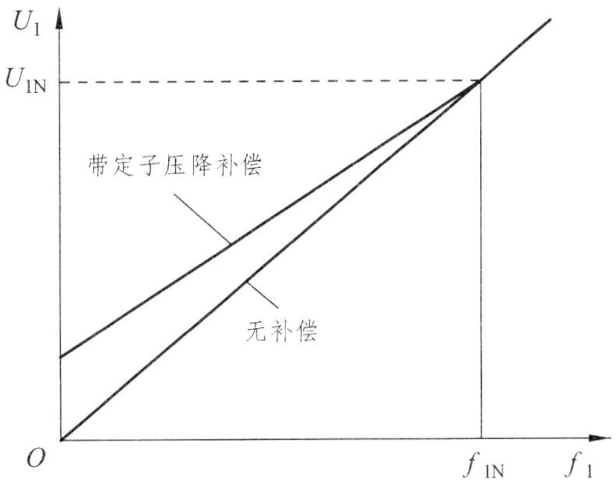

图 3-13 恒压频比控制特性

（2）恒功率控制。

采用 U_1/f_1 恒定控制时，电源电压 U_1 随着电源频率 f_1 的增大而成正比的增大，但是，由于受到牵引电动机端电压（电源电压）的限制，当电源电压 U_1 达到限制值（电源电压最大值）时，将无法继续使用 U_1/f_1 恒定控制方法来调节异步电动机的转速。若强行使用 U_1/f_1 恒定控制方法来调节异步电动机的转速，将会变为电源电压为最大值不变、转差频率 f_s 恒定不变（即方法（3）恒转差频率控制），随着速度增加，电磁转矩会急剧下降。如果设计上转差频率对于最大值留有余地，在速度增加的同时增加转差频率，可以防止电磁转矩下降过多。

根据异步电动机的电磁转矩公式，使转差频率 f_s 与电源频率 f_1 成正比地增加，保持电源电压 U_1 为最大值，则电磁转矩 T 与电源频率 f_1，即车辆速度基本成反比，力矩的下降比恒转差频率控制方式小。

这种控制方法使转差率$(f_1-f)/f_1$为恒定，即 f_s/f_1 为恒定。由图 3-9 可知，随着电源频率 f_1 增加，对应于电磁转矩最大值的转差频率 f_s 也增加，但是 f_s 不能取得过大。此时，电源电压恒定（保持电源电压 U_1 为最大值不变）、转差频率 f_s 与电源频率 f_1 成正比、输入电流基本恒定，采用此种调速方法称为恒功率控制。

这种控制方法相当于直流串励电动机的削弱磁场控制。

（3）恒转差频率控制。

这是电源电压达到最大值，转差频率 f_s 亦达到最大值后，仅仅改变电源频率 f_1（即逆变电路输出频率）的控制方法。在异步电动机的电磁转矩公式中，保持 U_1 和 f_s 恒定，则电磁转矩 T 与电源频率 f_1 的平方，即车辆速度的平方基本成反比。这相当于直流串励电动机的削弱磁场控制后保持最深磁场削弱系数的自然特性。

（4）恒电压控制。

U_1/f_1 恒定控制时，即使逆变电路输出电压为最大，如果输出电流、转差率到最大转矩对应点还有裕量，可以用恒转矩控制扩大速度范围。

根据异步电动机的电磁转矩公式，U_1 恒定而增加 f_1，则使 f_s 与 f_1 的平方成正比地增加。但如前所述，f_s 增加的范围十分有限，f_s 与 f_1 的平方成正比地增加的速度范围比较窄。

2. 交直交型电力机车和动车组的调速控制策略

交流传动技术卓有成效的发展，一方面由于功率半导体和变流技术的进步；另一方面取决于日臻完善的控制方法和控制装置。后者能够使变流器——电机的整个系统具备不同的性能，以满足不同应用场合的要求。对于铁路牵引来说，这些要求包括：平稳起动、抑制滑行和空转、再生制动、调速范围宽。此外，对于动车组而言，常常还希望多台并联工作的电动机能够由一个变流器进行控制，即采用集中供电方式。而对于大功率电力机车而言，由于黏着利用问题，希望每台牵引电机单独由一个变流器进行控制，即采用独立供电方式。

对于传动系统性能来说，重要的是选择合适的控制方法。对于铁路牵引用的电压源逆变器供电的变频传动系统，制定基本控制策略的出发点可概括为三点：

（1）通过对变流器输出的适当控制，使电动机在零速度到基速的这个范围内，以接近恒定的磁通工作，而在基速以上的范围内，以一个固定的端电压工作。为此所要求的端电压变化情况如图 3-14 所示。

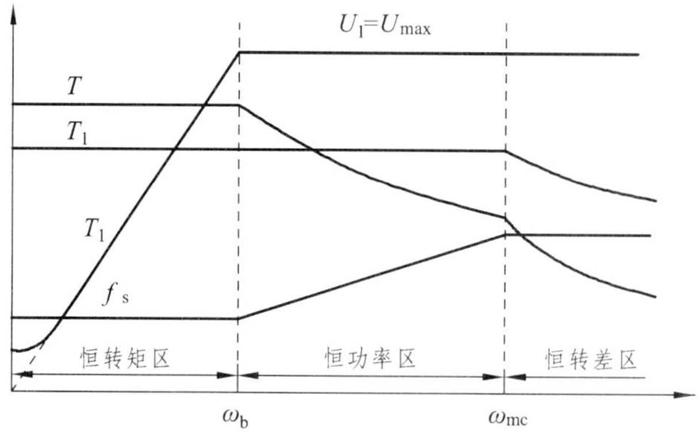

图 3-14　端电压、转差频率、电磁转矩、功率和定子电流与定子频率的变化关系

从图 3-14 可以看出，从零速到基速 $\omega\omega_b$ 之间，电动机在最大恒定定子电流 I_1 下提供恒转矩 T，在基速到临界速度 ω_{mc} 之间为恒功率运行。在恒转矩区，滑差频率 f_s 保持恒定，而在恒功率区内随定子频率线性增加，并在临界速度时达到最大值。如果电动机超过临界值运行，其滑差频率保持为最大值，并且定子电流和功率减少。

（2）系统或部件的过载或故障必须通过控制来处理，而不是随意增加设计容量或加大尺寸；

（3）尽可能降低损耗，提高系统效率。

五、三相交流异步牵引电机在电力机车和电动车组中的应用问题

1. 转矩裕量与恒功范围

异步电机的最大电磁转矩取决于电机漏抗，最大电磁转矩与实际输出转矩的差值称为转矩裕量（图 3-15）。交流异步牵引电机应用于电动车组时，应确保即使在恒功区的最高速度点仍有适当的转矩裕量。但转矩裕量过大，又会使电机的重量和体积不必要地增加。

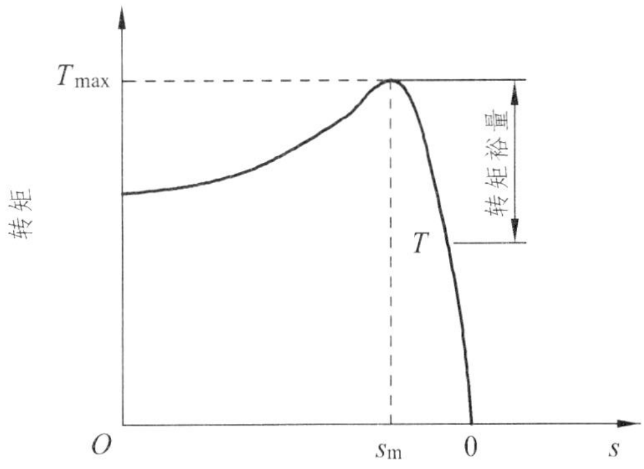

图 3-15　转矩裕量

增大异步电机最大电磁转矩的方法有两种：

① 增大磁通Φ（磁负荷型）。

磁负荷型电机的铁心体积较大，重量也增加；定子线圈的导体数较少，因而漏抗较小。

② 增大转子电流I_2（电负荷型）。

电负荷型电机的磁通较小，因而铁心体积较小，重量较轻；但定子线圈的导体数较多，因而漏抗大，最大电磁转矩小。

根据电动车组的性能要求，可采用不同的电磁负荷分配。要求恒功范围大的电动机，其最大电磁转矩也较大，属于磁负荷型。恒功范围小的电动机，其最大电磁转矩较小，属于电负荷型。

2. 异步牵引电动机并联运行

1）多台牵引电动机之间的连接方式

电力机车和动车组动力车上有多台牵引电动机，牵引逆变器与多台牵引电动机之间的控制方式有：集中控制、独立控制和转向架独立控制，各有利弊。图 3-16 是集中控制方式原理图，图 3-17 是独立控制方式原理图。

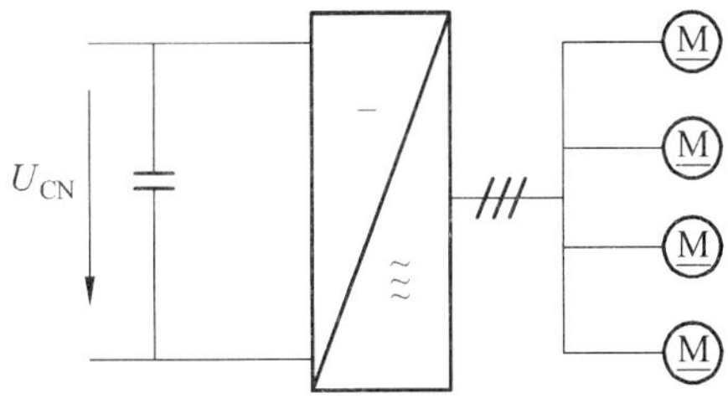

图 3-16　集中控制方式原理图

独立控制方式所用的元器件及控制装置增多，相应会增加故障率和投资，但是它可克服集中控制时由于轮径差和异步电动机特性不一致而产生黏着力降低或滑动的问题；更重要的是某个逆变器出现故障，还有其他几个逆变器可以照常工作，车辆仍可维持故障运行；在防空转、防滑行时，用降低功率来抑制空转或滑动，这方面也只涉及个别轴，所以功率损失也小；另外，可以方便地实现电气轴重转移补偿。采用动力集中式的动车组、电力机车作为牵引动力时，由于牵引力集中在一台车上面，黏着所产生的问题较为突出，因此，牵引电动机一般采用独立控制，或者采用折中方案转向架独立控制。

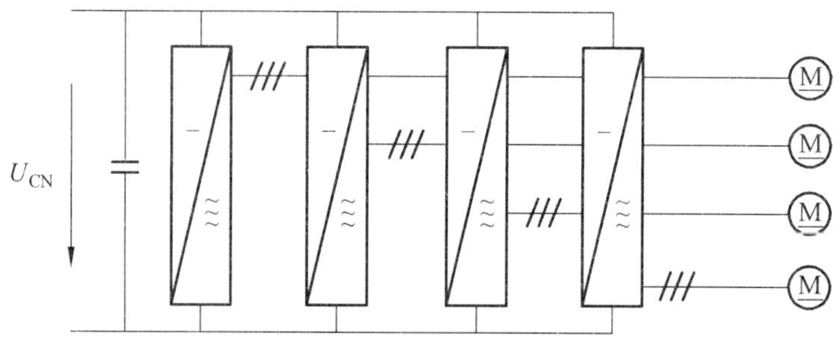

图 3-17　独立控制方式原理图

动力分散式动车组的每辆动车通常由一台牵引逆变器供电，多台异步电机并联运行。例如 CRH2 型动车组每辆动车就是由一台逆变器拖动四台异步电机并联运行。

2. 并联运行下牵引电动机的性能比较

由于异步电机的硬特性，电机电气特性或动轮轮径略有差异，这会引起电机负载分配不匀。当动车组动轮轮径相同，由电机电气特性差异所引起电机负载分配不匀如图 3-18 所示。

对异步电机特性影响最大的因素是转子的电阻，电机转子电阻对牵引力的影响如图 3-19 所示。应选择电阻分散性小、温度变化率小、截面尺寸均匀的材料用作电机转子导体。

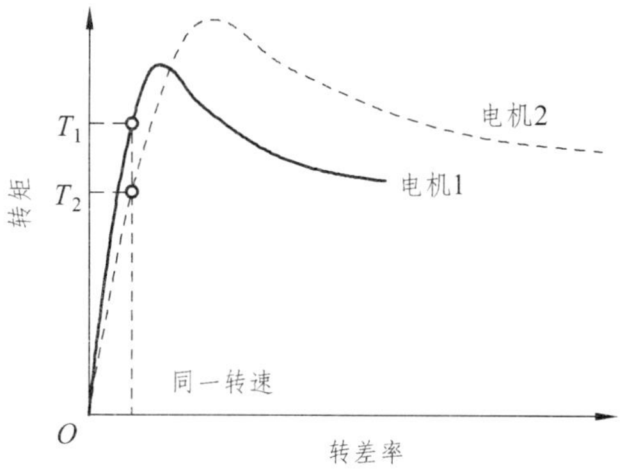

图 3-18　电机特性差异引起负载分配不匀

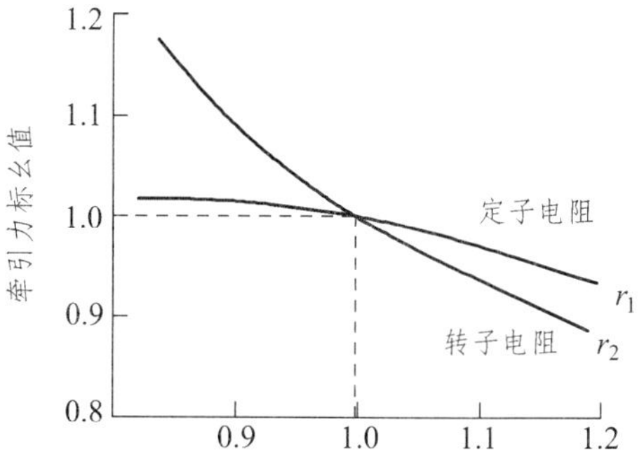

图 3-19　电机转子电阻的影响

当电机电气特性相同，动车组的动轮轮径不同时，也会产生电机负载分配不匀，如图 3-20 所示。牵引工况时，轮径大的负载偏大，轮径小的负载偏小；制动工况则相反：轮径大的负载偏小，轮径小的负载偏大。

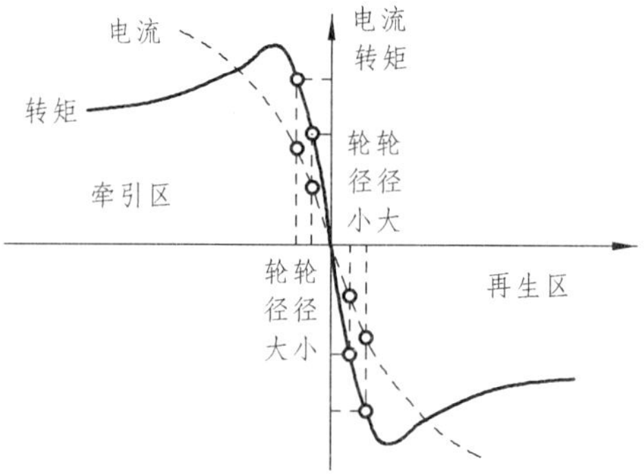

图 3-20　动轮轮径差异引起负载分配不匀

表 3-1　电机额定转差率的影响

电机额定转差率	大	小
电动机效率	低	高
电动机温升	高	低
动车性能	差	好
轮径差的影响	小	大
后退起动余力	大	小
控制要求	简单	严格
再粘着特性	基本相同	

负载分配不匀程度还与电机的额定转差率有关，额定转差率越小，负载分配不匀越严重，即使轮径差不大，也会有较大的牵引力差；但额定转差率大又对电机的效率、温升和动车性能不利，（见表 3-1）。设电机以 $s\%$转差率运转，轮径差为 $\pm a\%$，则轮径大的电机转速低，将以$(s+a)\%$转差率运行，其转矩和电流都比规定值增加$(s+a)/s$。

3. 坡道起动

为了防止坡道起动时电力机车、电动车组后退溜逸，异步电机的转差频率 f_s 随电动车组后退速度而增加，但由于牵引逆变器允许电流等限制，电流不能增大，牵引力相应减小，造成电动车组无法坡道起动。牵引逆变器应可以在正转和反转的整个范围内连续控制，转矩控制在一定的转差频率和电流下进行，而与后退速度无关。这样可以保证在前进方向上产生需要的转矩，实现坡道安全起动。

4. 防止空转和滑行

异步牵引电机具有硬牵引特性：电机转速增加到接近同步转速时，转矩急剧下降；达到同步转速时转矩为零；超过同步转速则自动进入再生工况，产生制动力矩。这种特性有利于发生空转和滑行后轮轨之间的再粘着，并且不会发生类似直流串励牵引电动机的转子飞速现象。

对于由一台牵引逆变器供给多台异步电机并联运行的电动车组，在检测空转时，应选取并联电机中转速最低的作为基准信号；而检测滑行时，应选取其中转速最高的作为基准信号。为了提高防止空转和滑行系统的灵敏度，通常还检测电机转速的变化率作为空转和滑行发生的信号。

从防空转和滑行性能出发，在控制轮径差的同时，电动车组牵引电机应选取额定转差率大些的为宜。

第三节　脉冲整流器及中间直流环节

脉冲整流器是列车牵引传动系统电源侧变流器。在牵引时作为整流器，将单相交流电转变成直流电，经中间直流环节能量交换后，再供给牵引逆变器，由牵引逆变器驱动交流牵引电动机；再生制动时作为逆变器，将直流电转变成单相交流电，通过牵引变压器、主断路器、受电弓回送接触网，由接触网下的其他负载消耗再生电能，形成再生制动。

脉冲整流器可方便地运行于电压电流平面的四个象限，因此亦称为四象限脉冲整流器。脉冲整流器具有以下优点：

（1）能量可以双向流动；

（2）从电网侧吸收的电流为正弦波；

（3）功率因数可达到1；

（4）降低了接触网的等效干扰电流，减少了对通讯的干扰；

（5）可以保证中间回路直流电压在允许偏差内。

一、脉冲变流器基本工作原理

图3-21为脉冲整流器电路原理图，由交流回路、功率开关桥路以及直流回路组成。其中交流回路包括变压器牵引绕组的输出电压 u_N、漏电感 L_N 和绕组电阻 R_N（R_N 很小，可以忽略不计）；直流回路包括二次滤波环节 L_2、C_2 和中间支撑电容 C_d。其简化的等效电路如图3-21所示。

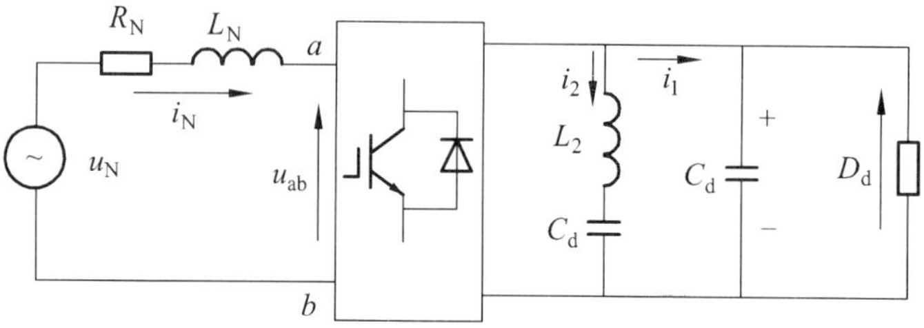

图3-21　脉冲整流器模型电路

脉冲整流器的电压矢量平衡方程为：

$$\dot{U}_N = j\omega L_N \dot{I}_N + \dot{U}_{ab}$$

式中　$\dot{U}_N$ ——二次侧牵引绕组电压相量；

$\dot{I}_N$ ——二次侧牵引绕组电流的基波相量；

$\dot{U}_{ab}$ ——调制电压的基波相量。

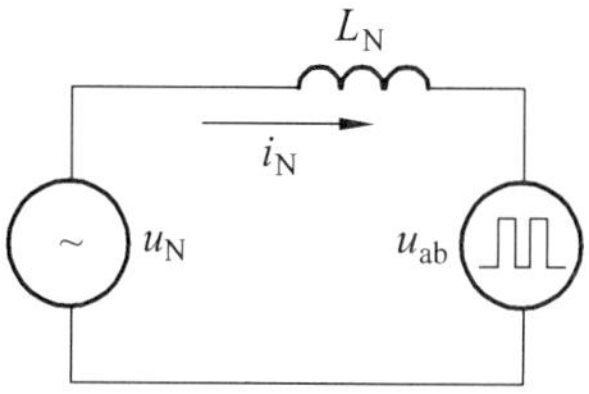

图3-22　脉冲整流器的简化等效电路

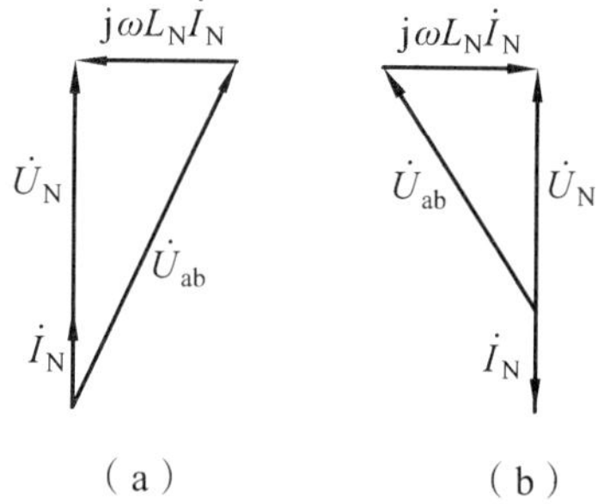

图3-23　脉冲整流器简化基波相量图

当二次侧牵引绕组电压 $\dot{U}_N$ 一定时，$\dot{I}_N$ 的幅值和相位仅由 $\dot{U}_{ab}$ 的幅值及其与 $\dot{U}_N$ 的相位差来决定。改变基波的幅值和相位，就可以使 $\dot{I}_N$ 与 $\dot{U}_N$ 同相位或反相位。在牵引工况下，$\dot{I}_N$ 与 $\dot{U}_N$ 的相位差为 0°，该工况下的矢量图如图 3-23（a）所示，此时 $\dot{U}_{ab}$ 滞后 $\dot{U}_N$；而对于再生制动工况，$\dot{I}_N$ 与 $\dot{U}_N$ 的相位差为 180°，该工况下的矢量图如图 3-23（b）所示，此时 $\dot{U}_{ab}$ 超前 $\dot{U}_N$，电机通过脉冲整流器向接触网反馈能量。

由图 3-23 可以得到下式：

$$\begin{cases} U_{ab} = U_d \cdot M_a / \sqrt{2} \\ U_{ab}^2 = U_N^2 + (\omega L_N I_N)^2 \\ \omega L_N I_N = K U_N \end{cases}$$

式中　U_d ——直流侧电压；

M_a ——变流器的调制深度，从系统工作的安全可靠性和电网的特性（考虑，控制系统应保证 $0.8 \leqslant M_a \leqslant 0.9$；

K ——短路阻抗的标幺值，一般取 0.3 ~ 0. 35。

由上式可得：

$$U_d = U_N \cdot \sqrt{2}(1+K^2)/M_a \tag{3-1}$$

式（3-1）表明了中间直流电压 U_d 与变压器牵引绕组电压 U_N、变压器短路阻抗标幺值 K 以及调制深度 M_a 的关系。

由图 3-23 可知，如果保持 $\dot{I}_N$ 与 $\dot{U}_N$ 同方向，即功率因数为 1，则 $\dot{U}_{ab}$ 随负载电流变化。显而易见，当 $\dot{I}_N = 0$ 时，$\dot{U}_{ab\min} = \dot{U}_N$，这时调制深度 M_a 为最小，即 $M_{a\min} = \sqrt{2}U_{ab\min}/U_d = \sqrt{2}U_N/U_d$。而 M_a 的最大值主要取决于元件的开关频率及调制比。

在图 3-24 中，当调制比达到其最大值时，门极信号相邻两个开关点的间距需满足 $t_{de} \geqslant t_{on} + t_D$，其中 t_{on} 是为了复原吸收回路所需的最短时间，t_D 是保证一个器件开通之前另一个器件必须完全关断所需的最小时间。假定载波信号的幅值为 1，则由 $\triangle ABC \cong \triangle Ade$ 有：

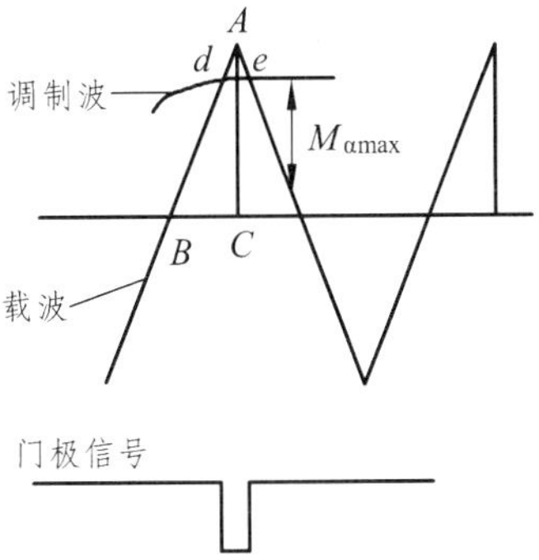

图 3-24　最大调制深度计算示意图

$$\frac{1-M_{a\max}}{1} = \frac{\frac{1}{2}(t_{on}+t_D)}{\overline{BC}}$$

$$M_{a\max} = 1 - \frac{t_{on}+t_D}{2\overline{BC}}$$

假定对于高速列车，满足 $U_d = 3\,000$ V，$K = 0.3$，当 $M_{a\max} = 0.9$ 时，有

$$U_{ab\max} = U_d \cdot M_a / \sqrt{2} = 3\,000 \times 0.9 / \sqrt{2} = 1\,909.2 \text{ (V)}$$

$$U_{N\max} = U_d \cdot M_a / \sqrt{2(1+K^2)} = 3\,000 \times 0.9 / \sqrt{2(1+0.3^2)} = 1\,828.67 \text{ (V)}$$

考虑网压波动范围为 22.5 ~ 29 kV，如果上述最大值只有在网压为 29 kV 的工况下才允许出现，而在系统设计时，变流器的输入电压通常对应于 25 kV 工况，因此折算到 25 kV 时的额定电压为：

$$U_N = U_{N\max} \times \frac{25}{29} = 1\,576.44 \quad (V)$$

$$U_{ab} = U_{ab\max} \times \frac{25}{29} = 1\,645.85 \quad (V)$$

折算到 22.5 kV 时的额定电压为：

$$U_N = U_{N\max} \times \frac{22.5}{29} = 1\,418.8 \quad (V)$$

$$U_{ab} = U_{ab\max} \times \frac{22.5}{29} = 1\,481.3 \quad (V)$$

二、中间直流环节

在交-直-交变流器中，储能器是作为变流器的四象限整流器和负载端变流器的逆变器之间的联结纽带，一般称之为中间直流环节（或中间回路）。在电压型四象限脉冲整流器中，由两个部分组成：一个是相应于 2 倍电网频率的串联谐振电路（也可以取消）；另一个是滤波电容器或支撑电容器。

1. 二次谐波滤波电路

从四象限整流器工作原理可知：

（1）因为串联谐振电路对 2 倍网频调谐，所以二次谐波电流从这个谐振电路流过，而直流分量 I_d 流入负载。

（2）2 倍网频的串联谐振电路的无功功率，来自与阻抗 L_N 的功率交换，并因而降低电源的瞬时功率的脉动分量。

（3）表示电源的感性的无功功率需要一个容性的无功功率来加以平衡，所以，从电源侧来看，四象限整流器可以用一个可变电容 C 和一个可变电阻 R_L 的并联电路来等效地表示。可变电容代表其与漏感 L_N 交换无功功率的那个部分，而 R_L 代表不同负载所要求的有功功率。

在选择串联谐振电路的电感和电容值时，除了考虑很大的谐振电流可能在电容器上产生过电压的危险外，还必须考虑电抗器的结构尺寸与电感值、持续电流与最大电流有关，而电容器的结构尺寸与电容值、最大电压与充电损耗有关。所以，适当选择参数，将有助于减少总费用。

2. 支撑电容器 C_d

在理想情况下，特别是当负载纯粹是一个电阻时，并不需要另外一个储能器的。因为反应漏感和四象限整流器之间无功功率变换的二次谐波电流从串联谐振电路上流过，而流到负载上去的是一个纯直流分量。但是实际上，由于以下原因，在脉冲整流器的输出端，或者说在中间回路中，由电容器构成的另一个储能器是必不可少的。这是因为：

（1）与脉冲整流器、逆变器交换无功功率和谐波功率，它们是在脉宽调制过程中产生的。

（2）与异步电动机交换无功功率。

（3）由于串联谐振回路中实际存在的电阻，二次谐波电流并非全部通过串联谐振电路，而是由串联谐振电路和支撑电容器 C_d 分流。所以，从这个角度来说，支撑电容器 C_d 也部分地起着与变压器漏感交换无功功率的作用。

（4）支撑中间回路电压，使其保持稳定。如果这个电容器太小，变流器的控制将变得相当困难。因为控制稍有一点误差，中间回路的电压就会出现很大的波动。

三、两电平脉冲整流器

1. 两电平脉冲整流器的工作原理

单相两电平脉冲整流器主电路如图 3-25 所示，L_N 和 R_N 分别为牵引绕组漏电感和电阻，开关管 T_1、T_2、T_3、T_4 组成一个全控桥电路，L_2 和 C_2 组成一个二次滤波器，C_d 为中间直流侧支撑电容。

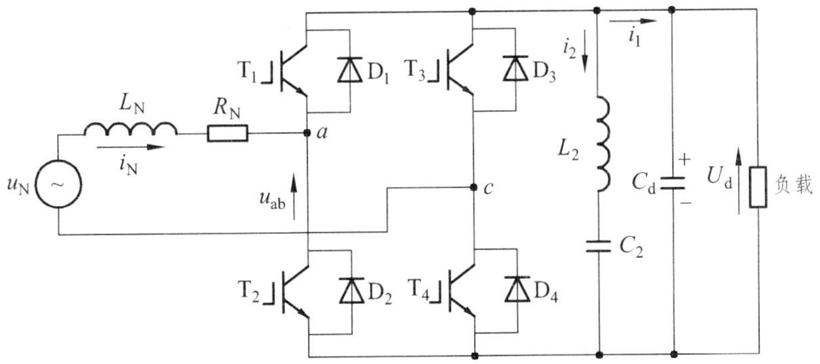

图 3-25　两电平脉冲整流器主电路

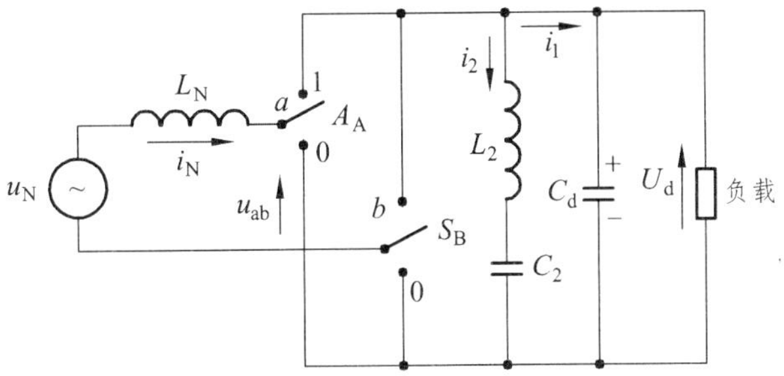

图 3-26　两电平脉冲整流器开关等效图

为了便于分析，定义理想开关函数 S_A 和 S_B 如下所示。采用理想开关函数并忽略牵引绕组电阻，则图 3-25 所示的两电平脉冲整流器主电路可以等效为图 3-26 所示的电路。

$$S_A=\begin{cases}1 & T_1\text{ 导通}\\0 & T_2\text{ 导通}\end{cases}$$

$$S_B=\begin{cases}1 & T_3\text{ 导通}\\0 & T_4\text{ 导通}\end{cases}$$

由于上桥臂与下桥臂不允许直通，则 S_i（$i=$A，B）与 S_i'（为下桥臂的开关函数）必须满足 $S_i'=1-S_i$ 。于是 u_{ab} 的取值有 U_d、0、$-U_d$ 三种电平，有效的开关组合有 $2^2=4$ 种，即 $S_A S_B=00$、01、10、11 四种逻辑。则 u_{ab} 可表示为：

$$u_{ab}=(S_A-S_B)U_d$$

对应于 4 个开关的不同开闭状态，电路共有以下 3 种工作模式：

① 工作模式 1：S_A $S_B = 00$ 或 11，即下桥臂开关或上桥臂开关全部导通，此时 $u_{ab} = 0$，电容 C_d 向负载供电，直流电压通过负载形成回路释放能量，直流电压下降。另一方面，牵引绕组两端电压 u_N 直接加在电感 L_N 上，对电感 L_N 充放电：当 $u_N > 0$，D_1 与 T_3 导通或 T_2 与 D_4 导通，电感电流 i_N 上升，电感 L_N 储存能量；当 $u_N < 0$，D_3 与 T_1 导通或 T_4 和 D_2 导通，电感电流 i_N 下降，电感 L_N 释放能量。在此过程中，有下式成立：

$$u_N = L_N \frac{di_N}{dt}$$

② 工作模式 2：$S_AS_B = 01$，其等效电路如图 3-27（a）所示，此时 $u_{ab} = -U_d$。T_1 和 T_4 同时关断，由 D_3 和 D_2 导通形成回路，$u_N < 0$，电流流向与电流 i_N 的参考方向相反，并对电感充电储能，电感电流 i_N 上升。满足如下关系式：

$$L_N \frac{di_N}{dt} = u_N + U_d$$

③ 工作模式 3：$S_AS_B = 10$，其等效电路如图 3-27（b）所示，此时 $u_{ab} = U_d$。T_3 和 T_2 同时关断，由 D_1 和 D_4 导通形成回路，$u_N > 0$，储存在电感中的能量向负载 R_L 和电容 C_d 释放，电感电流 i_N 下降，一方面给电容充电，使得直流电压上升，保证直流电压稳定，同时高次谐波电流通过电容形成低阻抗回路；另一方面给负载提供恒定的电流。满足如下关系式：

$$L_N \frac{di_N}{dt} = u_N - U_d$$

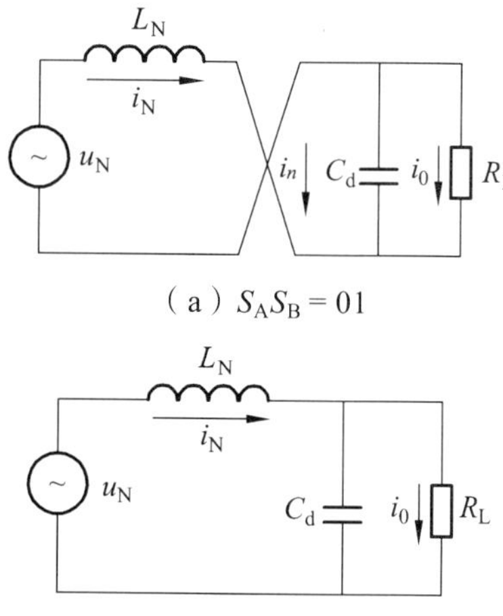

（a）$S_AS_B = 01$

（b）$S_AS_B = 10$

图 3-27　不同开关模式下的等效电路

在任意时刻，处于整流状态的脉冲整流器都只能工作在 3 种模式中的 1 种，在不同的时间段，通过对上述 3 种开关模式的切换，实现直流侧负载电压的稳定和负载电流的双向流动。

2. 两电平脉冲整流器的 PWM 控制原理

两电平脉冲整流器采用 SPWM 调制，其调制方式如图 3-28 所示。当 $u_a > u_{ca}$ 时，S_A 为 1，否则为 0。b 相与 a 相调制方式相同，但 u_a 与 u_b 相位相差 180°，u_{cb} 与 u_{ca} 相同。

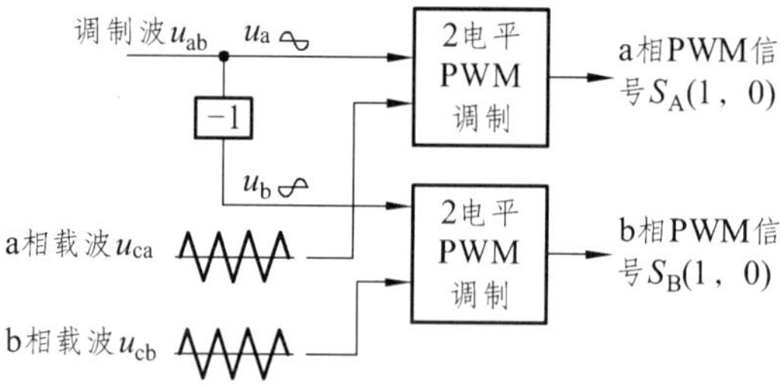

图 3-28　两电平脉冲整流器 SPWM 调制示意图

图 3-29 为两电平脉冲整流器 SPWM 调制波形。

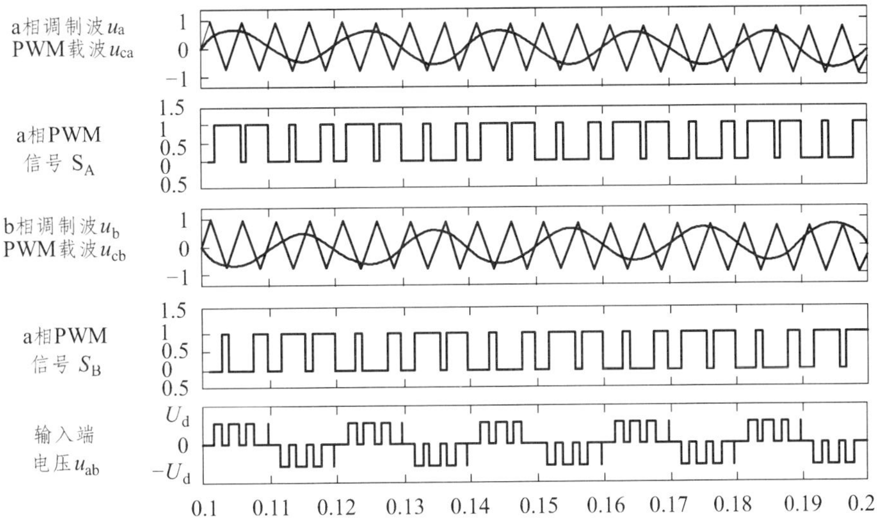

图 3-29 两电平脉冲整流器 SPWM 调制波形

四、三电平脉冲整流器

1. 三电平脉冲整流器工作原理

单相三电平脉冲整流器主电路如图 3-30 所示，图中，u_1 为直流侧支撑电容 C_1 上的电压，u_2 为直流侧支撑电容 C_2 上的电压。为了便于分析，定义理想开关函数 S_A 和 S_B 如下所示。采用理想开关函数并忽略牵引绕组电阻，则图 3-30 所示的三电平脉冲整流器主电路可以等效为图 3 -31 所示的电路。

$$S_A=\begin{cases}1 & T_{a1}\text{和}T_{a2}\text{导通}\\0 & T_{a2}\text{和}T_{a3}\text{导通}\\-1 & T_{a3}\text{和}T_{a4}\text{导通}\end{cases}\qquad S_B=\begin{cases}1 & T_{b1}\text{和}T_{b2}\text{导通}\\0 & T_{b2}\text{和}T_{b3}\text{导通}\\-1 & T_{b3}\text{和}T_{b4}\text{导通}\end{cases}$$

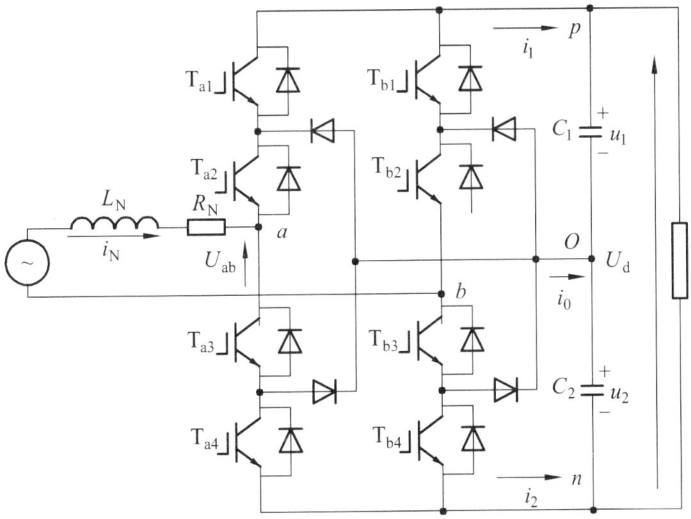

图 3-30 脉冲整流器主电路图

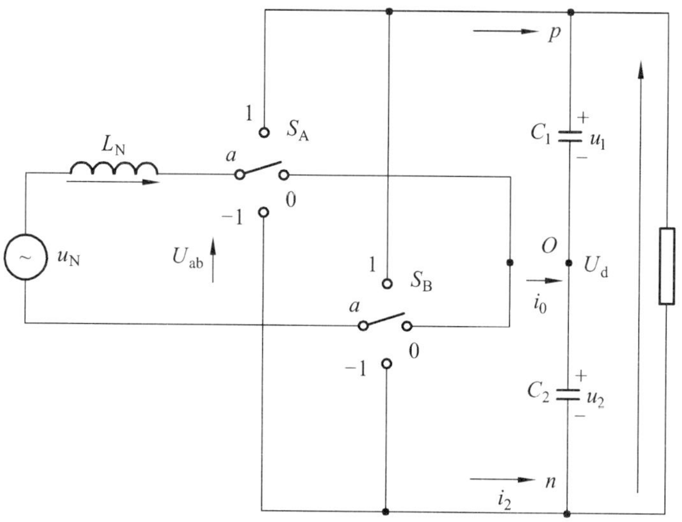

图 3-31　脉冲整流器开关等效电路图

显然，由 S_A 和 S_B 组成的电路共有 $3^2=9$ 种组合，对应主电路有 9 种工作模式。开关状态及相应的电压值如表 3-2 所示。

表 3-2　工作状态及相应的电压

T_{a1}	T_{a2}	T_{a3}	T_{a4}	T_{b1}	T_{b2}	T_{b3}	T_{b4}	S_A	S_B	u_{ao}	u_{bo}	u_{ab}	Mode
1	1	0	0	1	1	0	0	1	1	u_1	u_1	0	1
1	1	0	0	0	1	1	0	1	0	u_1	0	u_1	2
1	1	0	0	0	0	1	1	1	−1	u_1	$-u_2$	u_1+u_2	3
0	1	1	0	1	1	0	0	0	1	0	u_1	$-u_1$	4
0	1	1	0	0	1	1	0	0	0	0	0	0	5
0	1	1	0	0	0	1	1	0	−1	0	$-u_2$	u_2	6
0	0	1	1	1	1	0	0	−1	1	$-u_2$	u_1	$-u_1-u_2$	7
0	0	1	1	0	1	1	0	−1	0	$-u_2$	0	$-u_2$	8
0	0	1	1	0	0	1	1	−1	−1	$-u_2$	$-u_2$	0	9

① 工作模式 1（$S_A=1$，$S_B=1$）：开关管 T_{a1}、T_{a2}、T_{b1} 和 T_{b2} 导通，T_{a3}、T_{a4}、T_{b3} 和 T_{b4} 关断，网侧端电压 $u_{ao}=u_1$、$u_{bo}=u_1$、$u_{ab}=0$。如果网侧电源电压 $u_N>0$，则网侧电流 i_N 增大，电容 C_1 和 C_2 通过负载电流放电。

② 工作模式 2（$S_A=1$，$S_B=0$）：开关管 T_{a1}、T_{a2}、T_{b2} 和 T_{b3} 导通，T_{a3}、T_{a4}、T_{b1} 和 T_{b4} 关断，网侧端电压 $u_{ao}=u_1$、$u_{bo}=0$、$u_{ab}=u_1$。如果正向电源电压 u_N 大于（或小于）直流侧电压 U_d 的一半，则网侧电流 i_N 增大（或减小），网侧电流对电容 C_1 进行充电，而电容 C_2 通过负载电流放电。

③ 工作模式 3（$S_A=1$，$S_B=-1$）：开关管 T_{a1}、T_{a2}、T_{b3} 和 T_{b4} 导通，T_{a3}、T_{a4}、T_{b1} 和 T_{b2} 关断，网侧端电压 $u_{ao}=u_1$、$u_{bo}=-u_2$、$u_{ab}=u_1+u_2$。正向网侧电流 i_N 减小，正向网侧电

流对电容 C_1 和 C_2 充电。

④ 工作模式 4（$S_A=0$，$S_B=1$）：开关管 T_{a2}、T_{a3}、T_{b1} 和 T_{b2} 导通，T_{a1}、T_{a4}、T_{b3} 和 T_{b4} 关断，网侧端电压 $u_{ao}=0$、$u_{bo}=u_1$、$u_{ab}=-u_1$。如果反向的电源电压 u_N 大于（或小于）直流侧电压 U_d 的一半，则网侧电流 i_N 减小（或增大），反向网侧电流对电容 C_1 进行充电，而电容 C_2 通过负载电流放电。

⑤ 工作模式 5（$S_A=0$，$S_B=0$）：开关管 T_{a2}、T_{a3}、T_{b2} 和 T_{b3} 导通，T_{a1}、T_{a4}、T_{b1} 和 T_{b4} 关断，网侧端电压 $u_{ao}=0$、$u_{bo}=0$、$u_{ab}=0$。如果网侧电源电压 $u_N>0$，则正向网侧电流 i_N 增大，电容 C_1 和 C_2 通过负载电流放电。

⑥ 工作模式 6（$S_A=0$，$S_B=-1$）：开关管 T_{a2}、T_{a3}、T_{b3} 和 T_{b4} 导通，T_{a1}、T_{a4}、T_{b1} 和 T_{b2} 关断，网侧端电压 $u_{ao}=0$、$u_{bo}=-u_2$、$u_{ab}=u_2$。如果正向电源电压 u_N 大于（或小于）直流侧电压 U_d 的一半，则网侧电流增大（或减小），网侧电流对电容 C_2 进行充电，而电容 C_1 通过负载电流放电。

⑦ 工作模式 7（$S_A=-1$，$S_B=1$）：开关管 T_{a3}、T_{a4}、T_{b1} 和 T_{b2} 导通，T_{a1}、T_{a2}、T_{b3} 和 T_{b4} 关断，网侧端电压 $u_{ao}=-u_2$、$u_{bo}=u_1$、$u_{ab}=-u_1-u_2$。反向网侧电流 i_N 减小，反向网侧电流对电容 C_1 和 C_2 进行充电。

⑧ 工作模式 8（$S_A=-1$，$S_B=0$）：开关管 T_{a3}、T_{a4}、T_{b2} 和 T_{b3} 导通，T_{a1}、T_{a2}、T_{b1} 和 T_{b4} 关断，网侧端电压 $u_{ao}=-u_2$、$u_{bo}=0$、$u_{ab}=-u_2$。如果反向的电源电压 u_N 大于（或小于）直流侧电压 U_d 的一半，则网侧电流 i_N 减小（或增大），反向网侧电流对电容 C_2 进行充电，而电容 C_1 通过负载电流放电。

⑨ 工作模式 9（$S_A=-1$，$S_B=-1$）：开关管 T_{a3}、T_{a4}、T_{b3} 和 T_{b4} 导通，T_{a1}、T_{a2}、T_{b1} 和 T_{b2} 关断，网侧端电压 $u_{ao}=-u_2$、$u_{bo}=-u_2$、$u_{ab}=0$。如果网侧电源电压 $u_N>0$，则正向网侧电流 i_N 增大，电容 C_1 和 C_2 通过负载电流放电。

2. 三电平脉冲整流器 PWM 控制原理

三电平脉冲整流器 PWM 调制方式为 SPWM，其理想开关函数如下所示，其调制方式如图 3-32 所示。当 b 相调制波 u_b 与 a 相相差 180°相位，其与 b 相载波 u_{cb} 之间的关系与上述关系相同，为减少高次谐波，b 相载波需要偏离 a 相载波 180°相位。

$u_a>u_{ca}$（正侧载波）$>u_{ca}$（负侧载波）时，$S_A=1$

$u_{ca}>$（正侧载波）$>u_a>u_{ca}$（负侧载波）时，$S_A=0$

$u_{ca}>$（正侧载波）$>u_{ca}$（负侧载波）$>u_a$时，$S_A=-1$

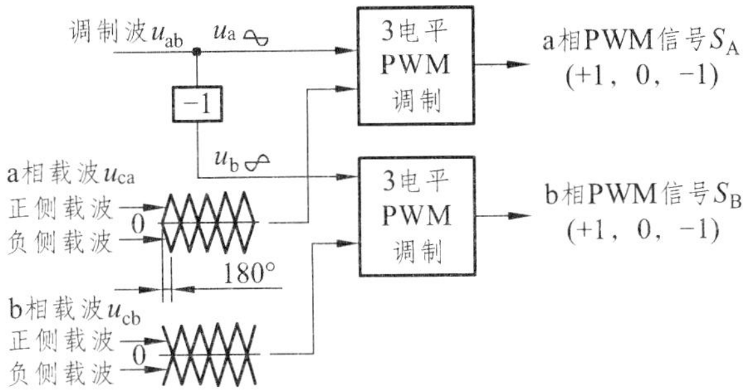

图 3-32 脉冲整流器 SPWM 调制方式

三电平脉冲整流器利用上述调制方式进行切换动作，得到的 PWM 调制和动作波形如图 3-33 所示，u_{ab} 是采用 U_d，$U_d/2$，0，$-U_d/2$，$-U_d$ 这 5 种电平来等效的正弦波。与两电平脉冲整流器相比，这样可以有效地减小网侧输入端电流 i_N 的谐波。

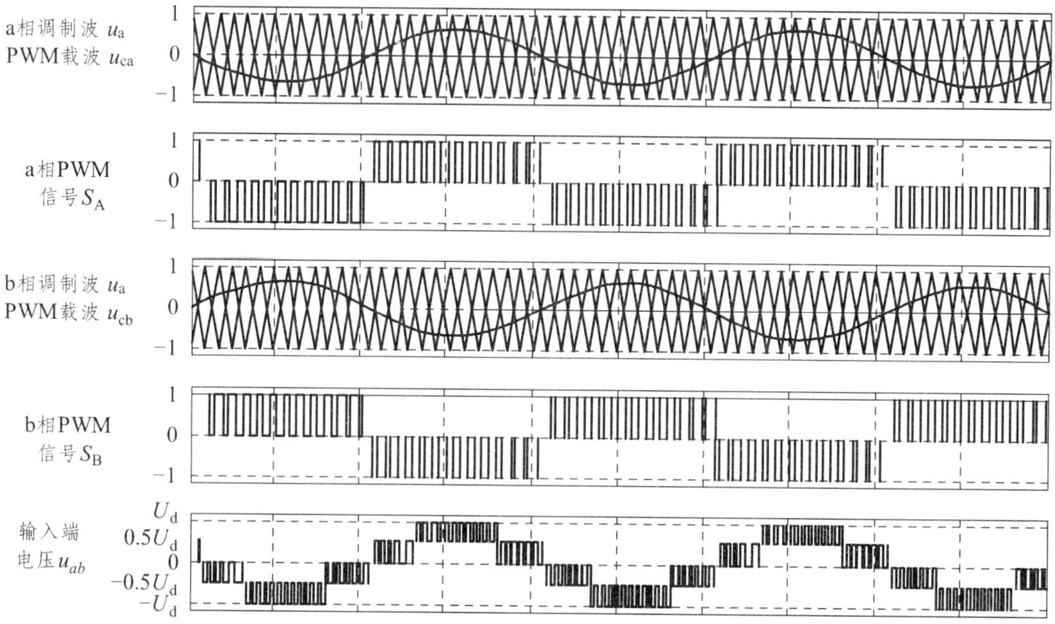

图 3-33　三电平脉冲整流器 PWM 调制动作波形

第四节　牵引逆变器

根据中间直流环节所选择的不同储能元件，牵引变流器可分为电压型和电流型两种。由于电压型变流器相对于电流型变流器具有较大的优势，所以在交流传动领域大多采用电压型逆变器。电压型牵引变流器的驱动一般采用“四象限脉冲整流器 + 中间直流电路 + 电压型牵引逆变器 + 异步牵引电动机”的方式。

根据变流器输出交流侧相电压的可能取值可将电压型变流器分为两点式和三点式。在交流传动领域，当中间电路直流电压 $U_d > 2.7 \sim 2.8$ kV 时，主电路中通常采用两点式结构；当 $U_d > 3$ kV 时，宜采用三点式结构。

牵引逆变器的作用是将中间回路的直流电转换为交流异步牵引电动机调速所需要的三相交流电。从电能的流向可以看出，牵引状态下，牵引逆变器按逆变方式工作；电气制动状态下，按整流方式工作。

一、单相桥式逆变电路

逆变电路从其结构而言，也像整流电路那样有零式（中间抽头式）和桥式、单相和多相之分。

图 3-34 是一个单相桥式逆变电路的原理示意图，其中 T_1、T_2 和 T_3、T_4 两组理想开关轮流接通时，负载 R 上就可得到交流电压 u_R，这是一个幅值为直流电源电压 U_d 的周期性交变

电压，相应的交流电流为 i_R。负载电压和负载电流的频率取决于两组理想开关的切换频率。

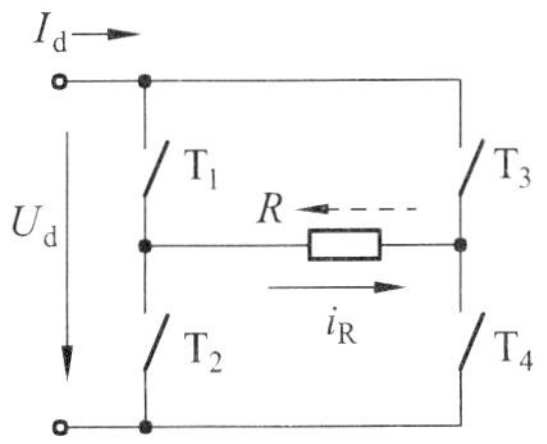

图 3-34 单相桥式逆变电路原理示意图

用全控型器件，如 IGBT 取代图 3-33 中的开关后，得到图 3-35（a）所示的单相桥式 IGBT 逆变器的主电路。

图 3-35（b）和图 3-35（c）是 IGBT 逆变器在电阻负载下的输出电压 u_R 和输出电流 i_R 的波形。在 $0 \sim \pi$ 期间，$IGBT_1$（用 T_1 表示）和 $IGBT_2$（用 T_2 表示）导通；在 $\pi \sim 2\pi$ 期间，$IGBT_3$ 和 $IGBT_4$（分别用 T_3 及 T_4 表示）导通。图 3-35（d）则为直流输入电流 i_d 的波形，图中假设 IGBT 的开关是瞬时完成的理想过程。

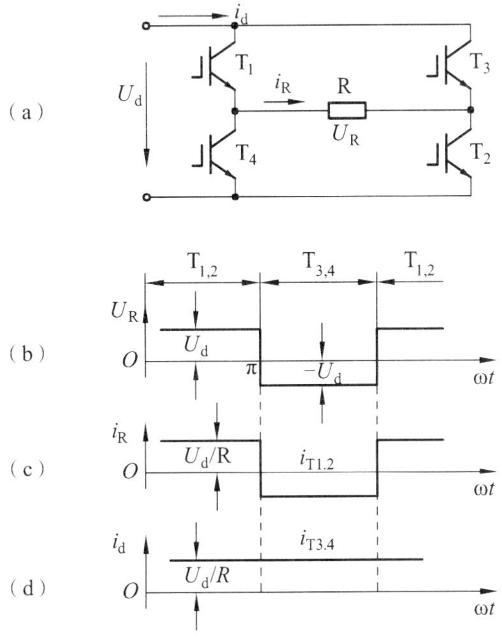

图 3-35 单相桥式 IGBT 逆变器的主电路及波形

对于感性负载，交流电流滞后电压一个相位角，当两组开关已经切换，电压已经反向时，感性负载电流仍将在滞后角时间内保持原来的流通方向，如果强迫开断这一感性负载的滞后电流，必然会引起过电压造成电力电子器件的击穿损坏，甚至过电压超过感性负载的耐压而造成绝缘破坏。为此，在感性负载下，每个电力电子器件上还需反向并联一个快速二极管，以构成滞后电流的通路，如图 3-36（a）所示。

在图 3-36（a）中 $\omega t = \pi$ 时刻，当 T_1 和 T_2 关断、T_3 和 T_4 导通后，感性负载电流从 T_1、T_2 转移到由 D_3、D_4 及电源所构成的续流回路中，使负载电流在滞后角内继续保持原方向流通。同理，在 T_3、T_4 切换到 T_1、T_2 后，负载电流改经 D_1、D_2 和电源电路续流。负载电流 i_2 的波形如 3-36（c）所示，由两段指数曲线组成，阴影部分为二极管中的电流，其余为 IGBT 中的电流。图 3-36（d）为直流输入电流 i_d 的波形。它由正方向的 IGBT 电流和反方向的 i_D 电流组成，由图可见，在二极管导通期间，感性负载向电源反馈了能量。

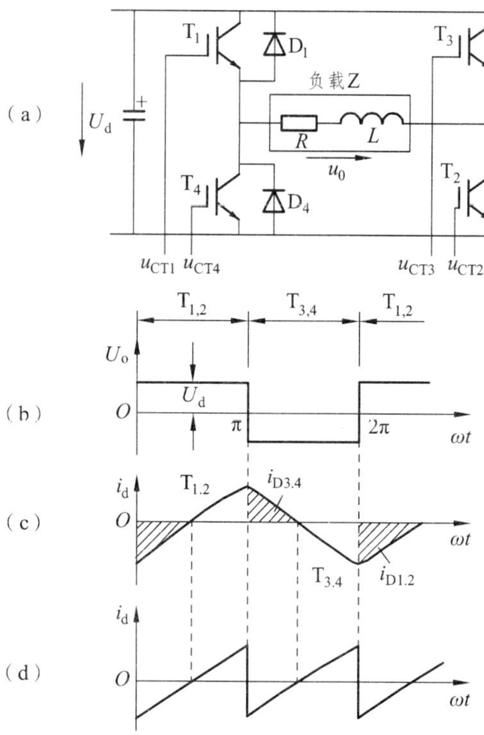

图 3-36 感性负载单相桥式 IGBT 逆变器的主电路及波形

二、三相桥式逆变电路

1. 结构

三相桥式逆变电路如图 3-37 所示，图中应用可关断晶闸管 GTO 作为逆变管，也可用其他全控型器件（比如 IGBT）构成逆变电路，若用晶闸管时，还应有强迫换流电路；但逆变电路的基本结构都是相同的。

从电路结构上看，如果把三相负载 Z_A、Z_B、Z_C 看成三相整流变压器的三个绕组，那么三相桥式逆变电路犹如三相桥式可控整流电路与三相桥式二极管整流电路的反并联，其中可控电路用来实现直流到交流的逆变，不可控电路为感性负载电流提供续流回路，完成无功能量的续流或反馈。因此与 GTO 并联的六个二极管 $D_1 \sim D_6$ 称为续流二极管或反馈二极管。

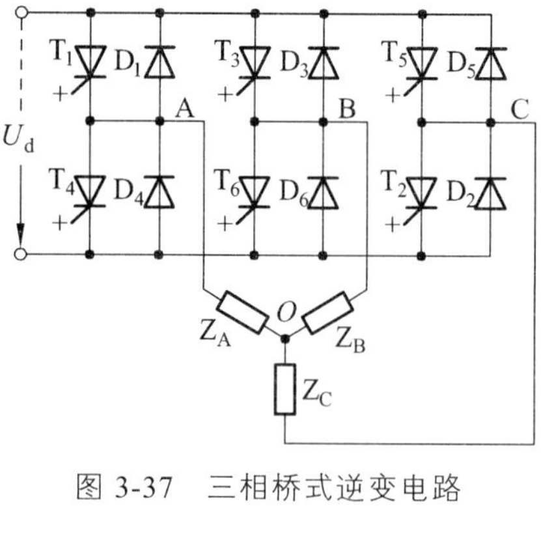

图 3-37 三相桥式逆变电路

图 3-37 所示的三相桥式逆变电路，其管子的导通次序和整流电路一样，也是 T_1、T_2、T_3、…，各管的触发信号依次互差 60°。根据各管导通时间的长短，分为 180°导通型和 120°导通型两种。对瞬时完成换流的理想情况，180°导通型的逆变电路在任意瞬间都有三只管子导通，各管导通时间为 180°。同相中上下两桥臂中的两只管子称为互补管，它们轮流导通，如 A 相中的 T_1 和 T_4。各导通 180°，但相位也差 180°，不会引起电源经 T_1 和 T_4 的贯穿短路。所以，180°型桥式逆变电路每隔 60°各管按照如下顺序导通：$T_1 \to T_2 \to T_3$、$T_2 \to T_3 \to T_4$、$T_3 \to T_4 \to$

T_5、$T_4 \to T_5 \to T_6 \cdots\cdots T_6 \to T_1 \to T_2$。在 120°导通型逆变电路中各管导通 120°，任意瞬间只有不同相的两只管子导通，同一桥臂中的两只管子不是瞬时互补导通，而是有 60°的间隙时间。所以逆变器的各管每隔 60°，依次按 $T_1 \to T_2$、$T_2 \to T_3$、$T_3 \to T_4$、…、$T_6 \to T_1$ 次序导通。当某相中没有逆变管导通时，该相的感性电流经该相中的二极管流通。

2. 基本参数

按 180°导通方式工作的三相桥式逆变电路，每隔 60°为一个阶段，其等值电路、相电压、线电压、图形及数值如表 3-3 所示。表中设三相负载对称：

$$Z_A = Z_B = Z_C$$

表 3-3　180°导通型三相桥式逆变电路各阶段的等值电路、相电压和线电压值

阶段		0° ~ 60°	60° ~ 120°	120° ~ 180°	180° ~ 240°	240° ~ 300°	300° ~ 360°
导通管号		1、2、3	2、3、4	3、4、5	4、5、6	5、6、1	6、1、2
相电压	U_{AO}	$+\frac{1}{3}U_d$	$-\frac{1}{3}U_d$	$-\frac{2}{3}U_d$	$-\frac{1}{3}U_d$	$+\frac{1}{3}U_d$	$+\frac{2}{3}U_d$
	U_{BO}	$+\frac{1}{3}U_d$	$+\frac{2}{3}U_d$	$+\frac{1}{3}U_d$	$-\frac{1}{3}U_d$	$-\frac{2}{3}U_d$	$-\frac{1}{3}U_d$
	U_{CO}	$-\frac{2}{3}U_d$	$-\frac{1}{3}U_d$	$+\frac{1}{3}U_d$	$+\frac{2}{3}U_d$	$+\frac{1}{3}U_d$	$-\frac{1}{3}U_d$
线电压	U_{AB}	0	$-U_d$	$-U_d$	0	$+U_d$	$+U_d$
	U_{BO}	$+U_d$	$+U_d$	0	$-U_d$	$-U_d$	0
	U_{CA}	$-U_d$	0	$+U_d$	$+U_d$	0	$-U_d$

在 0° ~ 60°阶段晶闸管（或其他全控型电力电子器件）T_1、T_2、T_3 同时导通，A 相和 B 相负载 Z_A、Z_B 都与电源的正极连接，C 相负载 Z_C 与电源的负极连接，由于三相负载对称，如取负载中心点 O 为电压的基准点，则 A 相的电压 U_{AO} 和 B 相的电压 U_{BO} 相等，均为 $\frac{1}{3}U_d$，U_d 为直流电源电压。C 相的电压为 $-\frac{2}{3}U_d$。

同理，在 60° ~ 120°阶段，逆变管 T_1 关断。T_2、T_3、T_4 导通，Z_B 与电源正极接通，Z_A 与 Z_C 与负载接通，故 $U_{BO} = +\frac{2}{3}U_d$，$U_{AO} = U_{CO} = -\frac{1}{3}U_d$。其余类推。最后得出任何一相的相电压的波形为六阶梯波，U_{BO} 落后 U_{AO} 120°，U_{CO} 落后 U_{BO} 120°，如图 3-38（a）所示。

线电压由相电压相减得出：

$U_{AB} = U_{AO} - U_{BO}$（如 0° ~ 60°阶段其值为零）

$U_{BC} = U_{BO} - U_{CO}$（如 0° ~ 60°阶段其值为 U_d）

$U_{CA} = U_{CO} - U_{AO}$（如 0° ~ 60°阶段其值为 $-U_d$）

线电压波形如图 3-38（b）所示，它们是宽为 120°的矩形波，各线电压波形依次相差 120°。

初相角为零的六阶梯波（如图 3-38 中的 U_{BO}）的基波可用付氏级数求得，相电压中无余弦项、偶次项和三的倍数次谐波。电压中最低为五次谐波，含量为基波的 20%，其次为七次谐波，含量为基波的 14.3%。

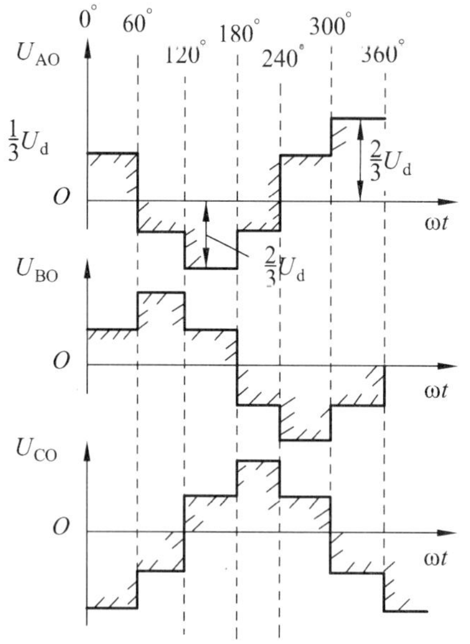

（a）相电压波形

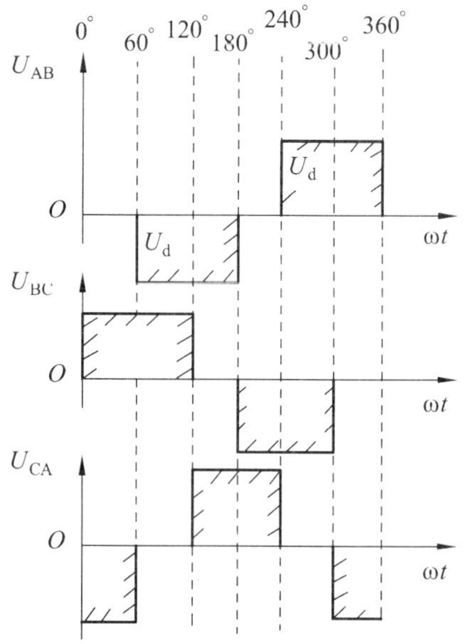

（b）线电压波形

图 3-38　180°导通型三相逆变器输出波形

对于基波无初相角的矩形波线电压，其中谐波分量与相电压中的谐波分量相同，只是符号不同，使波形产生差异。线电压比相电压的幅值大 $\sqrt{3}$ 倍。

根据图 3-38 可以算出六阶梯波的相电压和方波线电压的有效值之间仍有 $\sqrt{3}$ 倍的关系。

实际的电压波形较上面分析的结果略有误差，这是由于在分析中忽略了换流过程，也未扣除逆变电路中的电压降落的缘故。

当三相逆变器按 120°导通方式工作时，如在 0° ~ 60°阶段中 T_6、T_1 导通，则 Z_A、Z_B 分别接电源正负极（见图 3-39），Z_C 不通电，则 $U_{AO}=\frac{1}{2}U_d$，$U_{CO}=0$。在 60° ~ 120°阶段，T_1、T_2 导通，Z_A、Z_C 分别接电源正负极，Z_B 不通电，则 $U_{AO}=\frac{1}{2}U_d$，$U_{BO}=0$，$U_{CO}=-\frac{1}{2}U_d$。以此类推，获得图 3-39 所示的输出电压波形。与图 3-38 相反，这里的相电压为矩形波，线电压为六阶梯波。

由图 3-39 可见，逆变器采用 120°导通方式时，采用同一桥臂中上下管有 60°的导通间隙，对换流安全有利，但管子的利用率低，并且若电机采用星形接法，始终有一绕组断开，在换流对该相中会引起较高的感应电势，应采用过电压保护措施。而 180°导通方式无论电动机何种接法，正常工作时不会引起过电压，因此对于电压型逆变器，180°导通方式应用较为普遍。

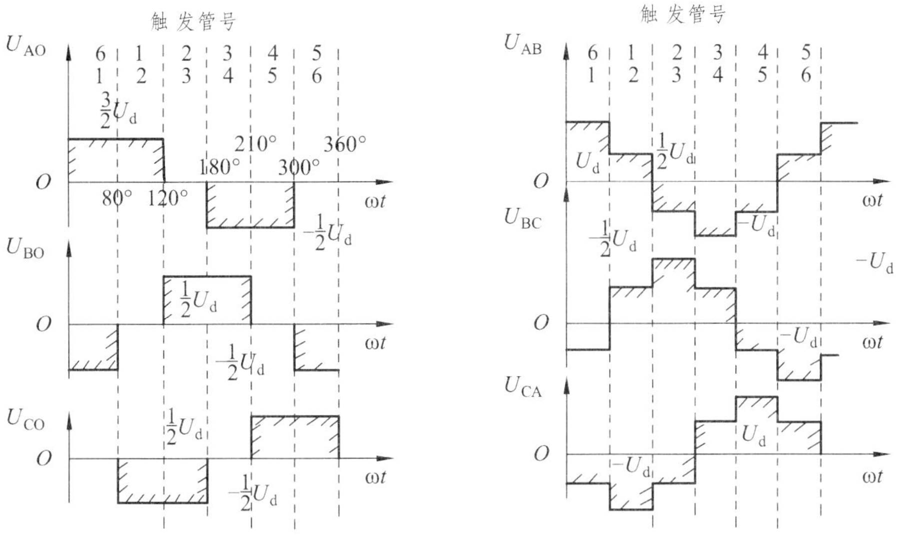

（a）相电压波形　　（b）线电压波形

图 3-39　120°导通型三相逆变器的输出电压波形

三、三电平（三点式）逆变电路

1. 原理

一般的三相逆变电路的输出电压只有两种电平，以图 3-37 中的 A 相为例，以电源中点（$U_d/2$ 处）为基准，当 T_1 导通时输出为正，当 T_4 导通时输出为负，即 $\pm U_d/2$。若负载为三相电动机，并以电机中点 O 为基准，则电机的相电压 U_{OA} 为六阶梯波，如图 3-38 所示。

三点式逆变器的输出电压有三种电平，以图 3-40 的三点式逆变器原理图为例，当 A 相开关处于三种不同位置时，相对电源中点 O 的输出电压为 $U/2$、0、$-U/2$，因此称三点式或三电平逆变器；在向三相电动机供电时，电机的相电压有 12 个阶梯，是一种准 12 阶梯波，可使电动机的谐波分量减少，脉动力矩降低。

德国的 Holtz 于 1977 年首先提出三点式逆变器，其电路如图 3-41（a）所示。它的特点是除了一对主逆变管 T_1 和 T_4 外，在电源的中点零又引出另一对反并联的逆变管 T_2 和 T_3，因此无论负载电流流入电机的 A 相，还是从 A 相流出，逆变器 A 相的输出电压都有三种状态：$U_d/2$、0、$-U_d/2$。图 3-41（b）是日本的 Nabae 在 20 世纪 80 年代提出的另一种三点式逆变器电路，这里也画出逆变器的 A 相电路，其特点是主逆变管 T_1 和 T_4 已分别由串联的 T_{11}、T_{12} 和 T_{41}、T_{42} 四只管子所取代，电源的中点零由二只二极管 D_1 和 D_4 引出，分别接到上下桥臂的中间，如图 3-41（b）所示。其工作原理是 T_{11}、T_{12} 都导通时，A 点相对电源中点的电压为 $U_d/2$；当负载电流经 D_1 和 T_{12}、或者经 D_4 和 T_{41} 与电源中点连通，则 A 点输出电压为零；当 T_{41} 和 T_{42} 导通时，输出电压为 $-U_d/2$。

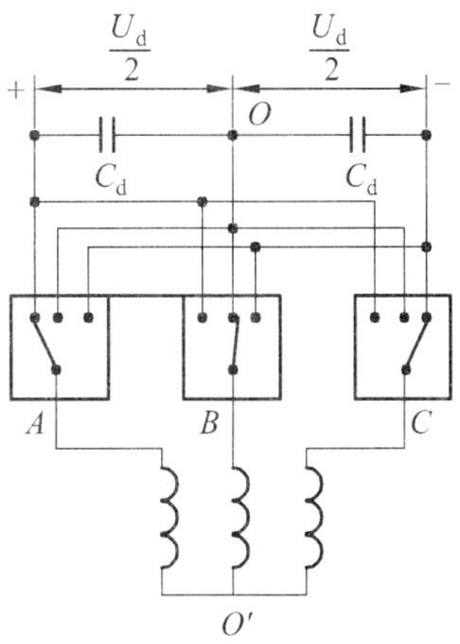

图 3-40　三点式逆变电路示意图

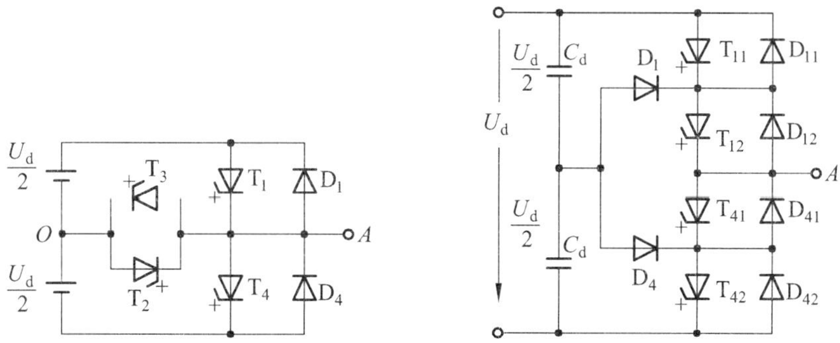

（a）Holtz 电路　（b）Nabae 电路

图 3-41　三点式逆变器的 A 相电路

由于图 3-41（b）方案中主逆变管采用串联方式，在一定的 U_d 下，主逆变管 $T_{11} \sim T_{42}$ 的耐压可以降低一半，这对目前耐压水平还较低的 IGBT 等新型场控器件在逆变器中的应用，是十分有利的，因此国外电力牵引，如日本新干线新型高速动车的主传动电路中，已开始应用三点式 IGBT 逆变电路。图 3-41 的电路中采用的是 GTO，它可以使逆变器的中间直流环节的电压升到 6 000 V 左右，从而使逆变器的单机容量达到 10 000 kV · A。

2. 三点式逆变器的输出电压波形

三点式逆变器和普通二点式逆变器一样，可以按方波（阶梯形波）方式工作，也可以按 PWM 方式工作。若按方波方式工作时，相电压波形如图 3-42（a）所示，电压有 $U_d/2$、0、$-U_d/2$ 三种。这里的起始角 α 即为 A 相中 T_{11}、T_{12} 的控制角，改变 α 的大小，可以控制方波的宽度，从而改变三相电动机的相电压。若按脉宽调制方式工作，可以得到不同数量和不同宽度的一系列正、负脉冲，脉冲幅值为 $\pm U_d/2$，如图 3-42（b）所示。在图 3-42（a）、图 3-42（b）中相电压的参考点均为电源中点。

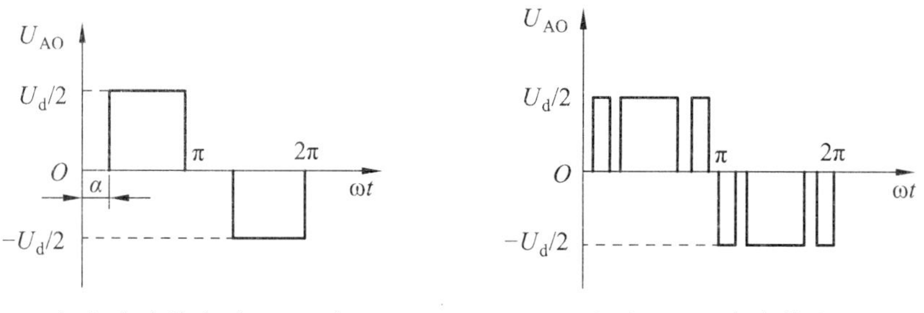

（a）方波输出（$\alpha \neq 0°$）　（b）PWM 方式输出

图 3-42　三点式逆变电路的两种输出电压波形

改变图 3-42（a）中的控制角 α，可以改变逆变器输出相电压（如 U_{AO}）的波形，因此也可改变三相负载上的相电压波形。图 3-40 中负载是电动机的三相绕组，中点是相电压参考点（图 3-40 中的 O' 点）。

若 $\alpha = 0°$，逆变器的相电压 U_{AO} 是幅值为 $\pm U_d/2$ 的方波，这时的负载相电压就和普通二点式逆变器那样没有电压为零阶段，负载电动机的相电压必然和普通二点式逆变器供电的情况相同，是六阶梯波（见图 3-38），各阶段的电压值也相同。

但当 $\alpha \neq 0°$ 时，三点式逆变器输出的相电压中出现电压为零的阶段，因此以图 3-39 中 O'

为参考点的负载上，相电压的波形也随着改变。在图 3-43 中当α为 0°、15°、30°、45°、60°等情况下的负载相电压 $U_{AO'}$的波形，由图可见当α加大时，$U_{AO'}$的有效值下降。当α = 15°时$U_{AO'}$的波形最接近正弦，由 12 个阶梯组成。

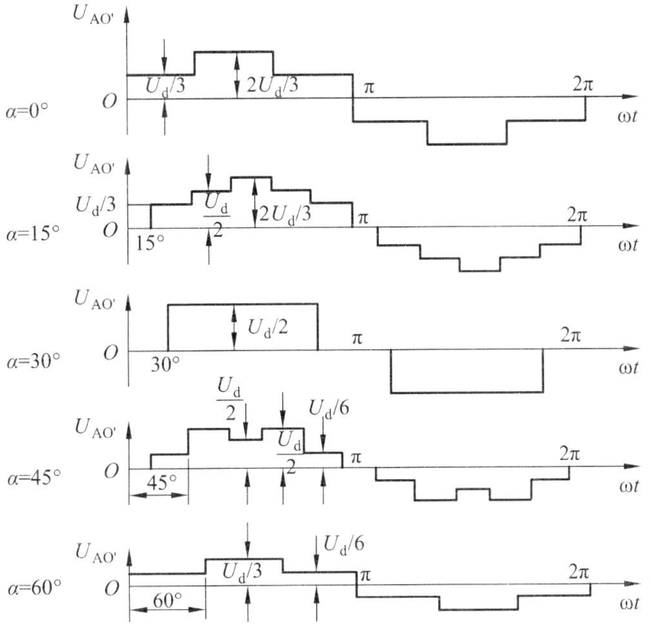

图 3-43　三点式逆变电路在不同控制角α时的负载相电压 $U_{AO'}$ 波形

由于逆变器输出的相电压 U_{AO} 基准点为电源的中点，而负载电动机相电压 $U_{AO'}$的基准点为三相绕组中点 O'，因此从 U_{AO}、U_{BO}、U_{CO} 归算到 $U_{AO'}$、$U_{BO'}$、$U_{CO'}$时还需要进行等效电路的运算。

图 3-44 是不同开关频率下 GTO、IGBT、三点式 IGBT 三种逆变器的电机电流波形，由图可见 f_T = 450 Hz 的 GTO 逆变器输出电流中谐波较大，f_T = 1 500 Hz 的两种 IGBT 逆变器中，三点式逆变器的输出波形最好。

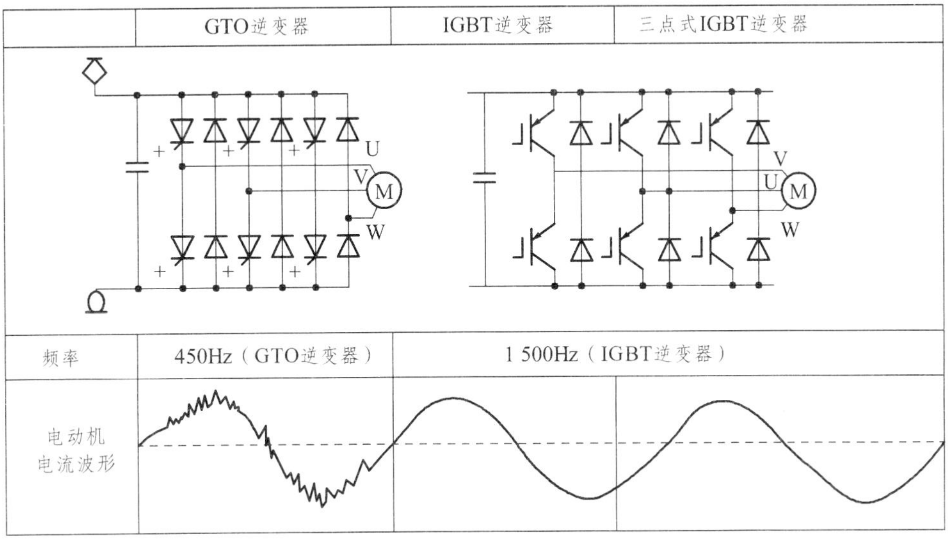

图 3-44　不同开关频率下三种逆变器的电机电流波形

四、PWM 脉宽调制技术

1. 脉宽调制

目前 VVVF 转速控制中主要采用的是 PWM 调制技术。主要是为了得到更加接近于正弦波的逆变输出电压波形，减少谐波干扰。脉宽调制（Pulse Width Modulation，PWM）的调压方法是把逆变电路的输出电压斩波成为脉冲，通过改变脉冲的宽度、数量或者分布规则，以改变输出电压的幅值和频率。这种方法种类很多。它只需对逆变器本身加以控制，使调压、调频一次完成。调节迅速而不需增加功率设备，因而是逆变电路调压调频（VVVF）的主要方法，尤以正弦脉宽调制（SPWM）的谐波分量最少，应用最广。

从获得 SPWM 波的方法来看，有三角波（载波）与正弦波（调制波）相交，得出开关切换模式的 SPWM 逆变器。还有锯齿波（载波）与正弦波（调制波）相交，马鞍形波与正弦波相交，三角波（载波）与准正弦的阶梯波（调制波）相交等方法得出的 SPWM 波。所有这些控制方法和指定次数的谐波消去法所追求的目标，都是使输出的波形中谐波最少，最接近正弦波。

从逆变电路的负载端来看，又有追求电动机的气隙磁通（磁链）尽量接近圆形的磁链跟踪型逆变器。有六种开关状态的六阶梯波逆变器输出电压，加到三相电动机的定子绕组上，与逆变器的每一种开关状态相对应，电动机中就有一个合成的空间电压矢量。六阶梯波逆变电路输出的电压空间矢量为六条等幅对称的矢量，逆变器的开关状态切换一次，合成的电压矢量在电机绕组中跳跃式地转动60°的空间（图 3-45）。在气隙中形成一个六边形的跳跃式旋转的磁场，与正弦电压下电动机的圆形旋转磁场一样，在电磁力的作用下，使电动机旋转。但是由于六阶梯波逆变器只能提供六边形的旋转磁场，在低频下，电动机的力矩不均衡，会出现电动机转轴的轻微颤动或步进现象。经过 PWM 控制，电压矢量相应增加，其磁链可迫近圆形，从而使电动机气隙中获得准圆形的旋转磁场。

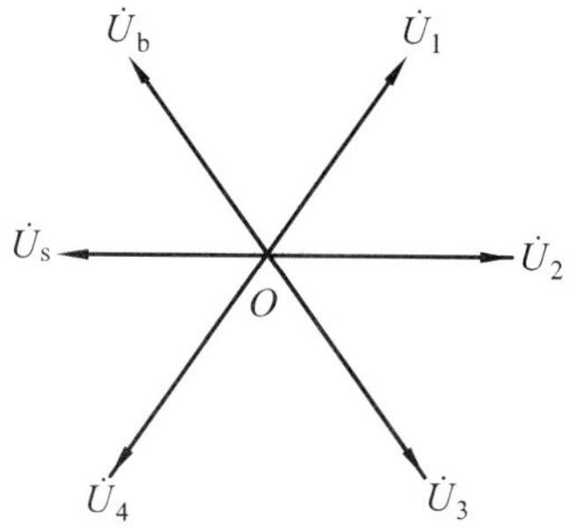

图 3-45　逆变器-感应电机系统的电压矢量

电流跟踪型逆变电路的基本思想是将电动机定子电流的检测信号与正弦波电流给定信号进行比较，如果实际电流大于给定值，可通过开关的切换使电流下降，反之则增加。结果是实际电流接近正弦形给定电流。显然这样的逆变电路开关动作也是一种 PWM 控制。

2. 正弦脉宽调制（SPWM）逆变电路

在动车组中，逆变电路的负载大多是感应电动机，要求可以调压、调频，而且输出是正弦波形。为此可以把一个正弦半波作 i 等分，把正弦曲线每一等分所包含的面积，都用一个与其面积相等的等幅矩形脉冲来代替。这样，由数量足够多的等幅而不等宽的矩形脉冲所组成的波形就与正弦的半波等效，而另半波也可用相同的方法得到。与正弦波等效的等幅矩形脉冲序列波形如图 3-46 所示，各脉冲的幅值是相等的，所以逆变器可由恒定的直流电源供电，当逆变器各开关元件在理想状态工作时，显然驱动开关元件的控制信号也应该是与图 3-46 相似的一系列脉冲波。

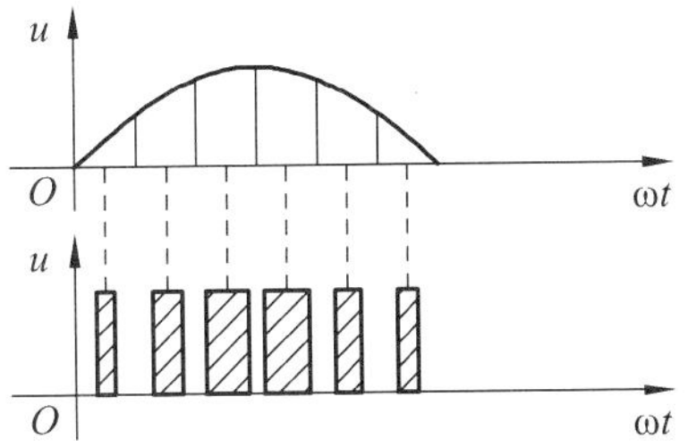

图 3-46　与正弦波等效的等幅矩形脉冲序列波形

1）单极性正弦脉宽调制

单极性 SPWM（Sinusoidal Pulse Width Modulation，正弦脉宽调制）是指逆变器输出相电压在任何半周内始终为一个极性，如图 3-47（a）所示。它的控制信号由两个半周中不对称的等腰三角形载波与正弦调制波相交得出，如图 3-47（b）所示。当正弦波的瞬时绝对值超过三角波时，逆变器的开关管导通，反之关断，从而获得按正弦规律分布的一系列脉冲。正弦调制波的频率即为逆变器输出电压的频率。每个正弦半波中三角形载波数为整数，图 3-47（b）中其值为 6。这样输出的电压波形对称，谐波分量较少。

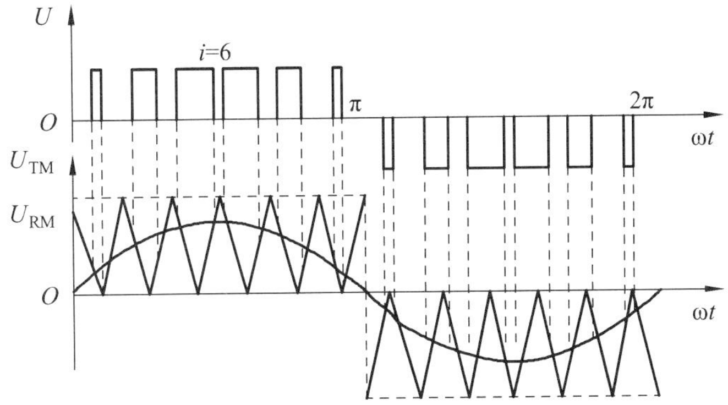

图 3-47　单极性 SPWM 波形（脉冲数 $i=6$）

设三角形载波的频率为 f_t，正弦调制波的频率为 f_r，两者之比为载波比 N，在图 3-20 中 N 为 12。显然，载波比越大，逆变器输出的谐波分量越少。所以载波比的下限受谐波分量的规定值所限制，而载波比的上限受逆变器开关管的开关频率所限制，如晶闸管仅为 200 Hz，而 IGBT 可高达 50 kHz 左右。

设三角形载波电压的幅值为 U_{TM}，正弦调制电压的幅值为 U_{RM}，显然，无论改变那个幅值，两个控制电压波的交点都起变化，因而可获得不同宽度的输出电压脉冲。通常是改变正弦调制电压的幅值，若使其幅值 $U_{RM}=0$，则各脉冲宽度都等于零。又如 U_{RM} 变得相当大时，各脉冲连成一片，成为矩形输出波，其输出电压达到最大值。当然，实际上的正弦调制电压幅值不应超过三角形载波电压的幅值，若正弦波幅值过分接近三角波的幅值，则在三角波峰值附近的脉冲间隙时间太小，会导致开关管、特别是开关速度较慢的晶闸管来不及关断，而使输出脉冲相连，在双极性 SPWM 逆变中则造成贯穿短路。

图 3-48 是单极性 SPWM 在载波比为 20 时的基波和谐波，其谐波分量 U_n（$n=1$，3，5，7，……）和基波分量 U_1 的比值与调制深度 U_{RM}/U_{TM} 的关系。

由于图 3-47（a）所示的电压脉冲波为奇函数，波形对称于π /2，所以输出电压的付氏级数表达式中无常数项和余弦项，由图 3-48 可见其谐波分量仅在第 20 ± 1 次较大，这是由于其载波比 N 为 20 的缘故。逆变器输出的基波分量随着调制深度的加大而线性增加。

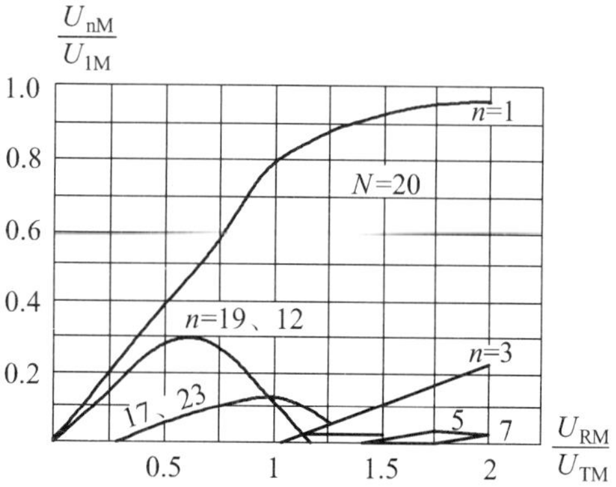

图 3-48 单极性 SPWM 在载波比力 20 时的基波和谐波

综上所述，单极性 SPWM 逆变器输出电压中的低次谐波分量很少，$N \pm 1$ 次谐波因其谐波次数较高又容易被电感性负载所抑制。此外，在实用阶段这种逆变器可随调制深度的不同，线性控制输出电压。

2）双极性正弦脉宽调制

双极性 SPWM 是逆变器输出半个周期内，同一桥臂的上、下两个元件作互补式通、断工作的控制方式，所以在逆变器输出相电压在任何半周内，都有正、负极性交替出现，由此取其基波，可得交变的正弦波电压，其输出电压的脉冲波如图 3-49（b）所示。双极性 SPWM 是由对称于横坐标的三角形载波与正弦调制波相交得出的，如图 3-49（a）所示。

与单极性 SPWM 相同，也只需要控制正弦波的频率和幅值就能调节双极性 SPWM 逆变器输出电压的频率和数值。

（a）输出电压波

（b）输出相电压波

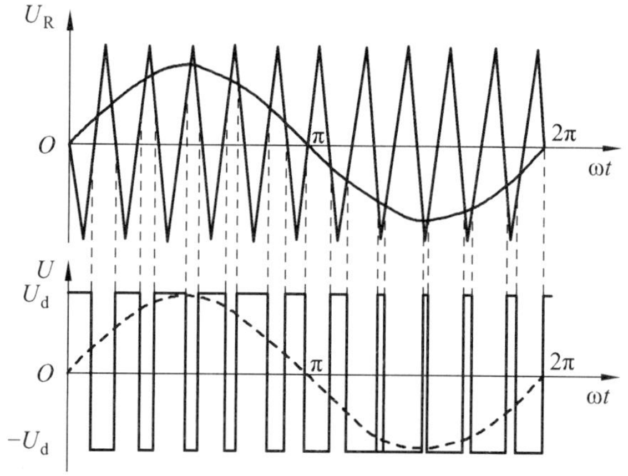

图 3-49 双极性 SPWM 波形

由图 3-50 可见双极性 SPWM 的低次谐波也很少，$n = N \pm 1$ 的谐波较大，但易被电动机等感性负载所抑制，此外基波分量随调制深度的加大而线性增加。这种调制方式对目前通用的二点式（二电平）逆变器是合适的，但要预防上下桥臂上的两个互补管的贯穿短路，为此必须先关断后开通。

在实际应用中，不能超出所采用的开关管的最高工作频率，所以在输出频率高的阶段，载波比应取较小值。在输出频率很低的阶段，载波比可以取得相当高，甚至载波比也可以不为整数，这就是所谓“异步正弦脉宽调制”。但大功率逆变器的 N 不宜太高，以便降低开关损耗。

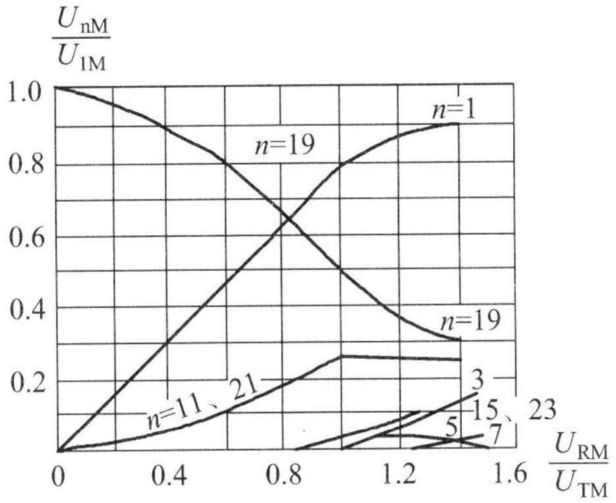

图 3-50　双极性 SPWM 在 $N = 19$ 时的基波与谐波

第五节　交直交型电力机车特性曲线

HXD_3C 型机车牵引特性控制采用了恒力矩准恒速特性控制方式，机车的司机控制器调速手柄在牵引模式下级位设定为 13 级，在电制动模式下级位设定为 12 级，级间能够进行平滑调节，每级速度变化$\Delta v = 10$ km/h。

一、HXD_3C 型电力机车牵引特性

1. 23 t 轴重时的牵引特性（图 3-51）

① 当机车速度小于等于 10 km/h 时，机车最大牵引力限制为 520 kN。

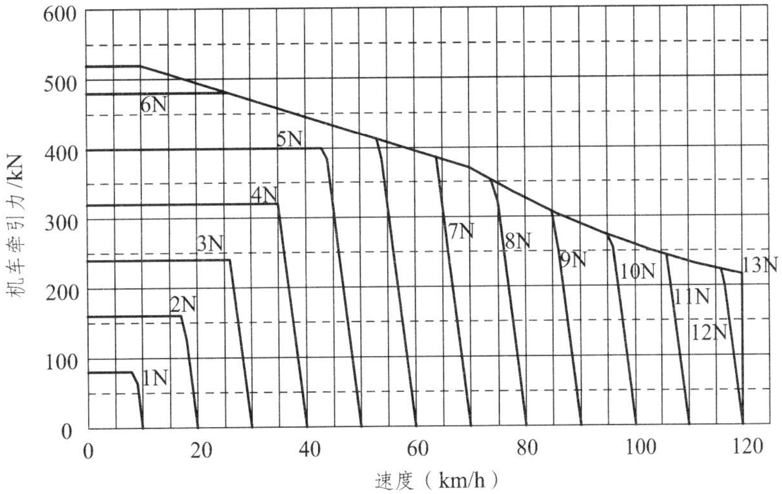

图 3-51　HXD_3C 型机车牵引特性控制曲线（23 t）

② 当货运机车速度大于 10 km/h 小于等于 70 km/h（客运机车为 62 km/h）时，货运机车最大牵引力限制按线段 $F = 544.8 - 2.48\ v$（客运机车按 $F = 544.8 - 2.85\ v$）线性限制（v 为机车速度），机车进入加速区。

③ 当货运机车速度大于 70 km/h（客运机车速度大于 62 km/h）时，货运机车最大牵引

力限制按曲线 $F = 25\,920/v$（客运机车按曲线 $F = 23\,040/v$ 进行限制，直到机车进行 120 km/h 速度限制为止，此区段为机车功率限制区。

2. 25 t 轴重时的牵引特性（图 3-52）

① 当机车速度小于等于 10 km/h 时，机车最大牵引力限制为 570 kN；

② 当机车速度大于 10 km/h 小于等于 65 km/h 时，机车最大牵引力限制按线段 $F = 600.9 - 3.09v$ 线性限制（v 为机车速度），机车进入加速区；

③ 当机车速度大于 65 km/h 时，机车最大牵引力限制按曲线 $F = 25\,920/v$ 进行限制，当机车速度达到 120 km/h 时，进行速度限制，此区段为机车功率限制区。

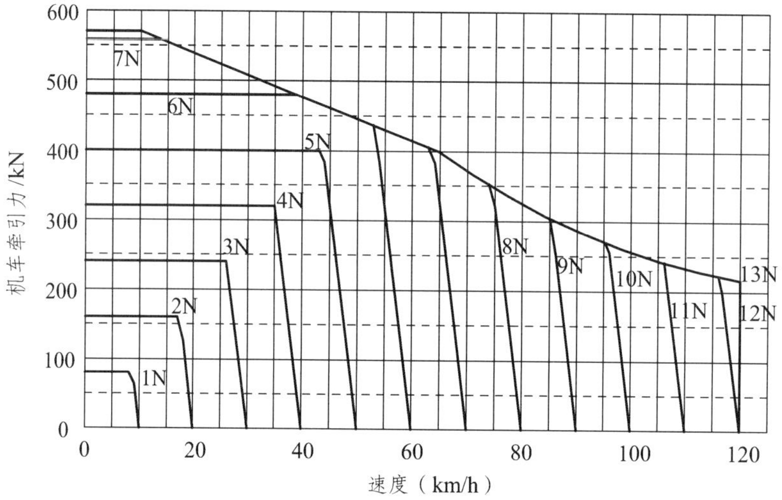

图 3-52　HXD_3C 型机车牵引特性控制曲线（25 t）

二、HXD_3C 型电力机车制动特性

1. 23 t 轴重时的牵引特性（图 3-53）

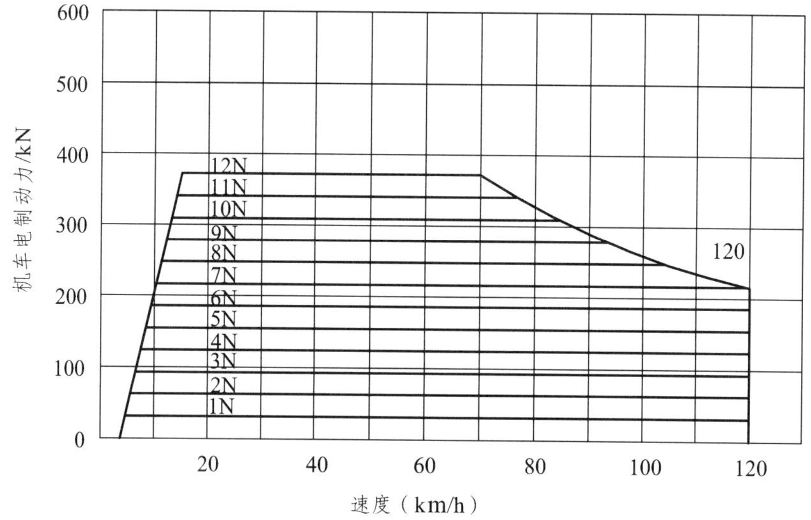

图 3-53　HXD_3C 型机车制动特性控制曲线（23 t）

机车最大电制动力限制为 370 kN；机车速度从 15 ~ 5 km/h 按限制线性下降至 0；当货运机车速度大于 70 km/h（客运机车速度大于 62 km/h）时，货运机车最大制动力按曲线 $F = 25\,920/v$（客运机车按曲线 $F = 23\,040/v$）进行限制，此区段为机车功功率限制区。

2. 25 t 轴重时的牵引特性（图 3-54）

机车最大电制动力限制为 400 kN；机车速度从 15 ~ 5 km/h 按限制线性下降至 0；当机车速度大于 65 km/h 时，机车最大电制动力按曲线 $F = 25\,920/v$ 进行限制，此区段为机车功率限制区。

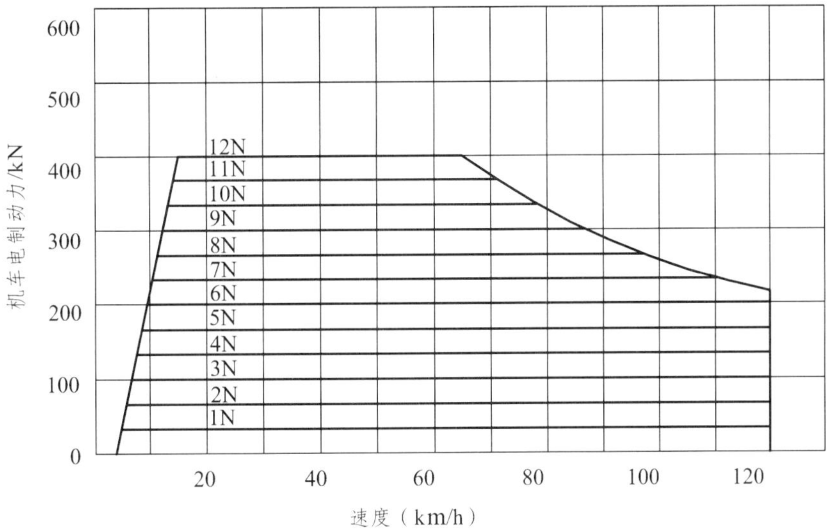

图 3-54　HXD_3C 型机车制动特性控制曲线（25 t）

习　题

1. 说明为什么交流异步电机是铁路电力牵引传动的发展方向？

2. 根据图 3-1 简述交流传动技术的电力机车的工作原理？

3. 根据第 2 题的说明，分析交流传动技术的电力机车的电气制动工作原理？

4. 牵引变流器由哪些部分组成？

5. 说明牵引变流器各组成部分的作用？

6. 根据中间直流环节储能元件的类型分类，牵引变流器有哪些类型？分别可以连接哪些类型的交流电机？HXD 系列电力机车属于什么类型？CRH 系列动车组属于什么类型？

7. 如何控制 HXD 系列电力机车的运行方向？是否需要电气开关进行牵引电机接线的转换？为什么？

8. 说明同步转速、电机实际转速、转差、转差频率、转差率的概念？

9. 说明三相异步电动机有哪些运行状态？这些运行状态与交直交型电力机车工况控制的关系是怎样的？如何实现工况控制？是否需要电气开关进行牵引电机接线的转换？

10. 根据三相异步电动机电磁转矩公式：$T = \frac{1}{2\pi f_1}\frac{U_1^2 r_2 / s}{(r_1 + r_2 / s)^2 + (x_1 + x_2)^2}$，说明如何实现交

直交型电力机车的工况控制？是否需要电气开关进行牵引电机接线的转换？当电力机车稳定运行时，转差率 s 有什么特点？

11. 根据三相异步电动机电磁转矩公式：$T=\dfrac{1}{2\pi f_1}\dfrac{U_1^2 r_2/s}{(r_1+r_2/s)^2+(x_1+x_2)^2}$，及转速公式：$n=(1-s)\dfrac{60f_1}{p}$，说明三相异步电动机的调速方法有哪些？交直交型电力机车采用的调速方法有哪些？交直交型电力机车调速过程中，是否需要电气开关进行牵引电机接线的转换？

12. 交直交型电力机车一般采用电阻制动还是再生制动，为什么？

13. 具有异步牵引电动机的交直交型电力机车有哪些工作特点？

14. 画出异步电动机的自然机械特性曲线？根据自然机械特性曲线简述异步电动机从静止状态到稳定运行状态的启动过程？

15. 根据图 3-6 和图 3-7，说明交直交型电力机车采用固定电源电压和固定电源频率方式下启动时，有哪些缺点？

16. 根据异步牵引电动机的气隙磁通公式：$\Phi_m \propto \dfrac{U_1}{f_1} \approx$ 常数，说明交直交型电力机车调速过程中为什么不采用单独调节电源电压 U_1 调速（固定电源频率 f_1）？也不采用单独调节电源频率 f_1 调速（固定电源电压 U_1）？

17. 变频调速的控制方法有哪些方法？

18. 叙述恒转矩变频调速原理。

19. 叙述恒功率变频调速原理。

20. 画出交直交型电力机车和动车组的调速控制策略曲线？

21. 转矩裕量的定义？转矩裕量过大、过小会产生什么问题？

22. CRH2 型动车组每辆动车的四台牵引电机采用什么供电方式？HXD_{3C} 型电力机车的六台牵引电机采用什么供电方式？为什么？

23. 四象限脉冲整流器有哪些优点？为什么交直交型牵引传动系统中，不采用普通整流器？

24. 牵引工况时，四象限脉冲整流器应工作于什么状态，网侧功率因数是多少？再生制动工况时，四象限脉冲整流器应工作于什么状态，网侧功率因数是多少？

25. 在电压型四象限脉冲整流器中，中间直流环节由哪两个部分组成？为什么 HXD_{3C} 型电力机车中没有 2 倍电网频率的串联谐振电路？

26. 中间直流环节中支撑电容的电容量值很大，根据电容的充放电特点，说明在牵引变流器启动时，为什么不能直接对支撑电容进行充电？应如何解决？

27. 交直交型电力机车牵引工况下，牵引逆变器应处于什么工作状态？电气制动工况下，牵引逆变器应处于什么工作状态？

28. 简述图 3-33 的工作过程？如何调节交流电的频率？能否调节输出电压的大小？

29. 根据图 3-35，归纳续流二极管的作用？

30. 根据图 3-46，说明牵引逆变器如何获得正弦波？如何调节交流电的频率？如何调节输出电压的大小？

31. 分析 HXD_{3C} 型电力机车的牵引特性。

第四章　电气线路图的识图方法

第一节　电气线路图的一般知识

电力机车电气线路图标出了机车的全部电机、电器、仪表、电子设备、计算机控制设备、其他负载及其相互间的电气连接。作为机车司机、检修人员、技术及管理人员，首先应该看懂电气线路图，进一步要能分析、判断和处理电气线路常见故障，甚至操纵电力机车，从而做到正确地运用电力机车，充分发挥电力机车的潜能。

一、电气线路图的分类

根据用途、电器设备、工程内容及表达形式的不同，电气线路图通常可分为以下几类：

1. 系统图或框图

系统图或框图就是用符号或带注释的框概略表示系统或分系统的基本组成、相互关系及其主要特征的一种简图。系统图或框图常用来表示整个工程或其中某一项目的供电方式和电能输送关系，也可以表示某一装置或设备各主要组成部分的关系。

2. 电路（原理）图

电路原理图又简称电路图，它是按工作顺序用图形符号从上而下、从左到右排列，详细表示电路、设备或成套装置的全部组成和连接关系，而不考虑其实际位置的一种简图。其目的是便于详细理解设备的工作原理、分析和计算电路特征和参数，所以这种图又称为电气原理图或电气原理接线图。本书将要介绍的城市轨道交通电动车辆的电气线路图就属于电气原理图。

3. 接线图

接线图主要用于表示电气装置内部元件之间、外部其他装置之间的连接关系，它是便于制作、安装及维修人员接线和检查的一种简图或表格。

4. 电气平面图

电气平面图是表示电气工程项目的电气设备、装置和线路的平面布置图，它一般是在建筑平面图的基础上制出来的。

5. 设备布置图

设备布置图表示各种设备和装置的布置形式、安装方式以及相互之间的尺寸关系，通常由平面图、主面图、断面图、剖面图等组成。

6. 设备元件和材料表

设备元件和材料表就是把成套装置、设备、装置中各组成部分和相应数据列成表格，来表示各组成部分的名称、型号、规格和数量等，便于读图者阅读，了解各元器件在装置中的作用和功能，从而读懂装置的工作原理。设备元件和材料表是电气线路图中重要的组成部分，它可置于图中的某一位置，也可单列一项（视元器件材料的多寡而定）。为了方便书写，通常是从上而下排序。

二、电路图的特点

电路图与其他工程图有着本质的区别，它表示系统或装置中的电气关系，所以具有其独特的一面，其主要特点有：

（1）清楚：电路图是用图形符号、连线或简化外形来表示系统或设备中各组成部分之间相互电气关系及其连接关系的一种图。

（2）简洁：电路图是采用电气元器件或设备的图形符号、文字符号和连线来表示的，没有必要画出电气元器件的外形结构，所以对于系统构成、功能及电气接线等，通常都是采用图形符号、文字符号来表示的。

（3）独特性：电路图主要是表示成套装置或设备中各元器件之间的电气连接关系。

（4）布局：电路图是按功能布局的，它只考虑便于看出元件之间功能关系，而不考虑元器件实际位置，突出设备的工作原理和操作过程，按照元器件动作顺序和功能作用，从上而下，从左到右布局。

（5）多样性：对系统的元件和连接线描述方法不同构成了电路图的多样性，同时，对于一个电气系统中各种电气设备和装置之间，从不同角度、不同侧面去考虑，存在不同关系。

三、电路图的电气元件及图形符号

电路图都有三种最基本的电路元件：手动控制电器、自动控制电器和用电器（负载）。

1. 手动控制电器

在电力机车的自动控制系统中，手动控制电器用来传递开始起动、停止、以及运行状态转换等操作的命令，因此它属于主令性电器。手动控制电器有：司机控制器、制动控制器、运行方向控制开关、各类按键开关及按钮开关、列车信息触摸显示屏等。其中司机控制器为鼓形或凸轮形控制器，列车信息触摸显示屏为软开关（程序控制）。

（1）鼓形或凸轮形控制器。

鼓形或凸轮形控制器的触头通、断情况采用展开图形式表示，如图 4-1 所示，图形符号中有黑实线（或黑点）时，表示该控制器手柄处于某一工作位（各工作位用虚线表示），黑实线上方的导线对应的接点是接通的。如：手柄处于“1”位时，301、302、304 导线对应的接点是接通的。

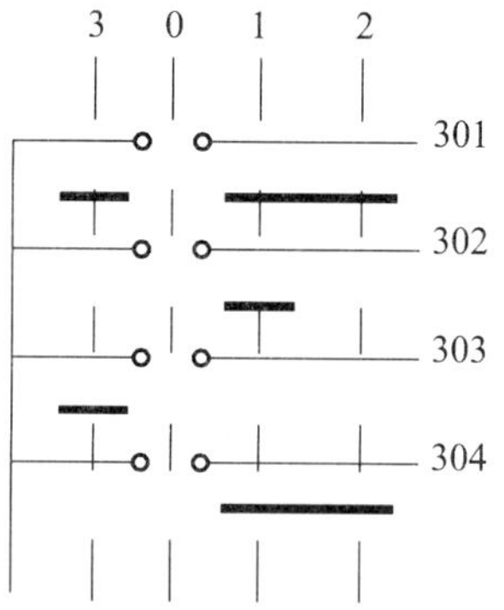

图 4-1　鼓形或凸轮形控制器的图形符号

（2）按键开关和按钮开关。

按开关的工作状态能否自动复位可分为：自复式和非自复式。自复式是指手按上去时，开关动作；手离开时，开关回复原始状态。若手离开时，开关不能复位，则为非自复式。

按开关不同的原始状态可分为：常开开关和常闭开关。常开开关是指平时触点分开，手动按上去时，触点闭合的开关。常闭开关是指平时触点闭合，手动按上去时，触点断开的开关。开关的图形符号如图 4-2 所示。

图 4-2　开关的图形符号

2. 自动控制电器

电力机车的自动控制电器类型较多，常用的有：中间继电器、压力继电器、温度继电器、速度继电器、时间继电器、电磁接触器、电空接触器、真空接触器等。

（1）中间继电器。

继电器的触头依电器线圈在无电状态下的通断状态可分为：常开触头和常闭触头。

常开触头是指该继电器的线圈未通电时，其触头是断开的；当线圈通电时，其触头才闭合。常开触头又称为动合触头或正联锁。常闭触头是指该继电器的线圈未通电时，其触头是闭合的；当线圈通电时，其触头才断开。常闭触头又称为动断触头或反联锁。

常开触头和常闭触头的定义同样适用于各类继电器以及接触器。动车组电路图中，基本采用“左开右闭，上闭下开”的联锁表示法则，即图形符号的触头开口方向朝左和朝下的为常开触头或正联锁；触头开口方向朝右和朝上的为常闭触头或反联锁。SS 型电力机车采用“左开右闭，上开下闭”的联锁表示法则。

中间继电器的图形符号如图 4-3 所示。

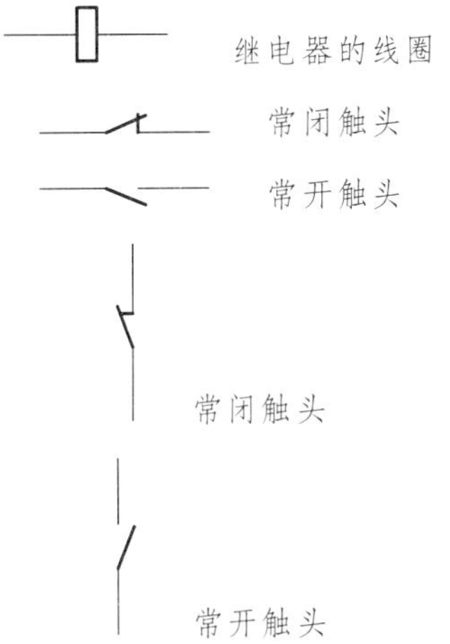

图 4-3　中间继电器的图形符号

（2）压力继电器。

压力继电器是以压力的高低作为控制信号的电开关。其图形符号如图 4-4 所示。

（3）温度继电器。

温度继电器是以温度作为控制信号的一种电开关。其图形符号见图 4-5。

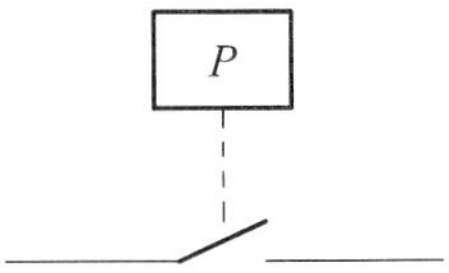

图 4-4　压力继电器的图形符号

图 4-5　温度继电器的图形符号

（4）时间继电器。

时间继电器触头的表示方法与前述正、反联锁的符号、通断规律类似。时间继电器触头类型可以分为延时闭合和延时开启两种，分别用触头符号上附加的圆弧开口方向表示，圆弧开口朝向触头侧为延时闭合，反之为延时断开。时间继电器的图形符号如图 4-6 所示。

图 4-6　时间继电器的图形符号

（5）接触器。

电力机车使用的接触器有电空接触器和电磁接触器，其工作原理与中间继电器类似，它的主触头和辅助触头的画法仍满足联锁的表示法则。接触器的图形符号如图 4-7 所示。

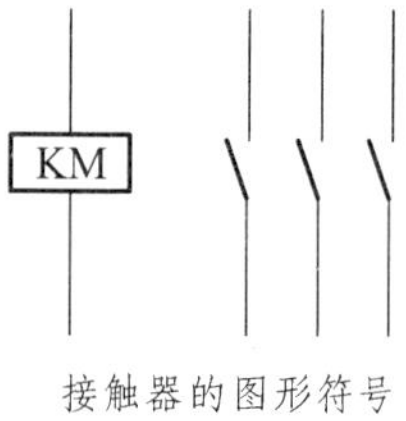

图 4-7　接触器的图形符号

3. 用电器

电力机车的用电器主要为各类电机、空调设备、照明设备及通风设备等。

四、电路图中电气元件的表示方法

电气元件在电路图中通常采用图形符号来表示，绘出其电气连接，在符号旁标注项目代号（文字符号），必要时还标注有关的技术数据。

一个元件在电路图中完整图形符号的表示方法有：集中表示法、分开表示法和半集中表示法。

1. 集中表示法

把设备或成套装置中的一个项目各组成部分的图形符号在简图上绘制在一起的方法，称为集中表示法。在集中表示法中，各组成部分用机械连接线（虚线）互相连接起来，连接线必须是一条直线，可见这种表示法只适用于简单的电路图。图 4-8 是两个项目，继电器 KA 有一个线圈和一对触点，接触器 KM 有一个线圈和三对触头，它们分别用机械连接线联系起来，各自构成一体。

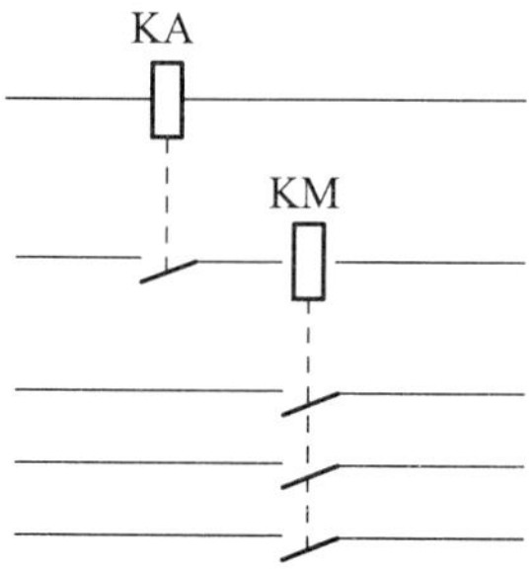

图 4-8　集中表示法示例

2. 半集中表示法

把一个项目中某些部分的图形符号在简同中分开布置，并用机械连接符号把它们连接起来，称为半集中表示法。例如，图 4-9 中 KM 具有一个线圈、三对主触头和一对辅助触头。表达清楚，在半集中表示中，机械连接线可以弯折、分支和交叉。

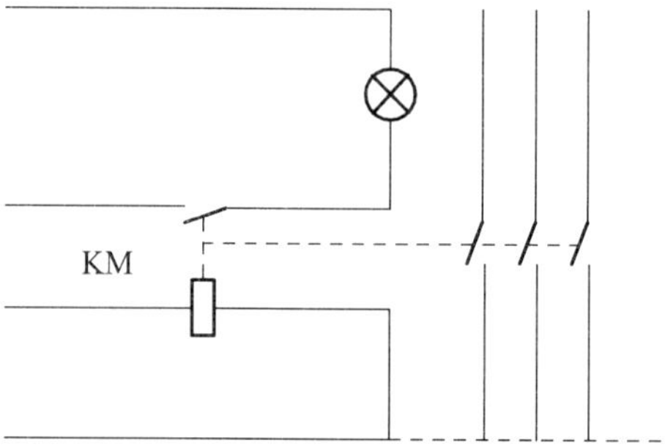

图 4-9　半集中表示法示例

3. 分开表示法

把一个项目中某些部分的图形符号在简图中分开布置，并使用项目代号（文字符号）表示它们之间关系的方法，称为分开表示法，分开表示法也称为展开法。若图 4-9 采用分开表示法，就成为图 4-10，可见分开表示法只要把半集中表示法中的机械连接线去掉，在同一个项目图形符号上标注同样的项目代号就行了。这样图中的点画线就少，图面更简洁，但是在看图中，要寻找各组成部分比较困难，必须综观全局图，把同一项目的图形符号在图中全部找出，否则在看图时就可能会遗漏。为了看清元件、器件和设备各组成部分，便于寻找其在图中的位置，分开表示法可与半集中表示法结合起来，或者采用插图、表格表示各部分的位置。

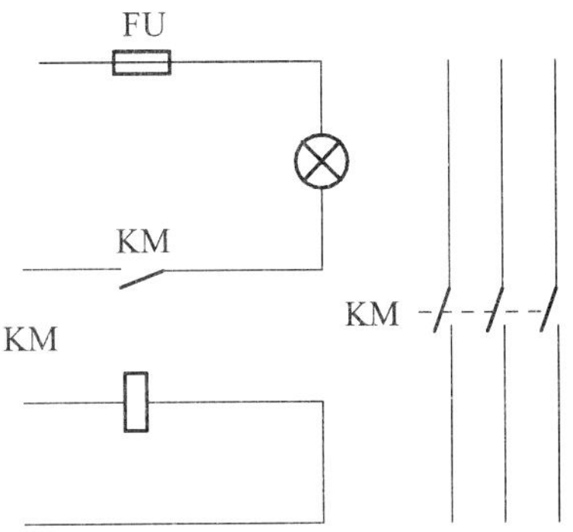

图 4-10　分开表示法示例

4. 项目代号的标注方法

（1）采用集中表示法和半集中表示法绘制的元件，其项目代号只在图形符号旁标出并与机械连接线对齐。见图 4-8 和图 4-9 中的 KM。

（2）采用分开表示法绘制的元件，其项目代号应在项目的每一部分自身符号旁标注，如图 4-10 所示。必要时，对同一项目的同类部件（如各辅助开关，各触点）可加注序号。

标注项目代号时应注意：① 项目代号的标注位置尽量靠近图形符号。② 图线水平布局的图、项目代号应标注在符号上方。图线垂直布局的图、项目代号标注在符号的左方。③ 项目代号中的端子代号应标注在端子或端子位置的旁边。④ 对围框的项目代号应标注在其上方或右方。

五、元器件触头和工作状态表示方法

1. 电器触头位置

电器触头的位置在同一电路中，当它们加电和受力作用后，各触点符号的动作方向应取向一致，对于分开表示法绘制的图，触头位置可以灵活运用，没有严格规定。

2. 元器件工作状态的表示方法

在电路图中，元器件和设备的可动部分通常应表示在非激励或不工作的状态或位置，例如：

① 继电器和接触器在非激励的状态，图中的触头状态是非受电下的状态。

② 断路器、负荷开关和隔离开关在断开位置。

③ 带零位的手动控制开关在零位置，不带零位的手动控制开关在图中规定位置。

④ 机械操作开关（如行程开关）在非工作的状态或位置（即搁置）时的情况及机械操作开关的工作位置的对应关系，一般表示在触点符号的附近或另附说明。

⑤ 温度继电器、压力继电器都处于常温和常压（一个大气压）状态。

⑥ 事故、备用、报警等开关或继电器的触点应该表示在设备正常使用的位置，如有特定位置，应在图中另加说明。

⑦ 多重开闭器件的各组成部分必须表示在相互一致的位置上，而不管电路的工作状态。

3. 元器件技术数据的标志

电路中的元器件的技术数据（如型号、规格、整定值、额定值等）一般标在图形符号的近旁，对于图线水平布局图，尽可能标在图形符号下方；对于图线垂直布局图，则标在项目代号的右方；对于像继电器、仪表、集成块等方框符号或简化外形符号，则可标在方框内，如图 4-11 所示。

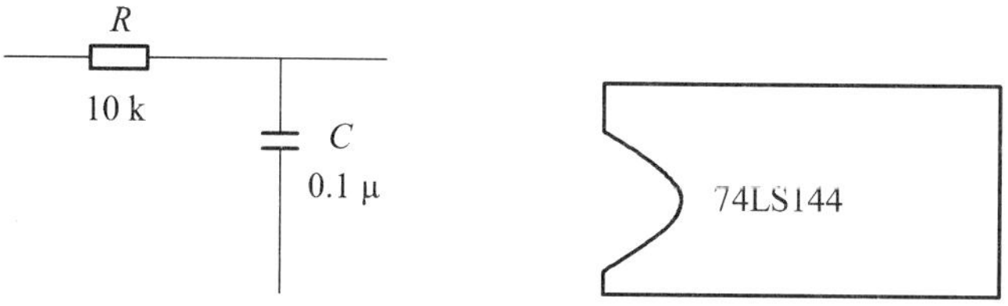

图 4-11　元器件技术数据的标注

六、电路图中连接线的表示方法

1. 连接线一般表示法

在电气线路图中，各元件之间都采用导线连接，起到传输电能、传递信息的作用，所以看图者应了解它的表示方法。

1）导线一般表示法

一般的图线就可表示单根导线。对于多根导线，可以分别画出，也可以只画一根图线，但需加标志。若导线少于四根，可用短划线数量代表根数；若多于四根，可在短划线旁加数字表示，如图 4-12（a） 所示。表示导线特征的方法是：在横线上面标出电流种类、配电系统、频率和电压等；在横线下面标出电路的导线数乘以每根导线截面积/mm^2，当导线的截面不同时，可用“+”将其分开，如图 4-12（b）所示。

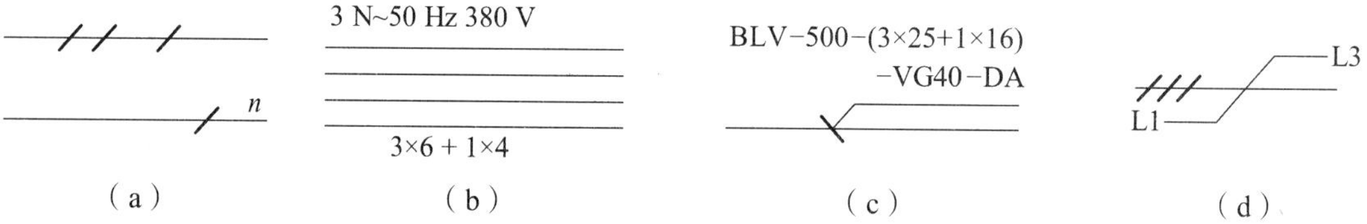

图 4-12　导线的表示方法

要表示导线的型号、截面、安装方法等，可采用短划指引线，加标导线属性和敷设方法，如图 4-12(c)所示。该图表示导线的型号为 BLV(铝芯塑料绝缘线)；其中 3 根截面积为 25 mm^2，1 根截面积为 16 mm^2；敷设方法为穿入塑料管（ VG ），塑料管管径为 40 mm，沿地板暗敷。

要表示电路相序的变换、极性的反向、导线的交换等，可采用交换号表示，如图 4-12 (d) 所示。

2）图线的粗细

一般而言，电源主电路、一次电路、主信号通路等采用粗线，控制回路、二次回路等采用细线表示。

3）连接线分组和标记

分组：为了方便看图，对多根平行连接线，应按功能分组。若不能按功能分组，可任意分组，但每组不多于三条，组间距应大于线间距。

标记：为了便于看出连接线的功能或去向，可在连接线上方或连接线中断处作信号名标记或其他标记，如图 4-13 所示。

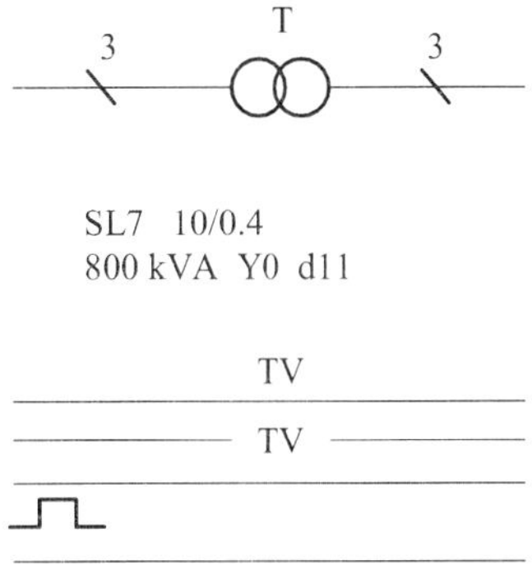

图 4-13 连接线标志示例

4）导线连接点的表示

导线的连接点有“T”形连接点和多线的“+”形连接点。对于“T”形连接点可加实心圆点，也可不加实心圆点，如图 4-14（a）所示。对于“+”形连接点，必须加实心圆点，如图 4-14（b）所示。而交叉不连接的，不能加实心圆点，如图 4-14（c）所示。

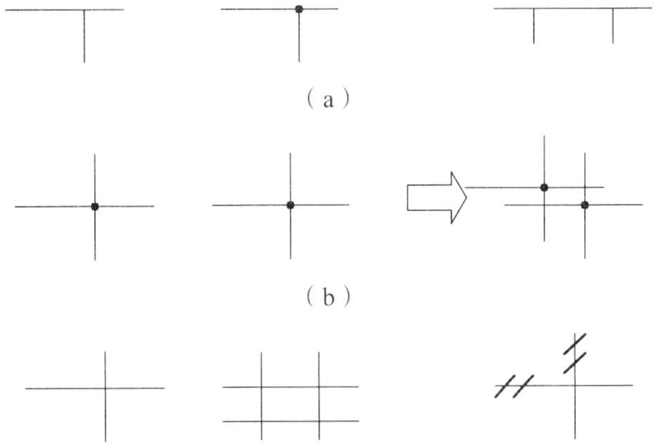

（a）

（b）

（c）

图 4-14 导线连接点的表示示例

2. 连接线连续表示法和中断表示法

1）连续表示法及其标志

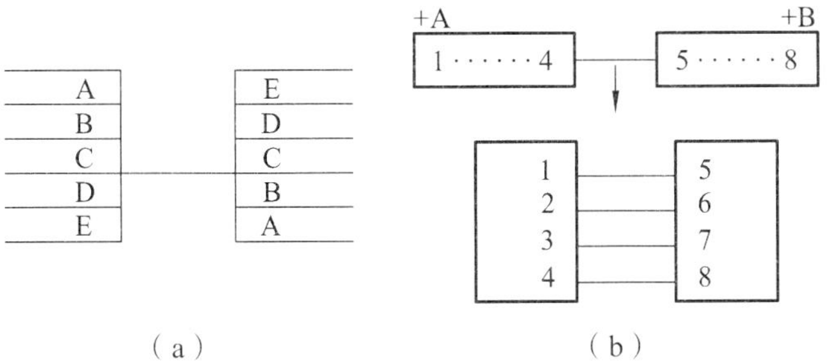

（a） （b）

图 4-15 连接线表示法

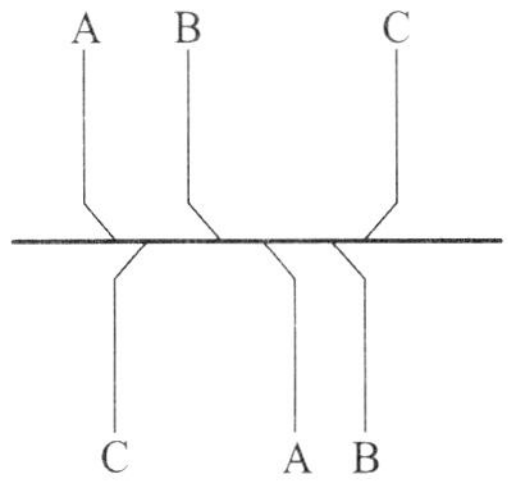

图 4-16 汇入导线表示法

连接线可用多线或单线表示，为了避免线条太多，以保持图面的清晰，对于多条去向相同的连接线，常采用单线表示法，如图 4-15 所示。

当导线汇入用单线表示的一组平行连接线时，在汇人处应折向导线走向，而且每根导线两端应采用相同的标记号，如图 4-16 所示。

连续表示法中导线的两端应采用相同的标记号。

2. 中断表示法及其标志

为了简化线路图或使多张图采用相同的连接表示，一般采用中断表示法。

在同张图中断处的两端给出相同的标记号，并给出导线连接线去向的箭头号，如图 4-17 中的 G 标记号。对于不同张的图，应在中断处采用相对标记法，即中断处标记名相同，并标注“图序号/图区位置”，见图 4-17 所示。图 4-17 中断点 L 标记名，在第 20 号图纸上标有“L3/C4”，它表示 L 中断处与第 3 号图纸的 C 行 4 列处的 L 断点连接；而在第 3 号图纸上标有“L20/A4”，它表示 L 中断处与第 20 号图纸的 A 行 4 列处的 L 断点相连。

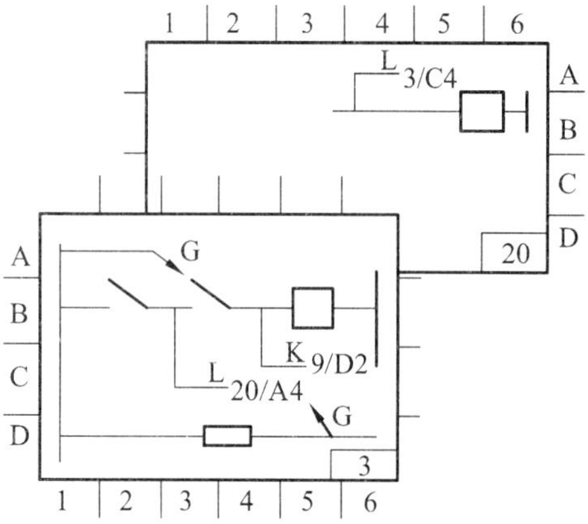

图 4-17　中断表示法及其标志

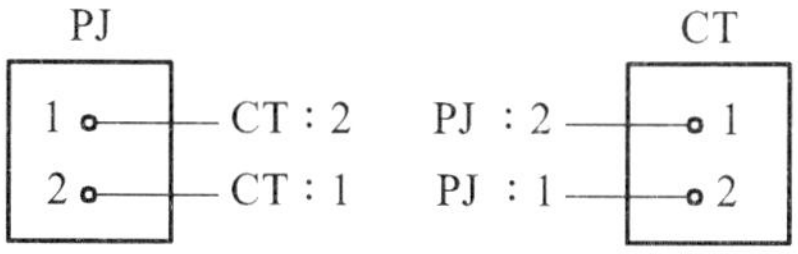

图 4-18　中断表示法的相对标注

对于接线图，中断表示法的标注采用相对标注法。即在本元件的出线端标注去连接的对方元件的端子号。如图 4-18 所示，PJ 元件的 1 号端子与 CT 元件的 2 号端子相连接，而 PJ 元件的 2 号端子与 CT 元件的 1 号端子相连接。

七、联锁的运用方法

电力机车的控制系统是多种多样的，但不管系统多么复杂，如同房子由门、窗、墙、房顶等组合而成一样，其电路也是由一些基本的典型线路组成。常用的联锁方法有：串联联锁、并联联锁、反控制联锁、自锁联锁、经济电阻联锁等。

1. 串联联锁

在某一电器的线圈电路中，串联若干个联锁触头（可以是其他电器的联锁触头）称为串联联锁。

如图 4-19 所示的串联联锁电路中，Z 为 Z 继电器的线圈，a 为 A 继电器的一个常开触点，b 为 B 继电器的一个常开触点，c 为 C 继电器的一个常闭触点。

当 A、B 继电器处于吸合状态、C 继电器处于释放状态时，a、b、c 触点均闭合，则 Z 继电器的线圈才能得电，Z 继电器才能吸合。而 a、b、c 中，任何一个不符合上述工作状态，则继电器 Z 释放。由此可以看出，a、b、c 三个条件均满足时，Z 继电器才能吸合。

图 4-19　串联联锁的电路

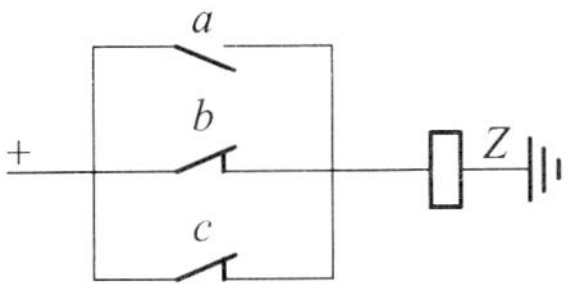

图 4-20　并联联锁电路

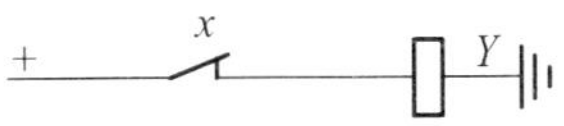

图 4-21　“反”控制联锁电路

2. 并联联锁

在某一电器的线圈电路中，并联若干个联锁触头（可以是其他电器的联锁触头）称为并联联锁。图 4-20 即为一个并联联锁电路。

图中 a、b、c、Z 的含义与图 4-21 中的电器含义一样，当 A 继电器处于释放状态，B、C 继电器处于吸合状态时，a、b、c 触点均断开，此时，Z 继电器线圈失电，Z 继电器处于释放状态。若 a、b、c 中，任何一个不满足上述工作状态时，Z 继电器都将得电吸合。

3.“反”控制联锁

在某一电器的线圈电路中，串联另一电器的常闭触头称为“反”控制联锁。如图 4-21 所示为“反”控制联锁电路。

图中当 X 继电器处于释放状态时，x 触头闭合，则 Y 继电器线圈得电，Y 继电器吸合。若 X 继电器处于吸合状态时，x 触头断开，则 Y 继电器线圈失电，Y 继电器释放。由此可见，Y 继电器的状态总与 X 继电器的状态相反，实现了“反”控制。

4. 自锁联锁

在某一电器的线圈电路中，串联有该电器本身的正连锁触头称为自锁联锁，又称为自持联锁、记忆电路或自保电路。自锁联锁电路如图 4-22 所示。

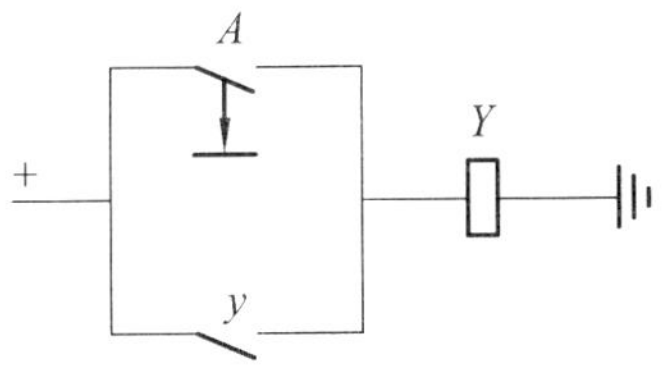

图 4-22　自锁联锁电路

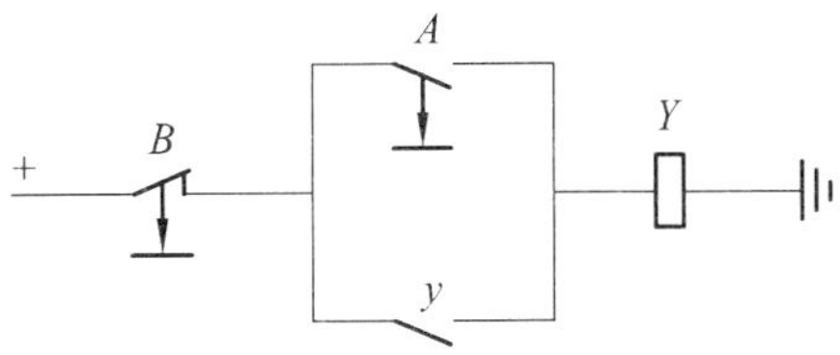

图 4-23　停止优先的自锁电路

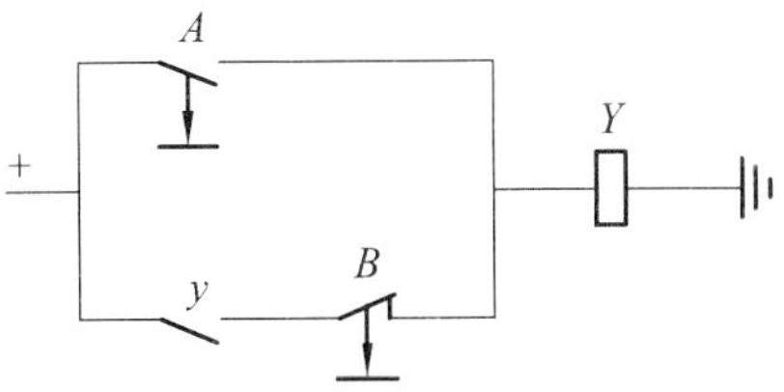

图 4-24　起动优先的自锁电路

图中 A 为自复式按钮开关，y 为 Y 继电器的常开触点，接通电源时，由于 A 和 y 均处于断开状态，则 Y 继电器线圈失电，Y 继电器释放。当按压 A 按钮开关时，A 触点闭合，Y 继电器线圈得电，Y 继电器吸合，其常开触点 y 闭合。此时，即使 A 按钮松开，仍可由 y 触点使 Y 继电器线圈得电，Y 继电器一直处于吸合状态。由此可见，自锁联锁电路具有一定的记忆功能，一旦被起动，就可以保持这种状态不变。

图 4-23 为停止优先的自锁电路，图 4-24 为起动优先的自锁电路，根据以上联锁方法可以分析其动作原理。

5. 经济电阻电路

在某些电路中，为了使电器可靠吸合，同时又提高其本身的返回系数，可在电器线圈的电路中接入经济电阻电路。如图 4-25 所示。

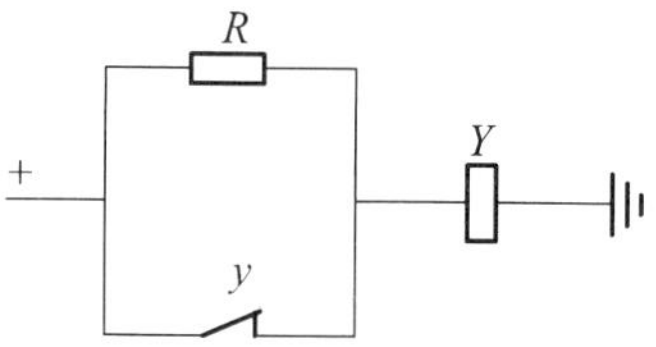

图 4-25　经济电阻电路

在继电器 Y 吸合瞬间，其反联锁 y 尚未断开，由 y 短接经济电阻 R，使继电器有较大的安匝数得以吸合；当继电器 Y 吸合后，其反联锁断开，在 Y 继电器线圈电路中串入经济电阻 R，使继电器线圈的电流减小。此时，虽然安匝数减小，可是继电器气隙、磁阻减小，磁通与吸力并不比吸合瞬间小，仍能保持继电器处于吸合状态。减小线圈电流有利于降低线圈温升、并提高电器的返回系数（较容易释放）。

八、电气原理图的阅读方法

在现实生产和生产中，电气设备的种类越来越多，其控制线路也越来越复杂。随着微电子技术、电力电子技术的发展，电气控制元件也发生了质的飞跃，由原来的有触点变为无触点，控制手段由继电式变为计算机控制方式（或程序控制器方式）。而控制手段的不断进步，使其功能不断增加，甚至变为全部智能化。继电式控制是电气设备控制的基础，因此，电路图的学习应从继电式控制电路图着手。下面介绍电路图的两种典型阅读方法：

1. 查线读图法

查线读图法（又称寻线法）先从主电路开始，查读了主电路后就可大体知道电动机是否有正、反转控制，以及采用什么调速方式和制动方法。根据主电路分析结果所提供的线索及元件触点的文字符号，就可以在控制回路中找出相应的控制环节。在查读控制回路时，一般是从控制电源侧开始，然后从上到下查读，并且应在假定的某一个指令或信号作用下跟踪线路，观察在该指令作用下会引起哪些控制元件的动作，再查读这些被驱动的控制元件的触头又驱动了哪些元器件，一直查读到出口电器（执行电器）为止。注意在查读时，应把被驱动继电器的所有触头的动作状态变化全部查读完，不可遗漏。

图 4-26 是某电动机的控制线路图，图中 SA 是一个选择开关，打在“1”为置时是手动切换操作，打在“2”位置时是自动切换操作。

首先查读主电路，图中有三个接触器，KM1 将电动机接成 Y 形，KM3 将电动机接成△形，KM2 是电源接触器，FR 是热继电器发热元件。由图可见，这是一个 Y－△降压起动控制线路，起动时接成 Y 形，运行时接成△形。在切换过程中，KM1 先断开，然后 KM3 闭合，否则就会造成电源直接短路。

然后再查读控制回路，下面通过起动过程和停车过程来分析。

1）起动过程

假定 SA 选择开关置在“2”位（即自动切换操作），按下起动按钮 SBT1 使 KM1 有点，

（电源通过停止按钮 SBP→SBT1→SBT2(手动切换按钮)→KT 的常闭触点→KM1 线圈→KM3 的常闭触点→FR 的常闭触点），KMl 的触点闭合，使电动机接成 Y 形，同时 KMl 的常闭触点断开，使 KM3 线圈不能得电，防止电源短路。KMl 的另一对常开触点闭合，使时间继电器 KT 有电，进行起动计时，同时也使 KM2 得电，KM2 的主触点闭合，接通电源进行起动，其辅助常开触点闭合进行自锁。当整定的起动时间到时，KT 的常闭触点打开，使 KMl 失电，KMl 的主触点断开，其常闭触点闭合，在 KT 常开触点延时闭合的共同作用下使 KM3 得电。KM3 的主触点闭合，使电动机在△下起动运行，同时 KM3 的辅助触点进行自保。这样 Y—△切换起动就结束了。

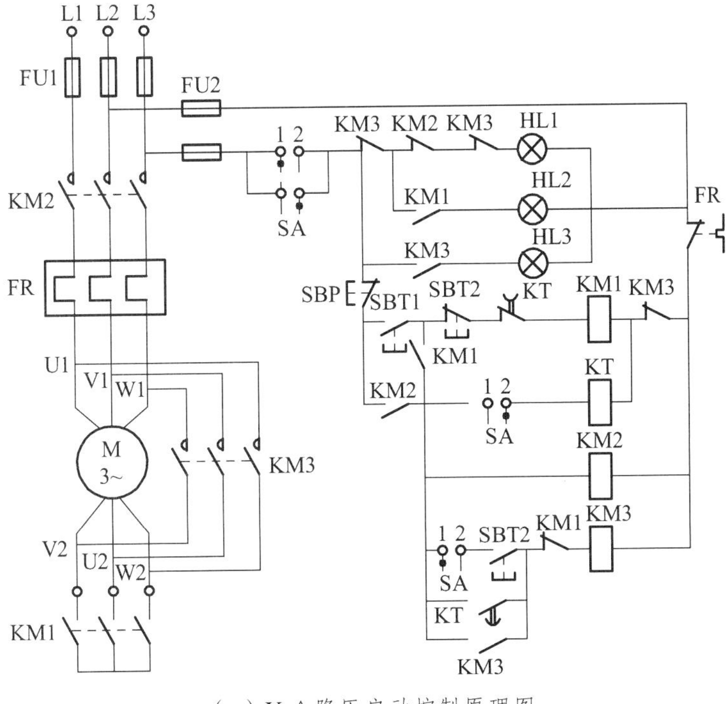

（a）Y-△降压启动控制原理图

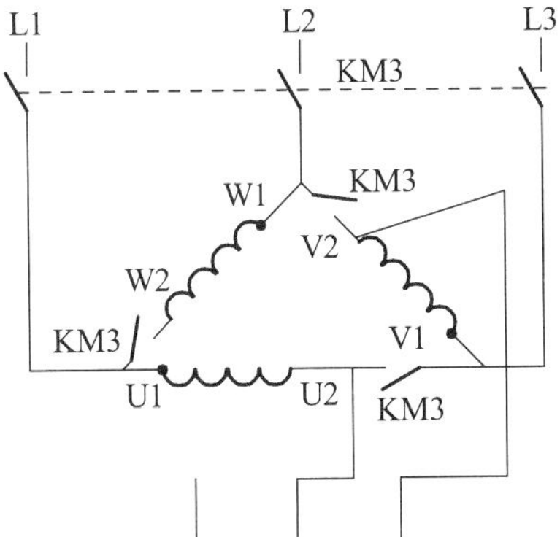

（b）Y-△接线原理图

图 4-26　某电动机控制电路

为了简便地表示上述过程，我们规定：用“↓”表示电磁线圈失电、开关受外力作用撤消、常闭触点闭合、常开触点断开等；用“↑”表示电磁线圈得电、开关受外力作用、常开触点闭合、常闭触点打开等，因此上述过程可用以下方法表示：

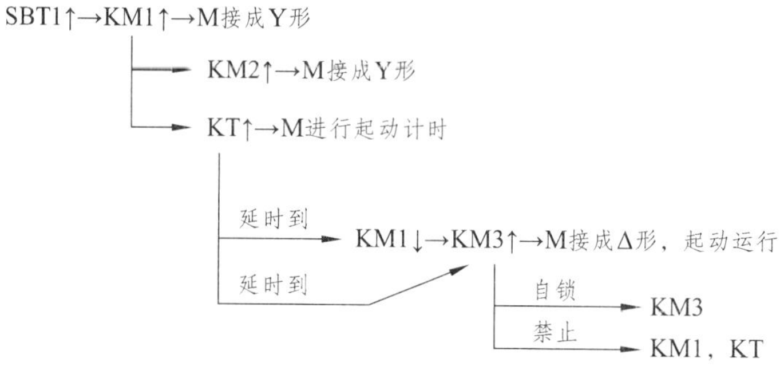

2）停车过程

停车时只需按下停止按钮 SBP，使得 KM2、KM3 失电，各自的主触点断开，M 失电，就可停车。

查线读图法比较直观，特别是用符号来表示时，其动作顺序很清楚，但是对于复杂的线路却容易出错或遗漏，所以在读图时，当某一个继电器被驱动后，应把该继电器所有触点所带动的下一级元器件的作用状态全部找出并列在该继电器符号的下属列下，有多少对触点就有多少条支路，不得遗漏。

2. 逻辑代数读图法

1）列出各个控制元件的逻辑代数方程

列代数方程时，方程等号的左边是控制元件本身，如接触器、继电器、指示灯等；等号的右边列出控制元件的各个控制触点（该控制元件所处的整个回路）所包括的逻辑量。其逻辑量规定：常闭触点写成“非”的形式，常开触点与其线圈逻辑量一致；转换开关 SA 按常开触点处理，主令器件按常开触点处理；触点间并联是“或”运算，串联是“与”运算；熔断器和电源关系可以不写在代数式中；方程中的所有逻辑量都是未通电或未受外力作用下的初始量。应按图中的每一个控制元件列出一个方程，图中所有控制元件都应有对应的一个方程。 例如，某起动控制电路中接触器 KM 线圈（用 KM_1 表示，以便区别于本身符号）的逻辑代数方程可写成：

$$KM_1 = \overline{SB1}(SB2 + KM)$$

2）求各元件代数方程的值

先记住初始状态时各逻辑变量的状态，然后假定某一个指令（主令电器的操作、按钮按下、压力开关断开等）发生，看哪一个逻辑代数式运算后为“1”，表示等号左边的那个控制元件得电。再将该运算结果代入其他方程式，求出其他控制元件的状态，一直到求出所有出口元件（执行元件）和被控制对象的状态。

如图 4-27 是某抽、鼓风机的控制线路图。采用逻辑代数读图法，首先列出控制元件的方程式。正转（鼓风）时，接触器 KMF 线圈（用 KMF_0 表示，以便区别于其本身的符号）

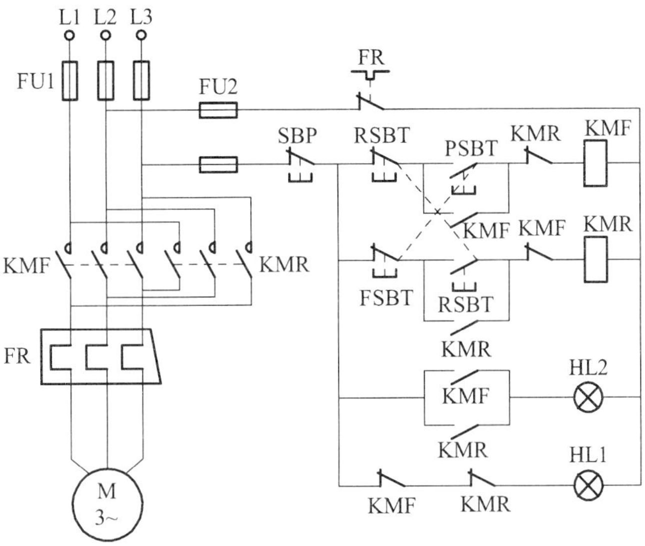

图 4-27　某抽、鼓风机的控制线路图

$$KMF_0=\overline{SBP}\cdot\overline{RSBT}\cdot(FSBT+KMF)\cdot\overline{KMR}\cdot FR$$

反转（抽风）时，接触器 KMR 线圈（用 KMF_0 表示）

$$KMR_0=\overline{SBP}\cdot\overline{FSBT}\cdot(RSBT+KMR)\cdot\overline{KMF}\cdot FR$$

对于指示灯 HL（用 HL_1 和 HL_2 表示），

$$HL_1=KMF\cdot KMR\cdot\overline{SBP}\cdot FR$$

$$HL_2=(KMF+KMR)\cdot\overline{SBP}\cdot FR$$

然后根据指令求解上述逻辑方程，如果运算结果为“1”，表示接触器（继电器）的电磁线圈得电或指示灯亮；若运算结果为“0”，则结论相反。接下来考察相应的执行元件的动作情况，我们按下正转（鼓风）按钮，则 $FSBT=1$，那么

$$KMF_0=1\cdot1\cdot(1+KMF)\cdot1\cdot1=1$$

$$KMR_0=1\cdot0\cdot(0+KMR)\cdot0\cdot1=0$$

$$HL1=0\cdot1\cdot1=0$$

$$HL2=(0+1)\cdot1=1$$

因 $KMF_0=1$，正转的接触器线圈得电，其常闭触点断开，使 KMR 反转接触器不能得电，防止直接短路；其常开主触点闭合，便风机正转，常开辅助触点进行自锁，使运行指示灯亮。

同理，若我们按下反转（抽风）按钮，则 $RSBT=1$，那么：$KMF_0=0$，$KMR_0=1$，$HL_1=0$，$HL_2=1$。这时 KMR 反转，接触器线圈得电，风机反转，常闭触点断开，禁止正转接触器线圈得电，防止误操作造成直接短路。

这种逻辑代数读图法一般用于比较复杂的继电控制线路。只要控制的逻辑代数方程式列写正确，那么各控制元件之间的关系和制约关系就非常清楚，也不会遗漏。该读图法可用来验证继电控制线路的设计是否合理，是否存在“竞争”“冒险”等情况，也可将继电控制线路转化为静止元件得逻辑电路或 PLC 控制的梯形图以及进行直接编程。

第二节　SS_{6B} 型电力机车电路图的规定

一、电力机车电路图的图纸及图框

1. 电力机车电路图的图纸

电力机车是一个庞大而复杂的机电系统，各种类型的电气设备数目非常庞大，不可能在一张图纸中表述出来。因此，需要多张图纸进行描述，按照一定的功能和控制关系进行相应的分类。例如：SS_{6B} 型电力机车电路图分为：

（1）主电路。

（2）辅助电路。

（3）控制电路。

① 整备控制电路；

② 调速控制电路；

③ 照明控制电路；

④ 信号显示控制电路；

⑤ 电空制动控制电路；

⑥ 通信信号控制电路；

⑦ 电子控制电路；

⑧ 其他。

2. 电力机车电路图的图框

每张图纸都有一个图框，电气元件及其连接导线构成的电路位于图框之中，图框上标示了相应的二维坐标，可以方便地对每一个电气元件定位及查找。

二、SS_{6B} 型电力机车的线号编制

SS_{6B} 型电力机车的线号划分与其他韶山系列电力机车的线号划分类似，具体划分如下：

（1）主电路：1 ~ 199。

（2）辅助电路：200 ~ 399。

（3）控制电路：从 400 开始。具体细分如下：

① 整备、调速控制电路：400 ~ 629，500 除外。

② 照明控制电路：630 ~ 689、780 ~ 789，其中 680 ~ 689 为升弓压缩机及风扇控制，780 ~ 779 为仪表照明控制。

③ 信号显示控制电路：701 ~ 779。

④ 电空制动控制电路：801 ~ 899。

⑤ 通信信号控制电路：901 ~ 999。

⑥ 电子控制电路：1001 ~ 1399、1600 ~ 1799，其中 1001 ~ 1199 是从主回路直接送入电子控制回路的线号，1600 ~ 1799 是控制电路与电子控制回路单独联系的线号。

⑦ 重联线线号前带有“W”字母，如：W2464，经重联中间继电器控制的导线线号，是在原线号的前面加“2”。如：线号为464的导线经重联继电器接点后，就成为2464，经端子柜后到重联插座导线线号成为W2464。

⑧ 线号500是逆变电源 +24 V和 +15 V的地线，400和600是控制电源 +110 V的地线，其中600是电源屏内使用，通过667 *QS*与400线相连，线号700是电子柜本身电源的地线。400、500、700这3种地线相互独立，互不联系。

三、SS_{6B}型电力机车的设备代号编制

SS_{6B}型电力机车的电器设备代号编制原则，主要是采用数字流水号与英文字母相结合的方式，其中，文字符号全面执行GB 7159—1987《电气技术中的文字符号制订通则》中的规定；数字流水号与SS_1型电力机车非常相似，每一数字代表唯一的电气设备。主电路流水号从1～199，辅助电路流水号从200～399。控制电路流水号从400起。例如：566KA，其中，566就是流水号，KA是英文字母，表示中间继电器。

主电路设备代号中的流水数字的编制原则是以十位数字来划分的，划分的原则如下：

① 十位数字为“0”代表机车原边电路上的设备；

② 十位数字为“1”代表机车第一位电机支路上的设备；

③ 十位数字为“2”代表机车第二位电机支路上的设备；

④ 十位数字为“3”代表机车第三位电机支路上的设备；

⑤ 十位数字为“4”代表机车第四位电机支路上的设备；

⑥ 十位数字为“5”代表机车第五位电机支路上的设备；

⑦ 十位数字为“6”代表机车第六位电机支路上的设备；

⑧ 十位数字为“7”代表机车第一转向架上电路系统中的次边绕组和整流器上的设备；

⑨ 十位数字为“8”代表机车第二转向架上电路系统中的次边绕组和整流器上的设备；

⑩ 十位数字为“9”分别代表机车励磁绕组、励磁整流器和主接地保护系统上的设备；

⑪ PFC电路上的设备无以上规则。

主电路上的设备代号、名称、型号及规则见表4-1。

主电路导线的线号编制，基本上采用上述规则，除与电子柜接口导线线号全部采用四位数数字（千位数字为“1”）外，其余导线线号为1～ 199。

辅助电路设备代号分两部分，即流水号与文字符号相结合。前部为阿拉伯数字流水号，后部为英文字符号。

辅助电路线号及设备代号的流水数码部分均为“2”字头的3位数流水号；线号“200”为机车地线，与机车车体连通。

控制原理图中所用的主要字母代号的意义说明如下：

AC——司控器、控制器　　BV——速度传感器、测速发电机

EL——灯　　JX——端子柜

KA——中间继电器　　KE——接地继电器

KF——压力继电器　　KM——接触器

KT ——时间继电器

PA ——电流表

PS ——速度表

QA ——自动开关

RS ——分流器

SK ——按键开关

U ——稳压电源

XS ——插座

MD ——小电机

PP ——电测压力表

PV ——电压表

QS ——隔离开关

SB ——按钮

TC ——控制电源变压器

V ——二极管

四、SS_{6B}型电力机车的各电器所处状态的特殊规定

（1）各继电器和接触器线圈处于无电状态；

（2）断路器和自动开关在断开位；

（3）高压隔离开关在断开位；

（4）位置转换开关在向前牵引位；

（5）所以电磁式电器线圈的两端都并联有吸收装置。

五、SS_{6B}型电力机车电器明细表

1. SS_{6B}型电力机车主电路电器明细表（表 4-1）

表 4-1　SS_{6B}型电力机车主电路电器明细表

序号	代号	名称	型号及规格	数量
1	1AP	受电弓	TSG3 - 630/25	1
2	2AP	受电弓	TSG3 - 630/25	1
3				
4	4QF	主断路器	TDZ1A-200/25	1
5	5F	避雷器	Y10W1- 42/105TD	1
6	6TV	高压电压互感器	TBY1-25，25000/100	1
7	7TA	高压电流互感器	TBL1 -25，200/5	1
8	8TM	主变压器	TBQ8	1
9	9TA	电度表用电流互感器	LQG-0.5，300A/5A	1
10	10QP	Ⅰ端空载试验转换开关	HS11Z -100/38	1
11	11L	一位电机平波电抗器	840 A，8.1 mH	1
12	12KM	一位电机线路接触器	TCK7F，1 500 V，1 000 A	1
13	13R	一位电机加馈制动电阻	1 Ω，800 A，1 300 kW	1
14	14R	一位电机固定分路电阻	TZX7，0.211 Ω，150 A	1

续表

序号	代号	名称	型号及规格	数量
15	15R	一位电机一级磁削电阻	TZX7，0.018 7 Ω，230 A	1
16	16R	一位电机二级磁削电阻	TZX7，0.007 63 Ω，370 A	1
17	17KM	一位电机一级磁削接触器	TCK1-1500/20，400A	1
18	18KM	一位电机二级磁削接触器	TCKl-1500/20，400A	1
19	19QS	一位电机故障隔离开关	TH6B，950 A/1 550 V	1
20	20QP	Ⅰ端入库转换开关	TH4B，950 A/1 550 V	1
21	21L	二位电机平波电抗器	840 A，8.1 mH	1
22	22KM	二位电机线路接触器	TCK7F，1 500 V，1 000 A	1
23	23R	二位电机加馈制动电阻	1 Ω，800 A，1 300 kW	1
24	24R	二位电机固定分路电阻	TZX7，0.211 Ω，150 A	1
25	25R	二位电机一级磁削电阻	TZX7，0.0187 Ω，230 A	1
26	26R	二位电机二级磁削电阻	TZX7，0.00763 Ω，370 A	1
27	27KM	二位电机一级磁削接触器	TCK1-1500/20，400 A	1
28	28KM	二位电机二级磁削接触器	TCKl-1500/20，400 A	1
29	29QS	二位电机故障隔离开关	TH6B，950 A/1 550 V	1
30	30XS	Ⅰ端入库插座	TLZ3-500 A/1 500 V	1
31	31L	三位电机平波电抗器	840 A，8.1 mH	1
32	32KM	三位电机线路接触器	TCK7F，1 500 V，1 000 A	1
33	33R	三位电机加馈制动电阻	1 Ω，800 A，1 300 kW	1
34	34R	三位电机固定分路电阻	TZX7，0.211 Ω，150 A	1
35	35R	三位电机一级磁削电阻	TZX7，0.0187 Ω，230 A	1
36	36R	三位电机二级磁削电阻	TZX7，0.00763 Ω，370 A	1
37	37KM	三位电机一级磁削接触器	TCK1-1500/20，400 A	1
38	38KM	三位电机二级磁削接触器	TCKl-1500/20，400 A	1
39	39QS	三位电机故障隔离开关	TH6B，950 A/1 550 V	1
40	40XS	Ⅱ端入库插座	TLZ3-500 A/1 500 V	1
41	41L	四位电机平波电抗器	840A，8.1 mH	1
42	42KM	四位电机线路接触器	TCK7F，1 500 V，1 000 A	1
43	43R	四位电机加馈制动电阻	1 Ω，800 A，1 300 kW	1
44	44R	四位电机固定分路电阻	TZX7，0.211 Ω，150 A	1
45	45R	四位电机一级磁削电阻	TZX7，0.0187 Ω，230 A	1
46	46R	四位电机二级磁削电阻	TZX7，0.00763 Ω，370 A	1

续表

序号	代号	名称	型号及规格	数量
47	47KM	四位电机一级磁削接触器	TCK1-1500/20，400 A	1
48	48KM	四位电机二级磁削接触器	TCKl-1500/20，400 A	1
49	49QS	四位电机故障隔离开关	TH6B，950 A/1 550 V	1
50	50QP	Ⅱ端入库装换开关	TH4B，950 A/1 550 V	1
51	51L	五位电机平波电抗器	840A，8.1 mH	1
52	52KM	五位电机线路接触器	TCK7F，1 500 V，1 000 A	1
53	53R	五位电机加馈制动电阻	1 Ω，800 A，1 300 kW	1
54	54R	五位电机固定分路电阻	TZX7，0.211 Ω，150 A	1
55	55R	五位电机一级磁削电阻	TZX7，0.0187 Ω，230 A	1
56	56R	五位电机二级磁削电阻	TZX7，0.00763 Ω，370 A	1
57	57KM	五位电机一级磁削接触器	TCK1-1500/20，400 A	1
58	58KM	五位电机二级磁削接触器	TCKl-1500/20，400 A	1
59	59QS	五位电机故障隔离开关	TH6B，950 A/1 550 V	1
60	60QP	Ⅱ端空载试验转换开关	HS11Z-100/38	1
61	61L	六位电机平波电抗器	840A，8.1 mH	1
62	62KM	六位电机线路接触器	TCK7F，1 500 V，1 000 A	1
63	63R	六位电机加馈制动电阻	1 Ω，800 A，1 300 kW	1
64	64R	六位电机固定分路电阻	TZX7，0.211 Ω，150 A	1
65	65R	六位电机一级磁削电阻	TZX7，0.0187 Ω，230 A	1
66	66R	六位电机二级磁削电阻	TZX7，0.00763 Ω，370 A	1
67	67KM	六位电机一级磁削接触器	TCK1-1500/20，400 A	1
68	68KM	六位电机二级磁削接触器	TCKl-1500/20，400 A	1
69	69QS	六位电机故障隔离开关	TH6B，950 A/1 550 V	1
70	70V	Ⅰ端主整流器		1
71	71C	Ⅰ端过压吸收电容	CH84A，1.4 kV，18 μF	1
72	72C	Ⅰ端过压吸收电容	CH84A，1.4 kV，18 μF	1
73	73R	Ⅰ端过压吸收电阻	RXGA800，6.2 Ω，1.2 kW	2 并
74	74R	Ⅰ端过压吸收电阻	RXGA800，6.2 Ω，1.2 kW	2 并
75	75R	Ⅰ端主整流器负载电阻	RXG800A，800 W，600 Ω	2 串 2 并
76	76R	Ⅰ端主整流器负载电阻	RXG800A，800 W，600 Ω	2 串 2 并
77	77PFC	Ⅰ端功率因数补偿装置		1
78	78PFC	Ⅰ端功率因数补偿装置		1

续表

序号	代号	名称	型号及规格	数量
79		Ⅱ		
80	80V	Ⅱ端主整流器		1
81	81C	Ⅱ端过压吸收电容	CH84A，1.4 kV，18 μF	1
82	82C	Ⅱ端过压吸收电容	CH84A，1.4 kV，18 μF	1
83	83R	Ⅱ端过压吸收电阻	RXGA800，6.2 Ω，1.2 kW	2 并
84	84R	Ⅱ端过压吸收电阻	RXGA800，6.2 Ω，1.2 kW	2 并
85	85R	Ⅱ端主整流器负载电阻	RXG800A，800W，600 Ω	2 串 2 并
86	86R	Ⅱ端主整流器负载电阻	RXG800A，800W，600 Ω	2 串 2 并
87	87PFC	Ⅱ端功率因数补偿装置		1
88	88PFC	Ⅱ端功率因数补偿装置		1
89				
90				
91	91KM	励磁接触器	CK7G，220 V，1 000 A	1
92	92KM	励磁接触器	CK7F，1 500 V，1 000 A	1
93	93C	励磁过压吸收电容	CJ41-2，630 V，20 μF	1
94	94R	励磁过压吸收电阻	RX20，20W，5.1 Ω	1
95	95QS	Ⅰ端接地隔离开关	HS11Z-200/18	1
96	96QS	Ⅱ端接地隔离开关	HS11Z-200/18	1
97	97KE	Ⅰ端接地继电器	TJJ2-18/20，18 V	1
98	98KE	Ⅱ端接地继电器	TJJ2-18/20，18 V	1
99				
100	100TV	PFC 用电压互感器	100 V/10 V	1
101	101KC	原边过流继电器	JL14 -5/2，5 A/8 A	1
102	102QA	高压互感器用自动开关	TH-5SB，125 V，10 A	1
103	103PV	网压表	YS-3，0-40 kV	1
104	104PV	网压表	YS-3，0-40 kV	1
105	105PJ	电度表	DJ-6，100 V	1
106				
107	107QP	Ⅰ端二位置转换开关	TKH10，840/1020	1
108	108QP	Ⅱ端二位置转换开关	TKH10，840/1020	1
109	109TA	PFC 用电流互感器	LMZJ-0.5(Y)，300 A/2 V	1
110	110E	接地电刷		1

续表

序号	代号	名称	型号及规格	数量
111	111SC	一位电机电流传感器	TQG4A-1 500 A/10 V	1
112	112SV	一位电机电压传感器	TQG3A-1 500 V/10 V	1
113	113L	一位电机分流电抗器		1
114	114KM	77PFC 用线路接触器	EVS630/1-110DC	1
115	115R	77PFC 用放电电阻	RXG800A，2.8 kΩ，800 W	1
116	116KM	77PFC 用放电接触器		1
117	117R	77PFC 用放电电阻	RXG800A，800 Ω，800 W	1
118	118TA	77PFC 用电流互感器	LMZJ-0.5(Y)，800 A/2 V	1
119	119QS	77PFC 故障隔离开关	TH6B，950 A/1 550 V	1
120	120E	接地电刷		1
121	121SC	二位电机电流传感器	TQG4A-1 500 A/10 V	1
122	122SV	二位电机电压传感器	TQG3A-1 500 V/10 V	1
123	123L	二位电机分流电抗器		1
124	124KM	78PFC 用线路接触器	EVS630/1-110DC	1
125	125R	78PFC 用放电电阻	RXG800A，2.8 kΩ，800 W	1
126	126KM	78PFC 用放电接触器		1
127	127R	78PFC 用放电电阻	RXG800A，800 Ω，800 W	1
128	128TA	78PFC 用电流互感器	LMZJ-0.5(Y)，800 A/2V	1
129	129QS	78PFC 故障隔离开关	TH6B，950 A/1 550 V	1
130	130E	接地电刷		1
131	131SC	三位电机电流传感器	TQG4A-1 500 A/10 V	1
132	132SV	三位电机电压传感器	TQG3A-1 500 V/10 V	1
133	133L	三位电机分流电抗器		1
134	134QV	78PFC 用晶闸管开关	KPA900-40	1
135	135QV	77PFC 用晶闸管开关	KPA900-40	1
136	136SV	78PFC 用电压传感器	TQG3A-2 000 V/80 mA	1
137	137SV	77PFC 用电压传感器	TQG3A-2 000 V/80 mA	1
138	138RV	Ⅰ端次边非线性电阻	MYG-D-1 650 V/50 kA	1
139	139RV	Ⅰ端次边非线性电阻	MYG-D-1 700 V/50 k A	1
140	140E	接地电刷		1

续表

序号	代号	名称	型号及规格	数量
141	141SC	四位电机电流传感器	TQG4A-1 500 A/10 V	1
142	142SV	四位电机电压传感器	TQG3A-1 500 V/10 V	1
143	143L	四位电机分流电抗器		1
144	144QV	88PFC 用晶闸管开关	KPA900-40	1
145	145QV	87PFC 用晶闸管开关	KPA900-40	1
146	146SV	88PFC 用电压传感器	TQG3A-2 000 V/80 mA	1
147	147SV	87PFC 用电压传感器	TQG3A-2 000 V/80 mA	1
148	148RV	Ⅱ端次边非线性电阻	MYG-D-1 650 V/50 k A	1
149	149RV	Ⅱ端次边非线性电阻	MYG-D-1 700 V/50 k A	1
150	150E	接地电刷		1
151	151SC	五位电机电流传感器	TQG4A-1 500 A/10 V	1
152	152SV	五位电机电压传感器	TQG3A-1 500 V/10 V	1
153	153L	五位电机分流电抗器		1
154	154KM	87PFC 用线路接触器	EVS630/1-110DC	1
155	155R	87PFC 用放电电阻	RXG800 A，2.8 kΩ，800 W	1
156	156KM	87PFC 用放电接触器		1
157	157R	87PFC 用放电电阻	RXG800 A，800 Ω，800 W	1
158	158TA	87PFC 用电流互感器	LMZJ-0.5(Y)，800 A/2 V	1
159	159QS	87PFC 故障隔离开关	TH6B，950 A/1 550 V	1
160	160E	接地电刷		1
161	161SC	六位电机电流传感器	TQG4A-1 500 A/10 V	1
162	162SV	六位电机电压传感器	TQG3A-1 500 V/10 V	1
163	163L	六位电机分流电抗器		1
164	164KM	88PFC 用线路接触器	EVS630/1-110DC	1
165	165R	88PFC 用放电电阻	RXG800A，2.8 k kΩ，800 W	1
166	166KM	88PFC 用放电接触器		1
167	167R	88PFC 用放电电阻	RXG800A，800 Ω，800 W	1
168	168TA	88PFC 用电流互感器	LMZJ-0.5(Y)，800 A/2 V	1
169	169QS	88PFC 故障隔离开关	TH6B，950 A/1 550 V	1
170	170L	78PFC 滤波电感	0.81 mH，635 A	1

续表

序号	代号	名称	型号及规格	数量
171	171L	77PFC 滤波电感	0.81 mH，635 A	1
172	172C	78PFC 滤波电容	AFM1.3-146-1，276 μF	5 并
173	173C	77PFC 滤波电容	AFM1.3-146-1，276 μF	5 并
174	174T	Ⅰ端同步控制变压器	TBK1　695.4 V/5.67 V	1
175	175T	Ⅰ端同步控制变压器	TBK1　695.4 V/5.67 V	1
176	176TA	Ⅰ端次边电流互感器	LMZJ-0.5(Y)，3 000 A/10 V	1
177	177TA	Ⅰ端次边电流互感器	LMZJ-0.5(Y)，3 000 A/10 V	1
178				
179				
180	180L	88PFC 滤波电感	0.81 mH，635 A	1
181	181L	87PFC 滤波电感	0.81 mH，635 A	1
182	182C	88PFC 滤波电容	AFM1.3-146-1，276 μF	5 并
183	183C	87PFC 滤波电容	AFM1.3-146-1，276 μF	5 并
184	184T	Ⅱ端同步控制变压器	TBK1　695.4 V/5.67 V	1
185	185T	Ⅱ端同步控制变压器	TBK1　695.4 V/5.67 V	1
186	186TA	Ⅱ端次边电流互感器	LMZJ-0.5(Y)，3 000 A/10 V	1
187	187TA	Ⅱ端次边电流互感器	LMZJ-0.5(Y)，3 000 A/10 V	1
188				
189				
190				
191	191R	Ⅰ端接地电阻	RXG20，500 Ω，200 W	1
192	192R	Ⅱ端接地电阻	RXG20，500 Ω，200 W	1
193	193R	Ⅰ端接地电阻	RXG20，300 Ω，200 W	1
194	194R	Ⅱ端接地电阻	RXG20，300 Ω，200 W	1
195	195R	Ⅰ端接地电阻	RXG20，7.5k Ω，200 W	1
196	196R	Ⅱ端接地电阻	RXG20，7.5k Ω，200 W	1
197	197C	Ⅰ端接地电容	CJ48-B，500 V，5 μF	1
198	198C	Ⅱ端接地电容	CJ48-B，500 V，5 μF	1
199	199SC	励磁电流传感器	TQG4A-1 500 A/10 V	1
200				

2. SS_{6B}型电力机车辅助电路电器明细表（表 4-2）

表 4-2　SS_{6B}型电力机车辅助电路电器明细表

序号	代号	名称	型号及规格	数量
1	1MA	劈相机	YPX-280M-4　380V，57 kW	1
2	2MA	劈相机	YPX-280M-4　380V，57 kW	1
3	3MA	压缩机电动机	YYD-280S-6，37 kW	1
4	4MA	压缩机电动机	YYD-280S-6，37 kW	1
5	5MA	牵引通风机电动机	YFD-280S-4，37 kW	1
6	6MA	牵引通风机电动机	YFD-280S-4，37 kW	1
7	7MA	牵引通风机电动机	YFD-280S-4，37 kW	1
8	8MA	牵引通风机电动机	YFD-280S-4，37 kW	1
9	9MA	制动风机电动机	JBT-61，14 kW	1
10	10MA	制动风机电动机	JBT-61，14 kW	1
11	11MA	制动风机电动机	JBT-61，14 kW	1
12	12MA	制动风机电动机	JBT-61，14 kW	1
13	13MA	变压器风机电动机	JBT-61，14 kW	1
14	14MA	变压器油泵电动机	TG1B80-200/10D-2，13 kW	1
15	201KM	劈相机 1 接触器	6C180	1
16	202KM	劈相机 2 接触器	6C180	1
17	203KM	压缩机电机接触器	6C180	1
18	204KM	压缩机电机接触器	6C180	1
19	205KM	牵引风机电机接触器	6C180	1
20	206KM	牵引风机电机接触器	6C180	1
21	207KM	牵引风机电机接触器	6C180	1
22	208KM	牵引风机电机接触器	6C180	1
23	209KM	制动风机电机接触器	6C180	1
24	210KM	制动风机电机接触器	6C180	1
25	211KM	变压器风机电机接触器	6C180	1
26	212KM	油泵电机接触器	6C180	1
27	213KM	启动电阻接触器	6C180	1
28				
29	215QA	自动开关	TO225BA　175 A	1
30	216QA	自动开关	TO225BA　175 A	1
31	217QA	自动开关	TO100BA　75 A	1

续表

序号	代号	名称	型号及规格	数量
32	218QA	自动开关	TO100BA　75 A	1
33	219QA	自动开关	TO100BA　75 A	1
34	220QA	自动开关	TO100BA　75 A	1
35	221QA	自动开关	TO100BA　75 A	1
36	222QA	自动开关	TO100BA　75 A	1
37	223QA	自动开关	TO100BA　30 A	1
38	224QA	自动开关	TO100BA　30 A	1
39	225QA	自动开关	TO100BA　30 A	1
40	226QA	自动开关	TO100BA　30 A	1
41	227QA	自动开关	TO100BA　30 A	1
42	228QA	自动开关	TO100BA　30 A	1
43	229QA	自动开关	TH-5SB　10 A	1
44	230QS	自动开关	TH-5SB　20 A	1
45	231QS	自动开关	TH-5SB　20 A	1
46	232QS	自动开关	TH-5SB　10 A	1
47	233QS	自动开关	TH-5SB　20 A	1
48				
49	235QS	库用转换开关	THD4C	1
50	236QS	零压隔离开关	LW5-16，C0391/2	1
51	237QS	辅接地隔离开关	LW5-16，C0391/2	1
52	238QS	热饭电炉隔离开关	LW5-16，C0391/2	1
53	239QS	热饭电炉隔离开关	LW5-16，C0391/2	1
54	240QS	空调，风扇开关	LW5-16，D0414/2	1
55	241QS	空调，风扇开关	LW5-16，D0414/2	1
56	242QS	劈相机 1 隔离开关	LW5-16，D1687/6	1
57	243QS	窗加热开关	LW5-16，C0391/2	1
58	244QS	窗加热开关	LW5-16，C0391/2	1
59	245QS	司机室取暖开关	LW5-16，D5402/2	1
60	246QS	司机室取暖开关	LW5-16，D5402/2	1
61	247C	移相电容	12 kvar　525V	1
62	248C	移相电容	12 kvar	1
63	249C	移相电容	12 kvar	1

续表

序号	代号	名称	型号及规格	数量
64	250C	移相电容	12 kvar	1
65	251C	移相电容	12 kvar	1
66	252C	移相电容	12 kvar	1
67	253C	移相电容	12 kvar	1
68	254C	移相电容	12 kvar	1
69	255C	保护电容	CJ48-2　10 μF，250 V	1
70	256C	零压电容	CJ41-2　20 μF，630 V	1
71	257C	辅接地电容	CJ41-2　20 μF，630 V	1
72	258R	热饭电炉	1 500 W，220 V	1
73	259R	热饭电炉	1 500 W，220 V	1
74	260R	过压保护电阻	ZS11-200，5 Ω±10%	1
75	261R	零压保护电阻	RX20-20　20 W　2 kΩ	1
76	262R	辅接地电阻	RX20-20　20 W　2 kΩ	1
77	263R	劈相机启动电阻	YZQ2A　0.79	1
78	264R	劈相机启动电阻	YZQ2A　0.79	1
79	265R	壁炉	TZN4-1 000 W，380 V	1
80	266R	壁炉	TZN4-1 000 W，380 V	1
81	267R	壁炉	TZN4-1 000 W，380 V	1
82	268R	壁炉	TZN4-1000 W，380 V	1
83	269R	脚炉	TZN1-500 W，380 V	1
84	270R	脚炉	TZN1-500 W，380 V	1
85	271R	脚炉	TZN1-500 W，380 V	1
86	272R	脚炉	TZN1-500 W，380 V	1
87	273EH	电热玻璃	500 W，190 V	1
88	274EH	电热玻璃	500 W，190 V	1
89	275EH	电热玻璃	500 W，190 V	1
90	276EH	电热玻璃	500 W，190 V	1
91				
92	1AS	空调稳压电源		1
93	279EV	司机室空调		1
94	280EV	司机室空调		1
95	281TC	零压变压器	BK-50　380 V/127 V 50 V·A	1

续表

序号	代号	名称	型号及规格	数量
96	282KC	辅电路过流继电器	JL14-20T/1200　2 800 A	1
97	283AE	劈相机起动继电器	TZS13-500-00	1
98	284KE	中间继电器	JZ15-44 DC 110 V	1
99	285KE	辅接地中间继电器	JZ15-44 DC 110 V	1
100	286KT	零压中间继电器	JT3-12/1 DC 110 V	1
101	287YV	保护阀	FK1B　110 V　938	1
102	288PV	辅助电压表	VS-1，0～600 V 2.5	1
103	289PV	辅助电压表	VS-1，0～600 V 2.5	1
104	290U	整流装置		1
105	291U	整流装置		1
106	292XS	220 V 电源插座	250 V，5 A	1
107	293XS	220 V 电源插座	250 V，5 A	1
108	294XS	辅电路库用插座	TLZ4-750/380	1
109				
110	296QS	起动电阻转换开关	HS11-200/1 380 V，200 A	1
111	297QP	车顶门行程开关	LX19-121	1
112	298EH	热风机	RFJ30-220-1	1
113	299EH	热风机	RFJ30-220-1	1
114				

3. SS_{6B}型电力机车控制电路明细表（表 4-3）

表 4-3　SS_{6B}型电力机车控制电路明细表

序号	代号	名称	型号及规格	数量
1	400SK1，2	主断分　按键开关	KA1-00-00　自复式	2
2	401SK1，2	主断合　按键开关	KA1-00-00　自复式	2
3	402SK1，2	后受电弓　按键开关	KA1A-00-00 非自复式	2
4	403SK1，2	前受电弓　按键开关	KA1A-00-00 非自复式	2
5	404SK1，2	劈相机　按键开关	KA1A-00-00 非自复式	2
6	405SK1，2	压缩机　按键开关	KA1A-00-00 非自复式	2
7	406SK1，2	通风机　按键开关	KA1A-00-00 非自复式	2
8	407SK1，2	制动风机　按键开关	KA1A-00-00 非自复式	2
9	408SK1，2	强泵　按键开关	KA1A-00-00 非自复式	2
10	409SK1，2	副后照灯　按键开关	KA1A-00-00 非自复式	2

续表

序号	代号	名称	型号及规格	数量
11	410SK1，2	前照灯　按键开关	KA1A-00-00 非自复式	2
12				
13	411SK1，2	按键开关	KA1A-00-00 非自复式	2
14	412SK1，2	信号检查 按键开关	KA1A-00-00 非自复式	2
15	413SK1，2	电扇 按键开关	KA1A-00-00 非自复式	2
16	414SK1，2	按键开关	KA1A-00-00 非自复式	2
17	415SK1，2	前标志灯 按键开关	KA1A-00-00 非自复式	2
18	416SK1，2	后标志灯 按键开关	KA1A-00-00 非自复式	2
19	417SK1，2	副前照灯 按键开关	KA1A-00-00 非自复式	2
20	418SK1，2	前照灯 按键开关	KA1A-00-00 非自复式	2
21	419SK1，2	仪表灯 按键开关	KA1A-00-00 非自复式	2
22	420SK1，2	各室灯 按键开关	KA1A-00-00 非自复式	2
23	421SK1，2	走廊灯 按键开关	KA1A-00-00 非自复式	2
24	422SK1，2	司机室灯 按键开关	KA1A-00-00 非自复式	2
25				
26	424U	48 V　稳压电源		1
27	425U	15 V　稳压电源		1
28	426U	24 V　稳压电源		1
29				
30	428PVE	监控显示器	LKJ-93	2
31				
32	431BV	轴 1 速度传感器	DF16，双通道 200 脉冲	1
33	433BV	轴 3 速度传感器	DF16，双通道 200 脉冲	1
34	434BV	轴 4 速度传感器	DF16，双通道 200 脉冲	1
35				
36	436BV	轴 2 速度传感器	DF16，双通道 200 脉冲	1
37	437BV1，2	调速发电机	F'D 型	2
38				
39				
40	440KM	Ⅰ端头灯接触器	3TB4817 - OBF4	1
41	441KM	Ⅱ端头灯接触器	3TB4817 - OBF4	1
42	442KM	辅助压缩机接触器	3TB4817 - OBF4	1

续表

序号	代号	名称	型号及规格	数量
43	443MD	Ⅰ端司机室风扇	FD30D - 110Z	1
44	444MD	Ⅱ端司机室风扇	FD30D - 110Z	1
45	445MD	Ⅰ端司机室风扇	FD30D - 110Z	1
46	446MD	Ⅱ端司机室风扇	FD30D - 110Z	1
47	447MD	升弓压缩机电机	Z2 -22D2　110 V，1.1 kW	1
48	448EL1，2	司机室灯	JD-2 110 V，1.1 kW	2
49	449EL1，2	司机室灯	JD-2 110 V，1.1 kW	2
50				
51				
52	452EL1，2	走廊灯	DT6-00 110 V，25 kW	2
53	453EL1，2	走廊灯	DT6-00 110 V，25 kW	2
54	454EL1，2	走廊灯	DT6-00 110 V，25 kW	2
55	455EL1，2	走廊灯	DT6-00 110 V，25 kW	2
56	456EL1，2	走廊灯	DT6-00 110 V，25 kW	2
57	457EL1，2	走廊灯	DT6-00 110 V，25 kW	2
58	458EL1，2	走廊灯	DT6-00 110 V，25 kW	2
59				
60	460EL	各室灯	DT6-00 110 V，25 kW	1
61	461EL	各室灯	DT6-00 110 V，25 kW	1
62	462EL	各室灯	DT6-00 110 V，25 kW	1
63	463EL	各室灯	DT6-00 110 V，25 kW	1
64	464EL1，2	标志灯	110 V，25 kW	2
65	465EL1，2	标志灯	110 V，25 kW	2
66				
67				
68	468EL1，2	副照灯	JD-178 110 V，200 kW	2
69	469EL1，2	副照灯	JD-178 110 V，200 kW	2
70				
71	471EL1，2	仪表灯	24 V，0.24 kW	2
72	472EL1，2	仪表灯	24 V，0.24 kW	2
73	473EL1，2	仪表灯	24 V，0.24 kW	2
74	474EL1，2	仪表灯	24 V，0.24 kW	2

续表

序号	代号	名称	型号及规格	数量
75	475EL1，2	仪表灯	24 V，0.24 kW	2
76	476EL1，2	仪表灯	24 V，0.24 kW	2
77	477EL1，2	仪表灯	24 V，0.24 kW	2
78	478EL1，2	仪表灯	24 V，0.24 kW	2
79	479EL1，2	仪表灯	24 V，0.24 kW	2
80	480EL1，2	仪表灯	24 V，0.24 kW	2
81	481EL1，2	仪表灯	24 V，0.24 kW	2
82	482EL1，2	仪表灯	24 V，0.24 kW	2
83	483EL1，2	仪表灯	24 V，0.24 kW	2
84	484EL1，2	仪表灯	24 V，0.24 kW	2
85				
86	497EL	电源柜照明灯	110 V，8 W	1
87				
88	499EL	Ⅰ端头灯	LW-800（1）	1
89	500EL	Ⅱ端头灯	LW-800（1）	1
90				
91				
92				
93	503V	二极管	2CZ 20 A 1 500 V	1
94	504V	二极管	2CZ 20 A 1 500 V	1
95	505V	二极管	2CZ 20 A 1 500 V	1
96	506V	二极管	2CZ 20 A 1 500 V	1
97	507V	二极管	2CZ 20 A 1 500 V	1
98	508V	二极管	2CZ 20 A 1 500 V	1
99	509V	二极管	2CZ 20 A 1 500 V	1
100				
101	511KF	制动风速继电器	TJY5A	1
102	512KF	制动风速继电器	TJY5A	1
103	513KF	制动风速继电器	TJY5A	1
104	514KF	制动风速继电器	TJY5A	1
105	515KF	压力继电器	TJY3-4.5　450 kPa	1
106	516KF	压力继电器	TJY3B- 4.5　150 kPa	1

续表

序号	代号	名称	型号及规格	数量
107	517KF	压力继电器	YWK-50C 750 ~ 900 kPa	1
108	518KF	油流继电器	YJ - 100 -A	1
109	519KF	牵引风速继电器	TJVl - 7/10	1
110	520KF	牵引风速继电器	TJV5A	1
111	521KF	牵引风速继电器	TJV5A	1
112	522KF	牵引风速继电器	TJV5A	1
113	523KT	压缩机放风时间继电器	JT3 - 12/5 3 s	1
114	524KT	压缩机放风时间继电器	JT3 - 12/5 3 s	1
115	525KT	低级位电子时间继电器	TXJT - 702 - 00 25 s	1
116	526KT	制动风机 1、3 时间继电器	JT3 - 21/5 3 s	1
117	527KT	MG 起动延时时间继电器	JT3 - 12/3 0.5 s	1
118	528KT	自启劈相机时间继电器	JT3 - 12/3 1 s	1
119	529KT	时间继电器	JT3 - 12/3 1 s	1
120	530KT	风速 时间继电器	JT3 - 21/5 3 s	1
121	531KT	时间继电器	JT3 - 21/5 3 s	1
122	532KT	零位 时间继电器	JT3 - 12/5 3 s	1
123	533KT	劈相机 1 时间继电器	JT3 - 12/5 3 s	1
124	534KT	劈相机 2 时间继电器	JT3 - 12/5 3 s	1
125	535KT	牵引风机 1 时间继电器	JT3 - 12/5 3 s	1
126	536KT	牵引风机 2 时间继电器	JT3 - 12/5 3 s	1
127	537KT	牵引风机 3 时间继电器	JT3 - 12/5 3 s	1
128	538KT	牵引风机 4 时间继电器	JT3 - 12/5 3 s	1
129	539KT	主断控制延时	JT3 - 21/3 1 s	1
130	540KA	撒砂 中间继电器	JZ15 – 44Z DC110 V	1
131	541KA	制动风速 1 中间继电器	JZ15 – 44Z DC110 V	1
132	542KA	制动风速 2 中间继电器	JZ15 – 44Z DC110 V	1
133	543KA	制动风速 3 中间继电器	JZ15 – 44Z DC110 V	1
134	544KA	制动风速 4 中间继电器	JZ15 – 44Z DC110 V	1
135	545KA	重联 中间继电器	JZ15 – 62Z DC110 V	1
136	546KA	重联 中间继电器	JZ15 – 62Z DC110 V	1
137	547KA	重联 中间继电器	JZ15 – 62Z DC110 V	1
138	548KA	重联 中间继电器	JZ15 – 62Z DC110 V	1

续表

序号	代号	名称	型号及规格	数量
139	549KA	自起风机　中间继电器	JZ15－44Z　DC110 V	1
140	550KA	牵引风速 1 中间继电器	JZ15－44Z　DC110 V	1
141	551KA	牵引风速 2 中间继电器	JZ15－44Z　DC110 V	1
142	552KA	牵引风速 3 中间继电器	JZ15－44Z　DC110 V	1
143	553KA	牵引风速 4 中间继电器	JZ15－44Z　DC110 V	1
144	554KA	控回接地　中间继电器	JZ15－44Z　DC110 V	1
145	555KA	零位失电　中间继电器	JZ15－44Z　DC110 V	1
146	556KA	预备　中间继电器	JZ15－44Z　DC110 V	1
147	557KA	牵引电机过流　中间继电器	JZ15－44Z　DC110 V	1
148	558KA	线路接触器　中间继电器	JZ15－44Z　DC110 V	1
149	559KA	励磁过流　中间继电器	JZ15－44Z　DC110 V	1
150	560KA	牵引制动　中间继电器	JZ15－44Z　DC110 V	1
151	561KA	牵引制动　中间继电器	JZ15－44Z　DC110 V	1
152	562KA	恢复　中间继电器	JZ15－44Z　DC110 V	1
153	563KA	零压　中间继电器	JZ15－44Z　DC110 V	1
154	564KA	辅过流　中间继电器	JZ15－44Z　DC110 V	1
155	565KA	原边过流　中间继电器	JZ15－44Z　DC110 V	1
156	566KA	劈相机起动　中间继电器	JZ15－44Z　DC110 V	1
157	567KA	劈相机　中间继电器	JZ15－44Z　DC110 V	1
158	568KA	零位得电　中间继电器	JZ15－44Z　DC110 V	1
159	569KA	选择　中间继电器	JZ15－44Z　DC110 V	1
160	570QS1，2	司机台电联锁开关	LW5-16　D5723/4	2
161	571QS	头灯减光转换开关	LW5-16 C0391/2	1
162	572QS	功补　隔离开关	LW5-16 C0391/2	1
163	573QS	牵引风速 1，2 隔离开关	LW5-16 C0391/2	1
164	574QS	牵引风速 3，4 隔离开关	LW5-16 C0391/2	1
165	575QS	通风机 1 隔离开关	LW5-16 C0391/2	1
166	576QS	通风机 2 隔离开关	LW5-16 C0391/2	1
167	577QS	通风机 3 隔离开关	LW5-16 C0391/2	1
168	578QS	通风机 4 隔离开关	LW5-16 C0391/2	1
169	579QS	压缩机 1 隔离开关	LW5-16 C0391/2	1
170	580QS	压缩机 2 隔离开关	LW5-16 C0391/2	1

续表

序号	代号	名称	型号及规格	数量
171	581QS	制动风机 1，3 隔离开关	LW5-16 C6032/4	1
172	582QS	制动风机 2，4 隔离开关	LW5-16 C6032/4	1
173	583QS	劈相机 2 隔离开关	LW5-16 C0391/2	1
174	584QS	油泵 隔离开关	LW5-16 C0391/2	1
175	585QS	自动撒沙 隔离开关	LW5-16 C0391/2	1
176	586QS	主断 隔离开关	LW5-16 C0391/2	1
177	587QS	受电弓 1 隔离开关	LW5-16 C0391/2	1
178	588QS	受电弓 2 隔离开关	LW5-16 C0391/2	1
179	589QS	制动风速 1，3 隔离开关	LW5-16 C0391/2	1
180	590QS	制动风速 2，4 隔离开关	LW5-16 C0391/2	1
181	591QS1,2	自起劈相机 隔离开关	LW5-16 C0391/2	2
182	592QS1,2	重联 隔离开关	LW5-16 C0391/2	2
183				
184	594SB1，2	紧急制动 按钮	LA19 - 11	2
185	595SB1，2	解锁 按钮	LA19 - 11J	2
186	596SB1，2	辅压缩机 按钮	LA19 - 11	3
187	597SB1，2	钮子开关	KN3 -3	2
188	598SB	电子柜低压试验按钮	LA19 - 11	
189	599QS	变压器风机 隔离开关	LW5-16 C0391/2	1
190	600QA	交流电源 单极自动开关	TH5SB AC280 V，50 A	1
191	601QA	蓄电池 单极自动开关	TH5SB DC110 V，50 A	1
192	602QA	受电弓 单极自动开关	TH5SB DC110 V，10 A	1
193	603QA	主断 单极自动开关	TH5SB DC110 V，10 A	1
194	604QA	控制器 单极自动开关	TH5SB DC110 V，10 A	1
195	605QA	辅机控制 单极自动开关	TH5SB AC220 V，20 A	1
196	606QA	头灯 单极自动开关	TH5SB AC220 V，20 A	1
197	607QA	副前照灯 单极自动开关	TH5SB DC110 V，10 A	1
198	608QA	车内照明 单极自动开关	TH5SB DC110 V，10 A	1
199	609QA	电子控制 单极自动开关	TH5SB AC220 V，20 A	1
200	610QA	电扇 单极自动开关	TH5SB DC110 V，10 A	1
201	611QA	自动信号 单极自动开关	TH5SB DC110 V，10 A	1
202	612QA	自动信号 单极自动开关	TH5SB DC110 V，10 A	1

续表

序号	代号	名称	型号及规格	数量
203	613QA	无线电台　单极自动开关	TH5SB　DC110 V，10 A	1
204	614QA	逆变电源　单极自动开关	TH5SB　DC110 V，10 A	1
205	615QA	电空制动　单极自动开关	TH5SB　DC110 V，10 A	1
206	616QA	接地　单极自动开关	TH5SB　DC110 V，6 A	1
207	617QA	备用　单极自动开关	TH5SB　DC110 V，10 A	1
208	229QA	电炉　单极自动开关	TH5SB　AC220 V，20A	1
209	230QA	热风机　单极自动开关	TH5SB　AC220 V，20A	1
210				
211	618QA	空调　单极自动开关	TH5SB　AC380 V，30 A	1
212	232QA	窗加热　单极自动开关	TH5SB　AC380 V，20 A	1
213	233QA	取暖　单极自动开关	TH5SB　AC380 V，10 A	1
214	623QA	备用　单极自动开关	TH5SB　AC110 V，20 A	1
215				
216				
217	627AC	主司控器		1
218	628AC	辅司控器		1
219				
220	630R	控制回路接地电阻	ZG11-200W-100	2 并
221				
222	633R	Ⅰ端副照灯降压电阻	RX-20　20 W	4 并
223	634R	Ⅱ端副照灯降压电阻	RX-20　20 W	4 并
224	635R	检测电阻		1
225				
226				
227	637R	主司控器给定电位器		1
228	638R	辅司控器给定电位器		1
229				
230	640PA	电源柜内电流表	44C2-A　0～±100 A	1
231	641A1	牵引电机 1　电流表	YS-3　1 500 A/7.5 V	2
232	642A2	牵引电机 2　电流表	YS-3　1 500 A/7.5 V	2
233	643A1	牵引电机 3　电流表	YS-3　1 500 A/7.5 V	2
234	644A2	牵引电机 4　电流表	YS-3　1 500 A/7.5 V	2

续表

序号	代号	名称	型号及规格	数量
235	645A1	牵引电机 5　电流表	YS-3　1 500 A/7.5 V	2
236	646A2	牵引电机 6　电流表	YS-3　1 500 A/7.5 V	2
237	647PA1，2	励磁　电流表		
238	648PA	控制电源　电流表	YS -3　0 ~ 100 A	2
239	649PP	电测压力表	YS -3　0 ~ 1 000 kPa	2
240	650PV	电源柜内　电压表	44C2-V　0 ~ 150 V	
241	651PV	牵引电机 1　电压表	YS-3　1 500 A/7.5 V	2
242	652PV	牵引电机 2　电压表	YS-3　1 500 A/7.5 V	2
243	653PV	牵引电机 3　电压表	YS-3　1 500 A/7.5 V	2
244	654PV	牵引电机 4　电压表	YS-3　1 500 A/7.5 V	2
245	655PV	牵引电机 5　电压表	YS-3　1 500 A/7.5 V	2
246	656PV	牵引电机 6　电压表	YS-3　1 500 A/7.5 V	2
247				
248	658PV	控制电源　电压表	YS -3　0 ~ 150 V	2
249	659XS	控制电源　入库插座	TL 25-100 A/380 V	1
250	660XS	库用照明插座		1
251	661XS	库用照明插座		1
252				
253	663C	电容	CD13- 350 V-1 000 μF	1
254	664C	电容	CJ48-2　10μ，250 V	1
255				
256	666QS	110V 整流输出　刀开关		1
257	667QS	蓄电池输出　刀开关	HD11-200/29	1
258	668QS	重联输出　刀开关	HD11-200/29	1
259	669 VC	110V 整流硅机组		1
260	670 TC	控制电源变压器		1
261	671L	平波电抗器		1
262	672RS	测量分流器	FL2-75 mV-100 A	1
263	673RS	测量分流器	FL2-75 mV-100 A	1
264	674AC	整流　控制		1
265	675SB	钮子开关	KN3-3	1
266	676SB	钮子开关	KN3-3	1
267	SJ- 94	信号主机		1
268	1BS	轮喷控制盒		1
269	1PS	电阻制动记录仪		1
270	1NV	数模转换盒		1

习 题

1. 根据用途、电器设备、工程内容及表达形式的不同，电气线路图通常可分为哪些类型？本课本后所附的图纸属于哪种类型？

2. 电路图中最基本的二种电路元件有哪些？

3. 电力机车上手动控制电器主要有哪些？

4. 图 4-1 中，若手柄处于“2”位时，哪些导线对应的接点是接通的（或处于得电状态）？

5. 电力机车上的常用的自动控制电器有哪些？

6. SS_{6B} 型电力机车采用哪种画法的联锁表示法则？

7. 下列时间继电器触头在线圈得电时，如何动作？线圈失电时，如何动作？

（a）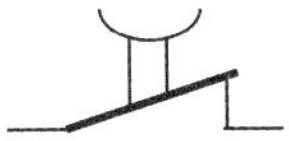　　（b）

8. 电力机车电路图中元器件工作状态的表示方法是如何规定的？

9. 如何解除图 4-22 的自锁状态？

10. SS_{6B} 型电力机车的线号是如何划分的？

11. SS_{6B} 型电力机车电器的文字符号中含有下列字母，分别代表什么类型的电器？

（a）AC　（b）KA　（c）KT　（d）SK　（e）KM

12 SS_{6B} 型电力机车的各电器所处状态有哪些特殊规定？

第五章 SS_{6B}型电力机车电气线路

第一节 概 述

一、SS_{6B}型电力机车电气线路的组成

SS_{6B}型和SS_{4B}型电力机车的电传动系统是按通用化、标准化、系列化原则设计的两种交-直传动电力机车。在电气线路基本上相同，与SS_{4B}型电力机车电气线路相比，仅在6轴与4轴组合上有区别，同样由主电路、辅助电路和控制电路组成。

二、SS_{6B}型电力机车主电路的基本特点

机车主电路采用了标准化、模块化结构，整流电路为大功率晶闸管和二极管组成的不等分三段半控整流桥。牵引电机励磁回路设有分流电抗器，以改善牵引电机在磁场削弱工况时的动态换向性能。主电路中设有功率因数补偿装置，以提高机车的功率因数和减少谐波干扰电流，改善了电网的供电品质。此外，机车主电路中电制动采用加馈电阻制动，以提高机车低速区的电制动性能。

三、SS_{6B}型电力机车辅助电路的基本特点

机车辅助电路采用双台旋转式劈相机供电系统，以提高辅助系统的可靠性和三相电源电流、电压的对称性。辅助电路主要由交流380 V回路和交流220 V回路组成，对各回路中的不同负载，分别设有不同类型和等级的自动开关进行保护，电路简洁，性能稳定可靠。

四、SS_{6B}型电力机车控制电路的基本特点

机车控制电路由有接点控制（继电控制）电路和无接点控制（电子控制）电路组成。机车控制电路还具有机车重联控制技术，可实现多机重联牵引和多机特性的一致性；并采用了列车监控系统和语音记录装置能实现机车运行状态控制、信息显示和存储，给机车运行安全、故障诊断和处理提供方便。

第二节 SS_{6B}型电力机车主电路

一、SS_{6B}型电力机车主电路的特点（参见附图1）

（1）传动形式。

采用交直传动方式，驱动为串励式脉流牵引电动机，调速特性控制较简单。

（2）牵引电动机供电方式。

采用转向架独立供电方式，即一个转向架3台牵引电机并联，由一台主整流器供电。全

车两个 3 轴转向架，具有两台独立的无级调压相控主整流器。此方式使电路、控制和结构比较简单，在运用上有一定的灵活性，当一台主整流器故障时，可切除一台转向架 3 台电机，机车保留 1/2 牵引能力，实现机车故障运行；前后两个转向架可进行各架轴重转移电气补偿，即对前转向架减荷、后转向架增荷，以充分利用粘着，发挥最大牵引能力；实现以转向架供电为基础的电气系统单元化供电系统，装置简单。

（3）整流调压电路方式。

SS_{6B} 型电力机车主电路采用不等分三段半控桥整流调压电路，即一段 $\frac{1}{2}U_0$ 桥、二、三段 $\frac{1}{4}U_0$ 桥的电路结构。

（4）电制动方式。

机车电制动采用加馈电阻制动，每节车 6 台牵引电机主极绕组串联，由一台励磁半控桥式整流器供电。每个转向架上的 3 台牵引电机电枢与各自的制动电阻串联后，并联在一起，再与相应的主整流器构成串联回路。与常规电阻制动相比，加馈电阻制动的特点，是在低速区通过主整流器加馈注入制动电流的方法维持电制动力，可将最大制动力调速范围延伸至 10 km/h，能较方便地实现恒制动力控制，简化了主电路和控制电路。

（5）测量系统。

机车全部采用霍尔传感器检测直流电流与直流电压信号。其优点：① 实现直读仪表、过载保护及反馈控制三位合一，并可提高系统的控制精度；② 主电路强电系统与控制电路弱电系统实现电隔离，以利机车设备安全和乘务员人身安全；③ 使司机台仪表接线插座化，便于保养和维修。

网压 25 kV 测量使用 25 000 V/100 V 交流电压互感器，能直接测量接触网供电电压。

（6）保护系统。

采用双接地继电器保护，每一台转向架电气供电回路单元各接一台主接地继电器，以利于查找和处理接地故障。

（7）为提高机车功率因数和改善通讯干扰，机车设有 PFC 功率因数补偿装置。

二、主电路的构成

1. 网侧高压电路（25 kV 电路）

网侧高压电路的主要设备有受电弓 1AP 和 2AP、空气断路器 4QF、避雷器 5F、高压电压互感器 6TV、高压电流互感器 7TA、主变压器 8TM 的高压（原边）绕组 AX、电度表检测电流用的 9TA、PFC 功率因数补偿用电流互感器 109TA。

低压部分有自动开关 102QA、网压表 103PV、104PV、电度表 105PJ、PFC 功率因数补偿用同步变压器 100TV，以及接地回流装置 110E、120E、130E、140E、150E 和 160E。这些电器设备所组成的电路主要用于检测机车网压和提供电度表用的电压信号及 PFC 功率因数补偿用同步信号。与传统的机车相比，该电路具有如下特点：

（1）在 25 kV 网侧电路中，加设了新型金属氧化物避雷器 5F，以取代传统的放电间隙，作过电压和雷击保护。

（2）在受电弓与主断路器之间，设置有网侧电压互感器（25 kV/100 V），便于司机在司机室内掌握受电弓的升降状况和网压的情况；

（3）为提高机车的可靠性，实现机车的简统化、通用化设计，采用了传统的 TSG3 型受电弓、TDZ1A 型空气断路器和 TBY1 型网侧高压电压互感器。

（4）增设有 PFC 控制用电压、电流互感器。

（5）接地回流系统采用主变压器高压绕组 *X* 端经电缆、接地回流装置到车轮、钢轨。与车体、电气设备保护性接地分开，提高了机车可靠性。

2. 整流调整电路

为实现转向架独立控制方式，每台机车采用两套独立的整流调压电路，分别向相应的转向架供电。图 5-1 为 SS_{6B} 型电力机车一个转向架供电的不等分三段半控整流桥主电路图。

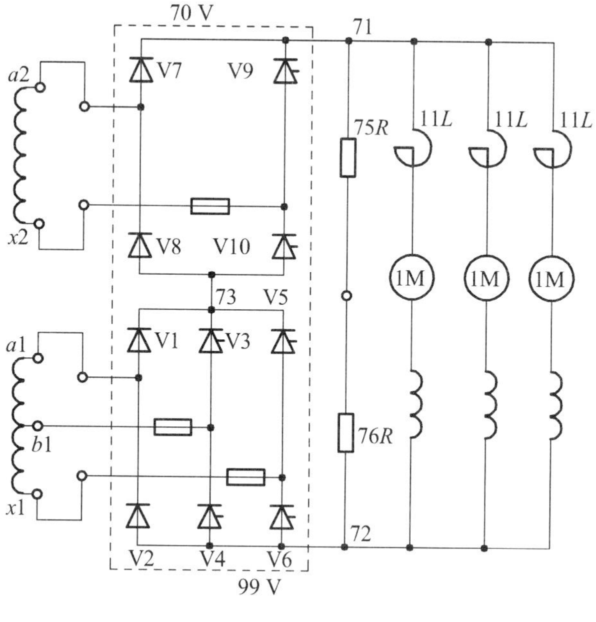

图 5-1　转向架单元整流调压简化电路

由牵引绕组 a1b1x1 和 a2x2 供电给主整流器 70 V，组或前转向架供电单元；由牵引绕组 a3b3x3 和 a4x4 供电给主整流器 80 V，组成后转向架供电单元。

不等分三段整流调压电路通过其整流调压电路顺序触发晶闸管 V_9 和 V_{10}、V_3 和 V_4、V_5 和 V_6 则可得到最大输出电压为 $\frac{1}{2}U_d$、$\frac{3}{4}U_d$、U_d。其中各段绕组电压为：$U_{a2x2} = U_{a1x1} = 2U_{a1b1} = 2U_{b1x1} = 695.5\ V$

不等分三段整流桥的工作顺序如下所述：

1）$0 \sim \frac{1}{2}U_d$ 调压阶段

首先投入四臂桥，即触发 V_9 和 V_{10}，投入 a2x2 绕组，V_9、V_{10} 顺序移相，整流电压由零逐渐升至 $U_d/2$（U_d 为总整流电压），V_1 和 V_2 续流。

在电压正半周时，电流路径为：

a_2→V_7→71 号导线→平波电抗器→电机→72 号导线→V_2→V_1→V_{10}→x_2→a_2；

当电压处于负半周时，电流路径为：

x_2→V_9→71 号导线→平波电抗器→电机→72 号导线→V_2→V_1→V_8→a_2→x_2。

2）$\frac{1}{2}U_d \sim \frac{3}{4}U_d$ 调压阶段

当 V_9 和 V_{10} 满开放后，六臂桥投入。第一步是维持 V_9 和 V_{10} 满开放，触发 V_3 和 V_4，绕组 a1b1 投入。

电源处于正半周时，电流路径为：

a2→V_7→71 号导线→平波电抗器→电机→72 号导线→V_4→b_1→a1→V_1→V_{10}→x2→a2；

当电源处于负半周时，电流路径为：

x_2→V_9→71 号导线→平波电抗器→电机→72 号导线→V_2→a1→b1→V_3→V_8→a2→x2。

在 $\frac{1}{2}U_d \sim \frac{3}{4}U_d$ 调压阶段，V_3、V_4 顺序移相，整流电压在（1/2 ~ 3/4）U_d 之间调节。

3）$\frac{3}{4}U_d \sim U_d$ 调压阶段

当 V_3 和 V_4 满开放后，V_3、V_4、V_9 和 V_{10} 维持满开放，并触发 V_5 和 V_6，b1x1 绕组再投入。V_5 和 V_6 顺序移相，整流电压在（3/4 ~ 1）U_d 之间调节。

当电源处于正半周时，电流路径为：

a2→V_7→71 号导线→平波电抗器→电机→72 号导线→V_6→x1→a1→V_1→V_{10}→x2→a2；

当电源处于负半周时，电流路径为：

*x*2→V_9→71 号导线→平波电抗器→电机→72 号导线→V_2→a1→x1→V_5→V_8→a2→x2。

在整流器的输出端还分别并联了电阻 75*R* 和 76*R*，其电阻的作用有两个：一是机车高压空载做限压试验时，作整流器的负载，起续流作用；二是正常运行时，能够吸收部分过电压。

3. 牵引供电电路

机车的牵引电路，即机车主电路的直流电路部分，其电路见图 5-2。

1）转向架独立供电

机车牵引供电电路，采用转向架独立供电方式。第一转向架的三台牵引电机 1M、2M、3M 并联，由主整流器 70 V 供电；第二转向架的三台牵引电机 4M、5M、6M 并联，由主整流器 80 V 供电。两组供电电路完全相同且完全独立。

2）牵引电机支路的电流路径

牵引电机支路的电流路径基本相同，现以第一牵引电机支路为例加以说明：其电流路径为：

正极母线 71→平波电抗器 11L→线路接触器 12KM→电流传感器 111SC→电机电枢→位置转换开关的“牵”-“制”鼓 107 QPR1→位置转换开关的“前”-“后”鼓 107 QPV1→主极磁场绕组 107 QPV1→牵引电机隔离开关 19 QS→107 QPR1→负极母线 72。

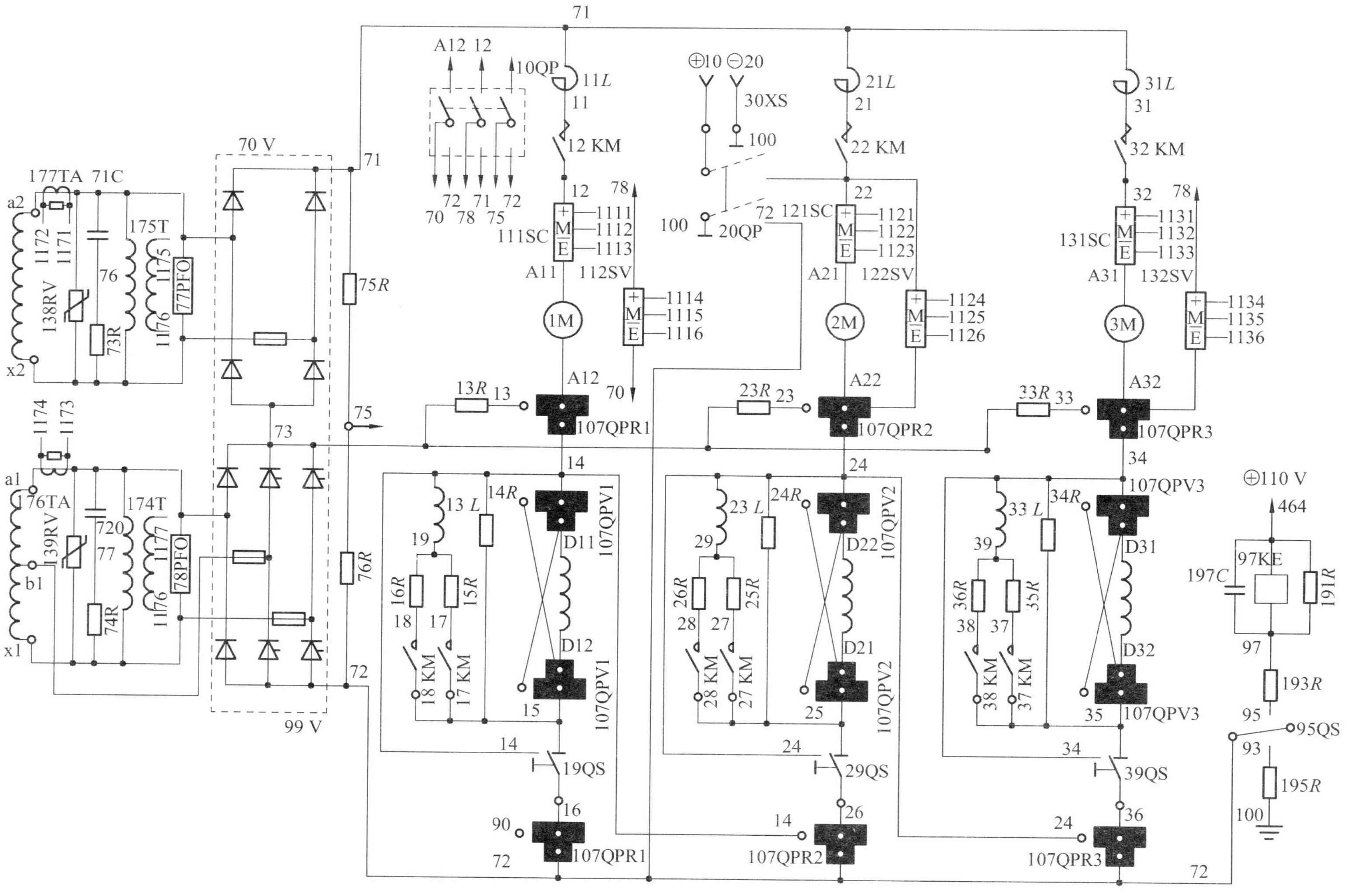

图 5-2　机车的牵引供电电路（Ⅰ架）

3）磁场削弱及电路

与主极绕组并联的有固定分路电阻 14*R*、Ⅰ级磁场削弱电阻 15*R* 和接触器 17KM、Ⅱ级磁场削弱电阻 16*R* 和接触器 18KM。14*R* 与主极绕组并联后，实现机车的固定磁场削弱，其磁场削弱系数为 0.96。通过接触器 17KM 的闭合，投入 15*R*，实现机车的Ⅰ级磁场削弱，其磁场削弱系数为 0.70。通过接触器 18KM 的闭合，投入 16*R*，实现机车的Ⅱ级磁场削弱，其磁场削弱系数为 0.55。当 17KM 和 18KM 同时闭合时，15*R* 和 16*R* 同时投入，实现机车的Ⅲ级磁场削弱，其磁场削弱系数为 0.45。为了改善机车运行时牵引电机的脉流换向性能，特设置分流电抗器 113*L*（123*L*、133*L*、143*L*、153*L*、163*L*）。磁场削弱电阻电路与分流电抗器串联后，再与主极绕组并联。

4）牵引电机的电枢与主极绕组的相对接线方式

由于三轴转向架第一台牵引电机与第二、第三台牵引电机布置方向一致，其相对旋转方向相同。以第一转向架前进方向为例，从 1M、2M、3M 电机非换向器端看去，电枢旋转方向应为顺时针方向；第一转向架与第二转向架反向布置，因此第二转向架 4M、5M、6M 电机为反时针方向。由此，各牵引电机的电枢与主极绕组的相对接线方式是：

1M：A11A12 ——D11D12　　2M：A21A22 ——D21D22　　3M：A31A32 ——D31D32

4M：A41A42 ——D42D41　　5M：A51A52 ——D52D51　　6M：A61A62 ——D62D61

上述接线方式为机车向前方向时的状况。当机车向后时，主极绕组通过“前”-“后”换向鼓反向接线。

5）牵引电机故障隔离开关

牵引电机故障隔离开关 19QS、29QS、39QS、49QS、59QS 和 69QS 均为单刀双投开关，有上、下两个位置，上为运行位，下为故障位。当牵引电机之一故障时，将相应牵引电机故障隔离开关置故障位，其相应常开联锁接点断开相应线路接触器，该电机支路与供电电路隔离，不投入工作。若为牵引电机接地故障，可以采取将刀开关置于中间位，使电机支路一头靠线路接触器断开，另一头靠隔离刀开关断开，使牵引电机与主电路完全隔离，否则仍会引起接地继电器动作。

6）主库用开关

库用开关 20QP 和 50QP 为双刀双投开关。在正常运行位时，其主刀与主电路隔离，其相应辅助接点接通受电弓升弓电空阀，方可升弓；在库用位时，其主刀将库用插座 30XS 或 40XS 的库用电源分别与 2M 电机或 5M 电机的电枢正极引线 22 或 52 及总负极 72 或 82 连接，其辅助接点断开受电弓升弓电空阀的电源线，使其在库用位时不能升弓。只要 20QP 或 50QP 之一在库用位，即可在库内动车。同时，通过相应的联锁接点可分别接通 12KM、22KM 和 32KM 或 42KM、52KM 和 62KM，从而使 1M、3M 或 4M、6M 通电，以便于工厂出厂试验或机务段出库试验时试电机转向、出入库及轮对旋轮。

7）空载试验转换开关

空载试验转换开关 10QP 和 60QP 为三刀双投开关。当机车处于正常运行时，10QP 和 60QP 将 1 位和 6 位电压传感器 112SV 和 162SV 分别与 1M 和 6M 的电枢相连，其相应辅助接点接通 12KM、22KM、32KM、42KM、52KM 和 62KM 的电空阀；当机车处于空载试验位时，10QP 和 60QP 将 112SV 和 162SV 分别与主整流器 70V 和 80V 的输出端相连，同时短接 76R 和 86R，其相应辅助接点断开线路接触器 12KM、22KM、32KM、42KM、52KM 和 62KM 的电空阀电源线，使 10QP 或 60QP 置于试验位时电机与整流器脱开，确保空载试验时的安全性。

8）牵引电机电枢电流和端电压的检测

每一台牵引电机设有一台直流电流传感器和一台直流电压传感器，其作用除提供电子控制的电机电流与电压反馈信号外，还通过电子柜，作为司机台电流表与电压表显示的信号的检测。直流电压传感器设置在电枢两端，它有两个优点：一是在牵引与制动时，从司机台均能看牵引电机电压；二是三台并联的牵引电机之一空转时，电枢电压的反应较快。

另外，电机的过流信号由直流电流传感器经电子柜发出，进行卸载或跳主断。牵引电机过流保护整定值为 1 300 ×（1+5%）A。

4. 加馈电阻制动电路

SS_{6B} 型电力机车采用了加馈电阻制动电路，主要优点是能够获得较好的制动特性，特别是低速制动特性。图 5-3 为机车加馈制动工况时的电路图。

1）加馈电阻制动的原理

加馈电阻制动又称为“补足”电阻制动；它是在常规电阻制动的基础上发展的一种能耗制动技术。根据理论分析可知，机车轮周制动力为：

$$B = C\Phi I_z \quad (\mathrm{N})$$

式中 C——机车结构常数；

Φ——电机主极磁通/Wb；

I_z——电机电枢电流/A。

在常规的电阻制动中，当电机主励磁最大恒定后，电枢电流（制动电流）I_z 随着机车速度的减小而减小。因此，机车轮周制动力也随着机车速度的变化而变化；为了克服机车轮周制动力在机车低速区域减小的状况，加馈电阻制动是从电网中吸收电能，通过主相控整流器向电机电枢补足 I_z 并保持恒定，以此机车在低速区域获得理想的轮周最大恒定制动力。

2）加馈电阻制动电路

机车处于加馈电阻制动时，位置转换开关已转换到制动位，牵引电机电枢与主极绕组脱离并与制动电阻串联，且同一转向架的 3 台电机电枢支路并联之后，与主整流器串联构成回路。同时，每台车 6 台电机的主极绕组串联连接，经励磁接触器、励磁整流器（99*V*）构成回路，由主变压器励磁绕组供电。

（1）电阻制动时的电枢回路。

现以 1M 电机为例，叙述一下电路电流的路径：

① 当机车速度高于 33 km/h 时，机车处于纯电阻制动状态。其电流路径为：

71 母线→11*L* 平波电抗器→12KM 线路接触器→111SC 电流传感器→1M 电机电枢→107QPR1→位置转换开关“牵”-“制”鼓→13*R* 制动电阻→73 母线→V8 →V7→71 母线。

② 当机车速度低于 33 km/h 时，机车处于加馈电阻制动状态。

当电源处于正半周时，其电流路径为：

a2→V7→71 母线→11*L* 平波电抗器→12KM 线路接触器→111SC 电流传感器→1M 电机电枢→107QPR1 位置转换开关“牵”-“制”鼓→13*R* 制动电阻→73 母线→V10→x2→a2；

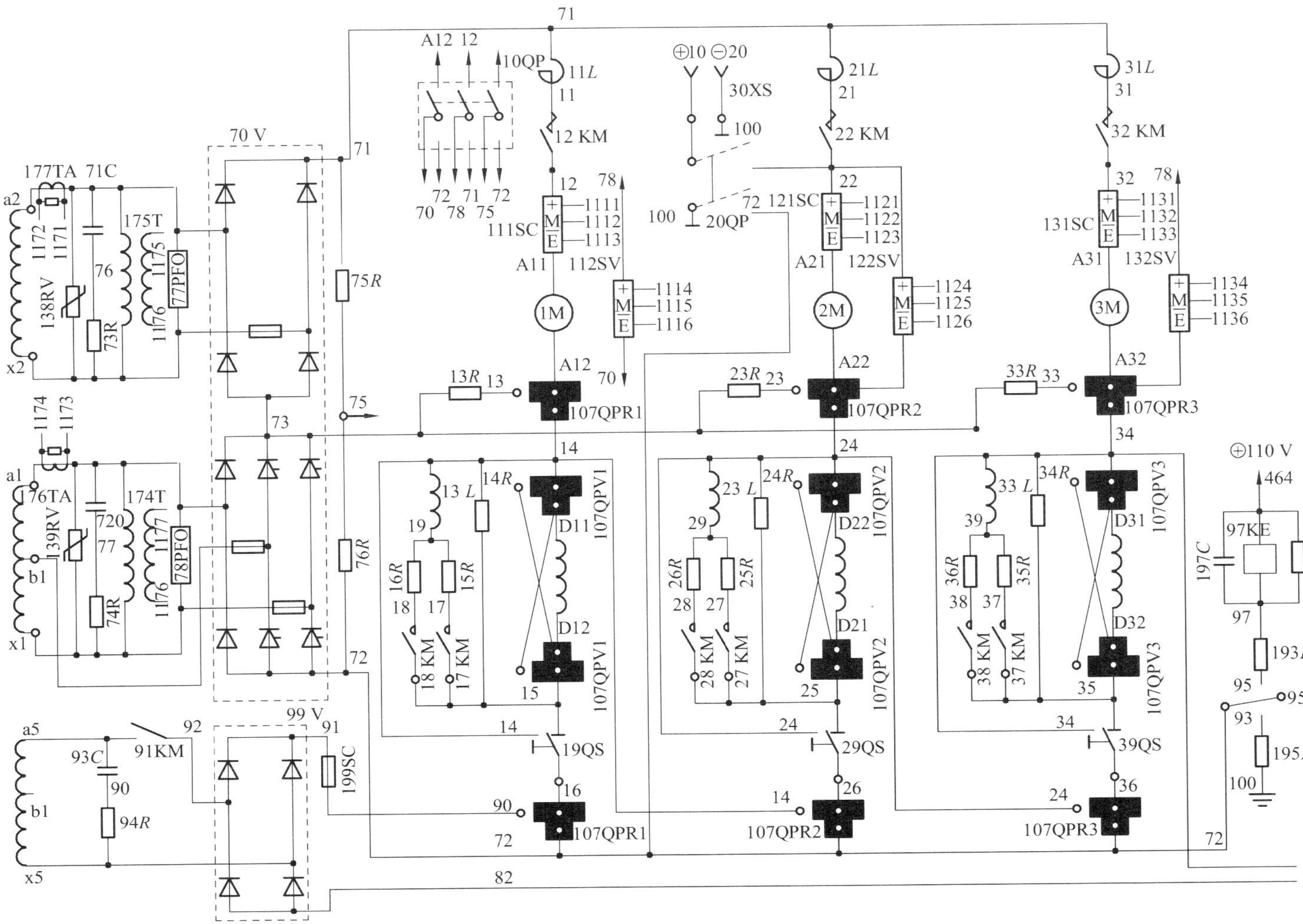

图 5-3　机车加馈制动工况时的电路图（Ⅰ架）

当电源处于负半周时，其电流路径为：

x2→V9→71 母线→11L 平波电抗器→12KM 线路接触器→111SC 电流传感器→1M 电机电枢→107QPR1 位置转移开关“牵”-“制”鼓→13R 制动电阻→73 母线→V8→a2→x2。

（2）电阻制动时的励磁回路。

电阻制动时，主变压器的励磁绕组 a5x5 经励磁接触器 91KM 向励磁整流器 99V 供电，并与 1 ~ 6M 牵引电机主极绕组串联，且励磁电流方向与牵引时相反，由下往上。从励磁整流器的输出端开始，其电流路径为：

91 母线→199SC 电流传感器→90 母线→107QPR1 位置转换开关“牵”-“制”鼓→19QS→107QPV1→D12→D11→107QPV1→14 母线→107QPR2→29QS→107QFV2→D22→D21→107QPV2→24 母线→107QPR3→39QS→107QFV3→D32→D31→107QPV3→34 母线→108QPR6→69QS→108QPV6→D61→D62→108QPV6→64 母线→108QPR5→59QS→108QPV5→D51→D52→108QPV5→54 母线→108QPR4→49QS→108QPV4→D41→D42→44 母线→92KM 励磁接触器→82 母线。

3）电阻制动时的接地保护电路

第一转向架牵引电机 1M、2M、3M 电枢、制动电阻及主整流器 70V 组成第一转向架主接地保护系统，由主接地继电器 97KE 担负保护功能。第二转向架牵引电机 4M、5M、6M 电枢、制动电阻、主整流器 80V 及励磁整流器 99V 组成第二转向架主接地保护系统，负极母线 82 为主整流器 80V 与励磁整流器 99V 的公共点，由主接地继电器 98KE 担负保护功能。由此形成两个独立的接地保护电路系统。

4）电阻制动时的故障隔离

制动工况时，当一台牵引电机或制动电阻故障后，应将相应隔离开关置故障位，则线路接触器打开，电枢回路被甩开，主极绕组被短路无电流但有电位。

为了能在静止状况下检查加馈制动系统是否正常，机车在静止时，系统仍能给出 50A 的加馈制动电流（此时励磁电流达到最大值 930A）。机车在此加馈制动电流的作用下，将有向后动车的趋势，这一点应引起高度重视，以利机车安全。

5. PFC 电路

SS_{6B} 型电力机车主要电路设置有 4 组完全相同的 PFC 装置。

PFC 电路结构见图 5-4。

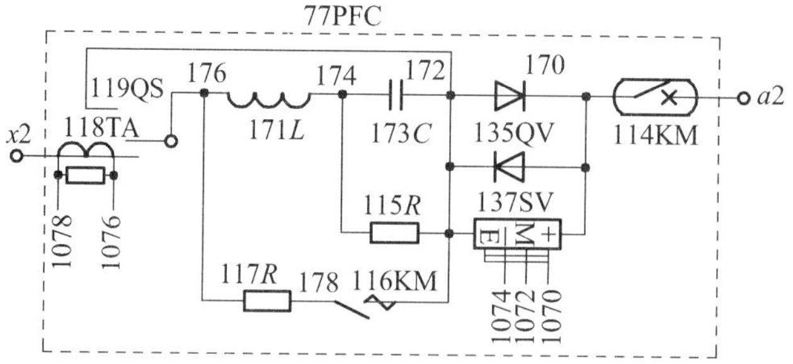

图 5-4　77PFC 装置的电路结构图

该装置是通过滤波电容器和滤波电抗器组成的串联谐振电路，来吸收机车的三次谐波电流，以提高机车的功率因数。它主要由真空接触器（电磁式）、开关晶闸管、滤波电容器、滤波电抗器和故障隔离开关及放电电阻等电器组成。

机车采用的电磁式真空接触器具有接通、分断能力大，电气和机械寿命长等优点。在电路中，采用该真空接触器的作用和目的主要有两点：一是当晶闸管开关被击穿时，利用其分断能力大的优势起电路的保护作用；二是采用该真空接触器之后，可简化机车的控制系统和机车的结构设计。

在 PFC 电路中设有故障隔离开关，在 PFC 电路出现接地时作隔离处理用。当故障隔离开关处于故障位时，一方面使 PFC 电路与机车主变压器的牵引绕组完全隔离；另一方面，通过其辅助联锁控制真空接触器主触头分断，同时，其主闸刀还将对电容器进行放电。

为确保人身安全，在每组 PFC 电路中的滤波电容器和滤波电抗器上并联了一个电阻（800 Ω），当司机取出司机钥匙时，滤波电容器上的电压能够快速放电。该电阻的投入是靠放电接触器（116KM、126KM、156KM 和 166KM）来实现的。

6. 保护电路

SS_{6B} 型电力机车主电路保护包括：短路、过流、过电压及主接地保护等四个方面。

1）短路保护

当网侧出现短路时，通过网侧电流互感器 7TA→原边过流继电器 101KC，使主断路器 4QF 动作，实现保护，整定值为 320 A。

当次边出现短路时，经次边电流互感器 176TA、177TA、186TA 及 187TA→电子柜过流保护环节→使主断路器 4QF 动作，实现保护，整定值为 3000 A（1 ± 5%）。

硅元件击穿短路保护，取消传统电路在整流器每一个晶闸管上串联的快速熔断器，采用在每一整流桥交流侧低电位的输入端串联一个快速熔断器来实现。这有两个显著优点：一是能快速实现硅元件击穿短路保护；二是能有效保护同一桥臂其他未击穿短路硅元件。

2）过流保护

考虑到牵引工况和制动工况时，牵引电机的工况不同，牵引电机的整定值和保护方式设置也不同。

在牵引工况时，牵引电机的过流保护是通过直流电流传感器 111SC、121SC、131SC、141SC、151SC 和 161SC→电子柜→主断路器来实现的，其整定值为 1 300 ×（1 ± 5%）A。

在制动工况时，牵引电机的过流保护是通过直流电流传感器 111SC、121SC、131SC、141SC、151SC 和 161SC→电子柜→励磁过流中间继电器 559KA→励磁接触器 91KM 来实现的，整定值为 1 000 ×（1 ± 5%）A。此外，还设有励磁绕组的过流保护，它是通过直流电流传感器 199SC 电子柜励磁过流中间继电器 559KA 励磁接触器 91KM 来实现的。整定值为 1 150 ×（1 ± 5%）A。

3）过电压保护

机车的过电压包括大气过电压、操作过电压、整流器换向过电压和调节过电压等。大气过电压的保护主要采用两种方式：一是在网侧设置新型金属氧化物避雷器 5 F；二是在主变压器的各次边绕组上设置 RC 过电压吸收装置和牵引绕组上的非线性电阻 138RV、139RV、148RV、149RV。牵引绕组上的 RC 吸收装置由 71*C* 与 73*R*、72*C* 与 74*R*、81*C* 与 83*R*、82*C* 与 84*R* 构成；励磁绕组上的 *RC* 吸收装置由 93*C* 与 94*R* 构成；辅助绕组上的 *RC* 吸收装置由

255*C* 与 260*R* 构成。

当机车主断路器 4QF 断开或接通主变压器空载电流时，机车将产生操作过电压，通过网侧避雷器 5F 和牵引绕组上的 *RC* 吸收装置和非线性电阻能够对此操作过电压进行抑制。

机车的主整流器 70V 和 80V、励磁整流器 99V 的每一晶闸管及二极管上均并联有 *RC* 吸收器，以抑制整流器的换向过电压。

另外，牵引电机的电压由主整流器进行限压控制，其限制值为 1 020（1 ± 5%）V。

4）接地保护

牵引工况下，每“转向架供电单元”设一套接地保护系统，接地继电器动作之后，通过其联锁使主断路器动作，实现保护。

制动工况下，具有两套独立回路，励磁回路属于第二回路。为消除“死区”，回路各电势均为相加关系。为此，励磁电流方向与牵引时相反，改为由下而上，故障电枢电势方向亦相反，改为下正上负。当制动工况发生接地故障时，接地继电器动作，通过其联锁使主断路器动作，实现保护。

第一转向架供电单元的接地保护系统由接地继电器 97KE、限流电阻 193*R*、接地电阻 195*R*、隔离开关 95QS、电阻 191*R* 和电容 197*C* 组成；第二转向架供电单元的接地保护系统由接地继电器 98KE、限流电阻 194*R*、接地电阻 196*R*、隔离开关 96QS、电阻 192*R* 和电容 198*C* 组成。其中 191*R* 与 197*C*、192*R* 与 198*C* 是为了抑止 97KE 或 98KE 动作线圈两端因接地故障引起的尖峰过电压而设置的。95QS 和 96QS 的作用在于当接地故障不能排除，并确认是一个接地点情况下，又仍需维持机车故障运行时，通过将其置故障位，使接地保护系统与主电路隔离、接地继电器不再动作而由主断路器保护。此时，195*R* 或 196*R* 使主电路呈高阻接地状态，限制接地电流经 195*R* 或 196*R* 至“地”。

第三节　辅助电路

SS_{6B} 型电力机车辅助电路同其他 SS 系列机车辅助电路基本一样，即由劈相机实现的单—三相供电系统，辅机均采用三相异步电动机拖动。电源来自主变压器的辅助绕组 a6—b6—x6，其中 a6—x6 的额定电压为 388.7 V，b6—x6 的额定电压为 225 V，单相交流电源从 a6—x6 经库用转换刀开关 235QS 至导线 201、202，给各辅机及窗加热、取暖设备供电。机车在库内可通过辅助电路库用插座 294XS 接入单相或三相 380V 库内电源，将 235QS 库用开关置库用位，辅助电路设备即可由库内电源供电。辅助电路原理图见附图 3。

一、单—三相供电系统

1. 劈相机分相启动（图 5-5）

1）劈相机电阻分相启动的控制关系

SS_{6B} 型电力机车采用两台 YFX3-280M-4 型劈相机（代号 1MG、2MG），其额定电压为 380 V，额定功率为 57 kW。劈相机 1MG、2MG 的运转与停止均通过其相应接触器 201KM、202KM 控制。劈相机 1MG 进行单相启动时，必须在第二电动相绕组与发电相绕组间接入启动电阻 263*R*、以获得启动力矩进行电阻分相启动。启动电阻的投入与切除是通过接触器

213KM 来执行的。劈相机启动继电器283AK监测着1MG的全部启动过程，并控制启动电阻回路的开断，283AK 的工作电源（DC110 V）从导线 531 经 533KT 常开联锁由导线 281 引入。

2）劈相机电阻分相启动的控制过程

（1）接入启动电阻。

当按下劈相机按键开关后，213KM 闭合，启动电阻投入。

（2）接入单相交流电源。

201KM 闭合，单相 380 V 交流电源接入劈相机 1MG，1MG 开始启动。这时劈相机启动继电器监测间接反映劈相机转速的劈相机发电相电压（由导线 279、280 引入）。

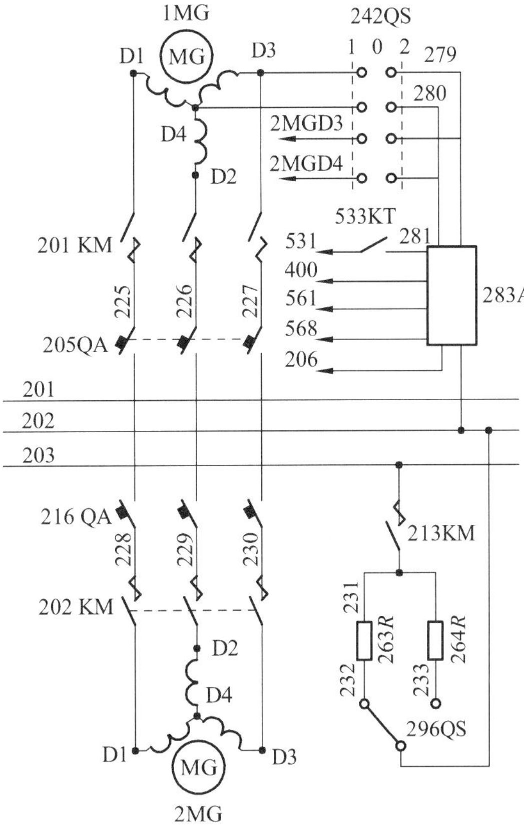

图 5-5 劈相机启动电路

（3）$0.9n_H$时，甩启动电阻。

当劈相机转速达到约 $0.9n_H$（n_H为额定转速），也即 283AK 测得其发电相电压，接近于比较电压（额定网压下该电压值为 220 V，由导线 202、206 引入）时，283AK 动作，其常开联锁闭合，导线 561，568 接通，则劈相机启动中间继电器 566KA 得电，使 213KM 及劈相机启动延时时间继电器 533KT 失电，213KM 主触头动作，开断启动电阻（263*R*）回路。

（4）延时 3 s，劈相机 1MG 启动完成。

533KT 失电，延时 3 s 释放，533KT 常开联锁开断导线 531 与 281 通路，使 283AK 失去工作电源，处于闲置状态。第一台劈相机 1MG 启动完成后。

（5）第二台劈相机 2MG 投入。

533KT 释放，202KM 闭合，第二台劈相机 2MG 投入，此时 2MG 作三相异步启动；

（6）延时 3 s，劈相机 2MG 启动完成。

534KT 失电，延时 3 s 释放，577 导线得电，劈相机 2MG 启动完成，其他辅机可以启动。

2. 劈相机维持故障运行

SS_{6B}型电力机车辅助电路设置了双劈相机，与单劈相机系统比较而言。改善了系统的三相不对称性，同时提高了系统的稳定性和可靠性。当机车在运行途中，发生第一劈相机故障时，可通过转换开关 242QS 从“1MG”位转向“2MG”位，从而把 1MG 切除，让第二劈相机进行电阻分相启动以维持故障运行，启动过程与第一劈相机相同。启动过程仍由劈相机启动继电器 283AK 监测控制（此时监测 1MG 发动相电压的引线已由 242QS 转到 2MG 上）。

3. 劈相机启动系统的常见故障

1）劈相机启动电阻不切除

现象：启动电阻长期接入，劈相机“嗡嗡”声不息，劈相机启动中间继电器 566KA 不吸合，213KM 不开断。

原因：劈相机启动继电器 283AK 不动作或发生卡位故障，导致其常开联锁不闭合。

处理：人为按下启动继电器 283AK 的凸出键，让其动作，从而切断 213KM 线圈电源，切除启动电阻。

2）劈相机启动电阻故障

SS_{6B} 型电力机车设置了两组劈相机启动电阻（263*R*、264*R*），在运行途中，若发生启动电阻 263*R* 损坏故障，则可通过转换刀开关 296QS 倒向另一端，即可切除 263*R* 接入另一组启动电阻 264*R*，维持机车正常运行。

二、三相负载电路（图 5-6）

当劈相机启动完毕后，辅助回路导线 201、202、203 即提供三相电源，此时，辅机可依次投入工作。

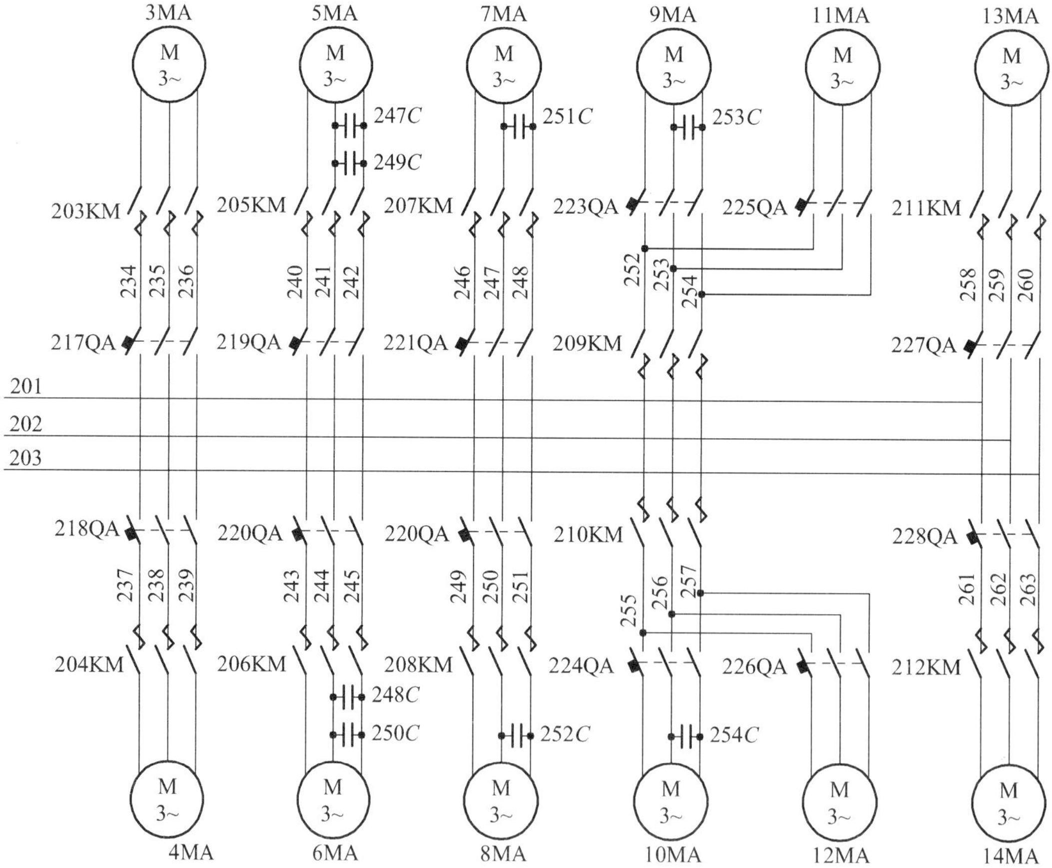

图 5-6　辅助电路三相负载电路

SS_{6B} 型电力机车辅机负载见表 5-1。

各辅助电动机均通过其相对应的交流接触器 203KM～212KM 进行投切控制。各辅机的投入在控制上采用依次延时 3s 顺序启动的方式，以避免因全部辅机同时启动而造成对劈相机供电系统的负载冲击。为了改善劈相机供电系统的三相电源对称性，分别在 5MA、6MA、7MA、8MA、9MA、10MA 的 D2、D3 相间接入移相电容 247C-249C、248C-250C、251C、252C、253C、254C。随电动机作负载投入而投入。

表 5-1　SS_{6B} 型电力机车辅机负载表

名称	数量	型号	功率/kW	代号
劈相机	2	YPX-280M-4	57	1MG、2MG
压缩机电动机	2	YYD-280S-6	37	3MA、4MA
牵引通风机电动机	4	YFD-280S-4	37	5MA～8MA
制动风机电动机	4	JBT-61	14	9MA～12MA
变压器风机电动机	1	JBT-61	14	13MA
油泵电动机	1	TG1B80-200/100-2	13	14MA

235QS 为库用转换刀开关。机车在电网下，235QS 倒向“运行”位，则主变压器辅助绕组 a6—x6 通过导线 204、205 经库用开关 235QS 与导线 201、202 连接，从而给辅助电路提供 380V 单相电源。若机车处在库内时，235QS 须倒向“库用”位，此时，可使用的库内电源有两种：

1）库内三相电源

主要在库内电源容量较小，可不启动劈相机，而直接启动辅机时使用。把库内三相电源接到库用插座 294XS 的 207、208、209 三点上，通过库用开关 235QS 及导线 203 与 209 之间的连接母线直接为辅助电机提供三相电源。

2）库内单相电源

在具有大容量的库内单相电源时使用。单相电源送至库用插座 294XS 的 207、208 两点上（插座上部两点），经库用开关 235QS 给辅助电路提供单相电源，此时须通过劈相机实现单 —— 三相的供电转换。库内单相电源在送电时需注意：在送电前要确认电源送至插座的 207、208 接点；另外，建议拆开 203 与 209 之间的短连线母线，以避免插座上的 209 接点带电，亦可采用适当的防护措施避免出现不安全因素。

三、单相负载电路

1. 380 V 单相负载电路（图 5-7）

由导线 201、202 供电，一路经自动开关 232QA 至导线 264，分别给前窗电热玻璃 273EH、274EH（串联）和 275EH、276EH（串联）提供 380 V 单相交流电源，另一路经自动开关 233QA 至导线 269 给壁炉 265R、267R 和 266R、268R 及脚炉 269R、271R 和 270R、272R 提供单相 380V 交流电源。243QS、244QS 为Ⅰ端、Ⅱ端司机室窗加热开关，245QS、246QS 为Ⅰ端、Ⅱ端司机室取暖开关，它有三个位置：中间“0”位为关断，“强”位是脚炉、壁炉同时开，“弱”位是开通壁炉、关断脚炉。自动开关 232QA、233QA 分别为各自回路的过流保护而设置。

SS$_{6B}$型电力机车1031号以后司机室空调为三相380 V电源供电，电源取自导线201、202，经隔离变压器1QT、空调逆变器1AS分别给空调机1EV、2EV提供三相380 V工作电源。

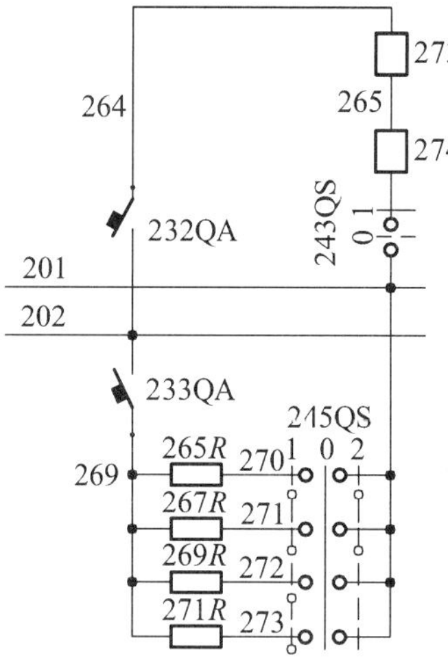

图5-7　380 V单相负载电路

2. 220 V单相负载电路（图5-8）

220 V电源取自导线202、206，经自动开关231QA给热风机298EH、299EH和空气干燥器提供工作电源，自动开关231QA作该回路过流保护，241QS、240QS分别为热风机298EH、299EH隔离开关；81QS1、81QS2为空气干燥器隔离开关，488EL1、488EL2为空气干燥器指示灯串联在空气干燥器220 V回路中。热饭电炉258R、259R电源由另一路经转换开关238QS、239QS至220 V电源插座292XS、293XS供电，该插座亦可供220 V电源使用，自动开关229QA作该回路的过流保护。中间继电器284KE的作用为：机车在电网下，连通导线206—b6而接通220 V电路回路；机车在使用库内电源时，连通导线206—200（地线），使机车在库内亦可获得220 V电源。

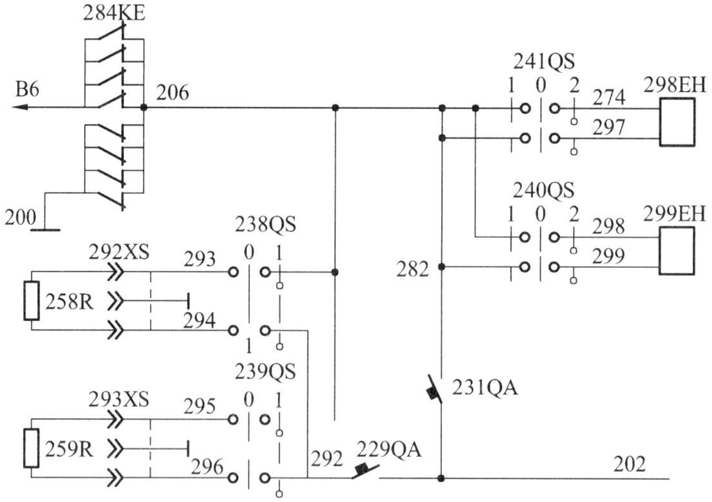

图5-8　220 V单相负载电路

SS_{6B}1001～1030 号电力机车司机室空调为单相 220 V 电源供电，一路经转换开关 240QS、空调稳压器 278AS 给空调机 280EV 提供工作电源。

四、保护电路（图 5-9）

1. 安全保护

287YV 为机车各室门、高压柜门的联锁安全保护阀。保护阀 287YV 由两路供电：一路从控制电路直流 110 V 电源线 531 经主电路入库转换开关 20QP、50QP 联锁，车顶门行程开关 297QP 联锁送至 287YV 线圈；另一路电源取自主变压器辅助绕组 a6—x6 的交流 380 V，经变压器 281TC、整流桥 290U 转换成直流 110 V 送至 287YV 线圈。由此构成的保护阀双电源供电状态，即使出现控制电路关断而机车高压供电依然存在的情况，287YV 仍得电，门联锁锁闭，各室门依然不能打开，达到确保人身安全的目的。

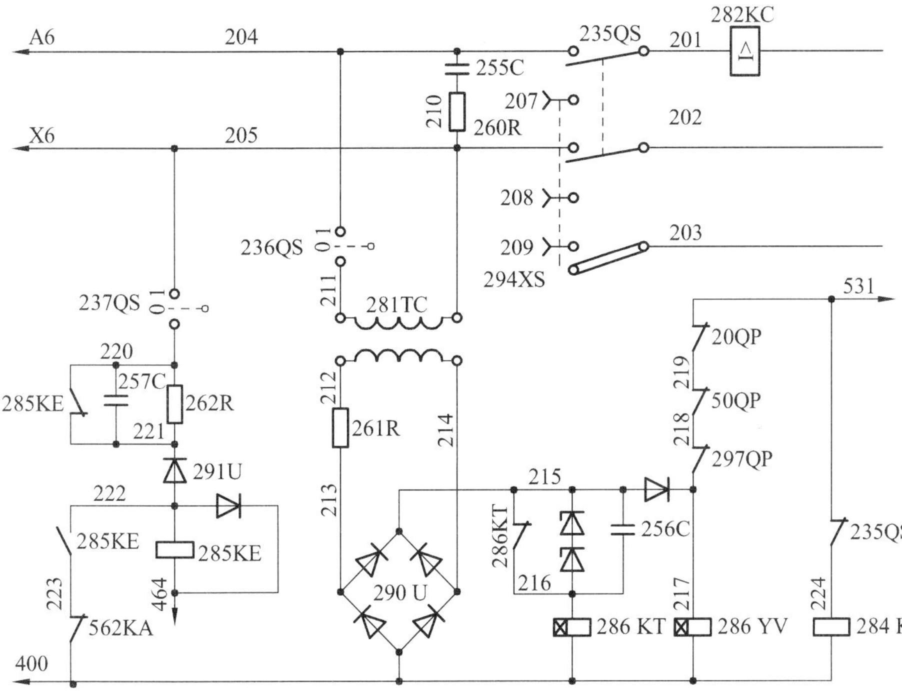

图 5-9　保护电路

另一方面，287YV 串联在受电弓升弓电磁阀的气路中，287YV 是安全升弓的条件之一。在下列相关情况下受电弓无法升起：

（1）库用开关 20QP、50QP 未置于“运用”位。

（2）车顶门未关好，车顶门行程开关 297QP 不在闭合位。

（3）高压室门未关好。

（4）变压器室门未关好。

（5）高压室、变压器室门锁闭杆未锁闭到位，门联锁阀无法动作，高压室门未锁闭。

（6）门联锁阀未开通受电弓升弓电磁阀的气路。

通过以上保护，可以实现 “受电弓升起后无法进入高压室和变压器室，门未关好和锁闭时无法升起受电弓”，从而切实保证人员安全。

2. 接地保护

在变压器辅助绕组 x6 与地之间设有辅助电路接地保护电路。这个系统由辅接地继电器 285KE、整流元件 291U、限流电阻 262*R*、电容 257*C* 及辅接地故障开关 237QS 组成。辅接地保护属有源保护装置，支路经 110 V 控制电源后接地。当辅助电路某点接地时，辅接地保护系统形成回路，285KE 动作吸合，其辅助联锁使主断路器分闸线圈得电跳闸，司机台辅接地信号显示。此时 285KE 常闭联锁开断，回路串入电阻 263*R* 以免出现大电流而烧损接地继电器。同时经由 285KE 自身联锁和恢复中间继电器 562KA 联锁接通“自锁”回路，保持信号记忆。故障解除后，借助主断路器合闸操作，常闭联锁断开使 285KE 恢复。在限流电阻 262*R* 两端并接电容 257*C* 的目的是为了使 285KE 动作时能可靠吸合，以提高保护系统的可靠性。

237QS 是辅接地保护故障隔离开关，若确定辅助电路有一点接地且不能排除时，可切断保护电路，使机车维持故障运行，此时要求司机严密监视各辅机工作状态，以确保行车安全。

3. 辅机保护

SS_{6B} 型电力机车辅助电机采用自动开关作为过流保护。自动开关具有两种保护功能，即瞬时电磁脱扣的短路保护和热脱扣动作的过载保护。当发生短路故障时，自动开关在 0.5 s 内开断；过载保护具有反时限特性，过载电流愈大，动作时间愈短；过载电流较小，则保护动作时间较长。该保护的特点是：分断能力较高，保护动作时，只切断发生故障的相应支路。因自动开关的保护特性具有分散性，所以其保护特性的整定和校核非常关键。需要注意的是：自动开关在保护动作后，无法立即恢复，需过 2 ~ 3 min 热元件冷却复位后，才能重新合上动作钮扣。

辅机过载保护故障处理：

（1）辅机出现过流，自动开关执行正常保护。重新合上自动开关按钮后，启动辅机，无异常则机车可照常运行，若辅机损坏，则需隔离故障辅机及相应的主电路设备后，维持机车故障运行，回段处理。

（2）出现辅机接触器粘焊故障，则应把该支路的辅机故障开关打向隔离位，同时使该支路的自动开关保持分断，并隔离相应的主电路设备，维持机车故障运行，回库后处理。

4. 过电压保护

采用跨接在辅助绕组 a6—x6 两端间的 *RC* 过电压保护电路，由电阻 260*R*、电容 255*C* 组成，吸收过电压。

5. 过电流保护

辅助电路过电流保护采用电流继电器 282KC。在辅助绕组短路或其他原因造成辅助电路短路，其电流超过 2 800 A 时，282KC 吸合动作使机车主断路器分闸，并显示辅助过流信号。

第四节　SS_{6B} 型电力机车控制电路

SS_{6B} 型电力机车的控制电路可分为：有接点控制电路和无接点控制电路两大部分。本节只对有接点控制电路的控制原理和工作过程作详细介绍。为简单起见，下面所提到的控制电路都指有接点的控制电路。

SS_{6B}型机车的控制电路由起不同作用的各种控制环节组成。根据各环节所起的作用不同，它可分为如下几部分：

（1）控制电源：直流 110 V 稳压电源及其配电电路；

（2）整备（预备）控制电路：完成机车动车前的所有操作程序；

（3）调速控制电路：完成机车的动车控制即启动、加速、减速、停车；

（4）机车内部状态的信号控制电路：完成机车整车或某些部件工作状态的显示；

（5）照明控制电路：完成机车的内外照明及标志显示。

一、控制电源

SS_{6B}型电力机车控制电源，按标准要求为 DC 110 V 直流稳压电源。

二、整备（预备）控制电路

所谓整备控制电路是指机车动车前的各项预备性操作，具体来讲，有升受电弓，合主断路器，启动劈相机、空气压缩机、通风机，以及完成机车向前或向后、牵引或制动的操作，参见附图 3、附图 4。

1. 受电弓控制

受电弓的升起是由压缩空气进入升弓气缸，推动气缸的活塞而实施的。所以，要升起受电弓，必须具备足够压力的压缩空气。

压缩空气的开通与关闭受电空阀控制，具体控制过程如下：

（1）电源由 602QA 自动开关提供，经主台按键开关的电联锁 570QS1 或 570QS2，使导线 531 得电。一路经 20QP、50QP、297QP 使保护阀 287YV 得电动作（见附图 2 中 205/*D* 分区），开通高压室门联锁的气路，若此时，门联锁已正常关闭，则门联锁动作，使高压室门锁闭，并开通通向受电弓升弓电空阀的气路，为升弓做好准备（图 5-10）。

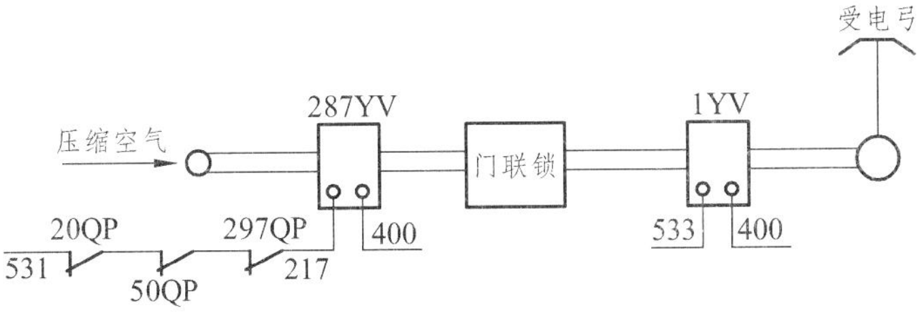

图 5-10　受电弓升弓气路

另一路经“I 端受电弓”按键开关 403SK1 或 402SK2 及受电弓隔离开关 587QS，使导线 533 得电，即受电弓电空阀 1YV 得电动作，压缩空气直通升弓风缸，促使受电弓升起（见附图 4 中 401 ~ 402/A ~ E 分区）。同样，再一路经“Ⅱ端受电弓”按键开关 402SK1 或 403SK2 及受电弓隔离开关 588QS，使导线 533 得电，即受电弓电空阀 2YV 得电动作，压缩空气直通升弓风缸，促使受电弓升起（见附图 4 中 402/A ~ E 分区）。

（2）两台 SS_{6B} 型电力机车重联运行时，则导线 532 或 535 分别经重联中间继电器 546KA，使另一台车的 2532、W2532 或 2535、W2535 有电，经外重联电缆后，再经另一台车的受电弓隔离开关 587QS 或 588QS，使导线 533 或 535 得电，即受电弓电空阀 1YV 或 2YV 得电动作，压缩空气直通升弓风缸，促使另一台车的 I 端受电弓或Ⅱ端受电弓升起。只有当重联的两台车的高压室门都关好后，受电弓才能升起，达到保护人身安全的目的。

2. 主断路器控制

1）合闸控制

当按下“主断合”按键开关 401SK1 或 401SK2 后，导线 531 经 401SK1 或 401SK2→586QS→568KA→539KT→567KA，使导线 541 有电，若此时主断路器的风缸风压足够（大于 450 kPa），也就使 4KF 动作，则主断路器的合闸线圈 4QFN 得电动作，主断路器的动作机构在压缩空气推力的作用下，合上主、辅触头，从而完成主断路器的合闸操作（见附图 4 中 403～404/A～E 分区）。其中，586QS 是主断路器的隔离开关；568KA 是零位中间继电器，当全车所有司机控制器处于零位时，568KA 得电动作，其常开接点闭合；539KT 是主断控制延时继电器，导线 531 通过主断恢复中间继电器 562KA 常闭开关得电动作；567KA 是劈相机中间继电器，操作启动劈相机前，567KA 处于失电状态，其常闭接点闭合，这些接点沟通主断路器的合闸回路。所以，要使主断路器能顺利闭合，必须具备以下几个条件：

（1）全车所有司机控制器处于零位，即 568KA 得电动作；

（2）主断路器本身处于正常开断状态（非中间位）；

（3）劈相机停机即中继 567KA 处于失电状态；

（4）主断路器风缸有足够风压，即大于 450 kPa。

2）分闸控制

主断路器的分闸控制单独由 603QA 自动开关提供电源，当按下“主断路器分”按键开关 400SK1 或 400SK2 时，导线 556 经 400SK1 或 400SK2→4QF 常开接点（此时已闭合），使导线 542 有电，即主断路器分闸线圈 4QFF 得电动作，促使主断路器分断。这是人为操作使主断路器分断，除此之外，还有许多种保护环节动作后，也会使主断路器分断，具体工作过程在保护一节作详细介绍。

3. 劈相机控制

所有辅机的控制电源由 605QA 自动开关提供，劈相机的控制是完成其他辅机控制的先决条件。SS_{6B} 型电力机车的劈相机控制有手动和自动两种方式，它是通过方式选择开关 591QS 进行选择的。当 591QS 打在“0”位时，即为手动位；当 591QS 打在“1”位时，即为自动位。

1）劈相机手动控制

此时按下“劈相机”按键开关 404SK1 或 404SK2，导线 560 经 404SK1 或 404SK2 与 591QS，使导线 564 有电，则劈相机中间继电器 567KA 得电动作，其常开接点闭合。导线 560 经 567KA 的常开接点，使导线 561 有电。它分成几条支路，其中：

（1）第一条支路。

导线 561 经劈相机启动中间继电器 566KA 的常闭接点，使分相接触器 213KM 和劈相机启动延时继电器 533KT 得电动作，其常闭接点切断其他辅机控制电源，为劈相机的接触器

201KM 闭合做好准备。

（2）第二条支路。

导线 561 经 213KM 的辅助接点，使导线 572 有电，经劈相机故障开关 242QS，使 201KM 得电动作，劈相机的主回路沟通，开始启动。若正常启动，当其发电相电压达到 283AK 的整定值时，则劈相机的启动继电器 283AK 动作，其常开接点闭合；

（3）第三条支路。

导线 561 经 283AK，使导线 568 有电，即劈相机启动中间继电器 566KA 得电动作，其常闭接点打开，切断 213KM 和 533KT 的供电回路，甩掉劈相机启动电阻，使劈相机进入正常工作状态，同时，566KA 的常开接点闭合。

（4）第四条支路。

导线 561 经 215QA、216QA 和 566KA 的常开接点，使 566KA 继续得电自锁。

（5）第五条支路：导线 561 经 533KT 的常闭接点和 566KA 的常开接点，使导线 576 有电。一路经 201KM 和 583QS 的接点，使 202KM 得电，第二劈相机启动，3 s 后，534KT 常闭接点闭合，第二路经 534KT 接点使导线 577 有电，为其他辅机正常工作做好了准备。至此，劈相机的控制顺利完成（见附图 4 中 407 ~ 409/A ~ E 分区）。

以上是单台车的情况，当两台车重联时，通过重联线 2564 或 W2564 使另一台车的 567KA 得电动作，启动另一台车的劈相机过程与单台车相同。

2）劈相机自动控制

所谓自动控制是指司机操作主断路器合闸后，劈相机自动启动，无需再人为操作劈相机以及其他辅机的按键开关。这一功能主要用于机车过“分相区”时，减少司机的操作步骤。当主断路器闭合后，其辅助联锁的常闭接点打开，导线 565 失电，即劈相机自启延时继电器 528KT 失电，延时 1 s 后，其常闭接点闭合，则导线 562 经 591QS1 或 591QS2 和 528KT 的常闭合，使 567KA 得电动作，劈相机开始启动，下面的过程与手动控制完全一样，不再重复。

3）劈相机故障控制

若劈相机 1 故障，则将 242QS 打到“2”位，此时，劈相机 1 被切除；劈相机 2 代替劈相机 1 的工作，启动后，使其他辅机依旧正常工作，具体控制过程如下：

（1）将 242QS 打到“2”位。

（2）随后的操作过程与启动劈相机相同：首先按下 404SK1 或 404SK2，567KA 得电动作，导线 560 经 567KA，使导线 561 有电，第一路：导线 561 经 566KA，使 213KM 和 533KT 得电，启动电阻接入。第二路：导线 561 经 213KM、242QS，使导线 574 有电，经 583QS（劈相机 2 的隔离开关）接点，接触器 202KM 得电动作，劈相机 2 开始启动，当其发电相电压达到 283AK 的整定值时，283AK 动作。第三路：导线 561 经 283AK 使 566KA 得电动作，通过其本身的常开接点自锁；第四路：切除 213KM 和 533KT 的供电回路，甩掉启动电阻，使劈相机 2 进入正常工作状态；第五路：导线 561 经 533KT、566KA 和 242QS 的接点，使导线 577 有电，为其他辅机的正常工作做好准备。

4. 压缩机控制

1）压缩机控制

空气压缩机的控制与 SS 系列的其他车型大致相同，在此做一简单介绍。首先按下“压缩机”按键开关 405SK1 或 405SK2，导线 577 经 405SK1 或 405SK2、517KF（压力调节器，风压低于 700 kPa 时闭合，风压高于 900 kPa 时断开）、579 QA，使压缩机接触器 203KM 得电动作，压缩机开始工作。

2）强泵控制

若不经风压调节器调节，可按下 408SK1 或 408SK2（强泵）按键开关，导线 577 直接经 408SK1 或 408SK2，使导线 597 得电。这样，等于短接了 517KF 的接点，从而使压缩机一直处于工作状态。这时，操作人员必须注意监听安全阀在 1000 kPa 整定动作的冒气声，以便及时停止强泵工作。如果压缩机故障，只要把 579QA 打到故障位即可（见附图 4 中 413/A ~ E 分区）。启用备用压缩机，按下 411SK1 或 411SK2“备用压缩机”按键开关，204KM 得电动作，备用压缩机开始工作。

3）压缩机重联控制

当两台车重联时，通过外重联线 2597 或 W2597 对另一台车上的压缩机进行控制，以实现 4 台压缩机同时工作。

4）升弓压缩机（辅助压缩机）控制

机车升弓前若总风缸或控制风缸中已无压缩空气储存，则需利用升弓压缩机向控制风缸充气，供机车受电弓升弓和主断路器合闸使用。其电源由 610QA 自动开关提供，导线 680 经 596SB1 或 596SB2 或 596SB3，使 442KM 得电动作，其主触头闭合，则导线 680 经 443KM 的主触头使升弓压缩机 447MD 得电工作（见附图 6 中 612 ~ 613/A ~ E 分区），升弓压缩机开始打风。

5. 通风机控制

SS_{6B} 型电力机车的通风机控制除了正常的手动控制外，还有自动启动的控制环节。

1. 通风机手动控制

（1）按下“通风机”按键开关 406SK1 或 406SK2，205KM 得电、535KT 失电。

按下“通风机”按键开关 406SK1 或 406SK2，导线 577 经 406SK1 或 406SK2 使导线 578 有电，经 566KA、通风机 1 隔离开关 575QS，使通风机 1 接触器 205KM 得电动作，通风机 1 开始启动（见附图 4 中 410/A ~ E 分区）。同时，205KM 的辅助常闭接点打开，使 535KT 失电（见附图 4 中 414/*D*、*E* 分区）。

（2）延时 3s 后，535 KT 释放，206KM 得电、536KT 失电。

延时 3 s 后，535 KT 释放，535 KT 的常闭接点闭合，则导线 579 经 535KT，使导线 581 有电，再经通风机 2 的隔离开关 576QS，使通风机 2 的接触器 206KM 得电动作，通风机 2 开始启动（见附图 4 中 410/B ~ E 分区）。同时，206KM 的常闭接点打开，536KT 失电（414/C ~ E 分区）。

（3）延时 3 s 后，536KT 释放，207KM 得电、537KT 失电。

延时 3 s 后，536KT 释放，536KT 的常闭接点闭合，导线 581 经 536KT，使导线 583 有电，经通风机 3 隔离开关 577QS，使通风机 3 的接触器 207KM 得电动作，通风机 3 开始工作。同样，207KM 的常闭接点打开，537KT 失电。

（4）延时 3 s 后，537KT 释放，208KM 得电、538KT 失电。

延时 3 s 后，537KT 释放，537KT 的常闭接点闭合，导线 583 经 537KT，使导线 585 有电通过 578QS 使 208KM 得电，通风机 4 工作。又同时，208KM 常闭联锁使 538KT 失电。

（5）延时 3 s 后，538KT 释放，211KM 和 212KM 得电。

延时 3 s 后，538KT 释放，导线 585 通过 538KT 常闭接点使导线 587 有电，然后，分别经 584QS 和 599QS,同时使 211KM 和 212KM 得电动作,即油泵和变压器风机同时开始启动，直至正常工作（见附图 4 中 411/C ~ E 分区），至此，通风机的启动控制完成。

2）通风机自动控制

所谓自动控制是指司机的调速手轮转到或超过 1.5 级位后，通风机能够自动地启动，投入正常工作。从原理图上来看，起作用的就是导线 417，这根控制线从司机控制器中出来，当调速手轮转至小零位后，导线 417 就得电（见附图 3 中 307 ~ 310/B 分区），自启风机中间继电器 549KA 得电动作，此时，570QS 在“1”位，406*SK* 在非按下位。所以，导线 577 经 406SK1 的常闭接点和 569KA 常闭接点或 406SK2 的常闭接点和 569KA 常开接点及 549KA 本身的常开接点为 549KA 提供电源，使其自锁。同时，导线 603 经 549KA 的另一对常开接点和 509V 使导线 578 有电，接下来的控制过程与手动控制完全一样，在此不再作重复说明。当司控器调速手轮退到“0”位时，导线 417 不再从司控器中得电，而是通过自锁从导线 577 中得电。

所以，手轮回到“0”位时，通风机并不自动关闭，若要关闭通风机，必须操作一下 406SK1 或 406SK2、应加延时切除 549KA 的供电回路，使其解锁，然后再关闭 406SK1 或 406SK2。

3）通风机重联控制

当两台机车重联时，通过重联线 2578 或 W2578 去控制另一台机车的通风机工作，以便实现所有机车的同步工作。

6. 制动风机控制

按下“制动风机”按键开关 407SK1 或 407SK2，导线 577 经 407SK1 或 407SK2、566KA、581QS，使制动风机 1 的接触器 209KM 得电动作，制动风机 9、11MA 开始启动，其中 566KA 是劈相机启动中间继电器，581QA 是制动风机 1 的隔离开关。在制动风机 1 接触器 209KM 得电动作后，526KT 因 209KM 的常闭辅助接点打开，而使其失电（见附图 4 中 415/C ~ E 分区），延时 3 s 后，526KT 的常闭接点闭合，则导线 589 经 526KT 的常闭接点、制动风机 2 的隔离开关 582QS，使制动风机 2 的接触器 210KM 得电动作，制动风机 10、12MA 开始启动，并进入正常工作状态。至此，两台制动风机控制完毕（见附图 4 中 412/A ~ E）。当制动风机 1、3 故障或其他原因需要切除时，可以将 581QS 打到故障位，直接启动制动风机 10、12MA；当制动风机 2、4 故障或其他原因需要切除时，将 582QS 打到故障位隔离即可。

当两台车重联时，通过外重联线 2590 和 W2590 控制另一台车的制动风机。

7. 牵引控制

牵引机车有两种情况：即牵引向前和牵引向后。下面分别加以说明，并以主司机控制器控制为例。

1）牵引向前

当主司机控制器 627AC1 或 627AC2 的换向手柄打到“前”位时，导线 402、403、406

有电（见附图 3 中 305/*B*），其中，导线 402 供电给调速手轮，导线 403 控制向前，导线 406 控制牵引。

它们的控制环节是：

（1）导线 403 经 558KA（线路接触器中间继电器）使 107YVF 和 108YVBW 两个电空阀得电，则控制向前向后二位置转换开关转向“向前”位（见 305/C ~ E 区）。

（2）导线 406 经 558KA、560KA（牵引制动转换中间继电器，牵引时失电，制动时有电）和 92KM 的常闭，使 107YVT、108YVT 两个电空阀得电，控制牵引制动二位置转换开关转到“牵引”位，这样，就完成了牵引向前的转换控制。

当两台机车重联时，通过重联线 2406 和 W2406，控制另一台机车的二位置转换开关完成牵引转换，通过本车的 W2403 经外重联线电缆的交叉重联，最终作用于另一台车的 W2403，使另一台车完成向前转换，以确保两台机车方向一致。重联的连接方式见附图 3 中 313 ~ 315/D ~ E 分区。

2）牵引向后

当主司机控制器 627AC1 或 627AC2 的换向手柄打到“后”位时，导线 402、404、406 有电，此时导线 402、406 的作用与牵引向前时相同（已作了说明）。导线 404 的作用是用来控制二位置转换开关完成向后转换。

其控制环节如下：

导线 404 经 558KA，使 107YVB 和 108YVF 两电空阀得电，二位置转换开关就转到“向后”位（见附图 3 中 305/A ~ E 分区）。其中，107YVBW 是控制 I 号高压柜上二位置转换开关向后转换的，108YVF 是控制Ⅱ号高压柜中二位置转换开关向前转换的（因为前后两个转向架电机是背向布置），可保证机车方向一致。

当两台车重联时，通过外重联线 2404 和 W2404 经外重联电缆交叉重联作用于另一台机车的 W2404，使另一台机车完成向后转换，以保证两台机车方向一致。

8. 制动控制

当主司机控制器换向手柄打到“制动”位时，导线 402、403、405 有电，其中导线 402 的作用与牵引时相同，导线 403 的作用控制机车向前信号。导线 405 用来控制二位置转换开关制动位转换。

控制环节如下：导线 465 经 558KA，使 107YVB 和 108YVB 两个电空阀得电，二位置转换开关就转换到“制动”位，其中 560KA 受 405 控制。

当两台机车重联时，通过外重联线 W2405，使另一台车的二位置转换开关转到“制动”位，确保两台机车同步工作。

9. 风速延时控制

当通风机正常工作后，安装在风道中的风速继电器就会动作，具体控制环节如下：

导线 561 经 519KF（牵引风速继电器 1），使牵引风速 1 中间继电器 550KA 得电动作；导线 561 经 520KF（牵引风速继电器 2），使牵引风速 2 中间继电器 551KA 得电动作；同样，导线 561 经 511KF（制动风速继电器 1）和 512KF（制动风速继电器 2），分别使制动风速 1 中间继电器 541KA、制动风速 2 中间继电器 542 KA 得电动作（见附图中 414 ~ 415/A ~ C 分区）。

牵引时，导线 406 有电，经 560KA 的常闭接点，使导线 518 有电，再经 219QA 和 550KA，使导线 516 有电，然后，经 551KA 和 220QA，使导线 514 有电，则风速延时继电器 530KT 得电动作，其常开接点闭合（见附图 3 中 311/A ~ E 分区），在这一环节里面，550KA 和 551KA 接点两端分别并有 573QS 和 574QS 的接点，573QS 和 574QS 是牵引风速 1、2 隔离开关，当牵引风速继电器 1 或 2 动作不良时，将 573QS 或 574QS 打到故障位，短接 550KA 或 551KA 接点，以便机车维持故障运行。此时，219QA 和 220QA 继续担任保护任务，确保风机发生故障时，辅机保护动作后，预备失败，使牵引无电流。除此之外，还有 575QS 和 576QS，它们分别是牵引风机 1 和牵引风机 2 隔离开关，当某一牵引风机故障时，将相应的隔离开关打到故障位，在切除故障风机的同时，短接相应的风速控制环节。

制动时，导线 405 经 560KA，使导线 524 有电，再经 223QA 和 541KA、543KA、225KA，使导线 521 有电，然后，经 224QA 和 542KA、544KA、226QA，使导线 518 有电（见附图 3 中 312/C ~ E 分区），其中 223QA 和 224QA 分别是制动风机 1 和制动风机 2 辅机保护自动开关联锁接点。这一环节与牵引风速环节非常相似，并联在 541KA 和 542KA 接点两端的隔离开关 589QS 和 590QS，分别是制动风速 1 和制动风速 2 隔离开关。而 581QS 和 582QS 分别是制动风机 1 和制动风机 2 的隔离开关，当某一制动风机故障时。将相应的隔离开关打到故障位，一方面切除了故障风机，另一方面短接了相应的风速控制环节，使机车还能继续维持运行。

10. 预备环节控制

当全车整备控制电路完成时，预备中间继电器 556KA 得电动作，具体控制环节（见附图 3 中 303/C ~ E 分区）如下：

牵引向前时，导线 403 经 561KA 常闭，107QPF（向前时闭合），108QPF（向前时闭合）使导线 427 有电，经 108QPT（牵引时闭合），107QFT（牵引时闭合），使导线 429 有电。当司机控制器调速手轮处于低级位时（1.5 级以下），525KT 一直处于常闭状态，所以，导线 429 经 525KT、567KA（此时劈相机已开始工作）和 560KA，使导线 432 有电，再经 4QF（主断路器已合上）使 556KA 得电动作。当司机控制器调速手轮处于高级位时（1.5 级以上），525KT 延时 25 s 后，其常闭接点打开，导线 429 必须经 530KT 使导线 432 有电，然后，经 4QF（合主断后常开接点闭合）使预备中间继电器 556KA 得电动作，表示预备完成。

牵引向后时，导线 404 经 107QFBW（向后时闭合）和 108QPBW（向后时闭合），使导线 427 有电，下面的环节与牵引向前时完全一样，不再重复。所以，牵引时，要使 556KA 得电动作，必须具备以下几个条件：

（1）司机操作钥匙必须给上，即 570QS 打到“1”位。

（2）二位置转换开关必须转换到位。

（3）主断必须合上。

（4）劈相机必须工作。

（5）高级位 25 s 后，风速延时必须完成，即必须启动牵引风机。

制动时，导线 405 有电，而 403、404 无电，所以，起作用的是 405 导线，它经 209KM、210KM 和 91KM 的辅助常开接点（此时没有闭合），使 429 有电，再经 530KT 和 4QF，使 556KA 得电动作。而 91KM 受线路接触器的辅助接点控制，线路接触器又受零位延时时间继电器

532KT 的控制，所以，牵引制动时，要使 556KA 动作，司机控制器的调速手轮必须离开“0”位。制动时要使 556KA 动作，必须具备以下几个条件：

（1）司机操作钥匙必须给上，即 570QS 打到“1”位；

（2）二位置转换开关必须转换到位；

（3）主断必须合上；

（4）劈相机必须工作；

（5）风速延时必须完成，即必须启动牵引风机和制动风机；

（6）司机控制器的调速手轮必须离开“0”位。

三、调速控制电路

1. 零位控制

SS_{6B} 型电力机车设有两个完全相同的司机室，每个司机室内装有主、辅司机控制器各一台，所以，机车总共有 4 台司机控制器。机车设有零位得电中间继电器 568KA、零位延时时间继电器 532KT 以及零位失电中间继电器 678KA。控制环节如下：导线 464 经 604QA，使导线 465 有电，再经 570QS1 或 570QS2 和 532KT 的常闭，使导线 418 有电，并送入司机控制器调速手轮的第一层接点上，若此时调速手轮处于“0”位，则导线 418 经 627AC1，使导线 411 有电，再经 628AC1（辅助控制器），使导线 412 有电，再经 628AC2（辅助控制器），使导线 413 有电，经 627AC2 使导线 414 有电，568KA 得电动作。当主司机控制器调速手轮离开“0”位（机械“0”位）时，导线 411 失电，最终导致 568KA 失电，同时，因 627AC1 或 627AC2 调速手轮离开“0”位后，导线 415 得电，零位延时时间继电器 532KT 得电吸合，其常闭接点断开，导线 418 无电，进一步保证 568KA 失电（见附图 3 中 302/A 分区）。同时，532KT 的常开接点闭合，使线路接触器得电动作，这一控制环节在下面作详细介绍。

W2415 和 W2418 分别控制另一台车的 532KT 和 568KA，以便达到所有重联机车零位同步控制的目的。

2. 低级位延时控制

当 627AC1 或 627AC2 调速手轮转到小零位以上级位及 628AC1 或 628AC2 辅助控制器调速手轮转到 1.5 级以上级位时，导线 417 有电，因 525KT 受导线 417 的控制，所以，525KT 得电，并开始延时 25 s 后，其常闭接点打开。525KT 是电子式延时时间继电器，得电后延时，主要用于在机车过分相区快速启动时，在自动启动通风机过程中，以便机车能大电流快速启动。在延时 25 s 内必须使风速延时时间继电器 530KT 得电，否则，使预备中间继电器 556KA 失电，防止机车在未启动通风机的故障情况下大电流长期运行。

3. 线路接触器控制

线路接触器是牵引电机主回路的主要电器，它的控制环节（见附图 3 中 309 ~ 311/C ~ E 分区）。

导线 531 经 532KT（此时，司控器调速手轮已离开“0”位，532KT 得电，其常开接点闭合）、10QP、60QP，使导线 501 有电，其中，10QP、60QP 分别是 Ⅰ、Ⅱ 号高压柜中的空载试验转换开关的辅助接点，打到运行位时，常开接点闭合。当机车处于牵引状态时，导线 501

经 561KA 的两对常闭接点分别使导线 496 和 497 有电，导线 496 经 577QS 使导线 483 有电，再经 575QS 使导线 481 有电，然后分别经 19QS、29QS、39QS 使线路接触器 12KM、22KM 和 32KM 得电动作；而导线 497 经 578QA 使导线 484 有电，再经 576QS 使导线 485 有电，然后分别经 49QS、59QS 和 69QS 使线路接触器 42KM、52KM 和 62KM 得电动作，此时，牵引状态的电机主回路构成。上述支路中，19QS ~ 69QS 分别是牵引电机 1 ~ 6 的隔离开关的辅助接点。当机车处于制动状态时，导线 501 一路经 581QS、561KA 常开接点（牵引时，其常闭接点闭合），使导线 496 有电，另一支路经 582QS、561KM 的另一对常开接点，使导线 497 有电，接下来的环节与牵引时相同，不再重复说明。上述支路中，581QS 和 582QS 分别是制动风机 1 和制动风机 2 的隔离开关，当某一制动风机故障时，在隔离相应风机的同时，也隔离了相应牵引电机制动回路，避免烧坏制动电阻。

4. 调速控制

SS_{6B} 型机车是无级调速的相控机车，它的调速控制主要是由无接点控制电路（电子控制电路）来完成。在此，只对调速有关的有接点控制电路作一介绍。

1）调速信号给定

机车的速度给定信号是由司机控制器输出，当司机转动调速手轮时，速度给定信号也随之改变，达到控制机车速度的目的。主司机控制器 627AC1 或 627AC2 输出的速度给定信号是通过电位器 637R1 或 637R2 来完成（见附图 3 中 302、313/A、B 分区）。这一环节中，1701 是速度给定信号线，送入电子柜内。电子柜根据这一信号的大小，对机车速度实施控制。

2）磁场削弱控制

SS_{6B} 型机车的磁场削弱只有当速度手轮转到 6 级位以上时才起作用。这是根据机车的牵引特性和磁场削弱的基本原理而设置的一个环节。当调速手轮转到 6 级位以上时，导线 401 经 627AC1 或 627AC2 使导线 410 有电，此时，把 627AC1 或 627AC2 的换向手柄打到 Ⅰ 级削弱位，则导线 410 经 627AC1 或 627AC2 使导线 407 有电，即 Ⅰ 级磁场削弱的两个电空阀 17YV 和 47YV 得电动作，受其控制的相应接触器闭合，电机完成 Ⅰ 级削弱；若把 627AC1 或 627AC2 的换向手柄打到 2 级，则导线 410 经 627AC 使导线 408 有电，而 407 失电，则导线 408 分别经 17KM 和 47KM，使导线 458 和 459 有电，即 2 级磁场削弱的两个电空阀 18YV 和 48YV 得电动作，相应的接触器闭合，电机完成 2 级磁场削弱；若把 627AC1 或 627AC2 的换向手柄打到 3 级位，则导线 410 经 627AC 使导线 407 和 408 都得电，则 17YV、47YV、18YV、48YV 都得电动作，磁场削弱的所有接触器都闭合，电机完成 3 级磁场削弱，提高了机车运行速度。

5. 功补接触器控制

首先当司机给上钥匙 570QS1 或 570QS2，导线 466 使 116KM、126KM、156KM、166KM 得电动作（见附图 3 中 307 ~ 308/C ~ E 分区），功补电容放电；导线 576 经 572QS 使导线 492 得电，将功补隔离信号入电子柜 AE，同时分四路分别经 116KM、126KM、156KM、166KM（此时其常开接点闭合），再经 119QS、159QS、129QS、169QS 的常闭接点使 477、487、478、488 有电，送入电子柜 AE 内部的 4 组开关接点，并送出 4 组信号，即 460、461、462、463，使 114KM、156KM、126KM、166KM 得电动作，这样使 77PFC、87FFC、78PFC、88PFC 作

好了投入准备（见附图 3 中 308 ~ 309/C ~ E 分区）。无论机车处于牵引状态还是处于制动状态，情况均相同，功补的投、切完全由电子柜控制。电子柜 AE 控制功补投入时，先闭合真空接触器，再开通功补开关晶闸管；电子柜 AE 控制功补切除时，先关断功补开关晶闸管，再断开真空接触器。以分担功补开关晶闸管的关断后的端电压，确保真空接触器无电流闭合和断开。

6. 重联中间继电器控制

当两台机车重联时，除 400 线以外的所有重联控制信号都经过重联中间继电器的接点，目的是在发生意外时，及时切除重联控制信号。每一台机车上分别装有 4 个重联中间继电器，受一个隔离开关的控制，具体见附图 3 中 313/C ~ E 分区。导线 531 经 570QS1，使导线 525 有电，经 592QA1 使导线 526 有电，另一路导线 531 经 569KA 常开接点（其受 570QS2 控制见附图 4 中 406/D ~ E 分区），使导线 529 有电，经 592QA2 使导线 526 有电，即 545KA ~ 548KA 等 4 个中间继电器都得电，接通重联控制信号。

当两台机车重联时，通过重联线 W525 或 W529 使另一台车的 525 或 529 得电，即另一台车的 545KA、548KA 得电动作，接通重联机车的重联控制信号。

假设本务机车的Ⅰ端或Ⅱ端为操纵端，则本务机车的 Ⅰ 端或Ⅱ端司机室的钥匙 570QS1 或 570QS2 打到“1”位（工作位），导线 525（本务机车）有电，到达中央端子板，从中央端子板出来线号变成 W525，通过重联线 W525 到Ⅱ端的外重联插座内，通过外重联电缆的交叉重联，使重联机车 W525，即 525 线有电，此时，若重联机车的 592QA1 或 592QA2 打到“1”位（重联位），则重联机车的 4 个重联中间继电器 545KA ~ 548KA 得电动作，接收从本务机车送来的重联控制信号，完成了两台车重联同步操作所必须做的第一步工作。图 5-11 为重联机车重联中间继电器控制原理图。

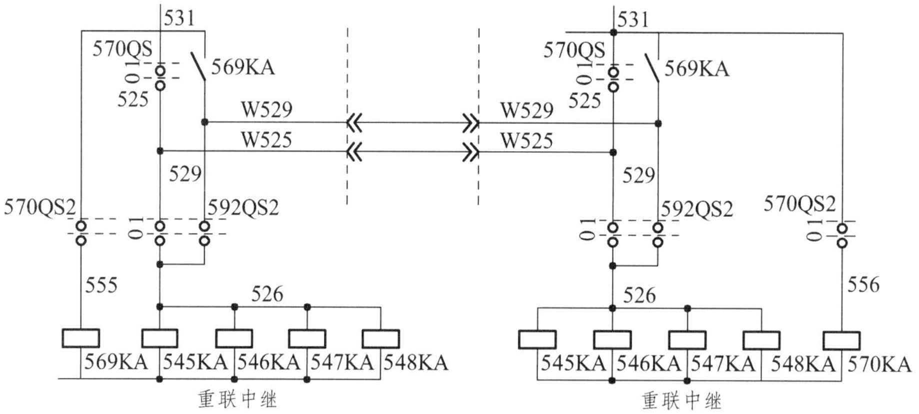

图 5-11　重联机车重联中间继电器控制原理图

7. 保护控制

控制电路的保护控制是指与主电路、辅助电路保护有关的控制。根据机车的使用情况和可能产生的故障的严重程度，其保护结果有两种：一种是跳主断路器；另一种是跳接触器。跳主断路器有以下几种情况：原边过流（网侧过流）、次边过流、牵引电机过载、辅助系统过流、主电路接地、辅助回路接地、欠电压及紧急制动。跳接触器只有两种：励磁过流和功补过流。事实上还有一些辅助保护环节，如风速保护环节、辅机保护环节、风压保护坏节等，这些环节有的已经在前面作了介绍（参见附图 4 中 403 ~ 405/A ~ E 分区）。

1）原边过流

当原边过流继电器 101KC 经电流互感器检测到原边过流而动作时，导线 1780 经 101KC，使导线 552 有电，即 565KA（原边过流中间继电器）得电动作并自锁。其常开接点闭合，导线 531 经 565KA 的常开接点，使导线 544 有电，促使主断路器分断。通过重合主断路器恢复中间继电器 562KA 得电动作，其常闭接点断开解除自锁。

2）次边过流

次边过流是由电流互感器检测信号送到电子柜的，当电子柜判断出次边过流时，就送出 + 110 V 的电压信号，这一信号直接作用于 565KA，使 565KA 得电动作并自锁，最后使主断路器分断。这一信号的标注线号是 552，与原边过流保护共支路。解锁同原边过流保护。

3）牵引电机过流

由直流电流传感器检测牵引电机的电流信号，直接送入电子柜，由电子柜来判断电机是否过流及哪一台过流，若一旦判断出某台电机过流，则电子柜送出+110 V 的电压信号，这一信号直接作用于牵引电机过流中间继电器 557KA，使 557KA 得电动作。一方面通过其本身的常开接点自锁，另一方面导线 531 通过 557KA 的另一对触点使导线 544 有电，促使主断路器分断。解锁同原边过流保护。

4）主回路接地

SS_{6B} 型电力机车的主回路是转向架独立供电方式，所以，每一转向架的主回路上设有一个接地继电器。当某一接地继电器动作时，其接点接通 531 与 544 之间的回路，使导线 544 有电，主断路器分断。如：97KE 或 98KE 动作，导线 531 通过 97KE 或 98KE 的触点，使导线 544 有电。

5）辅助系统过流

辅助系统过流是通过辅助系统过流继电器 282KC 来检测的。当 282KC 检测到辅助系统过流时 282KC 动作，其常开接点闭合，接通了辅助系统过流中间继电器 564KA 的供电回路，导线 550 得电，使 564KA 得电动作并自锁，导线 531 经 564KA 的常开接点，使导线 544 有电，促使主断路器分断。解锁同原边过流保护。

6）辅助回路接地

当辅助回路接地时，辅助回路接地继电器 285KE 得电动作，导线 531 经 285KE，使导线 544 有电，促使主断路器分断。

7）欠压

由高压电压互感器检测机车是否处于欠压状态，并通过电子柜 AE 发出控制信号。当机车处于欠电压或机车失压超过 1.5 s 以上时，电子柜送出一信号，使导线 551 有电，欠压中间继电器 563KA 得电动作，其常开接点闭合，563KA 通过 1780 到 563KA 常开接点自锁，同时导线 561 经隔离二极管 503V、零压隔离开关 236QA 及 563KA 的常开接点，使导线 544 有电，促使主断路器分断。其中导线 561 受劈相机中间继电器 567KA 控制，所以，欠压保护只有当劈相机投入工作时才起作用。

8）紧急制动

紧急制动的控制信号来自信号柜或紧急制动按钮，这一信号的线号是 912，导线 912 经隔离二极管 504V，使导线 544 有电，促使主断路器分断。

9）励磁过流

与牵引电机过流相似，励磁过流传感器的检测信号也直接送入电子柜，由电子柜来判断励磁是否过流。若励磁过流，电子柜送出一个+110V 的电压信号，直接作用于励磁过流中间继电器 559KA，这一信号的线号是 553，559KA 得电后一方面通过其本身的一对常开接点自锁,另一方面 559KA 的另一对常开触点切除 91KM 的供电回路使励磁无流,保护了励磁回路。

10）功补故障

“功补故障”指当电子柜判断出功补无流、功补开关晶闸管贯穿短路现象时，电子柜将发出信号，即线号为 1725 的导线得电，“功补故障”信号灯亮，表示机车功补故障。功补过流由功补电流传感器经电子柜来判断。因为功补过流较频繁，故障显示屏不显示“功补过流”。当“功补故障”和功补过流时，电子柜送出+110 V 倍号，先封锁功补开关晶闸管，再封锁功补接触器 114KM、124KM、154KM、164KM 的控制信号，切除功补主回路。

四、信号控制电路

SS_{6B} 型电力机车的司机室内安装有主显示屏和辅显示屏各一块。主、辅显示屏的外形及显示的数目完全相同，都是 32 个信号，原则上主显示屏内显示的内容是机车的主要状态及主要故障，而辅显示屏内显示故障具体位置，是对显示内容的补充说明。如：主显示屏显示“牵引电机”故障，那么辅显示屏将显示某一台电机故障，司机通过对机车信号的观察，可以了解机车的工作状况，下面对主、辅显示屏所显示内容的检测环节作详细介绍（具体见附图 7）。

1. 主显示屏

（1）“本车”，此信号是一种说明信号，表示显示的内容是本车，即操纵端所在的一台机车，颜色是绿色，长亮。

（2）“它车”与“本车”相似，表示显示的内容是重联车，即非操纵重联运行机车，颜色是绿色，长亮。

（3）“预备”信号受预备中间继电器 556KA 的常闭接点控制。当机车预备完成后，556KA 得电动作（见整备控制一节说明），其常闭接点打开，导线 703 无电，“预备”信号灯灭，表示机车预备完毕。

（4）“主断”信号受主断路器的辅助常闭接点控制。当主断路器合上时，其常闭接点打开，导线 704 失电，“主断”信号灯灭，表示主断路器已合上。

（5）“零压”，当机车处于零压或欠压状态时，零压中间继电器 563KA 得电动作，导线 790 经 564KA 常开接点使导线 705 有电，“零压”信号灯亮表示机车处于零压或欠压状态下。

（6）“原边过流”，当原边过流中间继电器 565KA 得电动作时，导线 790 经 565KA 的常开接点，使导线 706 有电，“原边过流”信号灯亮表示机车的变压器原边有过流现象。

（7）“主接地”，当主接地继电器 97KE 或 98KE 动作时，导线 790 经 97KE 或 98KE 的常开接点使导线 701 或 702 有电，送入辅显示屏，使辅显示屏中的“主接地 1”或“主接地 2”信号灯亮。同时，通过辅显示屏内的隔离二极管，送出 707 导线到主显示屏内，那么，“主接地”信号灯亮，表示机车处于主接地状态下。

（8）“牵引电机”，当电子柜判断出某台牵引电机过流时，电子柜送出一信号，使557KA得电动作，导线790经557KA的常开接点使导线708有电，使显示屏中的“牵引电机”信号灯亮，表明某台或全部牵引电机过流。

（9）“零位”，当司机控制器的调速手轮处于零位时，其零位中间继电器568KA得电动作，导线790经568KA使导线709有电，“零位”信号灯亮，表示机车的调速手轮处于零位状态。

（10）“励磁过流”，当电子柜判断出励磁回路过流时，送出一个信号，使559KA得电动作，导线790经559KA使导线710有电，“励磁过流”信号灯亮，表示机车的励磁回路有过流现象。

（11）“空转”，当电子柜判断出机车有空现象时，送出一个信号，即线号为1717的导线得电，“空转”信号灯亮，表示机车有空转现象。

（12）“劈相机1”这个信号灯受201KM、566KA及567KA的控制：当劈相机启动时201KM、567KA得电动作，导线790经566KA及567KA使导线718有电，“劈相机1”信号灯亮。当劈相机启动完毕，566KA得电动作，其常闭点打开，导线718失电，“劈相机1”信号灯灭。若劈相机启动失败，则劈相机的辅助保护动作，201KM和566KA失电，其常闭点恢复到闭合位，导线718有电，则“劈相机1”信号灯亮，表示劈相机故障。所以，如果劈相机起动正常，其信号灯应该先亮一下，接着就灭，时间约2 s左右，若点亮时间较长，可能是劈相机起动困难，必须及时关闭。“劈相机1”主、辅显示屏所显示内容一致。

（13）“劈相机2”这个信号灯受216QA、566KA、534KT、567KA的控制。劈相机2启动时，567KA得电动作，790经534KT及567KA使导线719得电，“劈相机2”信号灯亮。当劈相机2启动完成时，534KT失电，延时断开，“劈相机2”信号灯延时熄灭。“劈相机1”处于故障位时，“劈相机2”显示控制回路与劈相机1相同，当劈相机2出现过流、过压时，自动开关216QA保护断开，790经216QA到567KA使“劈相机2”信号灯亮，表示劈相机2未能正常运行。“劈相机2”主、辅显示屏所显示内容一致。

（14）“功补故障”，当电子柜判断出功补无流、功补开关晶闸管贯穿短路现象时，电子柜将发出信号，即线号为1725的导线得电，“功补故障”信号灯亮，表示机车功补故障。

（15）“辅助回路”，当辅助回路有过流、接地和各辅助机组（劈相机除外）故障现象时，辅显示屏上相应故障显示灯亮，同时，从辅显示屏中送出一信号，即导线720有电，使主显示屏上“辅助回路”信号灯亮，表示机车的辅助回路故障。

（16）“电制动”，当机车进入电制动状态时，即司机控制器的换向手柄打到“制位”，调速手轮离开“0”位，则92KM得电动作，导线790经92KM，使导线725有电，“电制动”信号灯亮，表示机车正处于电制动状态。

（17）“控制回路接地”，当控制回路的高电位线路发生接地时，控制回路中间继电器554KA得电动作，导线790经554KA，使导线757有电，“控制回路接地”信号灯亮，表示机车的控制回路有接地现象。

以上介绍的是主显示屏内的本车的状态及故障情况。当两台机车重联时，这些故障及机车状态信号，通过重联线，送入重联机车的主显示屏它车所对应的显示内容；重联机车的主显示屏本车的显示状态及故障情况，通过重联线，送入本务机车的主显示屏它车所对应的显示内容。所以，司机室内的主显示屏能够反映本务机及重联机车的状态及故障情况。

2. 辅显示屏

辅显示屏与主显示屏相似，也能反映出机车的故障情况，不过它反映的是故障的具体位置和补充说明。下面对本节车辅显示屏所显示内容的控制环节作详细说明。

（1）“主接地 1”，当主接地继电器 97KE 得电动作时，导线 790 经 97KE 使导线 701 有电，“主接地 1”信号灯亮，表示第一转向架所属的主回路有接地现象。

（2）“主接地 2”与主接地 1 相同，此信号灯亮时，表示第二转向架所属的主回路有接地现象。

（3）“牵引电机 1”，当电子柜判断出牵引电机 1 过流时，从内部送出的信号线 1711 有电，“牵引电机 1”信号灯亮，表示牵引电机 1 过流。

（4）“牵引电机 2”与“牵引电机 1”相似。电子柜内部送出的信号线 1712 有电。

（5）“牵引电机 3”与“牵引电机 1”相似。电子柜内部送出的信号线 1713 有电。

（6）“牵引电机 4”与“牵引电机 1”相似。电子柜内部送出的信号线 1714 有电。

（7）“牵引电机 5”与“牵引电机 1”相似。电子柜内部送出的信号线 1715 有电。

（8）“牵引电机 6”与“牵引电机 1”相似。电子柜内部送出的信号线 1716 有电。

（9）“辅接地”，当辅助回路发生接地时，285KE 得电动作，导线 790 经 285KE 得电动作，使导线 756 有电，“辅接地”信号灯亮，表示机车的辅助回路有接地现象。

（10）“牵引风机 1”信号灯受 219QA、205KM 及 550KA 的控制。当风机启动时，205KM 得电闭合，导线 790 经 550KA 和 205KM，使导线 731 有电，此信号灯亮。当风机加速到一定速度时，风机继电器动作，则风速中间继电器 550KA 得电动作，其常闭点打开，导线 731 失电，此时信号灯灭，表示牵引风机 1 启动正常。所以，牵引风机 1 从启动到正常工作，其信号灯应该是先亮一下，接着就应该灭，若信号灯不灭，则可能是风机没有启动或风道继电器故障。牵引风机 1 过流，自动开关 219QA 动作，导线 790 经 219QA 使导线 731 有电，信号灯亮，表示工作过程中牵引风机 1 过流。

（11）“牵引风机 2”信号灯受 220QA、206KM 以及 551KA 的控制，控制方法与“牵引风机 1”类似。

（12）“牵引风机 3”信号灯受 221QA、207KM 以及 552KA 的控制，控制方法与“牵引风机 1”类似。

（13）“牵引风机 4”信号灯受 222QA、208KM 以及 554KA 的控制，控制方法与“牵引风机 1”类似。

（14）“制动风机 1”信号灯受 223QA、209KM 以及 541KA 的控制，控制方法与“牵引风机 1”类似。

（15）“制动风机 2”信号灯受 224QA、210KM 以及 542KA 的控制，其控制过程与“牵引风机 1”类似。

（16）“制动风机 3”信号灯受 225QA、209KM 以及 543KA 的控制，控制方法与“牵引风机 1”类似。

（17）“制动风机 4”信号灯受 226QA、210KM 以及 544KA 的控制，其控制过程与“牵引风机 1”相似。

（18）“压缩机 1”信号灯受 217QA 控制。当压缩机能正常工作，该信号灯一直保持灭的状态；当压缩机过流故障时自动开关 217QA 动作，导线 790 经 217QA 使导线 751 有电，信号灯亮，表示压缩机 1 过流。

（19）“压缩机 2”信号灯受 218QA 控制。其控制过程与“压缩机 1”相似。

（20）“油泵”信号灯受 228QA、212KM 和 518KF 的控制。当油泵启动时，导线 790 经 212KM 和 518KF，使导线 753 有电，此时信号灯亮。当油流速度达到一定程度时，518KF 得电动作，此时信号灯灭，表示油泵正常启动完成。所以油泵正常启动过程，其信号灯应该是先亮一下，接着就应该灭，若信号灯不灭，表示油泵未启动或油流继电器故障。工作过程中“油泵”信号灯亮，228QA 动作，表示油泵过流。

（21）“变压器风机”信号灯受 227QA 控制。当“变压器风机”正常工作时，该信号灯保持灭的状态，当变压器风机出现故障如过流、转向反，自动开关 227QA 保护自动断开，此时 227QA 常闭点接通，信号灯亮。

（22）“辅过流”信号灯受 564KA 控制。当辅助回路发生过流现象时，564KA 得电动作，导线 690 经 564KA 使导线 755 有电，“辅过流”信号灯亮，表示机车有辅过流现象。

五、机车重联控制

机车重联线主要是司机指令（司机控制器、琴键开关或扳钮开关及钥匙开关）信号和故障显示重联信号。故障显示重联线不经重联中间继电器，两台机车互相连接，只有司机指令信号经过重联中间继电器的接点的隔离控制。

当两台车重联时，有 3 种情况：一是本务机车的Ⅱ端与重联机车的Ⅰ端通过重联线重联；二是本务机车的Ⅱ端与重联机车的Ⅱ端重联；三是本务机车的Ⅰ端与重联机车的Ⅰ端重联。为了保证运行方向、前后升弓一致，其相应的控制重联线要交叉连接，其他的控制重联线直接连接。以第一种重联方式来说明两台机车重联的重联控制线连接方式（图 5-12）。

例如以 A 车为本务机车，B 车为重联机车，本务机车的Ⅱ端与重联机车的Ⅰ端通过重联线重联，在Ⅰ端为操纵端，以机车向前、向后控制线 403、404 及电源负线 400 为例，来说明两台机车重联控制原理。图 5-13 为机车重联控制简图。

机车向前时本务机车导线 403 有电，经过重联中间继电器 545KA 常开接点（重联工作时闭合）后导线 2403 有电，重联线 W2403 有电，通过外重联线使重联机车重联线 W2403 有电，重联机车 2403 有电，经过重联机车重联中间继电器 545KA 常开接点（重联工作时闭合）后导线 403 有电，使重联机车控制方向与本务机车方向一致。

机车向后时本务机车导线 404 有电（与 B 车为本务机车、A 车为重联机车，在Ⅱ端为操纵端情况相同），经过重联中间继电器 545KA 常开接点（重联工作时闭合）后导线 2404 有电，重联线 W2404 有电，通过外重联线使重联机车重联线 W2404 有电，重联机车 2404 有电，经过重联机车重联中间继电器 545KA 常开接点（重联工作时闭合）后导线 404 有电，使重联机车控制方向与本务机车方向一致。

本务机车的Ⅱ端与重联机车的Ⅱ端重联或本务机车的Ⅰ端与重联机车的Ⅰ端重联的情况同以上原理相似。

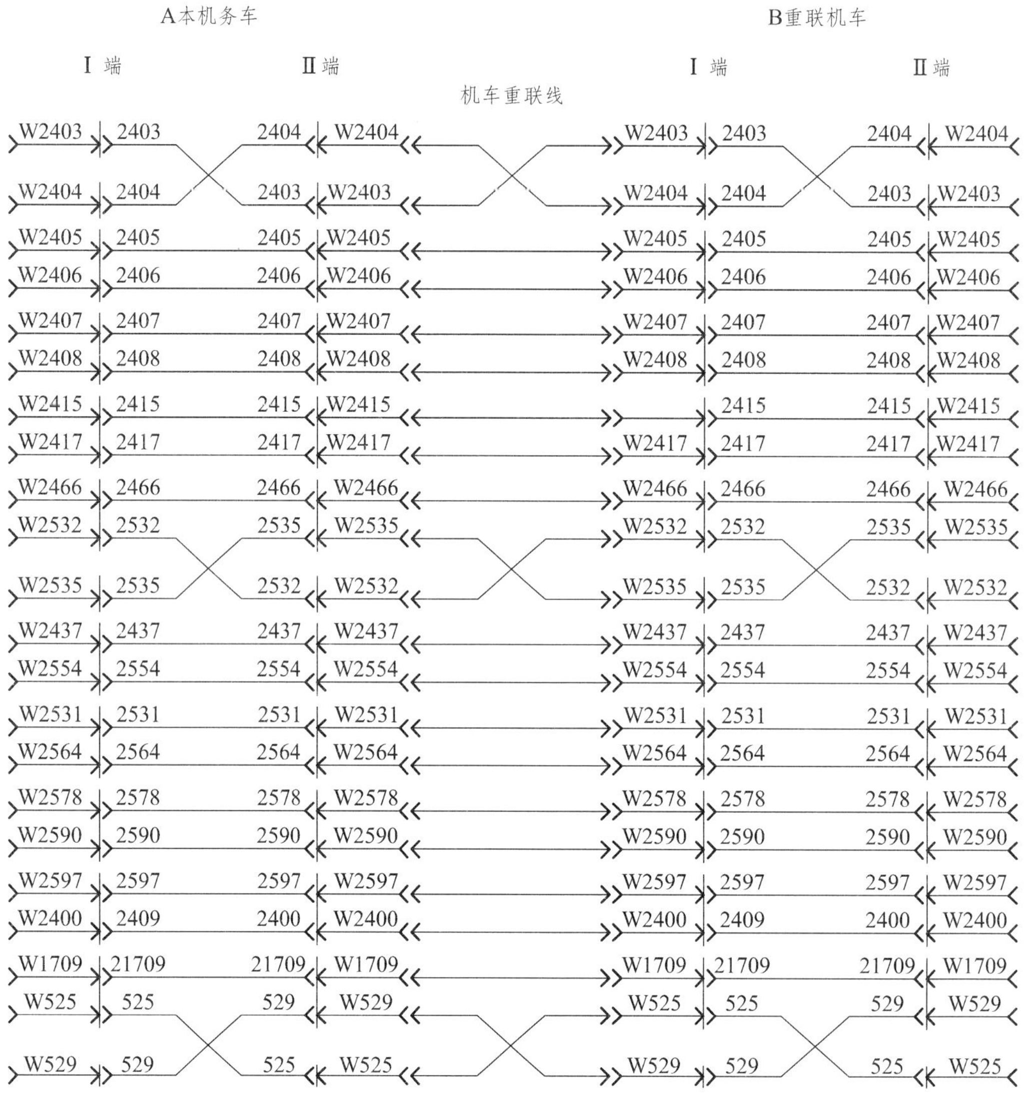

图 5-12 机车重联控制线连接图

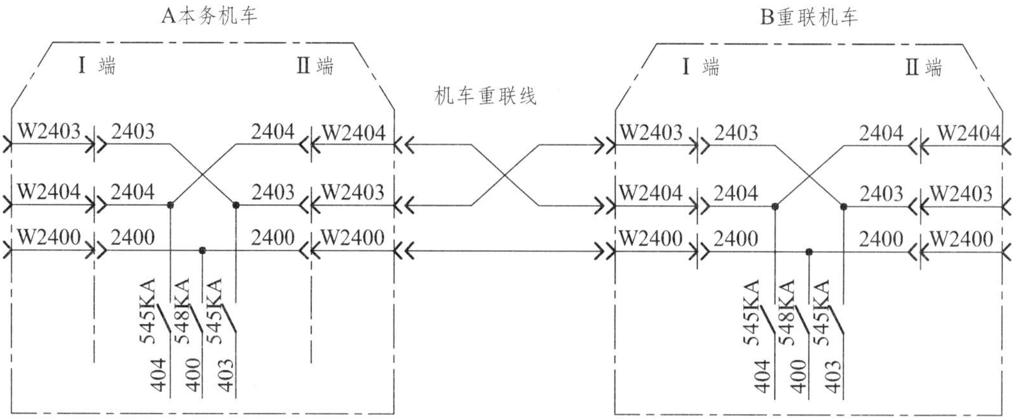

图 5-13 机车重联控制简图

第五节　SS_{6B}型电力机车电气试验

一、低压试验准备工作

（1）总风缸风压不低于 700 kPa，制动缸压力 300 kPa。

（2）将零压隔离开关 236QS 置隔离位。

（3）将各开关均在正常位，主辅司机控制器均在零位。

二、低压试验内容

1. 蓄电池试验

（1）闭合电源柜蓄电池闸刀，666、667、668QS。

① 控制电源电压表显示不低于 90V，电流 5 ~ 10 A。

② 确认电源柜 48 V、24 V、15 V 插件版信号灯亮。

③ 确认自动开关无动作，听散热风扇转动声音正常。

④ 确认司机室电压表、电流表显示与电源柜一致。

⑤ 司机台预备、主断、零压灯亮。

（2）闭合信号检查扳扭 412SK：主辅台显示屏双有信号灯全亮。然后恢复 412SK。

2. 钥匙试验

（1）闭合开关钥匙 570QS。

① 看零位灯亮。

② 听 528KT、539KT、558KT、568KA、门联锁 37、38 动作声。

注意：二端操纵 569KA 吸合。

（2）断开 570QS。

① 看零位灯灭。

② 听 528KT、539KT、558KT、568KA 释放声。

（3）重新闭合 570QS：内容重复（1）项。

3. 主断路器试验

（1）闭合主断合扳扭 401SK。

① 听主断路器闭合声。

② 看主断灯灭，零压灯打闪。

（2）闭合主断断扳扭 400SK。

① 听主断路器断开声。

② 看主断灯亮。

（3）重新闭合主断合扳扭 401SK：内容重复 1 项。

4. 劈相机试验

（1）闭合劈相机扳扭 404SK（590QA 在手动位）

① 听启动电阻接触器 213KM、MG1 接触器 201KM 吸合声。

② 533KT、534KT、535KT、536KT、537KT、538KT、523KT、524KT、526KT、527KT、247YV、248YV、567KA 均应吸合。

③ 看主辅台劈相机 1、2 灯亮。

（2）人为闭合 283AK（等待 8 s 后自动闭合）。

① 566KA 吸合并自锁，527KT 释放。

② 听 213KM 打开声，3 s 后听 533KT 打开声。

③ 听 MG2 接触器 202KM 吸合声和 534KT 打开声。

④ 看主辅台劈相机 1、2 灯灭。

5. 压缩机试验

（1）闭合压缩机扳扭 405SK。

（2）听 3MA 接触器 203KM 吸合声，3 s 后听 523KT、247YV 失电声，4MA 接触器 204KM 吸合声。3 s 后听 524KT、248YV 失电声。

注意：总风缸压力在 700 kPa 以上时用强泵风扳扭。

6. 通风机试验

（1）闭合通风机扳扭 406SK。

① 听 205KM 吸合声，看主辅台辅助回路灯亮、牵引风机 1 灯亮。

② 3 s 后，听 206KM 吸合声，看牵引风机 2 灯亮。

③ 3 s 后，听 207KM 吸合声，看牵引风机 3 灯亮。

④ 3 s 后，听 208KM 吸合声，看牵引风机 4 灯亮。

⑤ 听 211KM、212KM 吸合声，看油泵灯亮。

（2）闭合制动风机扳扭 407SK。

① 听 209KM 吸合声，看制动风机 1、3 灯亮。

② 3 s 后，听 210KM 吸合声，看制动风机 2、4 灯亮。

（3）恢复各通风机扳扭。

听 205KM ~ 212KM 释放声，看相应灯灭。

注意：保留劈相机扳扭

7. 位置开关试验

（1）反向手柄置后位。

① 听两位置开关转换声。

② 看预备灯灭。

（2）反向手柄置制位。

① 听两位置开关（反向、牵制）转换声。

② 看预备灯亮。

（3）反向手柄置前位。

① 听两位置开关转换声。

② 看预备灯灭。

8. 主台牵引试验

（1）调速手轮顺时针转动 1 ~ 1.5 位。

① 听线路接触器 12 ~ 62KM 吸合声。

② 看零位灯灭。

（2）手轮继续转动 1.5 ~ 10 位。

① 看辅助回路灯亮。

② 听各风机接触器的吸合声。

③ 听 525KT 吸合声。

④ 手轮转动无卡滞。

注意：525KT 常闭延时 25 s 后打开预备灯亮。

（3）反向手柄置磁削 1 级。

听 1 级磁场削弱接触器吸合声。

（4）反向手柄置磁削 2 级。

听 2 级磁场削弱接触器吸合声（听 1 级磁场削弱接触器打开声）。

（5）反向手柄置磁削 3 级。

听所有磁场削弱接触器吸合声。

（6）反向手柄依次退置前位。

听所有磁场削弱接触器打开声。

（7）反向手柄依次退回零位。

① 听线路接触器打开声。

② 看零位灯亮。

（8）反向手柄快速打后位。

听两位置开关转换声。

（9）调速手轮顺时针转动 1 ~ 1.5 位。

① 听线路接触器 12 ~ 62KM 吸合声。

② 看零位灯灭。

（10）调速手柄退回零位。

① 听线路接触器打开声。

② 看零位灯亮。

9. 电阻制动试验

（1）反向手柄置制位。

① 听牵制开关转换声，560KA、561KA 吸合。

② 缓解制动缸压力 140 kPa 以下。

（2）调速手轮逆时针转置 10 ~ 0 位。

① 听线路接触器吸合声，91、92KM 吸合声。

② 看零位灯灭，电制动灯亮。

（3）调速手轮退回零位。

① 听线路接触器励磁接触器打开声。

② 看电制动灯灭，零位灯亮。
③ 手轮转动无卡滞。
（4）恢复一次通风机扳扭。
① 听风机接触器打开声。
② 看辅助回路，各风机灯灭。

10. 零压保护试验

（1）反向手柄置零位并取出。
① 听牵制开关排风声。
② 听 560KA、561KA 失电断开声。
（2）恢复零压隔离开关 236QA
① 听主断路器断开声。
② 看主断路器断开灯亮。
注意：关闭劈相机扳扭，取出 570QS，低压试验完毕。

三、高压试验准备工作

（1）机车制动缸压力保持 300 kPa。
（2）关闭高压室门。
（3）确认各柜室门已关好，人员处于安全地点。

四、高压试验内容

1. 受电弓试验

（1）闭合 570QS。
① 听门联锁动作声。
② 看四级台本车灯、预备灯、主断灯、零压灯、零位灯亮。
（2）闭合前后受电弓升弓扳扭 403SK 和 402SK（按规定鸣笛高声呼唤）。
① 确认双弓升起应符合要求。
② 受电弓上升时间不大于 8 s。
③ 受电弓升起不冲击架线。
（3）断开双弓扳扭 403SK 和 402SK。
① 确认双弓降落应符合要求。
② 受电弓下降时间不大于 7 s。
③ 受电弓下降不砸车顶。
（4）闭合后弓扳扭 402SK（鸣笛、呼唤）。
看网压表显示 19 ~ 29 kV。

2. 闭合主断路器

（1）闭合主断路器闭合扳扭 401SK。
① 听主断路器闭合声。

② 看主断路器灯，零压灯灭。
③ 看控制电压表显示（110 ± 5%）V。
④ 看辅助电压表显示 380 V 左右。
注意：听主变压器工作正常，蓄电池充电正常。

3. 劈相机启动

闭合劈相机扳扭 404SK。
① 听劈相机 1、2 启动声音正常。
② 看劈相机 1、2 灯灭。
注意：辅助电压表波动两次。

4. 压缩机试验

闭合压缩机扳扭 405SK（总分在 750 ~ 900 kPa 按压强泵风）
听压缩机启动声音正常，打风状况良好，
注意：辅助电压表波动两次。

5. 电空制动机试验

按机车操作规程进行机车出入库五步闸试验
注意：试完后半尺闸缸压力 300 kPa。

6. 通风机试验

闭合通风机扳扭。
① 看主台辅助回路灯亮灭五次。
② 看付台牵引风机 1、2、3、4 灯及油泵灯依次先亮后灭。
③ 听通风机工作声音正常。
注意：辅助电压表波动五次。

7. 主台牵引试验

（1）反向手柄置前位。
看预备灯灭。
（2）调速手轮离零位置 1 ~ 2 位。
① 看零位灯灭。
② 看牵引电机电流表显示 50 ~ 300 A。
③ 电流表表针显示一致，平稳无波动。
注意：高压试验电流不得超过 300 A。
（3）调速手轮退回零位。
① 看牵引电机电流退回零。
② 看零位灯亮。
（4）反向手柄置后位调速手轮离零置 1 ~ 2 位后退回零位。
试验项目同前进位。

8. 电阻制动试验

（1）反向手柄置制位。

（2）启动制动风机。

① 看制动风机 1、3；2、4 灯先亮后灭。

② 听制动风机工作正常。

（3）调速手轮逆时针转动置工作位（机车制动缸压力保持 100 kPa）

① 看主台零位灯、预备灯灭。

② 看制动灯亮。

③ 励磁电流自动上升 930 A。

④ 制动电流出现 50 ~ 70 A。

（4）单阀制动压力超过 140 kPa。

① 看励磁、制动电流降为零。

② 看电制动灯灭、预备灯亮。

（5）缓解单阀压力至 100 kPa。

试验目的同（2）项。

（6）调速手轮退回零位

① 看励磁、制动电流回零。

② 看电制动灯灭、零位、预备灯亮。

注意：单阀制动 300 kPa。

9. 走廊巡视

取出反向手柄。

检查内容按操规走廊巡视检查内容进行检查。

注意：关闭所有风机扳扭，断开主断路器，降下受电弓，取出 570QS，高压试验结束。

第六节　SS_{6B} 型电力机车常见故障的应急处理

在复杂的运输条件下，电力机车经过一段时间运行后，不可避免地出现一些损伤，即各零部件会发生不同程度的自然磨损、松旷、变形、蚀损或物理化学变化。电气装置还会出现断线、接地、电磨损及绝缘老化，从而造成机车各种故障，影响列车运行。为了迅速地排除故障，维持机车运行，本节对常见的一些故障应急处理作一介绍。由于故障原因往往不是由一个因素造成，可以有不同原因造成同一故障，这里仅举出可能性较大的原因；同样，处理办法亦有多种方法，这里也只列举常用方法之一。

对于机车制动机系统、电子柜、列车运行监控记录装置、车号识别和无线列调机车电台录音装置及 DKL 机车逻辑控制装置等各部分的故障处理可参见该部分说明，不再在此介绍。

一、合上蓄电池闸刀，控制电源柜电压表无显示

原因：

（1）电源柜电压表 650PV 故障。

（2）蓄电池自动开关 601QA 未合上。

（3）蓄电池闸刀 666QS 接触不良或背面接线松脱。

（4）蓄电池连接线断。

处理：

（1）闭合控制电源柜照明灯钮子开关 676SB，497EL 灯亮则是电压表 650PV 故障或表的接线未接好，接线应处理好，若 650PV 本身损坏，可暂不处理回段更换。

（2）重复断、合 2～3 次 601QA，使其正确闭合。

（3）666QA 合闸到位，检查其背面接线并接好。

（4）连接好蓄电池的连接线。

二、合上蓄电池闸刀，副台控制电压表无显示、控制电路无电

原因：

（1）601QA 未合上。

（2）蓄电池连接线断或松脱。

（3）蓄电池负载输出闸刀 667QS 接触不良或接线松脱。

（4）二极管 VS 松断。

（5）测量分流器 672RS 或 673RS（FL2—75 mV，100 A）断路。

处理：

（1）601QA 闭合到位。

（2）连接好蓄电池的连接线。

（3）667QS 闸刀夹紧到位，松脱线连好。

（4）连好二极管 VS 接线。

（5）连好分流器 672RS、673QS 接线。

三、升弓合闸后，控制电压升不到 110 V

原因：

（1）库用转换开关未回复，235QS 不在运行位。

（2）600QA 跳开。

（3）110 V 电源“稳压触发”插件故障。

处理：

（1）将 235QS 置于运用位。

（2）重合 600QA，然后按正常操作试验。

（3）转换控制电源 A、B 纽开关。

四、闭合受电弓按键开关，受电弓升不起

原因：

（1）高压室门未关好，车顶门未关好，门联锁未到位。

（2）143（或 144）塞门未打开。

（3）Ⅰ、Ⅱ端入库转换开关 20QP、50QP 联锁不良或车顶门行程开关 297QP 联锁不良，门联锁电磁阀 287YV 不得电或接线松脱。

（4）287YV 风路不畅。

（5）风压不足，或 52 调压阀调整压力过低。

（6）602QA 跳开。

（7）升弓电空阀 1YV（2YV）故障或接线松脱。

（8）升弓按键开关接触不良或接线松脱。

（9）587QS（588QS）在隔离位或接点不良。

处理：

（1）检查并确认高压室门、车顶门锁闭到位，门联锁已关好。

（2）错关的 143（144）塞门应打开。

（3）排除 20QP、50QP 或 297QP 联锁故障，连好松脱接线，保证 287YV 电路畅通。

（4）287 YV 本身风路堵塞或卡死，可轻轻敲击使其动作，否则可拆下修理。

（5）风压不足，用辅助压缩机打风升弓，按要求调整 52 调压阀，使其输出压力为 500 kPa。

（6）重合 602QA，然后按正常操作试验。

（7）电空阀烧损或 1YV 风路堵塞无法排除时，换弓运行；接线松脱则应紧固到位。

（8）检查修复受电弓按键开关，紧固接线。

（9）检查修复 587QA 接点并确认 587QA 置于运行位。

上述各项故障处理无法恢复则可换弓运行。

五、受电弓刷弓应急处理

（1）立即停车，必须按规定办理停电申请手续，确认接触网停电后挂好接地线。

（2）上车顶检查，将损坏受电弓捆绑牢固，上车顶作业必须严格按上车顶安全作业规范进行。

（3）拆除故障端车顶导电杆软连线，将脱落零件和拆卸部件以车顶拿下回车内保管。

（4）消除车顶接地点，关好天窗门。

（5）关闭故障端受电弓塞门，将故障端受电弓隔离开关置故障位。

（6）全部处理完毕后，去除接地线按规定申请送电，由另一弓维持运行。

六、闭合“主断路器合”按键开关，主断路器不闭合

原因：

（1）401SK 按键开关接触不良。

（2）主断隔离开关 586QS 在隔离位或接点不良。

（3）司机控制器调速手轮不在零位。

（4）零位继电器 568KA 未吸合或常开联锁不良。

（5）主断延时继电器 539KT 未吸合或联锁不良。

（6）劈相机按钮在闭合位或劈相机启动继电器 567KA 不良。

（7）风压不足或压力继电器 515KF 接点不良。

（8）风路故障或主断路器传动装置故障。
（9）主断路器合闸线圈烧损。
处理：
（1）修复 401SK 不良部位。
（2）586QS 置运行位或修复不良部位。
（3）确认两个司机室的司控器都在零位。
（4）确认 568KA 闭合或修复不良部位。
（5）确认 539KT 闭合或修复不良部位。
（6）确认劈相机按键开关在断开位。
（7）修复 515KF 不良接点，确保储风缸压力 500 kPa 以上。
（8）风路中应确认 145 阀开放，168 阀关闭。
（9）在合闸线圈烧损，主断机械传动装置损伤，漏风严重等异常情况时，可应急人工合闸，但必须严格注意安全操作，维持运行；此时必须确认受电弓降下，网压表显示零、钥匙断开后才人为合闸。过分相时，调速手轮回零，关闭各辅机按钮开关，降弓过分相运行时应加强走廊巡视及监视故障显示屏状况。如有异状，立即降弓，查明原因。
注：原则上不推荐采用人工合闸处理方法，应尽量排除故障后正常操作主断合闸。

七、按下“主断路器断”按键开关，主断路器断不开

原因：
（1）主断路器自动开关 603QA 跳开。
（2）主断路器断按键开关 400SK 接点接触不良。
（3）4QF 接点不良。
（4）分闸线圈烧损。
（5）隔离开关机械故障。
处理：
（1）恢复 603QA 确认在闭合位。
（2）检查修复 400SK 接点使其可靠接触。
（3）4QF 接点不良故障在运行中暂不处理，利用退级降弓运行过分相绝缘区。
（4）分闸线圈烧损，运行中无法修复时，在不接地情况下维持运行，退级降弓过分相绝缘区，运行中加强巡视，发现异常立即手轮回零、降弓。
（5）隔离开关机械故障处理同上。
注：当运行中主断路器断不开又无法修复时，此时主断路器已不起保护作用，运行中必须加强巡视，发现异常立即手轮回零、降弓。必须注意不能在高级位强行降弓。

八、闭合劈相机按键开关，劈相机不工作

原因：
（1）辅机控制自动开关 605QA 跳开。
（2）劈相机按键开关 404SK 动作不良。

（3）劈相机隔离开关 591QS 接点作用不良。

（4）劈相机中间继电器 567KA 常开联锁虚接或接线松脱。

（5）劈相机启动中间继电器 566KA 常闭联锁虚接或接线松脱。

（6）启动电阻接触器 213KM 故障或常开联锁不良。

（7）自动开关 215QA 跳开。

（8）劈相机启动继电器 283AK 故障。

（9）劈相机接触器 201KM 故障。

（10）劈相机启动电阻 263R 故障。

处理：

（1）恢复 605QA，确认在闭合位。

（2）反复动作 404SK 使其恢复正常。

（3）591QS 转到自启位能工作，则其手动位接触不良，可用自启位维持运行。

（4）检查修复 567KA，若仍不启动，则人为闭合 567KA，启劈相机；应注意遇主断断开后，必须释放 567KA，主断合闸后再闭合劈相机按键开关，再将 567KA 人为闭合。

（5）检查修复 566KA，排除常闭联锁虚接现象。

（6）检查修复 213KM 常开联锁。

若 213KM 主触头粘接，应断开主断路器卸下灭弧罩撬开主触头，处理后再使用。

若 213KM 主触头烧损无法修复不能使用时，在特殊应急情况下可在断开主断路器、降弓并确认无电工况下更换 213KM 接触器，用劈相机隔离开关切除劈相机 1MG 或劈相机 2MG，拆下接触器 201KM（或 202KM），换下烧损的 213KM。机车维持单劈相机工况故障运行，加强巡视回段处理。

注：拆卸 201KM（或 202KM）必须注意安全操作，拆卸后各带电部位必须确保电气绝缘可靠。

（7）恢复 215QA，确认在闭合位。

（8）283AK 动作过晚或不动作，可在劈相机 1MG 启动正常后，人为按下 566KA。

（9）检查修复 201 KM 常开联锁虚接现象。

201KM 主触头烧损无法修复不能使用时，切除 1MG 可用劈相机 2MG 工作，需将 242QA 置于“2”位。

（10）启动电阻烧损后可将 296 QA 置于下方位，用另一组启动电阻 264R 投入工作。

九、闭合压缩机按键开关，压缩机不工作

原因：

（1）导线 577 无电。

（2）压缩机按键开关 405SK 接点不良。

（3）调压阀 517KF 不良。

（4）劈相机启动中间继电器 566KA 常开联锁不良。

（5）压缩机隔离开关 579QS 在隔离位或接点不良。

（6）203KM 接触器烧损或压缩机组损伤。

处理：

（1）闭合其余辅机按键开关，相应接触器均不闭合，则确认导线 577 无电，应检查修复 202KM、534KT 常闭联锁。

（2）闭合强泵按钮能启动压缩机，则应检查修复 405SK 接点或 517KF 接点。

（3）检查修复 566KA 常开联锁。

（4）检查并确认 579QS 在运行位。

（5）203 刎烧损或压缩机组损坏，应把 579QS 置于隔离位，用另一台压缩机维持运行。并少用空气制动。

十、闭合通风机按键开关，通风机不工作

原因：

（1）通风机按键开关 406SK 接点不良。

（2）自动开关 219QA、220QA、221QA、222QA 脱扣。

（3）劈相机启动中间继电器 566KA 常开联锁接触不良。

（4）通风机 1 隔离开关 575QA 接触不良或接线松脱。

（5）时间继电器 535KT 常闭联锁接触不良。

（6）通风机 2 隔离开关 576QA 接触不良或接线松脱。

（7）接触器 205KM 接线松脱，不能吸合。

（8）风机故障或电机烧损。

（9）205KM ~ 208KM 之一烧损。

处理：

（1）4 个风机均不启动，为 406KM 接触不良，应检查修复。

575QA 置于隔离位，其他风机能启动则为原因（4），应检查处理。

（2）219QA ~ 222QA 之一脱扣，则相应通风机电机无法工作，应检查并按正常操作方法使自动开关处于闭合位，不得用手锤将手柄强行向闭合位敲打。

（3）检查修复 566KA、575QS、576QS、535KT、205KM 等电路接点不良处，接线牢固，恢复控制程序。

（4）将相应故障风机或烧损电机三相接线拆除，电路中故障隔离开关 575QS ~ 578QS 置于隔离位，将相应转向架三台牵引电机隔离闸刀置故障位。

（5）如接触器 205KM ~ 208KM 烧损或主触头焊接无法修复时，应清理并拆除三相接线，将相应的电路中自动开关 219QA ~ 222QA 置断开位。

注：拆卸三相接线应按安全操作要求并确认在无电工况下进行。

十一、闭合制动风机按键开关、制动风机不工作

原因：

（1）制动风机按键开关 407SK 接点不良。

（2）制动风机隔离开关 581QS、582QS 位置不对或接线松脱。

（3）时间继电器 526KT 常闭联锁接触不良。

（4）自动开关 223QA、224QA、225QA、226QA 脱扣。
（5）制动风机接触器 209KM、210KM 烧损。
（6）风机故障或电机烧损。
处理：
（1）检查处理 407SK 不良部位，反复断合几次，使其接触良好。
（2）确认 581QS、582QS 置于运行位，紧固松脱接线。
（3）检查 526KT 常闭联锁接触良好。
（4）确认 223QA ~ 226QA 应在闭合位。
（5）209KM、210KM 烧损或主触头焊接无法修复时，在确认无电工况下清理并拆除三相接线，将相应的自动开关 223QA ~ 226QA 置于断开位。
（6）风机故障或电机烧损则在确认无电工况下拆除三相接线，隔离开关 581QS、582QS 置于隔离位，停止使用电阻制动。

十二、变压器油泵或变压器风机烧坏

（1）确认接触器 211KM、212KM 无焊接，主触头焊接无法修复应在确认无电工况下清理并拆除三相接线。
（2）油泵损坏将 584QS 置于隔离位。
（3）变压器风机损坏将 599QS 置于隔离位。
（4）加强走廊巡视，观察变压器油温不高于 75 °C 维持运行，高于 75 °C 时，到站停车冷却。

十三、位置转换开关不转换

（1）操作换向手柄，位置转换开关不能向“前”“后”“牵引”“制动”位转换。
原因：
① 自动开关 604QA 脱扣。
② 司控器 627AC（628AC）插头插座接触不良。
③ 零位中间继电器 558KA 不得电，或 558KA 联锁接触不良，相应接线松脱。
④ Ⅰ、Ⅱ端高压柜供风塞门 141（142）未打开或风路不畅，风压不足。
处理：
① 检查 604QA 是否跳开，并置于闭合位。
② 检查并确认司控器接插件紧固接触到位。
③ 检查并排除电路故障使 558KA 得电，其常开联锁应接触良好，接线紧固。
④ 检查确认塞门 141（142）在打开位，检查调压阀确保风压 500 kPa 要求。
（2）操作换向手柄，一台位置开关不转换。
原因：
① 该高压柜供风塞门 141（142）未打开。
② 高压柜上插头未到位或插头内接触松脱。
③ 电空阀本身不良或转换开关机械故障。

处理：

① 手按电空阀，有排风声，则风路正常，否则为风路不通或堵塞，检查供风塞门 141（142）在打开位。

② 电路故障，应校线检查。插紧插头，接线紧固。

③ 位置开关故障可停车停电后，打开高压室门，人工扳动两位置开关，注意其位置与手柄要求位置一致并转换到位。若无法人工转换，可切除该转向架工作，维持故障运行。

十四、换向手柄置“前”位，“预备”信号灯不灭

原因：

（1）牵引制动中间继电器 561KA 常闭联锁不良。

（2）两位置转换开关转换不到位或其辅助联锁不良。

（3）劈相机没工作或 567KA 常开联锁不良。

（4）主断路器未闭合或 4QF 联锁不良。

（5）低级位时间继电器 525KT 常闭联锁不良或牵引制动中间继电器 560KA 常闭联锁不良。

（6）预备中间继电器 556KA 电路接线松脱。

处理：

（1）换向手柄置“后”位，预备信号灯灭则可查找 561KA 常闭接点使其可靠接触。

（2）检查处理位置转换开关各辅助联锁接点，人工转换两位置开关确认联锁接触良好再重新投入工作。

（3）使劈相机工作并检查 567KA 常开联锁接触良好。

（4）使主断路器合上并检查 4QF 联锁。

（5）检查处理 525KT、560KA 联锁，使其接触良好，确认 525KT、560KA 释放。

（6）排除 556KA 电路故障，使其电路完好。1.5 级以上发生 556KA 不吸合，应确认并使牵引通风机正常投入工作，530KT 常开联锁闭合接触良好。

十五、“电子柜预备”信号灯不灭，无压无流

原因：

（1）电源未进入电子柜，609QA 脱扣。

（2）电子柜对外连接插头座松动。

（3）开关电源板插件故障。

处理：

（1）合上 609QA。

（2）检查并确认插座接插到位。

（3）A 组故障，换 B 组运行。

十六、调速手轮离开“0”位，牵引无流

原因：

（1）预备未完成，预备中间继电器 556KA 未吸合。

（2）线路接触器不吸合。

（3）司机控制器电位器故障。

（4）指令传输线未畅通，电子柜插头松。

（5）电子柜故降。

（6）硅整流装置脉冲线路不通。

处理：

（1）参见上面处理预备未完成内容，确保预备中间继电器 556KA 得电。

（2）检查零位时间继电器 532KT 应吸合，其常开联锁接触良好。

检查并确认 10QP、60QP 在运行位，检查 561KA 牵引位应释放，常闭联锁良好，制动位应吸合。

（3）司控器电位器故障，换副台操纵，维持 4 级以内运行。

（4）电子柜插头应紧固到位，确认指令传输线未松脱。

（5）电子柜换 B 组运行。

（6）检查并确认硅整流柜插头接触良好。

十七、“零压”信号灯亮，跳主断

原因：

（1）电网失电。

（2）发生刷弓。

（3）零压时间继电器 286KT 故障。

（4）零压中间继电器 563KA 误动作。

处理：

（1）检查网压表，指示为零，则电网失电，司控器回零，按键开关断开；网压表有指示，则为 286KT 不良或 563KA 误动作。

（2）可参见上面内容做刷弓应急处理。

（3）286KT 接点不良应修复处理，故障无法修复，可将零压故障开关 236QS 置于隔离位，加强网压表监视。

（4）查处理 563 KA 常开联锁。

十八、“主接地”信号灯亮，跳主断

原因：

（1）牵引电机某一部位接地或电机环火。

（2）硅整流装置接地。

（3）变压器和外接连线某部位接地。

（4）主电路阻容保护装置接地。

（5）功率因数补偿装置接地。

（6）制动电阻柜接地。

处理：

（1）重新闭合主断路器一次，如不再跳主断路器，则为瞬间接地，应加强监视。

（2）重新合主断路器后仍跳主断路器。

① 观察故障显示屏信号，判断那一个转向架电路接地，逐个甩该转向架牵引电机。若故障消除，即为该牵引电机接地，切除后维持运行。

② 若用甩电机方法不能找出接地部位，应查找电路中放电烧损部位可拆线隔离，并把接地隔离闸刀 95QS（或 96QS）置故障位，机车低级位维持运行。

③ 着接地继电器衔铁卡在吸合位，应人为使其复位。

（3）硅整流柜接地排除不了时，切除该整流柜的一个转向架电路维持运行。

（4）确认阻容保护故障接地可处理或拆除主电路保护装置接线，加强监视运行。

（5）功补故障并使主接地信号灯亮，可将隔离闸刀 119QS、129QS、159QS、169QS 置故障位，切除后维持运行。

（6）制动电阻柜掉入异物引起接地等故障应停止使用电阻制动工况，并将 95QS（或 96QS）置于故障位，维持机车运行。

十九、“辅接地”信号灯亮，跳主断

原因：

（1）热饭电炉、脚炉、壁炉、窗加热等接地。

（2）辅助电机、辅助电路电器或连接导线接地。

（3）辅接地保护电器误动作。

处理：

（1）分别用 238QS（或 239QA）切除热饭电炉。用 245QS（或 246QS）切除脚炉、壁炉。用 243QS（或 244QS）切除窗加热。

（2）辅机或其电路接地，明显接地点则应排除，若无法直接确认可重新启动各辅机，当发现某辅机接地则将该辅机电路中三相自动开关断开，维持运行。重新闭合主断路器一次仍跳闸，检查各部无异状时可将辅接地隔离开关 237QS 置于故障位，维持运行，并加强走廊巡视。

（3）排除 285KE 接点不良引起的误动作。当无法排除并在处理时未发现异状时，将 237QS 置于故障位，维持运行。

二十、“原边过流”信号灯亮，跳主断

原因：

（1）原边过流使原边过流继电器 101KC 动作跳主断。

（2）101KC 误动作或原边过流中间继电器 565KA 不良。

（3）整流柜晶闸管击穿。

处理：

（1）排除 101KC 或 565KA 不良部位。

（2）101KC 动作，确认无烧损现象，无焦糊气味，可重新合主断路器一次，低级位维持运行。如低级位仍跳主断并仍显示过流，请求救援。

（3）若晶闸管击穿，切除相应转向架的主电路，维持一台转向架三个牵引电机运行。

二十一、“牵引电机”信号灯亮，跳主断

原因：

（1）某台或全部牵引电机过流超过限流值，限流保护失灵后，电子柜保护逻辑插件动作，跳主断。

（2）保护逻辑插件误动作或电流传感器故障。

（3）牵引电机环火、烧损，一般会发生主接地显示。

处理：

（1）重新闭合主断路器一次，并降级运行，注意观察牵引电机电流表。

（2）若“牵引电机”信号灯亮，但不跳主断，在不影响运行时可加强监视，若影响运行换B组运行。

（3）重合主断后再跳闸，则应根据显示屏指示，切除对应的牵引电机。如果同时显示该转向架电路接地，亦将该电机隔离闸刀置中间位，维持运行。

二十二、励磁过流

原因：

（1）电子柜检测到励磁过流，励磁过流中间继电器559KA动作，“励磁过流”信号灯亮。

（2）励磁过流中间继电器559KA联锁误动作。

处理：

（1）调速手轮回“0”，重新闭合主断路器一次，使559KA恢复，重新投入电制动。

（2）检查并排除559KA联锁不良部位。

（3）重合主断后仍显示励磁过流，则不应使用电制动。

二十三、电制动时，无励磁电流

原因：

（1）励磁接触器91KM或92KM未闭合。

（2）压力继电器516KF联锁不良。

（3）制动缸压力大于150 kPa。

（4）励磁过流中间继电器559KA常闭联锁不良。

（5）两位置联锁107QPB、108QPB接触不良。

（6）励磁接触器91KM或92KM风管接头松、漏风严重。

（7）电子柜插件故障。

（8）速度传感器故障或防滑行环节误动作。

处理：

（1）查看并处理91KM、92KM主触头接触状态，应无虚接现象。

（2）检查压力继电器516KF联锁接触状态。

（3）确认制动缸压力应在 150 kPa 以下。
（4）处理并确认 559 融常闭联锁接点接触良好。
（5）处理 107QPB、108QPB 联锁，使其联锁接触良好。
（6）91KM、92KM 风管接头连接到位，不应漏风。
（7）先转成空气制动，再排除故障，不能排除故障时用 B 组工作。
（8）使用 B 组工作，注意人为限制电压、电流。

二十四、窜车

原因：
（1）司机控制器电位器故障，指令失控。
（2）司机控制器 700 地线松脱，指令传输线接触不好。
（3）零位时间继电器 532KT 不良。
（4）同步信号没有进入电子柜，电子柜对外插座接触不良。
（5）整流柜内晶闸管控制失灵或击穿。
（6）电子柜脉冲放大插件故障。
处理：
（1）司控器电位器故障或地线浮起使指令失控，可使用辅助司控器；仍窜车可使用 B 组控制。
（2）处理 532KT 不良处，并再按低压试验程序操作。
（3）检查并处理电子柜对外插座应连接紧固到位。
（4）晶闸管故障则应切除该架主电路，维持运行。
（5）A 组故障，转换成 B 组运行。

二十五、辅助压缩机泵风慢

原因：
（1）控制管路止回阀 108 窜风。
（2）控制风缸膜板塞门 97 开放。
（3）辅助风缸排水塞门 169 未关闭。
（4）主断路器排水塞门 168 未关闭。
（5）辅助压缩机止回阀 107 冻结。
处理：
（1）若 108 窜风应先关闭控制管路总风塞门 140，待升弓、合闸完毕，且打风使总风缸压力升到大于 600 kPa 后，再开放塞门 140。
（2）关闭控制风缸膜板塞门 97。
（3）关闭辅助风缸排水塞门 169。
（4）关闭主断路器排水塞门 168。
（5）冬季加温处理。

习 题

1. SS_{6B} 型电力机车电气线路由哪些部分组成？

2. SS_{6B} 型电力机车辅助电路有哪些基本特点？

3. SS_{6B} 型电力机车控制电路有哪些基本特点？

4. 比较集中供电、独立供电、转向架独立供电的牵引电机供电方式及其特点。

5. SS_{6B} 型电力机车主电路有哪些特点？

6. SS_{6B} 型电力机车直流电流与直流电压采用什么部件测量？网压和原边电流采用什么部件测量？

7. 写出 SS_{6B} 型电力机车的原边电流回路。

8. 说明主变压器副边绕组的供电负载。

9. 写出Ⅰ端向前、牵引工况时，1 位牵引电机的电流路径。

10. 写出Ⅰ端向后、牵引工况时，3 位牵引电机的电流路径。

11. 说明Ⅰ端转向架上的三台牵引电机和Ⅱ端转向架上的三台牵引电机为什么旋转方向相反。

12. 牵引电机故障隔离开关有几个位置？分别在什么情况下使用？为什么在下位置时，可以进行电阻制动，而在中位置时，无法进行电阻制动？

13. 说明 20QP 在库用位时（Ⅰ端向前、牵引），牵引电机的电流路径。

14. 空载试验转换开关 10QP 在试验位时，牵引电机是否能通电工作？为什么？试验的是哪个装置？

15. 写出电阻制动时的励磁回路，并写出电阻制动时 3M 的电枢回路。速度为 20 km/h 时，80V 是否整流工作？

16. SS_{6B} 型电力机车主电路保护的类型有哪些？

17. SS_{6B} 型电力机车主电路短路保护是如何实现的？

18. SS_{6B} 型电力机车主电路过流保护是如何实现的？

19. SS_{6B} 型电力机车主电路过电压保护是如何实现的？

20. SS_{6B} 型电力机车主电路接地保护是如何实现的？

21. SS_{6B} 型电力机车辅助电路的电源来自什么地方？

22. 说明劈相机电阻分相启动的控制过程。

23. 说明第一劈相机故障时，劈相机电阻分相启动的控制过程。

24. 若发生“劈相机启动电阻不切除”故障，有什么现象？是什么原因？应如何处理？

25. 劈相机启动电阻故障，有什么现象？是什么原因？应如何处理？

26. 辅机启动采用依次顺序启动的方式，还是同时启动的方式？为什么？

27. SS_{6B} 型电力机车辅机电路的三相负载有哪些？

28. SS_{6B} 型电力机车辅机电路的单相负载有哪些？

29. SS_{6B} 型电力机车辅机电路的保护类型有哪些？

30. 说明门联锁保护是如何保护的？

31. 辅接地保护为什么要采用有源接地保护？辅助电路出现接地故障时，是如何实现保护的？

32. 237QS 的名称是什么？有什么作用？

33. SS_{6B} 型电力机车辅助电机采用什么部件作为过流保护？

34. SS_{6B} 型电力机车辅助电路采用什么部件作为过电压保护？采用什么部件作为过电流保护？

35. SS_{6B} 型机车的控制电路根据各环节所起的作用不同，它可分为哪几部分？各部分分别起什么作用？

36. SS_{6B} 型电力机车控制电源的电压标准为多少？

37. 写出升起“I 端受电弓”时，受电弓电空阀 1YV 的电流路径。

38. 说明合闸控制的电路动作过程，并说明主断路器能顺利闭合的条件。

39. 说明人为操作使主断路器分断控制时，电路的动作过程。

40. 说明劈相机手动控制时，电路的动作过程。

41. 说明采用“自动过分相”模式时，劈相机自动启动控制的动作过程。

42. 若劈相机 1 故障，将 242QS 打到“2”位，说明劈相机故障启动控制时，电路的动作过程。

43. 简述“压缩机”控制与“强泵”控制有什么不同。

44. 说明通风机手动控制时，电路的动作过程。

45. 简述通风机自动控制时，电路的动作过程。如何操作使通风机停止工作？

46. 说明制动风机起动控制时，电路的动作过程。

47. 通风机已起动完成，换向手柄置“前”位，调速手轮移动至牵引区，说明电路的动作过程（至预备中间继电器 556KA 得电结束）。

48. 通风机未起动（假定通风机 2 故障，且无法起动），换向手柄置“前”位，调速手轮移动至牵引区（1.5 级以上），说明电路的动作过程。

49. 通风机、制动风机已起动完成，换向手柄置“前”位，调速手轮移动至制动区，说明电路的动作过程（至预备中间继电器 556KA 得电结束）。

50. 通风机未起动、制动风机已起动完成，换向手柄置“前”位，调速手轮移动至制动区，说明电路的动作过程（至预备中间继电器 556KA 得电结束）。

51. 简述制动风机未起动时，为什么无法电制动运行。

52. 说明牵引时，要使 556KA 得电动作，必须具备哪些条件？

53. 说明制动时，要使 556KA 动作，必须具备哪些条件？

54. 简述磁场削弱时，应如何操作？电路如何动作？

55. 跳主断路器实现的保护控制有哪几种？

56. 跳接触器实现的保护控制有哪几种？

第六章 SS型系列电力机车电气线路

第一节 概 述

随着我国电气化铁路及电力机车技术的迅速发展，电力机车在产品的结构、形式、质量方面都有了很大的改进和提高，作为司乘人员，在铁路机务部门工作，必须熟悉和掌握电力机车控制电路的基本作用原理来提高自己的专业素质。

一、电力机车能量传递过程（图 6-1）

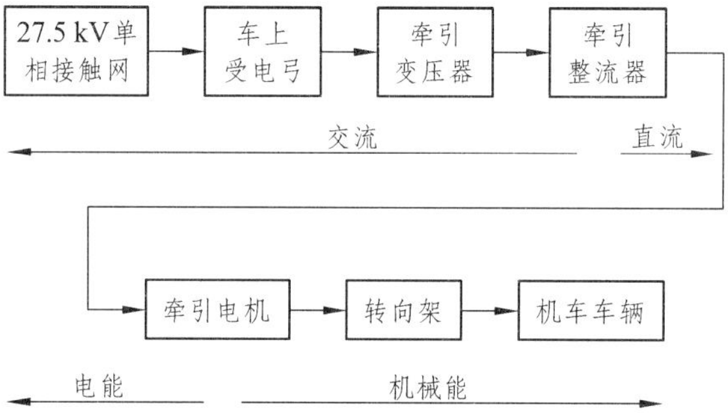

图 6-1 电力机车能量传递过程

二、电力机车电路分类

电力机车的电气线路通常都由三部分组成，分别是主线路、辅助线路和控制线路。各种保护设在各线路之中，在电方面不独立存在。

1. 主电路

主线路（或动力电路），是产生机车牵引力和制动力的主体电路。又按电压级分为网侧高压电路、调压电路和牵引制动电路三级。

功能：牵引和制动时，完成能量传递和转换。

特点：大功率、高电压、大电流。

主要包括：牵引变压器、整流器、牵引电机。

2. 辅助电路（两类）

辅助电路是专向各辅助机械供电的电路，按电压等级可分为 380 V、220 V 两个部分。

1）交流辅助电路

功能：给主电路的通风、冷却辅助电机等。

特点：三相 380 V 交流供电，功率较小。

包括：单/三相变换器、通风电机、压缩电机等。

2）直流辅助电路

功能：给电器控制、电子控制及照明、空调设备供电。

特点：直流 110 V 供电，有蓄电池作后备电源。

包括：DC110 V 交直流变换电源、蓄电池、车灯、空调等。

此外，用于客车牵引的机车上有 DC600 V 直流电源供客车车厢内空调、采暖、照明及旅客信息服务系统供电。

3. 控制电路（有两类）

控制电路(含电子电路)是主令电路，司机通过主令电路发出指令来间接控制机车主电路及辅助电路，以完成各种工况的操作属低压电路。

1）电器控制

功能：完成电路和气路的开关及逻辑互锁。

特点：电动或气动的逻辑开关。包括：继电器、电控阀、气动开关等。

近年来生产机车上的逻辑联锁已由逻辑控制单元（LCU)完成。

2）电子控制

功能：配合主辅助电路完成机车的控制。

特点：弱电控制、控制复杂；包括：给定积分器、特性控制、防空转/防滑、移相控制、功率放大、脉冲变压器等控制单元。

机车的三大线路在电方面是相互独立的。它们之间通过电磁、机械或电空传动相联系。

第二节　交直电力机车主电路

一、概述

“交-直”电力机车的主电路，是由牵引变压器与牵引电动机及其相关电气设备连接而成的电路，具有电压高、电流大的特点，因而亦叫高压电路或牵引动力电路。根据“交-直”电力机车的运行需要，对主电路提出了各种要求，以保证电力机车安全运行。主电路要进行功率传递，实现电能向动能的转换，将接触网的电能转变成适于列车牵引所需要的牵引力，因而十分重要。电力机车的主电路，尤其是整流电路，它们决定了机车类型，同时很大程度上决定了机车的基本性能，直接影响着机车性能的好坏、投资的多少、维修费用的高低等技术经济指标。

与一般电力拖动装置不同，电力机车主电路及其电气装置具有功率大、控制较复杂、工作条件差、受机车空间尺寸限制等特点，这些在机车主电路设计时都要予以充分考虑。

1. 对主电路的基本要求

起动、调速、制动是列车运行的基本规律，通过电力机车主电路、控制电路、辅助电路的共同作用来实现。电力机车主电路要能满足机车起动、调速、制动三种基本工作状态的要求，尤其是调速，因为它是三种基本工作状态的基础。为了充分发挥电力机车的功率，实现多拉快跑，就要求电力机车不仅能在不同线路和载荷条件下改变牵引力，而且还能在相同牵引力下得到不同的速度。因此，电力机车主电路必须保证牵引电动机的转矩和转速都可作独立调节，而且要有较宽的调节范围。

电力机车主电路非常重要，必须满足以下几方面的基本要求：

（1）由于主线路是高压线路，因此在升弓带电情况下，要保证工作人员与高压带电部分离。

（2）能快速接通与断开电路。

（3）在网压波动的允许范围内能可靠地工作，具有一定的过载能力，对地有良好的绝缘性。

（4）能改变机车的运行方向，能进行起动和调速。

（5）尽可能做到起动平稳、调速平滑、减少冲击。

（6）在故障情况下有维持运行的故障线路。

（7）有充分的保护。

（8）有电气制动的机车应能可靠地进行牵引-制动转换，并保证电气制动的电气稳定性和机械稳定性。

（9）应有使机车入库的低压电源入库线路。

2. 主电路的结构特点

衡量“交-直”电力机车主电路的性能，一般从以下几方面进行考察：

1）变流调压方式

“交-直”电力机车的调压方式有很多种。早期的 6Y2 和 SS3 型电力机车采用牵引变压器高压侧自耦调压，SS1 型电力机车采用牵引变压器次边分段调压，然后再变流。SS1 型电力机车的变压器次边分段调压，能实现有级调压。而今，电力机车普遍采用变流器调压，它通过对可控硅整流器的控制角移相来实现调压。可控硅移相调压的基本特点是：可以使输出电压平滑，实现无级调压。相控调压又可以分为全控桥整流调压、半控桥整流调压两类，在无再生制动的情况下，应以半控桥整流调压为好，因为功率系数可以得到改善。

2）供电方式

供电方式可以分为集中供电、半集中供电和独立供电等方式。

集中供电（车控）方式，就是电力机车主电路由一组调压整流装置（半波或全波）给所有的牵引电动机供电，如图 6-2（a）所示典型的中抽式集中整流供电电路。集中供电的优点是：电路在配线和总体布置上都比较简单；整流装置的容量较大，电动机可以全部并联，与电动机串联比有较好的防控转性能；整流臂并联硅元件多，发生故障短路时电流被较多元件分流，对整流元件短路保护要求低。缺点是：当牵引电动机在特性上有差异时，将出现各并联电动机支路负载分配不均；当该机车由其他机车拖动与原方向相反运动时，牵引电动机将因剩磁而发电，其发电电势较高的一个电机将通过其他电机形成自励回路，最后造成牵引电动机并联自励发电短路，为此机车上电路中都加设了线路接触器；当一台牵引电动机发生环火时，可引起另一台牵引电动机的环火。

半集中供电（架控）方式，就是同一转向架上的电机由一套调压整流装置供电，如图 6-2（b）所示电路。集中供电的优点是，简化了电路和变流器结构，粘着利用较为充分，同时实现一定的冗余。但缺点是，当一组整流器故障时，所对应供电的那一半牵引电动机没有供电，从而使机车的功率降低一半。

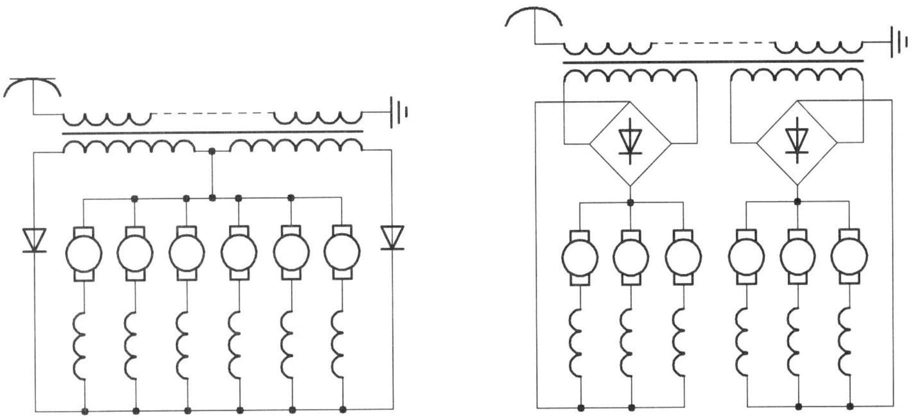

（a）集中供电电路　　　　（b）半集中供电电路

图 6-2　两种供电电路

独立供电（轴控）方式，就是电力机车主电路有多组调压整流装置，每一个牵引电机由一套独立的整流器供电，如图 6-3 所示。独立供电方式可避免上述两种供电方式的缺陷，如当各牵引电动机特性有差异时不会形成环流，当一组整流器故障时仅切除一台牵引电动机而不影响其他支路，机车功率下降小一些。图 6-3（a）为变压器二次侧共用绕组中抽式供电电路，变压器二次侧绕组结构简单，但用可控硅元件整流时会出现各整流支路逐个换向的现象，造成各支路输出平均电压不相等，加大了电机特性差异的后果。图 6-3（b）为变压器二次侧独立绕组供电电路，它克服了前者的缺点，二次侧绕组的电流也减小，但变压器绕组增多，带来变压器结构的复杂和绕组间的绝缘要求等问题。

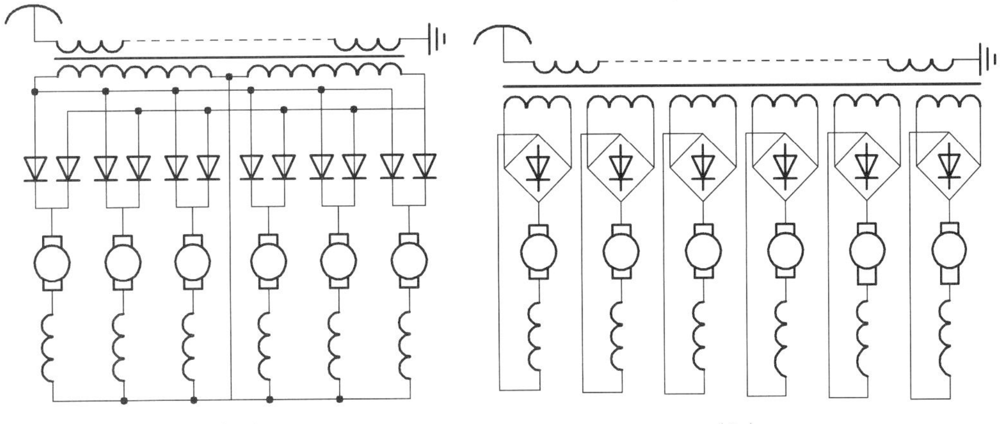

（a）　　　　（b）

图 6-3　独立供电电路

3）调速与磁场削弱方式

调速是电力机车牵引中最为根本的任务之一。“交-直”电力机车的调速通常有两种：一是起动和低速时的调速，通过调牵引电动机的电压来实现，早期是改变牵引电动机次边绕组来调压，现在普遍采用可控硅相控整流来调压；二是高速时的调速，通过削弱牵引电动机的磁场来实现，能更好地发挥牵引电动机的功率。

“交-直”电力机车常用的磁场削弱方式，主要有改变励磁电流的电阻分流法和可控硅分流法两种。

电阻分流法是在励磁绕组旁并联电阻来使流过励磁绕组的电流减少，达到削弱磁场的目的，通常用两个电阻实现三级磁场削弱。可控硅分流法是在励磁绕组旁并联可控硅，根据要求的磁场系数 β 值对牵引电动机励磁电流进行旁路，从而达到削弱磁场的目的。

可控硅分流的削弱磁场与可控硅整流的相控调压相结合，可实现电力机车的全无级调速。

4）电气制动方式

电气制动方式有电阻制动和再生制动之分。目前的大功率电力机车都配有电气制动。

电阻制动是将电动机的串励改为他励作发电机运行，制动产生的电能消耗在制动电阻上。他励电源由变压器次边绕组通过可控硅整流来提供，可实现他励励磁电流的连续调节。为了使电阻制动在低速区也获得最大恒制动力特性，近年来又在电力机车上采用了加馈电阻制动方式。

再生制动也是将电动机的串励改为他励作发电机运行，制动产生的电能通过变流器逆变反馈给电网。再生制动的经济效果较大，且没有电阻制动的电阻和转换开关，使电力机车主电路得以简化。但采用再生制动的电力机车必须采用全控整流电路，控制较为复杂。同时，再生制动时机车功率系数较低，电网的电压和电流波动较大，对通信和运行在同一区段的其他整流电力机车的工作都有干扰。

5）牵引电动机型式及联结方式

电力机车牵引电动机型式主要有串励牵引电动机和复励牵引电动机两种，其联结方式一般采用全并联的联结方式，以便更好地利用机车的黏着力。

6）检测及保护方式

（1）检测。

为了使机车司机随时了解电力机车的运行状态，掌握牵引电动机的工作情况，通常对电力机车主电路设有各种检测电路。对交流侧的检测，是用交流电压、电流互感器来检测接触网电压、变压器一次侧电流。对直流侧的检测，是用直流电压、电流互感器或传感器来检测牵引电动机的电压和牵引电动机的电枢电流、励磁电流。检测获得的信号送到机车驾驶室，向司机指示。

（2）保护。

为了确保电力机车的可靠运行，必须在电力机车电路中设置一系列的保护。当电力机车电路发生故障时能迅速切断相应的电路，避免电力机车电气设备遭到损坏，或者防止故障的进一步扩大；当电力机车故障不能及时排出时，还应能够方便地组成故障电路，使电力机车能在故障情况下维持运行。

根据电力机车故障性质的不同，保护一般分为：过流保护、接地保护、过电压保护、欠电压保护、其他保护等。

二、主电路构成

以 $SS_{4改}$型电力机车为例讲述主电路构成。

1. 网侧高压电路（25 kV 电路）

主要设备：

（1）高压部分有受电弓 1AP、高压连接器 2AP、空气断路器 4QF、避雷器 5F、高压电压互感器 6TV、高压电流互感器 7TA、主变压器 8TM 原边绕组。

（2）低压部分有自动开关 102QA、网压表 103PV、PFC 用电压互感器 100TV、PFC 用电流互感器 109TA、电度表 105PJ，以及接地回流电刷 110E、120E、130E、140E。

网侧高压：电路如图 6-4 所示。

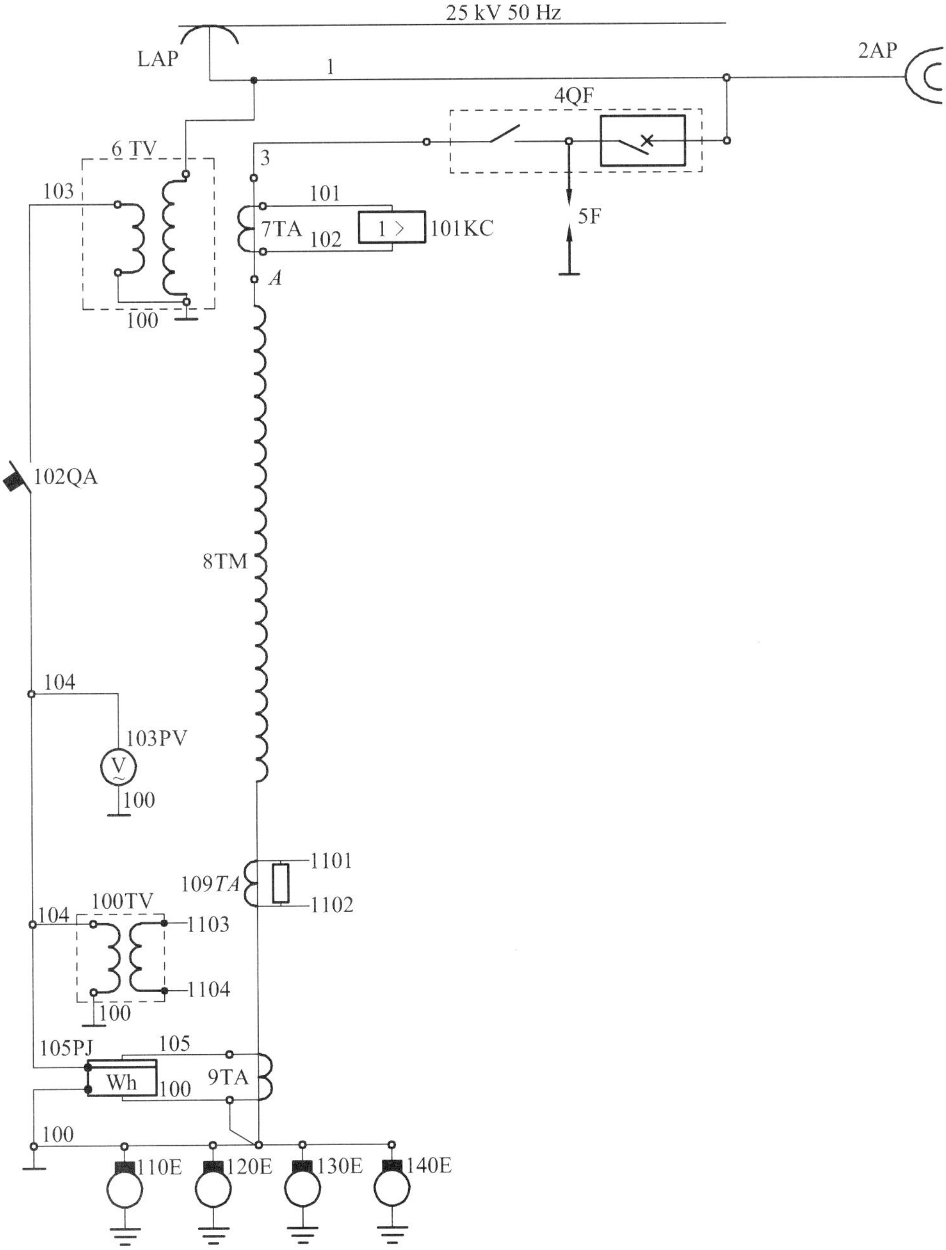

图 6-4　网侧高压电路

3）电流回路

接触网上的 25 kV 单相工频交流电→受电弓 1AP

→ 高压连接器 2AP→另一节车的车顶母线

→ 主断路器 4QF→高压电流互感器 7TA→主变压器原边绕组 A—X→PFC 用电流互感器 109TA→低压电流互感器 9TA→车体→转向架构架→接地回流电刷 110E/120E/130/140E→车轴→轮对→钢轨→回流线→变电所

2. 整流调压电路（Ⅰ架）

如图 6-5 所示，采用转向架独立供电：a1-b1-x1，a2-x2 供电给整流器 70 V，70 V 给并联的第 1、2 位牵引电机供电；a3-b3-x3，a4-x4 供电给整流器 80 V，80 V 给并联的第 3、4 位牵引电机供电。

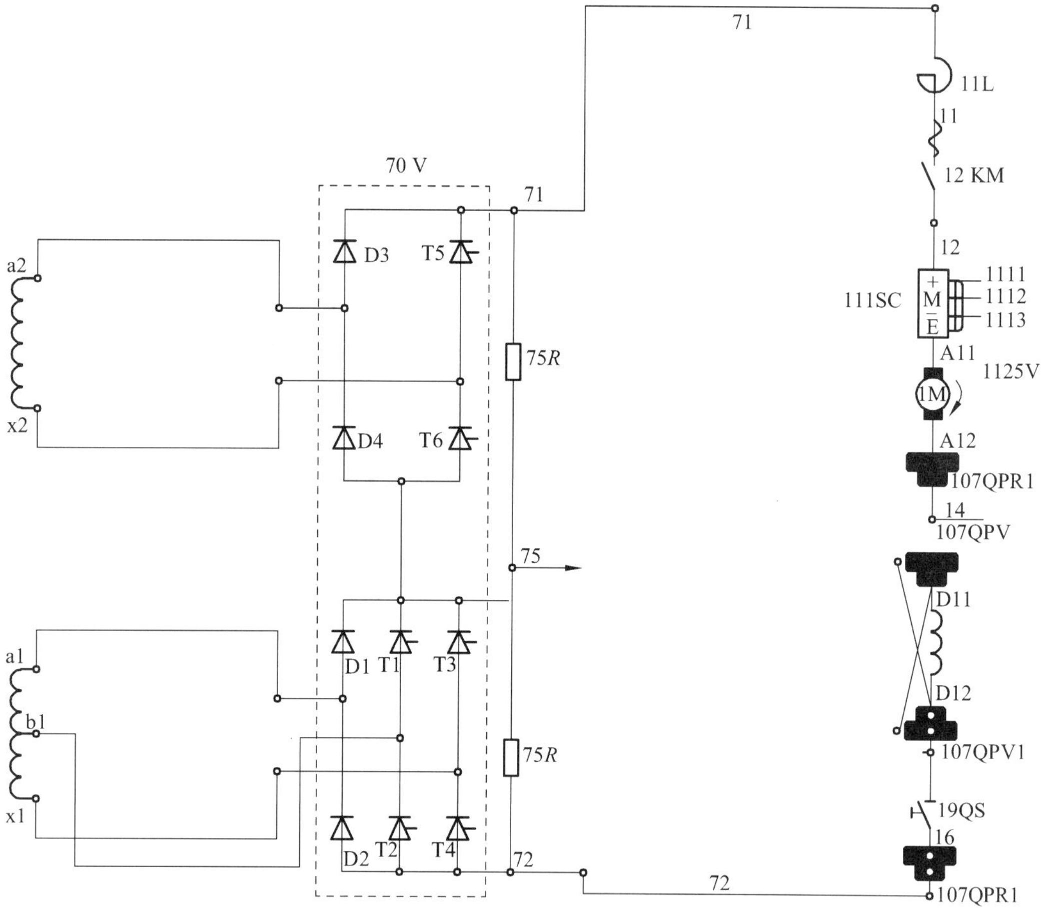

图 6-5 整流调压电路

额定网压时：

$$U_{a2x2} = U_{a1x1} = 2U_{a1b1} = 2U_{b1x1} = 2U_{a3b3} = 2U_{b3x3} = 695.4\ \text{V}$$

不等分三段半控桥式整流电路工作顺序（Ⅰ架为例）：

首先投入 4 臂桥，触发 T5 和 T6，投入 a2-x2 段绕组,T5 和 T6 顺序移相。整流输出电压

$0\sim\frac{1}{2}U_d$变化，D1 和 D2 续流。正半周：a2（正）→D3→71 号母线→平波电抗器→牵引电机线路接触器→牵引电机→牵引电机故障隔离开关→72 号母线→D2→D1→73 号母线→T6→x2（负）。负半周：x2（正）→T5→71 号母线→平波电抗器→牵引电机线路接触器→牵引电机→牵引电机故障隔离开关→72 号母线→D2→D1→73 号母线→D4→a2（负）。

当 T5 和 T6 满开放后，六臂桥投入，维持 T5 和 T6 满开放，触发 T1 和 T2，在原有 a2-x2 段绕组的基础上再串联 a1-b1 段绕组。整流电压$\frac{1}{2}U_d\sim\frac{3}{4}U_d$变化。正半周：a2（正）→D3→71 号母线→平波电抗器→牵引电机线路接触器→牵引电机→牵引电机故障隔离开关→72 号母线→T2→b1（负）→a1（正）→D1→73 号母线→T6→x2（负）。负半周：x2（正）→T5→71 号母线→平波电抗器→牵引电机线路接触器→牵引电机→牵引电机故障隔离开关→72 号母线→D2→a1（负）→b1（正）→T1→73 号母线→D4→a2（负）。

当 T1 和 T2 满开放后，维持 T1、T2、T5、T6 满开放，触发 T3 和 T4,则 b1-x1 段绕组再串入电路，整流电压$\frac{3}{4}U_d\sim U_d$之间变化。正半周：a2（正）→D3→71 号母线→平波电抗器→牵引电机线路接触器→牵引电机→牵引电机故障隔离开关→72 号母线→T4→x1（负）→a1（正）→D1→73 号母线→T6→x2（负）。负半周：x2（正）→T5→71 号母线→平波电抗器→牵引电机线路接触器→牵引电机→牵引电机故障隔离开关→72 号母线→D2→a1（负）→x1（正）→T3→73 号母线→D4→a2（负）。

电阻 75R 和 76R 的作用：①高压空载限流试验时，作整流器 70 V 的负载（只有 75R 作负载，76R 被空载实验转换开关 10QP 短接），②机车正常运行时，可吸收部分过电压。

3. 牵引供电电路（图 6-6）

（1）转向架独立供电：1M 与 2M 并联工作，由整流器 70 V 供电；3M 与 4M 并联工作，由整流器 80 V 供电。

（2）牵引电机支路电流路径：

以 1M 为例：正极母线 71→平波电抗器 11L→牵引电机线路接触器 12KM→直流电流传感器 111SC→1M 电机电枢回路（A11→A12）→107QPR1“牵-制”鼓→107QPV1“前-后”鼓→1M 电机励磁回路（D11→D12）→107QPV1“前-后”鼓→107QPR1“牵-制”鼓→牵引电机故障隔离开关 19QS→负极母线 72 。

因同一转向架两牵引电机背向布置，则牵引电机相对旋向相反。因此各牵引电机电枢回路与励磁回路的相对接线方式为（前方向）：

1M: A11 A12→D11 D12　　2M: A21 A22→D22 D21

3M: A31 A32→D31 D32　　4M: A41 A42→D42 D41

（3）磁场削弱。

以 1M 为例：在牵引电机励磁绕组两端并联有固定分路电阻 14R，固定磁场消弱系数$\beta=0.96$；可减小流过励磁绕组的交流分量，从而改善牵引电机的换向。一级磁削电阻 15R 和磁场削弱接触器 17KM；二级磁削电阻 16R 和磁场削弱接触器 18KM 。当 17KM 动作闭合后，投入 15R，实现Ⅰ级磁削，$\beta=0.7$；当 18KM 动作闭合后，投入 16R，实现Ⅱ级磁削，$\beta=0.54$；当 17KM 和 18KM 都闭合时，15R 和 16R 并联投入，实现Ⅲ级磁削，$\beta=0.45$。

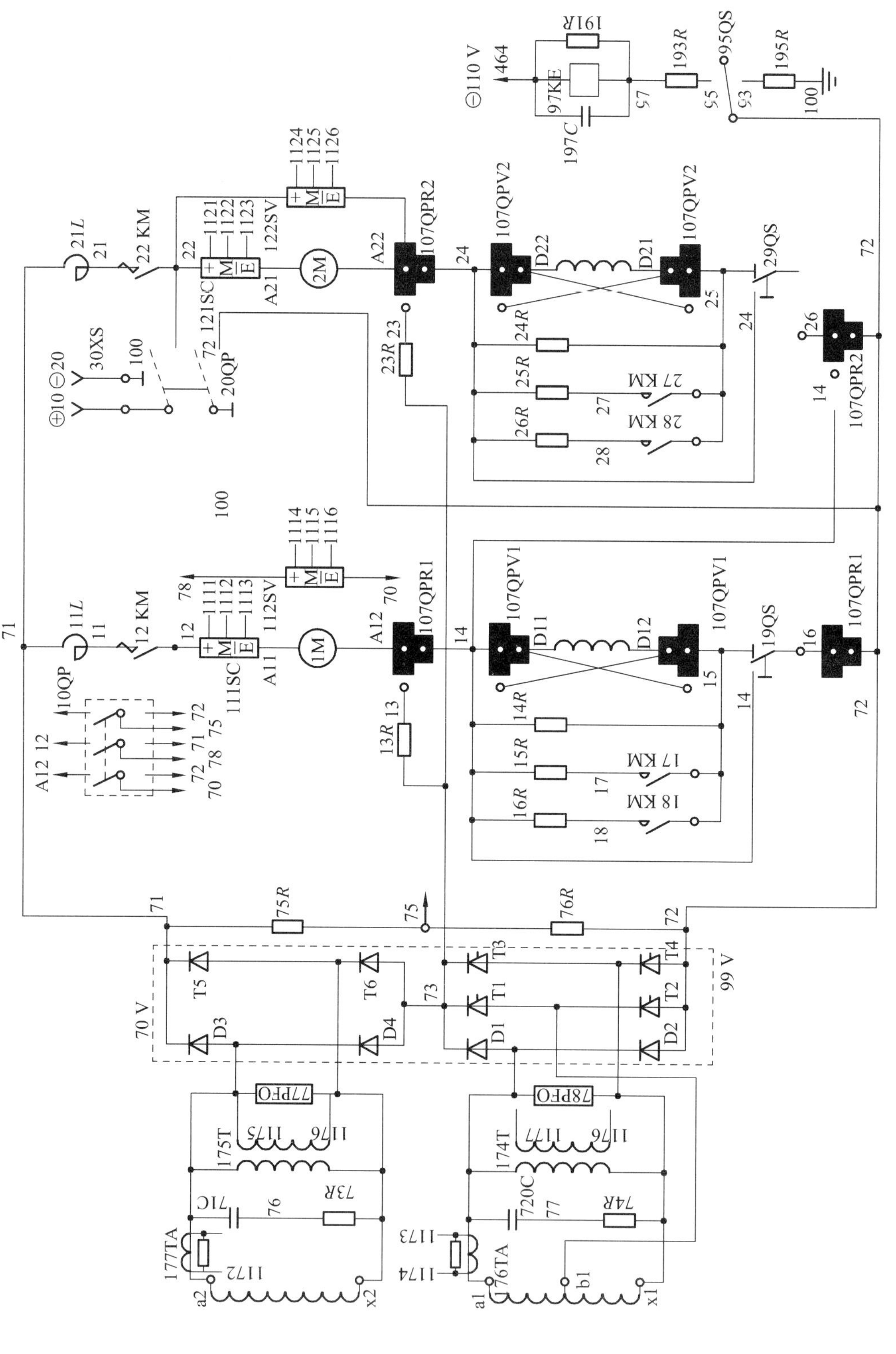
⊖110 V
464
191R
97KE
197C
193R
95QS
195R
100
21L
22 KM
1124
1125
1126
⊕10 ⊖20
30XS
20QP
121SC
122SV
2M
A21
A22
107QPR2
107QPV2
D22
D21
29QS
24R
25R
26R
27 KM
28 KM
23R
71
11L
12 KM
10QP
111SC
112SV
1111
1112
1113
1114
1115
1116
1M
A11
A12
107QPR1
107QPV1
D11
D12
19QS
13R
14R
15R
16R
17 KM
18 KM
75R
76R
70 V
99 V
T1
T2
T3
T4
T5
T6
D1
D2
D3
D4
77PFO
78PFO
175T
174T
71C
720C
73R
74R
177TA
176TA
a1
a2
b1
x1
x2

图 6-6 牵引供电电路

（4）牵引电机的故障隔离。

牵引电机故障隔离开关 19QS、29QS、39QS、49QS 为单刀双掷开关。上为“运行”位，下为“故障”位。当某台牵引电机故障时（非接地故障）时，可将该台牵引电机的故障隔离开关拉“故障”位，其相应的联锁触头将切断该电机的线路接触器的电空阀得电路径，使线路接触器的电空阀不能得电而处于打开状态，该电机支路与供电电路隔离，不投入工作。若为牵引电机接地故障，则拉至“中间”位，使牵引电机与主电路完全隔离，否则仍会引起主接地继电器跳闸，且运行中不得使用电阻制动。

（5）库内动车。

库用转换开关 20QP、50QP 为双刀双掷开关，正常运行时，主刀与主电路隔离，其辅助接点将保护电空阀 287YV 的得电电路连通，当 287YV 得电时，打开升弓气路，方可升弓。机车在库内时，因无 25 kV 的高压电源，但可将库内的 110 V 直流电源引入牵引电机实现动车，以 I 端为例：则将 20QP 转库用位，其主刀之一将库用插座 30XS 的正极接线端与 2M 的电枢正极引线 22 号线连接。20QP 的另一主刀将 I 端整流器的 72 号母线直接接车体。所以库内动车人员只需引入 110V 直流电源的正极即可实现动车（库内 110 V 电源的负极与钢轨相连），机车的运行方向可通过人为转换两位置转换开关实现。此时 20QP 的联锁触头切断 287YV 得电电路，使 287YV 不能得电，则库内不能升起受电弓。

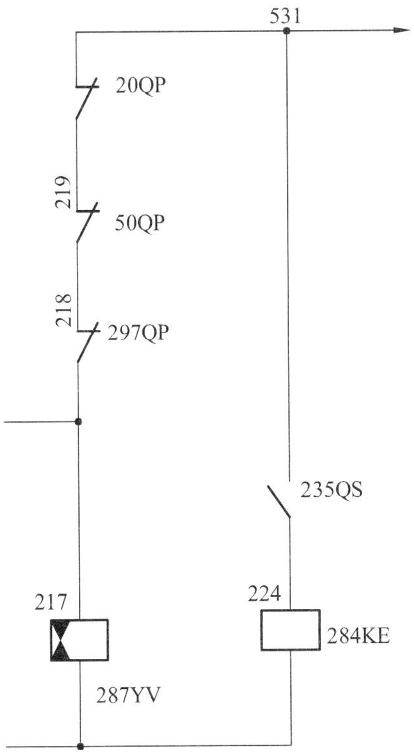

图 6-7　保护电空阀 287YV 得电电路

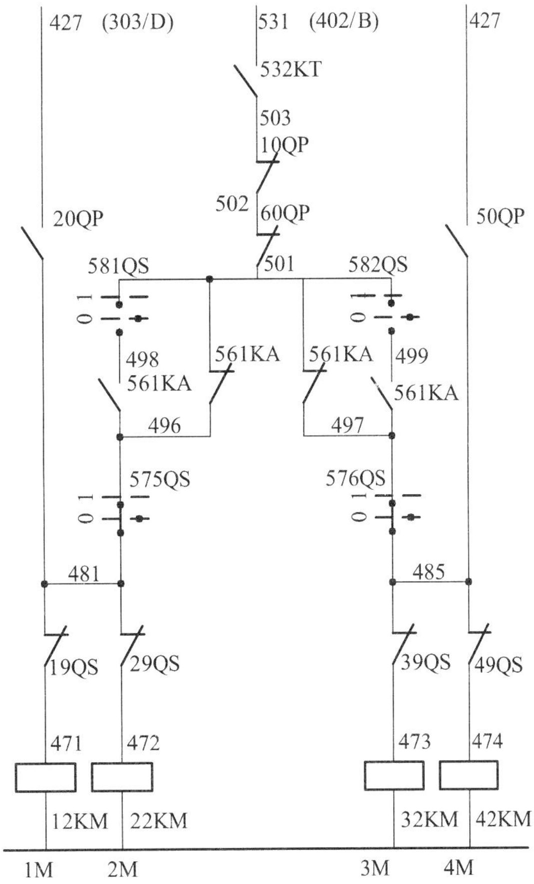

图 6-8　牵引电机线路接触器得电电路

同时，20QP 的联锁触头还接通牵引电机线线路接触器 12KM、22KM 的电空阀得电电路（给上司机钥匙、两位置转换开关转换到位时电路才能构通），使 1M 也可通电，便于机车出厂实验电机转向、出入库及旋轮。

（6）空载试验。

10QP 和 60QP 为三刀双掷开关，正常运行时，10QP 和 60QP 将直流电压传感器 112SV 和 142SV 分别与 1M 和 4M 的电枢相连，其相应辅助接点接通牵引电机线路接触器的电空阀的得电路径。机车空载实验时，10QP 和 60QP 将 112SV 和 142SV 分别与主整流器 70 V 和 80 V 的输出端相连，同时短接 76R 和 86R，使 75R 作为Ⅰ端主整流器的负载，85R 作为Ⅱ端主整流器的负载（75R，76R,85R,86R 阻值为 300 Ω，且为 2 串结构，则空载实验时主整流器的负载阻值为 600 Ω）。其辅助接点断开牵引电机线路接触器的电空阀得电路径，使牵引电机不能接入主电路，实现主整流器的空载实验。

4. 加馈电阻制动电路

加馈电阻制动又称为“补足”电阻制动，是在常规电阻制动基础上发展的一种能耗制动，可实现机车“恒制动力”的控制。

机车的轮周制动力为：

$$B = C\Phi I_z \quad (N)$$

式中　C ——机车结构常数；

Φ ——电机主磁通/Wb；

I_z ——电机电枢（制动）电流/A。

常规电阻制动中，当电机主励磁最大恒定后，制动电流将随机车速度的降低而减小，轮周制动力也随之而变化，为了克服在低速区时制动力的减小，加馈电阻制动是从电网吸收电能，通过相控主整流器向电机电枢补足 I_z 并保持恒定，以此获得理想的最大轮周制动力恒定值。

电制动时，通过两位置转换开关的转换，“牵引”→“制动”。电枢回路与制动电电阻相串联（加馈时还与主整流器的一段大桥相连），每节车的 4 台牵引电机的励磁绕组串联后由励磁整流桥单独供电。此时牵引电机做他励发电机运行，发出的电消耗在制动电阻上，使电枢绕组通过电流在主磁场中受力而产生制动转矩，对机车和后部车辆产生制动作用。

5. PFC 电路

每节车设置有 4 组完全相同的 PFC 装置，并联在 4 个牵引绕组两端。

该装置通过滤波电容和滤波电抗的串联谐振，降低机车的三次谐波含量，提高机车的功率因数。

由真空接触器（电磁式）、无触点晶闸管开关、滤波电容、滤波电抗和故障隔离开关等电器组成。

6. 保护电路

1）短路保护

网侧短路：通过高压电流互感器（变比为 200/5）与原边过流继电器（动作值为 8 A）配合动作使主断路器分闸。整定值为 320 A。

次边短路：经交流电流互感器检测电流→电子柜。经电子柜过流保护环节最终使主断路器分闸。整定值 3000A ± 5%。

在整流器的每一晶闸管上各串联一个快速熔断器，实现元件的击穿短路保护。

2）过流保护

过电流是指电器设备过载、设备及电路短路引起的电流剧增。过电流易造成电气设备的绝缘老化，设备烧损，严重引起失火。

主电路的过电流，除变压器原副边短路和牵引电动机过载外，主要是整流电路的短路故障引起，形成很大的短路电流。整流电路的短路，有内部短路和外部短路两种。

整流电路的内部短路，由整流桥臂的整流元件丧失反向阻断能力（即被击穿）所引起，造成牵引变压器副边短路。

整流电路的外部短路，指整流电路直流输出侧短路，最常见的是由牵引电动机环火引起。电动机发生环火时，电机被短路。由于平波电抗器和电机串励绕组及附加极绕组，电路有很大的电抗，使得短路电流的增长比较缓慢，不像整流电路内部短路在第一个周波内会出现最大值。

主电路的过载，主要在机车起动、上坡或机车司机操作不当时发生的电流过载，其次是整流臂中某条支路断开使其他支路电流过大的电流过载。此外有一种热过载，当通风机组故障时，使强迫风冷的整流机组、牵引电机和牵引变压器等因过热而受损坏。

（1）主断路器过流保护。

电力机车的过电流保护，一般采用高速自动开关或主断路器，主断路器是装在牵引变压器原边的空气断路器，它既是电力机车的总电源开关，又是电力机车的过电流保护。这种采用主断路器兼作过载和短路保护，是一种标准的传统措施，在法国机车、日本机车和我国韶山型机车上广泛应用。韶山机车通常用 25 千伏的空气断路器，通过电流互感器测量流入机车的总电流，当电流达到其整定值后的 0.06 秒就动作切断电源。这种断路器的优点是，结构简单可靠，没有复杂的控制系统。但缺点是，动作速度相对较慢，保护的可靠性受到一定限制。由于动作速度相对较慢，空气断路器只是作整流电路的外部短路过电流保护，因为外部短路因平波电抗器大电抗使得短路电流增长比较缓慢。

（2）过流继电器保护。

过流继电器安装在牵引变压器原边，当变压器原边或者副边发生短路时，均引起变压器原边电流剧增，当超过保护过流继电器的电流动作值时动作，使主电路跳闸。

（3）电磁式过载继电器保护。

电磁式过载继电器是常用的牵引电动机过载保护。牵引电动机回路中的母线穿过继电器铁心，当牵引电动机过载电流超过继电器动作值，继电器动作，引起主电路跳闸。

对电气制动时的牵引电动机过载保护也可用继电器，但一般不切断主电源，而只切断励磁回路电源，同时封锁相应的电子触发电路。

顺便指出，对辅助电路的过电流保护有两种方式，一是通过过电流继电器切断机车主电源，二是通过过流继电器切断机车辅助电源，后者对机车运行有利，但须增设一断路器；对控制电路及其他电路的过载保护，一般采用熔断器、自动开关等进行保护。

3）过电压保护

过电压是指对电气设备绝缘有危险的电压升高，它是由系统的电磁能量发生瞬间突变所引起的，对电力机车的电气设备会造成严重损坏，如绝缘击穿、电机环火等，因此需要过电压保护。

电力机车上的过电压有外部过电压和内部过电压两种。

外部过电压主要是指大气过电压。它由外部直接雷击或雷电感应通过接触网和受电弓突然加到机车上引起的。大气过电压积蓄的能量很大，雷电流的幅值有时可超过 200 千伏。当雷电直接击中线路时，可能发生幅值为几百万伏的短时冲击电压。有些地区在雷雨季节，每公里线路会遭到数十次雷击。

内部过电压主要是指操作过电压。它由电路本身的变化产生，一方面来自机车内部，另一方面来自供电接触网。

对于来自供电接触网的操作过电压,除供电系统中的操作过电压会经接触网传入机车外，同一线路上运行的邻近机车主电路跳闸时，也会有过电压经接触网传入到本机车。

对于来自机车内部的操作过电压，由急剧改变电路状态引起，主要是在切断感性回路、整流装置换相或故障时机车内部有电磁能量在瞬间释放，其熄弧瞬间形成的过电压幅值可达牵引变压器额定电压值的 8 ~ 10 倍。同时，牵引变压器合闸时的浪涌电流、负载电流的急剧变化以及保护装置的跳闸、电气设备的接地与短路等，都可能产生操作过电压。此外，二极管整流器组在换相时，空穴积蓄效应（载流子的残留效应）也会产生换相过电压。

（1）避雷器或放电间歇过电压保护。

避雷器是用来防止大气过电压的，安装在电力机车的进线处，位于主断路器的里侧，如图所示。这种接法的优点在于，机车运行期间主断路器是闭合的，避雷器既可防护大气过电压，又可防护机车操作过电压（主断路器断开是不产生操作过电压的），因此应用最为广泛。有些机车的避雷器安装在主断路器的外侧，优点是不管主断路器是否闭合受电弓始终受到雷击保护，但对操作过电压的保护却较差。还有些机车的避雷器安装在牵引变压器的副边绕组上，对变压器的副边绕组过电压保护。

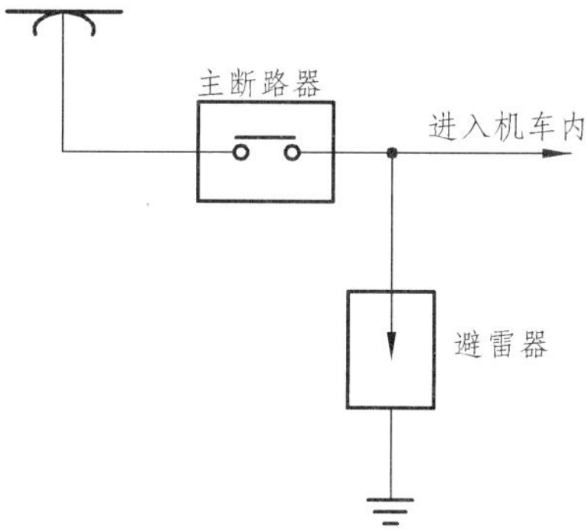

图 6-9　大气过电压保护

阀型避雷器是常用的避雷器，因为它的保护性能和工作可靠性都较好，受温度影响也小，在冬夏季都能正常使用。除了阀型避雷器外，也可使用放电间歇来代替。当大气过电压袭击时，若电压大于放电间歇的击穿电压，放电间歇被击穿成短路状态直接接地，将过电压的能量排泄掉，使过电压不能进入机车内部。但放电间歇被击穿后不能恢复，引起牵引变电所跳闸，故现在多用避雷器。

避雷器的额定电压应根据被保护设备的额定电压来选择。放电间歇也应根据被保护设备的额定电压来调整间歇，如 25 kV 交流机车进线处的放电间歇为 90 ~ 110 mm。

（2）阻容保护装置过电压保护。

电阻与电容串联构成的阻容（RC）吸收电路，不但对进入机车的大气电压有削弱作用，而且对操作过电压也有削弱作用，同时还对整流装置的换相过电压有削弱作用。

当 RC 吸收电路并接在变压器的副边绕组两端时，对进入变压器的残余大气过电压进行保护，如图 6-10（a）所示。低于避雷器额定电压（或放电间歇击穿电压）的大气过电压可进入机车内部，虽然主断路器和牵引变压器能够承受，但它通过电磁感应和静电感应进入变压器二次侧，仍能损坏机车内部的其他设备。由于电容具有端电压不能跃变的特性，可抑制尖峰过电压。而串联电阻的阻尼作用可避免电容与电感的谐振现象，待过电压消失后，电容再通过串联的电阻构成放电回路而缓慢放电。这种接法，在国产韶山型电力机车上得到应用，且日本机车也大都采用这种接法。

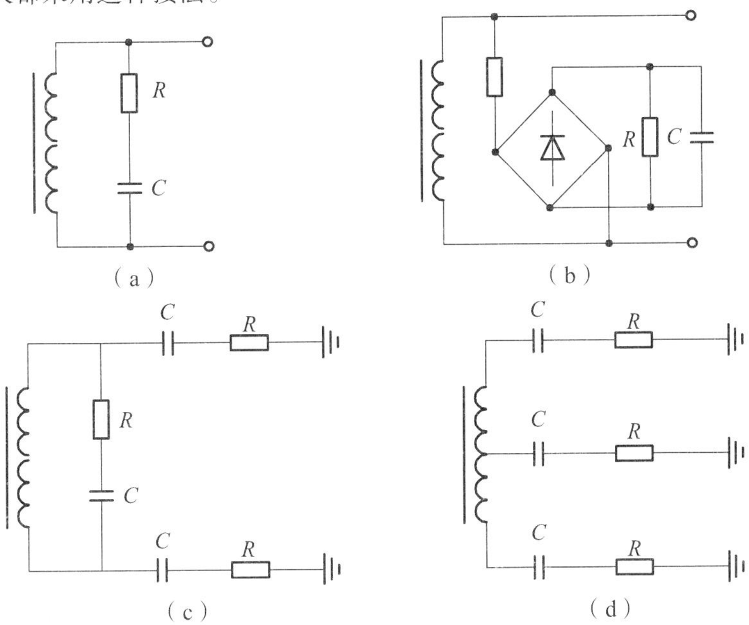

图 6-10　交流侧 RC 吸收电路的几种接法

图 6-10（b）为经专用整流电路接 *RC* 吸收电路，因此电容放电的 d*i*/d*t* 不会危及主电路整流装置，同时直流电容器体积小、价格低。图 6-10（c）为在（a）的基础上还在副边绕组两端对地接 *RC* 吸收电路，使绕组对地电位受到限制。图 6-10（d）是在副边绕组两端和中点都对接有 *RC* 吸收电路，进一步保证了绕组各部的对地电位不会过高。这些 *RC* 吸收电路接法，在法国机车上得到较多的应用。

当 *RC* 吸收电路并接在整流元件两端时，可对整流装置的换相过电压进行保护。其串联电阻除避免谐振外，还可限制电容经硅元件的放电电流，保护硅元件不受损害。*RC* 吸收电路还可减小可控硅在承受过大的 d*u*/d*t* 时的误导通，因为 *RC* 旁路了原来要流过元件阻挡层中的电容电流，而正是此电流会起到可控硅触发电流的作用使其误导通。

此外，对电网波动造成的电机电压超过额定值、电气制动电动机作发电机运行因运行速度较高等造成的电压超过额定值等，因增长缓慢、幅值不太大、危害也较小，不专设保护，仅靠仪表指示由机车司机通过操作来消除。

4）接地保护

所谓接地，是指电力机车上电气设备因绝缘破损、飞弧或其他意外的情况，使带电导体与车体的金属部分接触，从而产生接地故障。

根据接地点是否稳定，接地分为“死接地”与“活接地”两种。所谓“死接地”是带电导体与机车钢结构直接接触；而“活接地”是裸露导线部分通过空气对车体钢结构放电或通过绝缘物对钢结构爬电。

“交-直”电力机车的牵引变压器副边没有电气接地，如果发生绝缘破损等的接地故障，当只有一个接地故障点时，接地故障仅仅是一个潜在的危险；若再有一个以上的接地点时，其接地点之间的电位差就产生短路电流，造成导线或设备的烧损。

直流机车（如动车组），主电路由电网经牵引电动机接地，当一有接地点时将产生严重的后果，尤其是“死接地”时。

由于接地故障的危害，对电力机车来说，无论主电路、辅助电路、控制电路都须设置接地保护。主要的接地保护手段是采用接地继电器。对主电路接地保护来说，继电器接在主电路与地点（车体）之间，如图 6-11 所示。

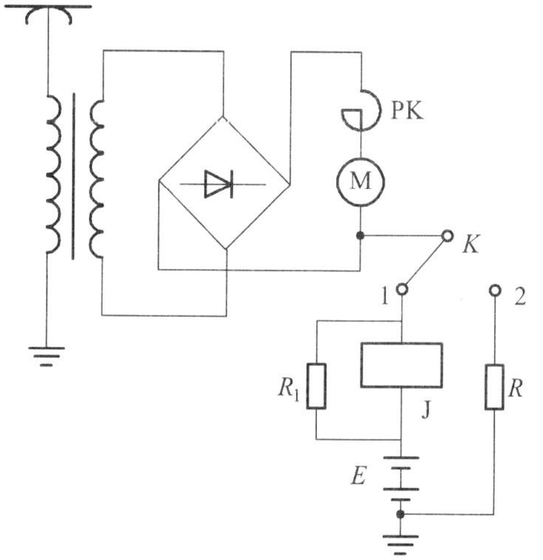

图 6-11　接地保护装置原理图

在机车正常运行没有接地的情况下，接地继电器没有形成闭合回路，继电器 J 中无电流处于释放状态。当主电路任意一点接地时，直流电源 E、继电器 J 与电路中接地点构成回路，使接地继电器动作。由于主电路对地电位处于漂浮状态，而主电路与地（车体）之间又存在着一些分布电容，因此即便是在主电路没有接地故障的情况下，由此感应产生的高频电流也可能使接地继电器误动作。为此在继电器线圈两端并电阻 R_1，在机车没有短路的正常情况下，对继电器中的高频电流分流，使继电器不致误动作。此外，R_1 还可避免在主电路发生接地瞬间所产生的过电压对继电器的危害。

运行中发生接地故障后，若不能及时处理而又需要维持机车运行，在确认只有一个接地点的情况下，可将故障转换开关 K 由 1 打向 2，将接地继电器切除。这时主电路经大电阻 R 接地，维持机车运行。

5）欠电压保护

欠电压是指接触网的电压过低或突然失电。当接触网电压过低时，机车不能以正常功率运行，辅助机组也不能正常工作，若是再生制动很容易使逆变失控。当接触网电压消失时，机车当然会停止运行，但如果电压又突然恢复，会造成机车电气及机械上的冲击，这是不允许的。因此，对欠电压或零电压都须进行保护。

对“交-直”电力机车，一般在变压器辅助绕组上装欠电压继电器或电子装置，当电压低于某一值时，通过欠电压继电器或电子装置使主电路器跳闸保护。电力机车运行过程中，受电弓短暂离线而使机车失电，这种情况使允许的。因此，欠电压继电器应有适当的延时，例如 SS_8 型电力机车，失压延时 0.5 s 跳主断路器，欠压低于 19 kV 时延时 10 s 跳主断路器，欠压低于 17.5 kV 时立即跳主电路器进行保护。继电器的这种延时性能，避免了机车运行中因受电弓接触不良造成的误动作。

三、典型机车主电路

国产韶山型电力机车随型号的不同其主电路也不同，引进的法国机车与日本机车主电路也不相同。在这里就我国常用的典型电力机车主电路进行介绍。

1. SS_3 型电力机车主电路

在 SS_1 基础上改进，六轴（C_0-C_0）客、货两用干线机车。

主电路组成：受电弓、主断路器、高压电流互感器、主变压器、调压开关、硅整流装置、牵引电动机、平波电抗器、制动电阻柜等，如图 6-12 所示。

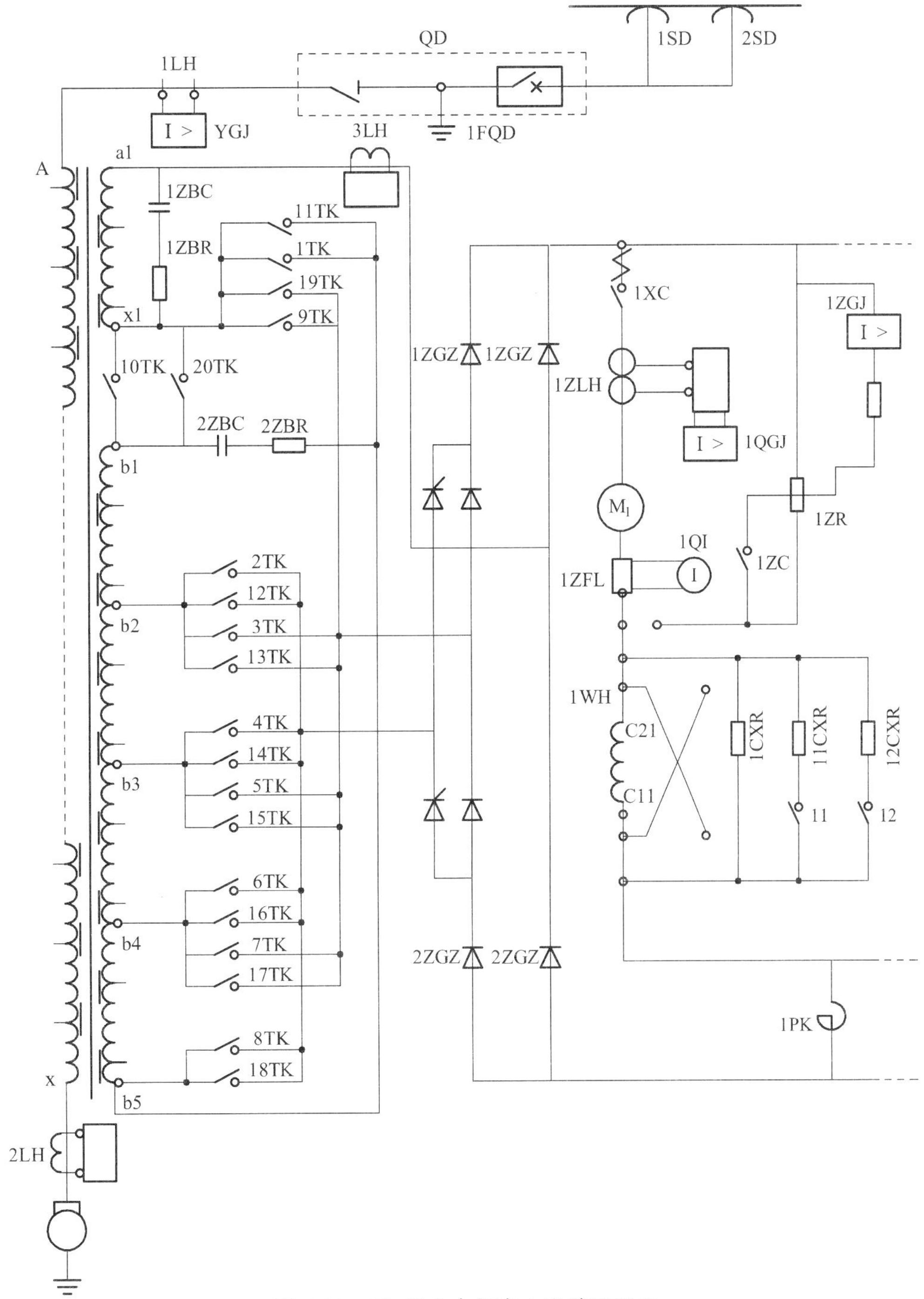

图 6-12　SS_3 型电力机车主电路原理图

1）原边电路

25 kV 单相工频从受电弓 1SD 入机车，经空气主断路器 QD、高压电流互感器 1LH 到原边 a-x，再经电流互感器 2LH 及机车接地装置到钢轨回流。

2）调压及整流电路

副边两大段均为 1 111 V，其中 a1-x1 固定、b1-b5 分级（四段，每段 277.8 V）。分级经转换触头 1TK、11TK 与固定段反接或经 10TK、20TK 与固定段正接，再经桥式整流向 M1 ~ M6 供电。

（1）调压开关 8 级调压（8 × 277.8 V，级间可控硅平滑调压）：

置 0 位：仅 1TK、11TK 闭合（0 ~ 4 位始终闭合），无闭合回路，无输出。

升 1 位：2TK、12TK 闭合，固定与分级反接，有 277.8V 交流电压，经半控桥整流，控制α有 0 ~ 250V（空载）平滑调节。可控硅全导通后准备升 2 位。

升 2 位：先合 3TK、13TK，二极管臂与可控硅臂两臂并联，再关可控硅，形成二极管桥式整流。尔后断开 2TK、12TK，再合 4TK、14TK，接通可控硅构成跨接，调压开关升到 2 位。可控硅臂不通时，二极管臂整流（250V）；可控硅臂通时，二极管臂止，控制α有 250 ~ 500V 平滑调节。依次类推，升至 4 位。

升 5 位：4 位全导通向 5 位转换时，先合 9TK、19TK 接通二极管臂，只由 a1-x1 过度供电；尔后关可控硅，断 8TK、18TK 和 1TK、11TK，再接通 10TK、20TK 和 2TK、12TK，构成 5 位跨接，调控制角进行平滑调压。此后同 1 ~ 4 程序，实现从 5 位升到 8 位。

注意：降压时的调压开关触头开闭程序相反。

（2）平滑调压的恒流、限压：按司机控制手柄给定电流值自动升压，当电机直流互感器（M1 为 1ZLH）反馈电流信号小于给定值，α逐渐减小至满导通后调压开关升位，再控制α直至达到电流给定值；随起动速度 V 的增加，电流将下降，可控硅α自动调小，直至可以升位，从而始终保持电机电流恒定，以实现恒流控制。当升至 8 位达最高电压时，因限压环节作用，调整可控硅α，使电机被限压在 1 550 V。

（3）机车制动：调压开关只升 1 位（277.8 V），经整流提供直流他励（图中未表示出），控制可控硅α实现励磁平滑调节。

3）牵引、制动电路

（1）脉流牵引电动机，每台 800 kW（以 M1 为例）：

线路接触器 1XC，在调压开关回“0”前断开支路，再转换位置转换开关，以避免电机剩磁引起不良后果，提高机车可靠性。

直流互感器 1ZLH，监测电机电流，并经过载继电器 1QGJ 对电机过流保护，动作整定在（850 ± 5%）A。（继电器动作后跳主短路器）分流器 1ZFL（1 000 A/75 mV），接电流表 1QI（0 ~ 1 000 A）。对电机 M1 ~ M6 按 1QI、3QI、5QI 和 2QI、4QI、6QI 安装在机车Ⅰ、Ⅱ端驾驶台上。位置转换开关 1WH，改变电机主极正、反接实现机车“向前”、“向后”，改变电机主极串励、他励实现机车“牵引”“制动”。

磁场削弱电路（改善电机换相和机车恒功范围），固定削磁（1CXR）0.95；Ⅰ级削磁（电空接触器 11CXR 合）0.7；Ⅱ级削磁（12CXR 合）0.54；Ⅲ级削磁（11CXR、12CXR 都合）0.45。

（2）电阻制动。

电机他励，6 电机主极串由半控桥器供电，各电机电枢与各自制动电阻（M1 为 1ZR）组成独立回路。

制动电流由司机控制器给定，420 A 以下能自动恒流；当速度低达不到电枢给定值时，励磁电流自动调节增大，直到 700 A 最大励磁电流限制为止。

低速区（20 km/h 左右），按驾驶台“低速制动”按钮使低速继电器（M1 为 1ZC）闭合，短接一半制动电阻，机车低速发挥额定制动力。则电阻制动分两级。

此外：主电路库用插座，由 M5 入库动车；直流电压表，监测电机端压（1 550 V）。

4）主电路保护

（1）过压保护。

原边放电间歇 1FDQ，间歇 110 mm，冲击击穿电压 90 kV，防大气过压和操作过压；副边 a1-x1、b1-b5 接阻容吸收电路，将外来过压抑制在 6%以下。

（2）过电流保护。

变压器：原边 400 ± 5%A 时 1LH 次边有 10A 电流，驱动 YGJ 动作，使 QD 跳闸。副边 6 000 A 时，3LH 输出经电子电路使 QD 跳闸。

电机：任意电机（850 ± 5%）A 时继电器（M1 为 1QGJ）动作，QD 跳闸。

电阻制动：M1 继电器 1ZGJ（M6 为 2ZGJ），当限流失灵使该保护系统电压值达（850 ± 5%）V（相当于制动电流达（450 ± 5%）A）时动作跳励磁接触器。

5）接地保护

一个接地继电器对 6 台电机进行保护，原理见前面。

2. 8K 型电力机车主电路

8K 型电力机车是我国 1985 年向西欧 50 Hz 集团订购的八轴 2（B0-B0）大型客货相控机车。西欧 50 Hz 集团由法国 Alsthom 公司牵头，有联邦德国的 Siemens 和 AEG 公司、瑞士的 BBC 和 ACEC 公司加盟。因此，8K 型机车具有法国相控机车的传统技术，又结合了部分西欧新的研究成果，一定程度上反映了西欧电力机车的技术水平。

单节（B0-B0）机车有两个转向架、四轴，可单独牵引轻载列车；将两节（B0-B0）机车尾靠尾连接起来，就是一台八轴大功率机车，适合于山区牵引重载列车。单节车的主变压器有两个副边绕组分别接两个主整流器构成两组供电电路，每组供电电路供给一台转向架的两台电机。

（1）采用转向架单元式供电方式。8K 型的每个车体内有一个主变压器，每个车体有两个转向架，每个转向架上有两台牵引电机；每个主变压器有两个副边绕组，每个副边绕组分两段接整流装置向同一转向架上的两台串联电机供电。这与 SS4 电力机车有相似的地方。

如图 6-13 所示为单节车 B0-B0 牵引时一组主电路的原理简图，图中 M 代表一台转向架上两台电机的串联，励磁绕组也是两台串联。变压器副边两段绕组相同，各提供 1 020 V 的电压。整流电路为串联的两段相控可控硅整流桥，其中一段为全控桥，另一段为半控桥。牵引时两段桥串联供电，制动时全控桥作逆变，从而变压器简化、电缆减少、布线简单、造价低。

8K 电力机车主电路整流为两段桥相控整流，一段为全控，另一段为半控。

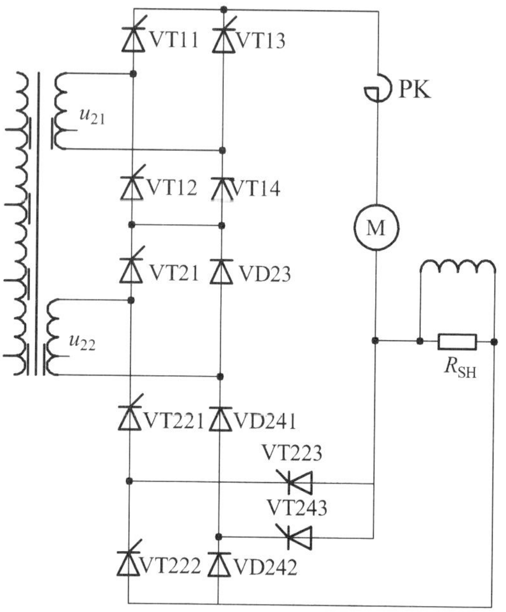

图 6-13　8K 机车牵引主电路简图

全控桥的工作原理：设$\omega t=\alpha$前，VT13、VT14 导通续流；$\omega t=\alpha$时，导通 VT11，VT13 换到 VT11，除 VT11、VT14 导通外，二极管 VD23、VD241、VD242 也导通；为可靠关断可控硅 VT14，在电源过零后可控硅继续导通α_0；在$\omega t=\pi+\alpha_0$时，控制导通 VT12，有 VT14 换到 VT12，此后由 VT11、VD23、VD241、VD242、VT12 续流。

在$\omega t=\pi+\alpha$时控制导通 VT13，有 VT11 换到 VT13，此后由 VT13、VT12 导通，而 VD23、VD241、VD242 同样导通；$\omega t=2\pi$又回到正半周，在$\omega t=2\pi+\alpha_0$时控制导通 VT14，此后由 VT14、VD23、VD241、VD242、VT13 续流。如此重复。

可见，虽是全控桥，通过控制实现半控桥的整流电压（整流负电压部分为零）。二极管正负半周全导通（即 360°）。

半控桥工作原理：在全控桥全开放后，整流电压达$U_{d0}/2$后，接着与之串的半控桥投入工作。控制 VT21、VT22（包括 VT221、VT222）的导通角，实现$U_{d0}/2\sim U_{d0}$的调节。当整流输出达电机允许的最高电压时（一台电机为 952 V），维持半控桥全开放不变，控制全控桥来调节电压的升降，这是由无级磁场削弱的控制特性决定的。

8K 型机车的整流二极管导通时间长，其正向平均电流达 2 500 A，而可控硅才 1 700 A。二极管和可控硅的反向峰压均为 2 200 V。

8K 型机车的磁场削弱由可控硅进行无级磁场削弱调节。当电机端电压达到最高值还要继续升速时，就要进行磁场的削弱。

磁场削弱时可控硅 VT223、VT224 投入工作，原理同 SS_8。

由于 VT223、VT224 与半控桥相联，则电机端压达最高允许值（一台电机 952 V）还要升速时，就维持半控桥全开放而调全控桥来调电压。因为半控桥未全开放时会出现 VT223、VT224 无法工作使磁场削弱不能进行。

（注意：牵引电机串联。优点，使两电机转矩接近，并与转向架的低牵引拉杆结构得到最佳配合；缺点，易引起空转。故 8K 机车有同时能检测速度差ΔV、加速度 a 及 $\mathrm{d}a/\mathrm{d}t$ 的电子防空转系统，并能防止串励电机中一台电机空转引起的超压环火现象的发生。）

（2）再生制动。8K 型机车采用再生制动，原理简图如图 6-14 示，图中 M 为电枢串联的两台电机，他励绕组也是两台电机励磁绕组的串联。励磁绕组由 685 V 绕组半控桥供电，磁场方向与牵引时相反，电机作发电机运行，其电势方向也相反；改变半控桥可控硅的控制角就改变了励磁电流。

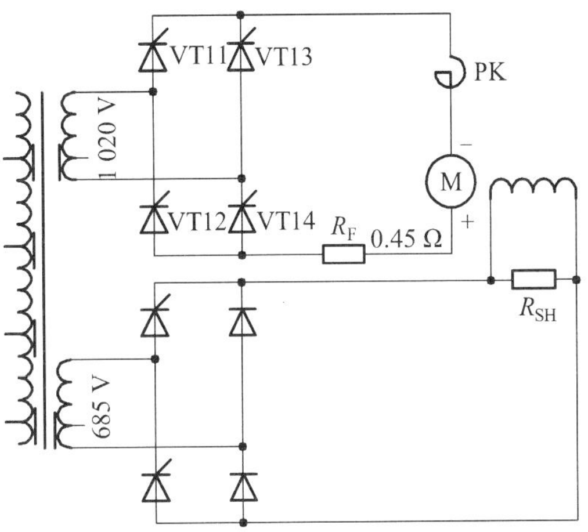

图 6-14　8K 机车再生制动主电路简图

（3）主电路全控桥逆变。

主电路全控桥工作在逆变状态，电机的反向电势克服逆变器直流侧电势（与整流时反向）通过变压器向电网反馈电势。

设 $\omega t = 0$ 前是 VT13、VT12 导通。

在 $\omega t = \alpha$ 时导通 VT14，VT12 换流到 VT14，此后 VT13、VT14 续流。

在 $\omega t = \pi - \beta_0$ 时导通 VT11，VT13 换流到 VT11，此后由 VT11、VT14 导通。

在 $\omega t = \pi + \alpha$ 时导通 VT12，VT14 换流到 VT12，此后 VT11、VT12 续流。

在 $\omega t = 2\pi - \beta_0$ 时导通 VT13，VT11 换到 VT13，此后 VT13、VT12 导通。如此重复。

可见逆变制动与整流牵引比较相同处是通过控制让可控硅来续流。不同的是逆变制动时在电源电压由正变负前 β_0 时控制可控硅导通，从而使逆变器直流侧几乎无正电压而主要是负电压（与整流时比），通过改变 α 控制续流开始的时间来调节负电压的大小。

8K 机车制动回路有电阻 R_F，其阻值为 0.45 Ω、额流为 1 000 A、压降为 450 V。其作用：

① 防止再生制动颠覆的稳定电阻。

② 减小再生逆变器的容量，因为制动时电机发电电势为 1 300 V（一台电机为 650 V），则再生制动功率有约 1/3 是 R_F 的电阻制动功率，仅约 2/3 通过逆变器反馈到电网为再生制动功率，故 8K 机车小容量的再生逆变器仅需一段全控桥就能实现再生。

③ 可实现再生制动到速度为零。

关于 8K 机车的电气制动制停。低速区时电机励磁已到最大，电机发电电势随速度的降低而降低，这时通过调节 VT12、VT14 的控制角 α 来降低逆变电压，当 $\alpha = \beta_0$ 时逆变电压为零，变为纯电阻制动。对于纯电阻制动，为了维持制动力不变，需要将 VT11、VT13 的控制角前移（增大 β_0，使 $\alpha < \beta_0$），使逆边器变为整流器而输出正电压，该电压与电机发电电势串联向 R_F 供电（成为加馈电阻制动）。电机发电电势随速度降低线性下降，整流电压则线性上升，维持两者之和为一定值，使制动力保持不变，直到速度为零。可见在 $\alpha = \beta_0$ 逆变电压为零以后，全控桥又变成整流，保持 $\alpha = \alpha_0$，增大 β_0，成为加馈电阻制动，可制停机车。

（4）功率补偿。

8K 机车采用大容量 LC 滤波器，降低三次、五次谐波含量。8K 机车补偿的无功达额定牵引功率的 55%，每单节四轴车达 1 800 kvar（牵引功率为 3 200 kW），其补偿容量是国产车的一倍以上。通过补偿，确保功率系数 μ 在 0.9 以上。正因为采用大容量 LC 滤波器，8K 机车保证了两段桥的供电特性。

3. 6G 机车主电路

6G 机车是从法国引进的六轴（C0-C0）客货两用机车。其主变压器副边有四段结构相同的绕组，每段绕组接一个半控桥整流电路，每两个半控桥串联向同一转向架的三台并联牵引电机供电。半控桥的工作原理：当第一段半控桥工作时，牵引电机获得 0 ~ 450 V 的电压，在第一段半控桥的基础上第二段半控桥也工作，牵引电机可获得 450 ~ 900 V 的电压。在最大电压下再进行电阻分流磁场削弱，共有三级，三级削磁系数分别为 0.805、0.672、0.587。

牵引时，机车运行方向的改变通过改变串励电机励磁绕组的电流方向来改变实现。制动时，串励电机改为他励，其六台电机的励磁绕组串联后由励磁半控桥供电，而每台电机的电枢各接一制动电阻。

主电路的保护主要有过压、过流、接地保护等，原理同前述。

4. 8G 机车主电路

8G 型电力机车是我国从苏联引进的八轴 2（B0-B0）货用机车。由结构相同、自动车钩连挂、电路和气路相连的两节车组成。两节车由其中一节来操作整台机车，也可单节车独立工作，还可两节车重联由其中一节来操作，每节车有两个转向架，每个转向架有两台电机。

牵引电机的端电压由调压开关加整流来实现，共有 36 个级，级间用过渡电抗器来过渡。36 个级中只有 9 个运行级（$4n$，$n=1$、2……9），其余 27 个级为非运行级（过度级）。采用三级磁场削弱，固定削磁为 0.98（为减少励磁脉流励磁绕组并有固定分流电阻），三级磁场削弱分别为 0.69、0.52、0.43。

8G 机车采用电阻制动，也可采用空气制动（闸瓦制动），还可两者结合制动的方式。电阻制动时，每节车 4 台电机的各电枢与制动电阻形成回路，而 4 个励磁绕组串联由可控整流进行他励。当电阻制动速度下降到 30 km/h 时，电空接触器将制动电阻短路一半，以增大电枢电流，从而增大机车低速时的制动力。

8G 机车具有自动恒速功能。在减速状态下，通过控制柜中记忆的速度信号与机车现行速度信号比较后发出信号来调节励磁电流，从而调节制动力并改变机车速度。

第三节　交直电力机车辅助电路

“交—直”电力机车的主电路将接触网的电能转变成机车的牵引力实现功率传递，而辅助电路是为保证主电路中各电器设备正常工作而设置的，是电力机车必不可少的电路之一。所谓辅助电路，是指将辅助设备及其相关的电气设备连接在一起的电路。辅助电路性能的好坏、是否正常工作等，都直接影响着主电路的工作及机车的正常工作，因而也是十分重要的。

辅助电路的组成，主要有电源电路、负载电路、保护电路等。电源电路有由变压器副边绕组提供的单相 380 V 和 220 V 交流电压，还有由分相设备将单相变换成三相的交流电压，以便向辅助电路的负载电路供电。负载电路包括单相负载电路和三相负载电路，单相负载电路主要是加热、取暖元件，而三相负载电路则是空气压缩机电动机、通风机电动机、油泵电动机等。保护电路，是在辅助电路发生过流、过压、欠压、接地及单机过载故障时，使相应电器动作，从而达到及时保护的作用。

一、辅助电路的电源电路

由于平波电抗器、主变压器的油散热器、整流装置、牵引电动机、制动电阻等，它们运行时发出大量的热量，需要通风机强迫风冷；主变压器需要设置油泵强迫变压器油循环；机车和列车的制动、受电弓及车上的各种气动机械需要压缩机来提供风源，等等。所有这些辅助装置（除辅助压缩机由直流电动机拖动外）都需要用三相鼠笼异步电动机来驱动，这就需要将电力机车单相交流电源变换成三相交流电源。除三相交流电源外，还有加热器、空调等需要的 380 V 或 220 V 的单相交流电源。因此，电力机车的辅助电源既有单相交流电源又有三相交流电源。

单相辅助电路电源，由变压器副边绕组直接提供。

三相辅助电路电源，由电力机车的分相设备将牵引变压器副边辅助绕组的单相交流电变换成三相交流电来得到，即由“单—三”相变换来得到。“单—三”相变换的方法有三种，一是采用旋转式劈相机，二是采用电容器分相，三是采用电子静止逆变器。电子静止逆变器采用的是“交—直—交”或“交—交”变换原理。旋转式劈相机在“交—直”电力机车上得到普遍应用，而电容器分相系统在引进苏联的 8G 型机车上被采用。

由于“交—直”电力机车普遍采用旋转式异步劈相机，故主要对异步劈相机进行分析。

1. 异步劈相机工作原理

异步劈相机的结构上与三相鼠笼式异步电动机相似，也由定子（包括定子铁芯、定子绕组和机座），铸铝转子（包括转子铁心、转子绕组、转轴）及端盖，轴承盖等组成。该劈相机为自行通风防护式。

劈相机的工作原理如图 6-15 所示，将电机定子的三相绕组接成 Y 形，*AB* 两端（电动相绕组）接到单相交流电源上，此时电机作为单相异步电动机运行，绕组 *AOB* 中产生两个大小相等，方向相反，周期相同的旋转磁场：正序旋转磁场（与电机转子转动方向相同）和负序旋转磁场（与电机转子转动方向相反）。这样，运行中的转子几乎以 2 倍于同步转速的速度切割负序旋转磁场，并在转子导体中感应出近 2 倍于电网频率的电流。该电流产生的磁场抵消了负序旋转磁场，也就是说，当转子转动时，在劈相机的气隙中主要剩下了一个正序旋转磁场。正序旋转磁场切割定于绕组 *AO*、*BO*、*CO*，并使它感应出三相电流。于是单相交流电源被“劈”成三相，而本身只输出一相电流的异步电机，绕组 *AO*、*BO* 相当于单相异步电动机的定子绕组，所以把绕组 *AO*、*BO* 称为劈相机的电动相，而绕组 *CO* 相当于发电机的作用，因此把 *CO* 相称作劈相机的发电相。

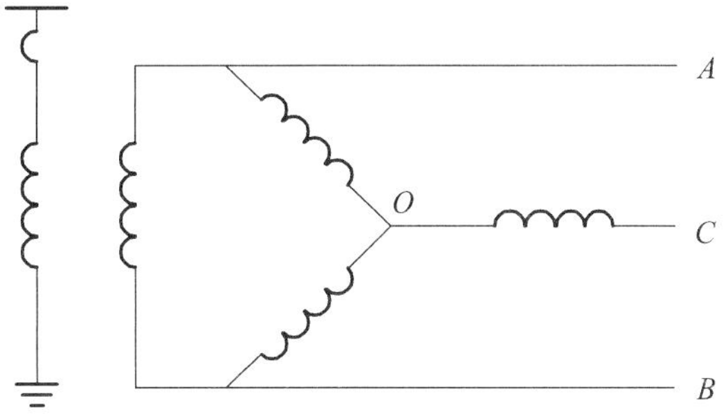

图 6-15　劈相机原理线路图

劈相机实质上是一种本身只输出一相电流的异步电机。劈相机工况实际上是三相异步电机在不对称条件下运行的一个特例。

异步电机进入劈相机工况一般应具备以下两个条件：

（1）电机轴上的机械负载不变。

（2）三相电网中 W 相缺相，使 W 相电流反相输出。

只要具备上述条件，一般的三相异步电动机同样具有劈相机功能。

2. 起动及电压对称性调整

1）异步劈相机的起动

异步劈相机的起动方法有辅助电动机起动法和分相起动法两种。

辅助电动机起动法是在劈相机的转轴上安装一台辅助电动机，起动时先由辅助电动机带动劈相机转子转动，待劈相机转速达到一定值时，将劈相机投入单相电网,并切除辅助电动机的电源。

分相起动法分为电阻分相起动和电容分相起动两种。电阻分相起动具有线路简单，设备成本低等优点，因而得到广泛的应用。

当劈相机的电动相绕组 UV 接通单相电源起动时，可以把定子绕组看作是由两相组成:一相是 VOU，它直接由单相电源供电；另一相是 VOW，它与起动电阻 R_Q 串联后由单相电源供电。这时流经 VOU 相电流滞后电压 90°电角而流经 VOW 相电流滞后角(<90°)。

这两个时间上有不同相位的起动电流通人在空间彼此相差一定电角度的两相绕组中，所产生的气隙合成磁场是一个旋转磁场，在该磁场的作用下能产生较大的起动转矩，使劈相机的转子转动起来。当转速达到同步转速的 80% ~ 90% 时，借助接触器切除起动电阻，起动即告完成，劈相机投入空载运行。

为了保证劈相机的可靠起动，应该解决以下两个问题。

① 起动电阻值应选择合适,以获得最大的起动转矩。

② 控制好切除起动电阻的时刻。

在劈相机的实际使用时,还应注意以下三点：

③ 劈相机只允许空载起动，待劈相机起动完成后,才能逐个接通电动机负载。

④ 劈相机停止工作前应先断开电动机负载。

⑤ 劈相机起动时间不能过长。

2）异步劈相机三相电压对称性的调整

（1）劈相机负载后三相电压不对称的原因。

通过前面的分析已知，劈相机负载时其电动相绕组中流过的既有电动机电流，又有发电机电流；而发电相绕组中只流过发电机电流，这说明劈相机的定子三相电流是不对称的。不对称电流引起不对称的阻抗压降，在感性负载情况下，发电机电流引起的阻抗压降将使绕组的端电压小于感应电势，而电动机电流引起的阻抗压降使绕组的端电压大于感应电势。因此，如果三相绕组对称，则三相感应电势是对称的，在劈相机负载后由于三相不对称的阻抗压降，仍会造成劈相机三相端电压的不对称。

此外，没有被完全抵消的气隙剩余负序磁场，也将在定子三相绕组中感应出负序电势，这就进一步加剧了三相电压的不对称。

（2）改善劈相机三相电压对称性的措施。

① 劈相机定子绕组采用三相不对称绕组。

② 在负载侧的 U 和 W 端子上并联电容器。

二、辅助电路的负载电路

电力机车的辅助电路负载，除单相负载电路外，主要是三相负载电路。单相负载的取暖设备、通风设备、电热玻璃、热饭电炉、空调等电路不影响机车的性能，而三相负载电路的空气压缩机、通风机、油泵等，则直接影响着机车主电路是否正常工作，从而影响机车的正常运行。下面对辅助电路三相负载进行简介。

1. 辅助电路负载

1）压缩机组

压缩机组由空气压缩机和驱动空气压缩的电动机组成。空气压缩机的作用是产生电力机车需要的压缩空气（也叫风源），其压缩空气不仅要提供机车上所有风动电器（如受电弓、主断路器、两位置转换开关、电空接触器、各种阀等）的操纵控制，更重要的它是机车空气制动系统的动力源。因此，机车上设置有两台空气压缩机，有一定储备，以保证系统工作的可靠性，从而保证机车运行的安全。

2）通风机组

通风机组由通风机和驱动通风机的电动机组成。通风机俗称鼓风机，对牵引电动机、整流硅机组、牵引变压器散热器、平波电抗器、制动电阻及其他设备进行冷却。

3）循环油泵

油泵用来使牵引变压器的冷却油强迫进行循环，以进行变压器的内部冷却。

2. 辅助机组的起动

电力机车上的辅助机组一般不需要调速，因此采用直接起动方式，缩短了起动时间。但是，直接起动的起动电流较大，若所有辅助机组同时起动，将会从电网吸取电流过大而使电网电压过分降低，严重时会导致辅助机组起动失败。所以，常采用辅助机组分别起动的方式解决电机同时起动带来的电流冲击问题，分别起动不至于使网压过分降低。

尽管机车上的辅助机组一般不需要调速，但有些机车为加强对主线路某些设备的通风冷却，在牵引运行时使通风机全速工作，当机车由牵引转入惰行时使通风机半速运行，如引进欧洲的 8K 型电力机车。这种控制方式的缺点是，相应的线路复杂。

顺便指出，机车辅助电机的工作条件一般都较差，因而对电机的要求较高，在选用电机时也要有一定的裕量。另外，在实际运行中，辅助电路的故障也不少，为了能在发生故障的情况下使机车维持运行以保证铁路运输畅通，在辅助电路中也设置有故障运行电路。

三、典型机车辅助电路

对辅助电路，我们以典型的国产 $SS_{4改}$型、SS_8 型机车的辅助电路为例进行介绍。

1. $SS_{4改}$型电力机车辅助电路

$SS_{4改}$型电力机车辅助电路采用传统的单一三相供电系统，辅机均采用三相异步电动机拖动。电源来自主变压器的辅肋绕组 a6 – b6 – x6，其中 a6 – x6 的额定电压为 399.86 V，b6 – x6 的额定电压为 226 V。单相交流电源从 a6 – x6 经库用转换刀开关 235QS 至导线 201、202 给各辅机及窗加热、取暖设备供电。机车在库内可通过辅助电路库用插座 294XS 引入 380 V 单相或三相电源，将 235QS、投向库用位，辅助电路设备即可由库内电源供电。

1）单—三相供电系统

采用异步劈相机实现“单—三”相供电。劈相机的起动采用分相电阻起动，由电压继电器监测起动过程并控制起动电阻的切除。SS_4 机车劈相机的参数被调整过，克服了 SS_1、SS_3 机车劈相机起动电流较大、分相起动后切除起动电阻的自起动性能较差等缺点。

（1）劈相机分相起动。

$SS_{4改}$型电力机车采用型号为 YPX—280M—4，380 V，57 kW 的劈相机。SS4 改型电力机车劈相机分相起动电路如图 6-16 所示。

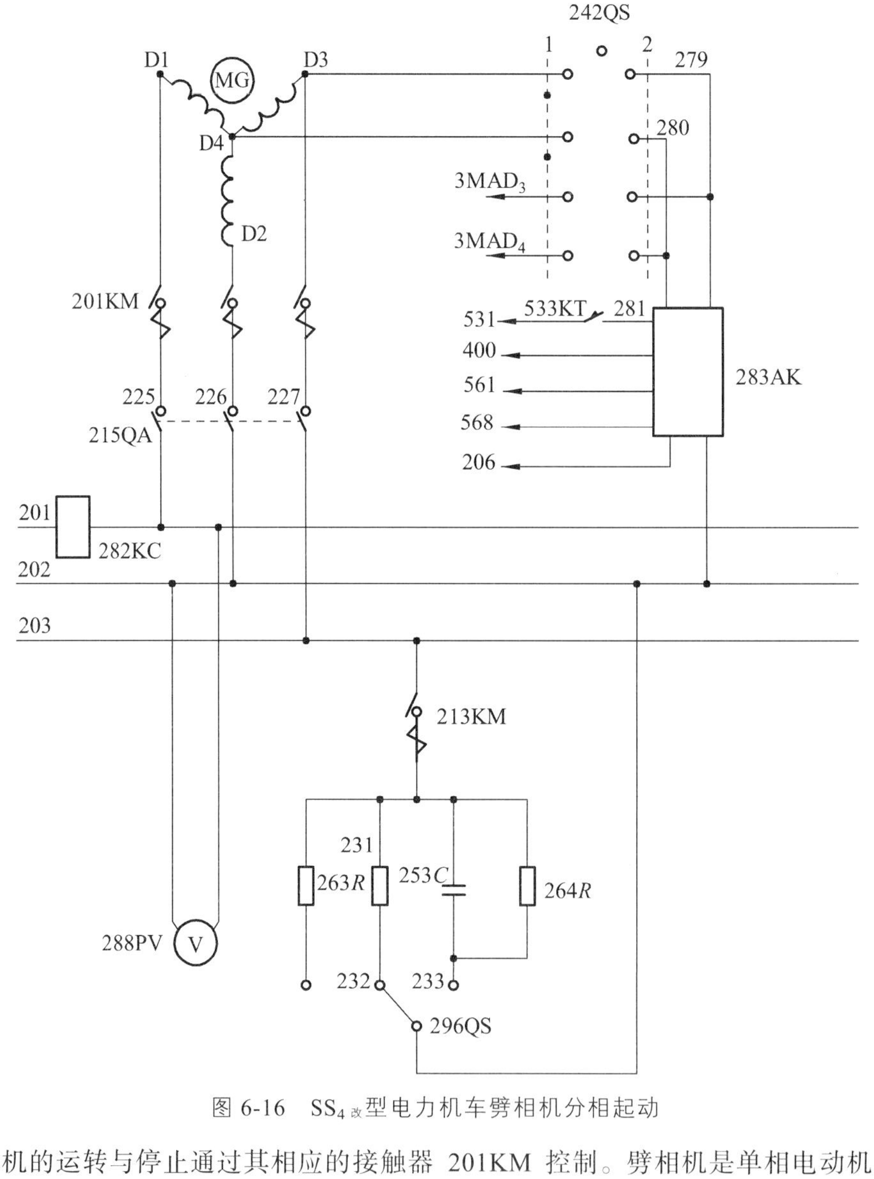

图 6-16　$SS_{4改}$型电力机车劈相机分相起动

劈相机的运转与停止通过其相应的接触器 201KM 控制。劈相机是单相电动机与三相发电机的组合，起动时必须在第二电动相绕组与发电相绕组间接入起动电阻 263*R* 进行分相起动，起动电阻的接通与开断由接触器 213KM 来执行。由劈相机起动继电器 283AK 监测起动过程并控制起动电阻回路的开断，283AK 的工作电源（DC110 V）从导线 531 经 533KT 常开联锁由导线 281 引入。当按下主驾驶台上劈相机按键开关后，接触器 213KM 闭合，起动电阻投入，210KM 闭合，劈相机开始起动，这时劈相机起动继电器监测劈相机发电相电压(由导线 279、280 引入)来间接反映劈相机的转速：当劈相机转速达到约 0.9nH，也即 283AK 测得其发电相电压接近于比较电压(额定网压下，该电压值为 220 V，由导线 202、206 引入)时，283AK 动作，其常开联锁闭合，导线 561、568 连通，则劈相机起动中间继电器 566KA 得电，使 213KM 及劈相机起动延时时间继电器 533KT 失电，213KM 主触头打开，开断了起动电阻（263*R*）回路，劈相机起动完成。同时，533KT 常开联锁开断了导线 531 与 281 通路，使 283AK 失去工作电源处于闭置状态。劈相机起动电阻有三个抽头，即备有两组，当一组烧损可换另一组使用，此时只需把导线 232 换接至另一抽头即可。

（2）通风机电动机电容分相起动

第一台牵引通风机电机 3MA 的电容分相起动电路是为劈相机发生故障而特设的电路。在机车运行中，劈相机一旦发生故障，为保证其他辅机继续工作，即可切除劈相机，而以起动电容 253C 对风机电机 3MA 直接进行分相起动。这时，要把劈相机故障转换开关 242QS 打向“0”位，即把 283AK 监测劈相机发电相电压的引入线转接到 3MA 的第三相上，同时必须把闸刀开关 296QS 倒向起动电容位（因起动电阻不能起动通风机）。起动过程由起动继电器 283AK 控制，起动完成后 283AK 常开联锁闭合，使 213KM 线圈失电，其主触头打开切除起动电容。

在运用 3MA 替代劈相机作电容分相起动时，司机操纵与使用劈相机时相同，由于两节车的辅助电路未重联，因此可以一节车做劈相机电阻分相起动，另一节车（劈相机故障）做 3M 电容分相起动。必须强调的是采用电容分相起动通风机电动机时，网压不得低于 22 kV 且必须是在劈相机故障状态下进行。

2）三相负载电路

当劈相机起动完毕后，辅助回路导线 201、202、203 即可提供三相不对称电源，这时，各辅机可依次投入工作。

$SS_{4改}$型电力机车三相负载有：压缩机电动机 2MA，牵引通风机电机 3、4MA，制动风机电动机 5、6MA 二台，变压器风机电动机 7MA，变压器油泵 8MA 一台。各辅助电动机均通过其相对应的交流接触器 203KM ~ 212KM 进行分合控制。为了改善劈相机供电系统的三相电源对称性，在 3 ~ 5MA 电动机的 D2、D3 之间接入移相电容 247 ~ 252C，随电动机作负载投入而投入。

235QS 为库用转换刀开关，机车在电网下，235QS 倒向“运行”位，则主变压器辅助绕组 a6—x6 通过导线 204、205 经 235QS 与导线 201、202 连接，从而给辅助电路提供 380V 单相电源。若机车处在库内时，235QS 须倒向“库用”位。

$SS_{4改}$型电力机车库用插座开关如图 6-17 所示。

一般在机务段内不起劈相机，直接起动辅机时使用。把库内三相电源接到库用插座 294XS 的 207、208、209 三点上，通过 235Qs 及导线 203 与 209 之间的连接母线直接为辅助电路提供三相电源。

仅在制造厂或大修厂库内电源容量大时使用。单相电源送至库用插座 294XS 的 207、208 两点上（为插座上部两点位置），经 235QS 给辅助电路提供单相电源，此时须使用劈相机实现单一三相供电系统。若只使用库内单相电源，也可拆开导线 203 与 209 之间的连接母线，这样做有两个目的：一是从安全角度考虑，使库用插座上的第三点（209 点）不带电；二是若电源线误接至接点 208、209 上时，避免劈相机不能正常起动而受损。

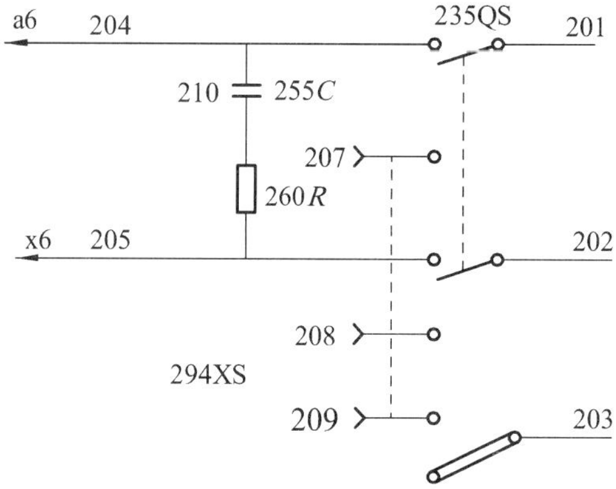

图 6-17　SS4 改型电力机车库用插座开关

3）单相负载电路

单相电源来自牵引变压器的副边辅助绕组，一是 a6—x6 提供的 380 V，二是 b6—x6 提供的 220 V 电源。

（1）380 V 单相负载电路。

380 V 单相负载电路，一路经自动开关给窗加热玻璃，另一路经自动开关给壁炉、脚炉供电。自动开关作电路的过载保护。

（2）220 V 单相负载电路。

220 V 单相负载电路，一是机车司机的空调，二是机车司机的热饭电炉，它们也都有自动开关作电路的过载保护。

4）保护电路

（1）零压保护。

零压保护是接触网供电的失压保护，如图 6-18 所示，由接在主变压器绕组 a6 – x6 两端的零压变压器 281TC、电阻 261*R*、整流装置 290U、电容 256*C* 及零压时间继电器 286KE 组成。当电网正常供电时，286KE 吸合；当电网失压时 286KE 失电动作，其常闭联锁闭合，经 563KA 零压中间继电器将接通主断路器的分闸电路，并显示信号。在稳压管两端并接有电容 256*C*，其作用主要是在零压时间继电器 286KE 吸合过程中，在 286KE 常闭联锁打开的瞬间，利用电容的反突变特性，使加在 286KE 线圈上的电压有一衰减过程（使 286KE 吸合的电流不是突然变小，而是随时间衰减）。所以并接电容 256*C* 的目的就是为了帮助零压时间继电器能可靠吸合，避免在此过程中出现“衔铁振荡”现象。

零压保护电路同时还起到保护阀 287YV 的交流保护作用，即保护阀 287YV 由二路送电：一路从控制电路电源线 531 经主电路入库转换开关 20QP、50QP 联锁，车顶门行程开关 297QP 联锁送至 287YV 线圈；另一路由零压保护电路给 287YV 供电，由此构成保护阀的双电源送电状态。即使出现控制电路切断而机车高压供电依然存在的情况，287YV 仍得电，门联锁锁闭，各室门打不开，达到确保人身安全的目的。

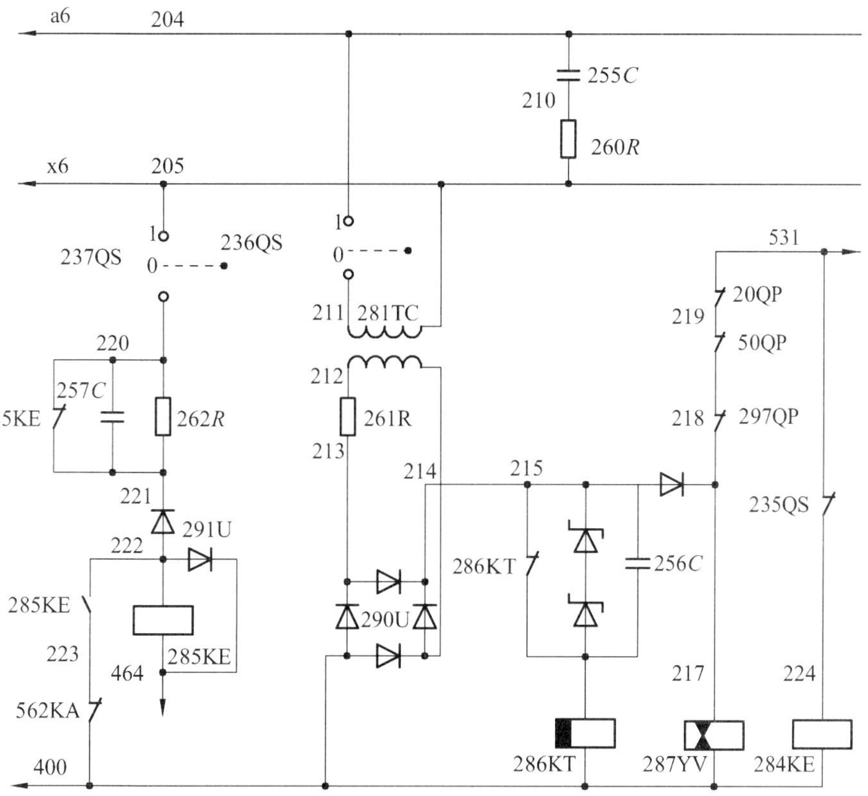

图 6-18　SS4 改型电力机车辅助电路保护

（2）接地保护。

在变压器辅助绕组 x6 与地之间设有辅助电路接地保护电路。这个系统由辅接地继电器 285KE、整流元件 91U、限流电阻 262*R*、电容 257*C*、辅接地故障开关 237QS 组成。辅接地保护属有源保护装置，支路经 110V 控制电源后接地。当辅助电路某点接地时，辅接地保护系统形成回路，285KE 动作吸合，其辅助联锁使主断路器分闸线圈得电跳闸，司机台辅接地信号显示。此时 285KE 常闭联锁开断，回路串入电阻 262*R* 以免出现大电流而烧损接地继电器。同时经由 285KE 自身联锁和恢复中间继电器 562KA 联锁接通“自锁"回路，保持信号记忆。

故障解除后，借助主断路器合闸操作，562KA 常闭联锁断开使 285KE 恢复。在限流电阻 262*R* 两端并接电容 257*C* 的目的是为了使 285KE 动作时能可靠吸合，以提高保护系统的可靠性。

237QS 是辅接地保护故障隔离开关，若确定辅助电路有一点接地且不能排除时，可切断保护电路，使机车作故障运行，此时要求司机严密监视各辅机工作状态，以确保行车安全。

（3）过电压保护。

采用跨接在辅助绕组 a6，x6 两端间的 *RC* 过电压保护电路，由电阻 260*R*、电容 255*C* 组成，吸收过电压。

（4）过电流保护。

辅助电路过电流保护采用电流继电器 282KC。在辅助绕组短路或其他原因造成辅助电路短路，其电流超过 2 800 A 时，282KC 吸合动作使机车主断路器分闸，并显示辅助过流信号。

2. SS_8 型机车辅助电路

SS_8 型电力机车辅助电路系统也采用传统的“单—三”相供电系统，辅助电机均采用三相异步电动机。电源来自变压器副边的辅助绕组 a6—b6—x6（中抽式绕组），其中 a6—x6 的额定电压为 389 V，而 b6—x6 的额定电压为 229 V。辅助绕组的单相交流电源由辅助电路库用转换开关引入辅助电路，当库用转换开关置“库用”位时，可通过库用插座引入 380 V 的单相或三相电源，这时由库内电源供电，这与 SS_4 机车相同。

1）单—三相供电系统

SS_8 型电力机车的劈相机分相起动电路，只是没有备用起动电阻，除此以外与 $SS_{4改}$ 型电力机车的劈相机分相起动原理完全相同。因此，劈相机的起动过程和通风机电动机电容分相起动也都是相同的，故不拟赘述。

2）三相负载电路

SS_8 型电力机车的各辅助机组，也是在劈相机起动完毕后，依次间隔一定时间陆续投入工作。

辅助电路三相负载有：压缩电动机 2 台（SS4 改机车仅 1 台），牵引风机电动机 2 台，制动风机电动机 2 台，变压器风机电动机 1 台，变压器油泵 1 台，整流硅风机电动机 3 台（$SS_{4改}$机车没有专设）。各辅助电动机均由各自的交流接触器进行通断控制。和 $SS_{4改}$型电力机车一样，为了改善劈相机供电系统三相电源的对称性，在两台牵引风机电动机及第一台制动风机电动机的二、三相间接入了移相电容，随它们的投入使用而一并投入。控制辅助机组电机的交流继电器也采用 3TB 系列三相交流继电器。

此外，机车也设有库用电源插座和库用转换开关，其原理和接线都与 $SS_{4改}$机车相同。

3）单相负载电路

单相电源来自牵引变压器的副边辅助绕组，一是 a6—x6 提供的 380 V，二是 b6—x6 提供的 220 V 的电源。380 V 单相负载和 220 V 单相负载的电路原理均与 $SS_{4改}$机车相同。

4）保护电路

SS_8 型电力机车设有过电压、过电流、接地及安全保护。

（1）接地保护。

在牵引变压器副边辅助绕组 x6 与地之间接辅助电路接地保护电路，其原理电路与 $SS_{4改}$型电力机车的辅助电路接地保护原理电路完全相同，工作原理也相同。

（2）过压、过流保护。

辅助电路的过压、过流保护也与 $SS_{4改}$机车相同。过压保护是在辅助绕组 a6—x6 两端并 RC 电路，吸收过电压；过流保护采用过流继电器，在辅助绕组或辅助电路短路电流超过 2 800 A 时动作，使机车主断路器分闸，并显示辅过流信号。

（3）欠压保护。

SS_8 型电力机车由微机进行欠压保护，整定值为网压 19 kV 延时 10 s 跳主断路器，而 17.5 kV 时立即跳主断路器。

（4）辅机过载保护。

辅机过载保护是指对辅助电路三相异步电机的过载保护，其 11 台三相异步电机（SS4 改机车为 7 台）均接有相应的三相自动开关。当辅机出现单相、短路、堵转等情况引起过流时，装置的电流互感器检测电流信号，经保护电子控制插板的电路作用，相应的自动开关将进行保护动作，切断三相电源并显示故障信号。

辅机的过载保护用自动开关，是热脱扣和电磁脱扣的方式进行保护的。它具有反时限特性，即动作时间与过载电流成反比关系。自动开关的短路保护是通过电磁脱扣方式执行的，其保护动作及时，一旦发生短路故障，可在 0.5 s 内动作，切断故障支路。自动开关的过流保护是通过热脱扣方式执行的，其保护动作时间长短由支路中故障电流大小决定：故障电流大，则保护动作时间短；故障电流小，则保护动作时间长。自动开关脱扣动作后，需间隔 2 ~ 3 min 后才能恢复接通。

四、列车供电系统

长期来，普客车用轴驱式发电机供电，软卧空调车用柴油机发电或轴驱式发电（效率低、停车时不能发电）。20 世纪 80 年代起开始研制用柴油机发电车集中供电（三相 380 V），依我国能源政策，自 1998 年开始研究电气化区段由机车向旅客列车供电技术，已在 SS_8 及其他电力机车车上应用。

1. 机车的列车供电电源

SS_8 的列车供电系统，机车集中整流、客车分散逆变。机车牵引变压器的两套绕组对应两套整流装置，向列车供给两路 DC600 V 电源，各车据需要来变换、取用。

机车的列车供电电路有主电路和控制电路两部分。

1）列车电源主电路

机车的列车供电电源主电路，其功能是将供电绕组输出的交流电压整流滤波成 600 V 的直流电压向列车供电。主电路为两套完全相同的电路，其中一套的原理电路如图 6-19 所示。

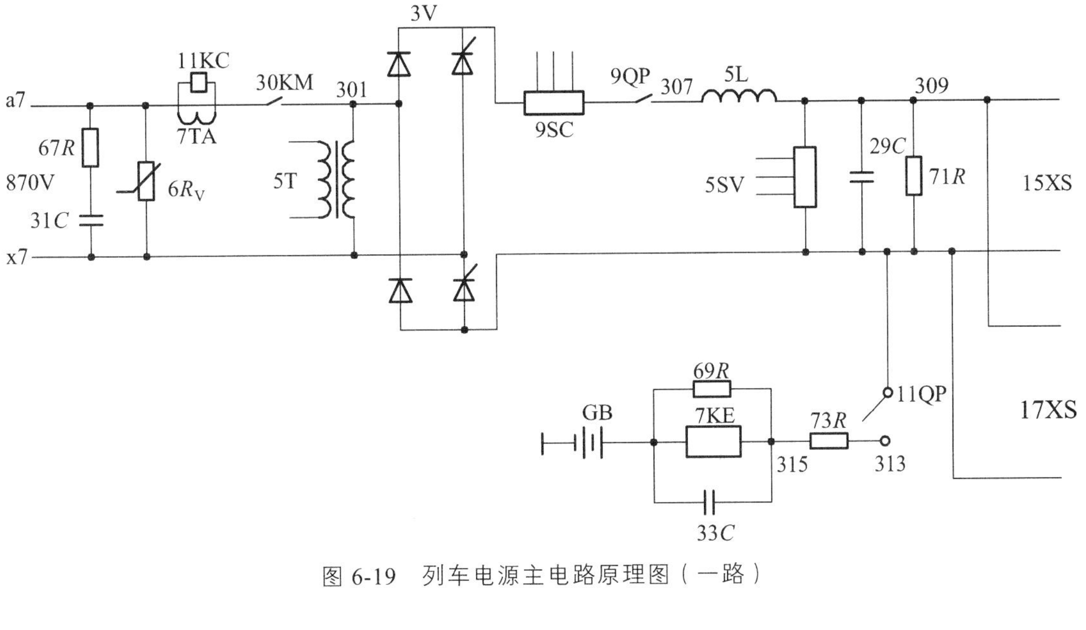

图 6-19　列车电源主电路原理图（一路）

牵引变压器副边辅助绕组 a7—x7，交流电压为 870 V；经列车供电接触器 30KM 送给半控桥式整流装置 3 V，整流输出额定电压平均值为 600 V，额定电流 670 A；再经电感 5L、电容 29*C* 组成的 *LC* 滤波后，由列车供电插座 15XS、17XS 输出给列车。（另一套电路完全一样，各符号为 a8—x8、31KM、4V、6*L*、30*C*、16XS、18XS）

2）主电路的检测与保护

（1）过压保护。

由电阻 67*R*、电容 31*C* 组成的阻容吸收电路（67*R*、31*C* 组成）和压敏电阻 $6R_V$ 来进行过压保护。

（2）接地保护

由接地故障隔离开关 11QP、限流电阻 73*R*、电阻 69*R*、接地继电器 7KE、浪涌吸收电容 33*C* 等。用的是传统有源保护电路，以消除保护死区，提高保护的可靠性。当供电主电路及客车 600 V 干线有接地故障时，7KE 动作，使 30KM 断开，切断该路供电。若接地故障不能排除，11QP 置非常位，使 30KM 断开，该路供电无法继续工作。需要指出，与牵引主电路不同，不能在只一点接地故障时带故障运行，以防客车供电主干线发生多点接地而使事故扩大。

（3）过流保护。

交流侧过流由 7TA、11KC 组成的电路进行保护，过流整定值（1 000 ± 100）A。过流时，11KC 动作使 30KM 断开，切除供电电路。

直流侧过流由 9SC、5SV 检测送微机，进行恒压限流控制及过流保护。当检测到供电输出（即直流侧）过流时，由微机发出指令使 30KM 断开。

2. 列车供电系统的组成及工作原理

列车供电系统的组成，有电力机车上向旅客列车供电的电源装置（见上述）、DC600/AC380V 兼容供电空调客车，以及客车上的客车充电器（110 V）、空调采暖用逆变器、列车安全供电控制检测装置（集控供电控制器、客车漏电检测器等）。

在电气化区段运行，由电力机车牵引，因此采用电力机车集中供电（DC600 V）、客车分散变流供电方式。这时，SS_8 型电力机车的列车供电电源提供 600 V 直流电，分两路向空调客车供电；空调客车通过配电柜供电选择开关将其中一路 600 V 直流送入空调逆变电源装置（即逆变器）及直流 110 V 电源装置（即充电器），前者将 600 V 直流逆变成 50 Hz 的三相交流电向空调、电开水炉等三相交流电器负载供电；后者将直流 600 V 变换成直流 110 V 向蓄电池充电并向照明、供电控制等负载供电。

在非电气化区段运行，内燃机车牵引兼容空调客车时可采用现用大功率发电机系统供电，其输出为双路 380 V 三相 50 Hz 交流。这时，空调客车只需通过配电柜供电选择开关将其一路直接向空调、电开水炉等负载供电，并经充电器变换成直流 110 V 向蓄电池组充电和向照明、供电控制等负载供电。此外，也可用专用发电车 600 V 直流供电（双路），这时空调客车的供电方式同电气化区段。

对于电力机车牵引，由于电气化区段存在分相区，因此电力机车在向客车供电时存在瞬时断电状态，为保证照明的不间断和防止节点控制器件的频繁开闭，供电系统的控制电路及照明均采用直流 110 V 电源。每辆客车设 100 A · h 蓄电池组，全列车设 DC110 V 干线，以保证充电故障时客车的应急照明及控制用电。

为防止误操作客车配电柜供电开关引起 DC600 V、AC380 V 供电回路短路，确保列车安全供电，列车设供电集控系统。它由机车或发电车上的集控器及贯穿全列车的集控线组成，只有在机车或发电车得到供电钥匙及各车厢供电控制选择开关处于相应状态时才向客车供电。

为提高供电安全性，列车供电系统设置二级接地保护检测。一级为客车漏电检测电路，当 DC600 V 供电线路及三相交流用电负载对地绝缘不良时，自动切除 DC600 V 供电；另一级为机车的源接地保护，当空调列车干线或三相负载对地绝缘低于允许值时，保护电路动作，停止机车向客车供电。

第四节　交直电力机车控制电路

一、概　述

电力机车控制电路是机车三大电路中最为复杂的电路，属于低压直流小功率电路。它由司机控制器、低压电器、主电路与辅助电路中的各电器电磁线圈及各电器的联锁等组成。控制电路可以控制主电路和辅助电路中各电器的动作，并通过司机控制台上各按键开关和司机控制器手柄位置操纵，使机车按照司机的意图运行。

1. 对控制电路的要求

由于主电路和辅助电路中各电器的动作均要由控制电路控制，因而对控制电路也提出了相应的要求，目的是保证行车的安全，便于操纵，运用，维修，尽量减少电器设备，以达到最佳的经济指标。因此控制电路应满足下列要求:

（1）能改变机车的运行状态，如运行方向的改变，牵引与制动的转换。

（2）能对牵引力、制动力，速度进行调节。

（3）有控制各辅助机组起动，运行的电路，有控制其他辅助设备的电路。

（4）有保证主电路，辅助电路工作的控制电路，如避免重合闸，避免由于误操作所引起的不良影响等。

（5）能保证各电器按一定的次序动作，动作结果与司机发出的指令一致，在动作过程中对于没有灭弧装置的电器则不应产生电弧。

（6）设有照明电路和信号电路。

（7）设有故障电路，在机车发生某一故障又不能及时处理时，组成故障电路或切除故障部分，使机车维持运行。

（8）当机车重联运行时，若一台机车故障，要求不影响另一台机车运行。

（9）在保护电器动作引起主断路器跳闸后，应有零位联锁，即要重新合闸，机车各电器须处于起动前状态，各按键开关须先关闭。

（10）要求电气制动与机械制动之间有一定的安全联锁。

（11）要求控制电路在满足要求的前提下应尽量简单，操纵部分简单易记，便于操纵。

总之，控制系统要保证行车的安全，利于操纵，运用，维修，尽量节省电气设备，以达到最佳的经济指标。

正因为控制电路是机车电路最复杂的部分，就机车运行中出现的故障而言，控制电路中故障也较多。因此，熟练地掌握控制电路原理，就能在平时对机车进行全面保养，在发生故障时能迅速准确地进行分析与处理，对确保行车安全是非常重要的。

2. 电力机车的控制方法及其特点

电力机车的控制方法视机车的类别而选用不同的方法。对于电压不高，功率不大的直流电力机车，可采用直接控制的方法，即用手动的方法直接控制机铲主电路而使机车运行，这种机车其控制电路就包括在主电路之中。这种方法使机车电路简单，故障率低，但只能适用于一些城市电车及工矿用小功率电力机车。

对于高电压大电流的大功率机车，直接控制显然是不能满足要求的，而且具有极大的危险性，所以必须选用间接控制的方法。所谓间接控制是指通过司机控制器及各按键开关来控制一些低压电器，再通过这些低压电器去控制高压部分。这种方法使弱电控制强电，还使操纵部分轻巧灵便，而且使操作者与高压部分很好地隔离。

采用间接控制的方法有利于机车向自动化方向发展。随着科学技术的发展，电力机车也得到不断发展，电力机车的自动化水平越来越高，自动控制环节（系统）越来越完善.随着电力电子技术的发展及新型电器，仪表的出现，为机车的自动控制提供了广阔的基础，使机车向全自动化方向发展成为可能，同时也使机车的控制系统日趋复杂，必然对控制系统提出更高的要求。

3. 电力机车电气线路通用符号及其说明

由于电力机车电气线路中电器设备种类繁多，电路本身又较复杂，尤其控制电路更复杂，为了读图方便起见，我们将电力机车电路中通用的符号按新国标总结如下，见表 6-1。

对表中有关符号作几点说明：

（1）各电气设备在电气线路图中除按表内符号表示外，在符号旁边还应标明相应电气设备在电路中的代号。如在接触器线圈旁注上 205KM 表示 205 号接触器的线圈，且在所有 205 号接触器各联锁旁边也注明 205KM，说明是同一电器在电路中不同位置的控制关系。

（2）导线也是电气线路图中的一部分，特别是一些重要的导线应在电路图中标明导线代号，不同类型和不同作用的导线可用字母表示其不同。

（3）常开联锁、常闭联锁（也称正联锁、反联锁）是指在电器的工作线圈未通电，电器处于释放状态时的联锁位置。若其联锁联锁是打开的即为常开联锁（正联锁），若其联锁是闭合的即为常闭联锁（反联锁）。当电器工作线圈通电而电器动作后，常开联锁闭合，常闭联锁打开。在韶山系列电力机车电气线路中，联锁位置采用了通用的“上开下闭，左开右闭”的画法，即将常开联锁画在导线的左边和上边，将常闭联锁画在导线的右边和下边。也有些机车采用相反的画法，如法国制造的 6G 型电力机车。

（4）应当指出的是，并不是所有的电器联锁都有常开，常闭的概念。对于某些组合电器（如位置转换开关）的联锁，这类联锁除标出其所属电器的代号外，还应表明该联锁在何位置接通。如韶山 3 型电力机车控制电路中在联锁旁注上 1WHq，1WHh 就表示是两位置转换开关的联锁，前者表示 1WH“向前”位时该联锁接通，后者表示 1WH“向后”位时闭合，这类联锁又称位置联锁。

表 6-1　电气线路符号表

顺序	序号	名称	顺序	序号	名称
1	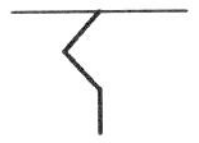	受电弓	11	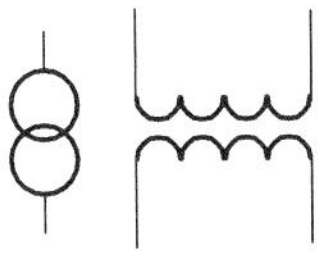	双绕组变压器
2		接地	12		熔断器
3	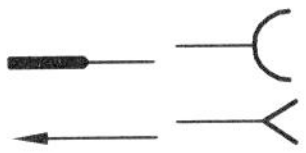	插头插座	13		电阻
4	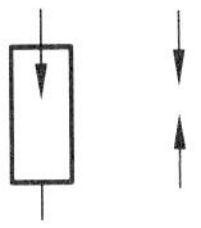	避雷器 火花间隙	14	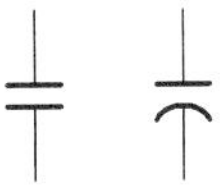	电容
5		电抗器 扼流圈	15		三相鼠笼型异步电动机
6	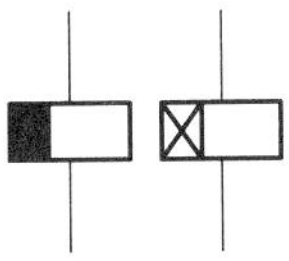	时间继电器线圈 电空阀线圈	16	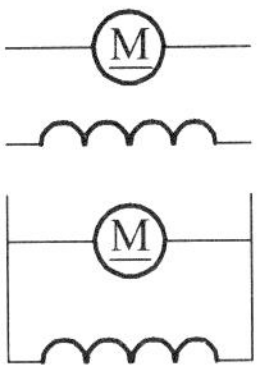	他励直流电动机 并励直流电动机
7	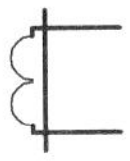	电流互感器	17		常开联锁一般开关
8		电压互感器	18		常闭联锁
9		接触器触头	19	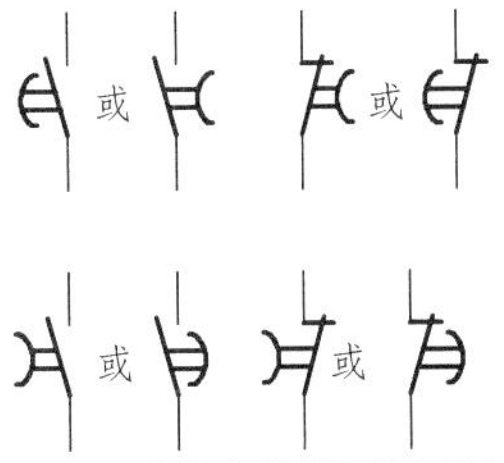	延时联锁
10		断路器	20	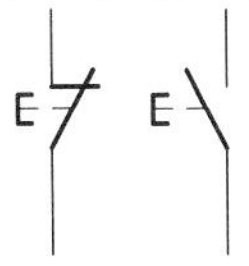	按钮开关 动合按钮 动断按钮

（5）对于凸轮控制器或鼓形控制器，在电路图中将这类圆形的触头闭合次序展开为一个平面的触头闭合电路图，简称展开图。在某工作位置若某导线对应的联锁是接通的，则在该位置相应的导线下方以黑点（或黑线段）表示；在某工作位置若某导线对应的联锁是断开的，则在该位置相应的导线下方无黑点（或黑线段）。

（6）有些比较复杂的电器在电路中不易标出工作位置和触头闭合次序，一般采用在电路旁附上工作位置的图表，如调压开关等组合电器的触头闭合表。

（7）国产 SS 型电力机车电路图中所示的接触元件和联锁触头的开、闭位置表示原则和操作位如下：司机控制器在零位；位置转换开关在机车 1 端向前，牵引位；各按键开关在水平位；空气断路器在开断位；各刀开关在运行位；各保护自动开关在开断位。

二、控制的联锁方法与机车重联

1. 电器的常用联锁方法

机车控制电路必须满足主电路和辅助电路的需求，如电器按一定次序动作，司机按一定顺序操作，因此必须设置一些联锁来满足控制电路的逻辑要求。

在考虑控制电路的联锁时，首先必须满足电路的要求，在此前提下应尽量减少联锁数目，因为多设一个联锁就使电路多一个发生故障的可能性，同时也增加了分析处理故障的难度。另外对于需要有故障运行电路，同样要在控制电路中做相应考虑。对于可能由于误操作造成事故的现象，也应在电路中予以避免或设法补救。因此在设置控制电路的联锁时应统筹考虑，权衡处理。

机车上的联锁方法有两大类，即机械联锁与电气联锁。

1）机械联锁

为避免因司机的误操作造成的人身及设备不安全，需设置一些机械联锁来保证。目前采用的机械联锁主要有：

（1）司机控制器换向手柄与调速手柄间的机械联锁。

（2）司机台上按键开关与电钥匙的联锁。

（3）换向手柄及电钥匙与钥匙箱的联锁。

2）电气联锁

电气联锁方法种类较多，我们介绍机车上常用的几种联锁方法。

（1）串联联锁。

在某电器的工作线圈前串联若干其他电器的联锁，这些联锁称为串联联锁。如图 6-20 所示，在继电器 J 的线圈电路中串有 a，b，c 三个电器的联锁，其中 a，b 为常开联锁，c 为常闭联锁 该电路要求在 a, b 两电器处于吸合状态而 c 电器处于释放状态时继电器 J 才能得电吸合，而 a，b，c 三个电器中任意一个不符合上述工作状态时，继电器 J 即失电而释放。

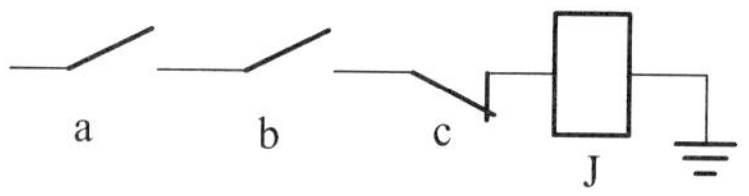

图 6-20　串联连锁

串联联锁是由多个条件来使一个电器通电，而其中任一条件的消失使电器线圈失电。在电路中凡要求满足多个条件才能接通另一电路的环节一般采用串联联锁电路。但串联联锁越多，可靠性越低，因此，应尽量减少串联联锁的数量。

（2）并联联锁。

在某个电器工作线圈前并联若干其他电器的联锁，这些联锁称为并联联锁。在继电器 J 的线圈前并有 a，b，c 三个电器的联锁，其中 a，b 为常开联锁，c 为常闭联锁。该电路要求在 a, b 两电器处于释放状态而 c 电器处于吸合状态时继电器 J 的线圈不通电而使其处于释放状态，而 a，b，c 三个电器中任意一个不符合上述工作状态时，继电器 J 即得电而吸合。

并联联锁是多个条件中的任一条件构成则该电器工作线圈得电，而只有全部条件消失该电器线圈才能失电。这种联锁方法对电器动作顺序没有固定要求，电路中常用这种联锁作为双重供电线路以保证重要电路供电的可靠性。另外，对于保护电器及显示电器也采用此种方法。

（3）自持联锁。

在某电器工作线圈前的电路中并联有该电器本身的常开联锁，这个联锁称为自持联锁。如图 6-21 所示，在继电器 J 的线圈电路中并联有 a，J 两个联锁，当 a 电器处于吸合状态时其常开联锁闭合，继电器 J 的线圈得电，该继电器吸合，其本身的常开联锁也闭合，此后，即使 a 电器释放，继电器 J 的线圈也仍可由自身的常开联锁供电保持吸合状态，只有在其常开联锁以外的电路断开时，继电器 J 的线圈才会失电。这种电路的特点是：电器吸合时需要一定的条件，在电器吸合后这种条件可能消失，但电器此时仍能保持吸合状态，只有在电路的其他部分断开时，才能使该电器释放。

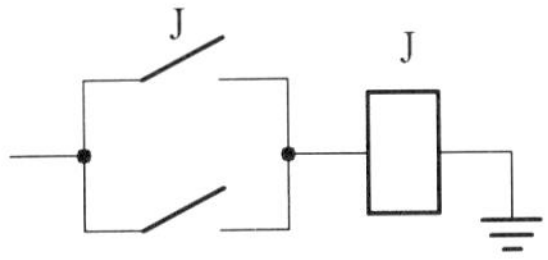

图 6-21　自持联锁

自持联锁常用于电器工作的条件可能构成后又消失，但又需要在构成条件消失后，必须保持该电器持续工作的场合。如电力机车劈相机起动中间继电器的联锁及劈相机接触器的联锁即为自持连锁。

（4）延时联锁。

延时联锁是指某电器的线圈得失电与其联锁动作不同步。其实现方法有多种，如采用在电器铁芯上加短路铜套，或在继电器本身某些联锁上加装钟表机构，二者的不同之处在于前者的所有联锁都具有延时性，后者仅加有钟表机构的联锁有延时而其他联锁不具有延时。在要求有短暂延时时，也可以在要求滞后动作的电器线路中多串一个要求先动作电器的常开联锁实现，或者如图 6-22 所示，在电气的工作线圈旁并联一电容，在线圈断电后，由于电容可通过电器线圈放电，因此使线圈延时失电，从而使电器延时释放。

延时联锁有四种，如图 6-23 所示。

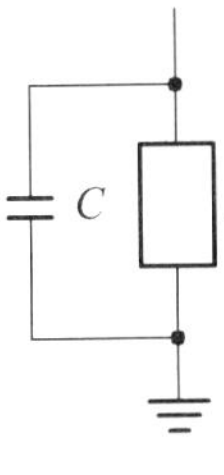

图 6-22　并联电容的延时作用

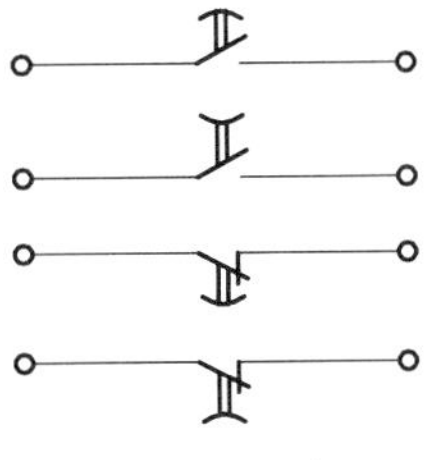

图 6-23　延时联锁

图中：（a）表示通电延时吸合的常开联锁；（b）表示断电延时断开的常开联锁；（c）表示断电延时闭合的常闭联锁；（d）表示通电延时断开的常闭联锁。

（5）经济电阻线路。

在有些电路中，为了使接触器或继电器能可靠吸合，同时又提高本身的返电系数，即提高电器动作的灵敏度，可在电器工作线圈的控制电路中接入一经济电阻，组成经济电阻电路，如图 6-24 所示。在继电器闭合瞬间，电阻被继电器本身的常闭联锁短路，使继电器的安匝数得以提高，继电器能够可靠吸合，在继电器吸合后，常闭联锁打开，电阻接入电路中，使流过继电器的电流减小，从而使继

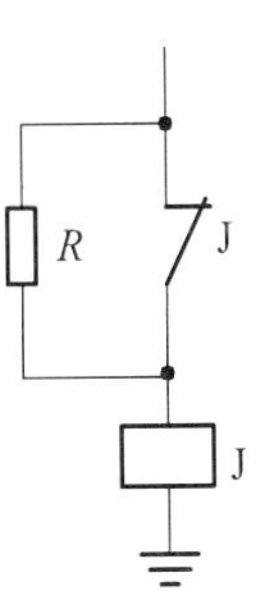

图 6-24　经济电阻电路

电器返电系数有所提高。

3）迂回电路及其防护

某一电器或支路在某一时刻本不应该有电，但却通过其他支路“串电”到该支路，这种串电电路称为迂回电路。迂回电路会引起电器的误动作，破坏电器动作的逻辑关系，造成电路工作紊乱。迂回电路产生的原因主要是设计时考虑不周，在多条控制电路组合时产生。在机车运用或检修中接错线也会形成迂回电路。

防止迂回电路的主要方法是在电路中串入防迂回二极管，利用二极管的单向导电性来满足要求，但在日常检查中需注意检查二极管是否击穿。

2. 重联及重联电路

随着铁路运输的不断发展，在铁路干线电力牵引运行中，一台机车牵引有时往往满足不了运输的要求，就需要多机牵引。采用多机牵引可以使线路的通过能力大大增加，提高铁路运输的经济指标。

在干线上使用多机牵引时，可以由几名司机各操纵一台机车相互配合，也可以仅由一名司机在一台机车上操纵，多台机车通过机车两端的多芯电缆插头使电气线路连接起来，由一名司机操纵多台机车的运行方式称为机车重联。司机操纵的机车称为本务机车，非操纵机车称为重联机车。

重联机车由于在电路上相互联接，因此它们应该具有相同的电路，这样才能达到同步运行，减少内耗的目的，也就是说同型机车重联运行最方便。

在重联机车的电路中，必须防止由于一台机车的电器动作情况而影响另一台机车的电器动作。如图 6-25 所示，在第一台机车上操纵，当按键按下时，两台机车的继电器 J 均吸合，而在接触器 A 闭合后，两个继电器 J 均失电而释放。但在图 6-25（a）所示的线路中，若第一台机车的接触器 A 因故障不能闭合，则两台机车的继电器 J 均不能打开，这就将第一台机车中的故障也转移到第二台机车上去了，反之，若第二台机车的接触器 A 因故障不能闭合，则两台机车的继电器 J 仍能正常工作，这就掩盖了第二台机车中存在的故障，所以这种线路的设计是不合理的。为了防止上述情况，可将线路适当改变，按图 6-25（b）的方式连接。

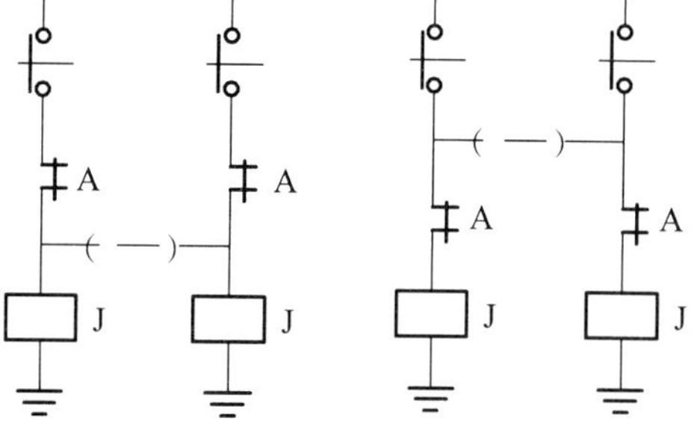

（a）　　（b）

图 6-25　机车重连原理电路

有些机车电路在单机运行时是可靠的，但在重联时则可能引起迂电电路，这也是需要在考虑重联电路时予以注意的。此外，由于电力机车的司机室有两个，图 6-25 机车重联电路分为一端和二端，对于同一端的司机室而言，两台机车重联时可能是顺向连挂，也可能是反向连挂，因此，从两台机车的反向器电路上应保证无论按什么连接方式，两台机车的行驶方向总是一致的。重联机车发生某些故障时，应在本务机车上有信号显示。

机车采用重联运行显然可以减少乘务人员，在电动车组中一般只有一组乘务人员操纵一台机车即可。在干线电力机车上，由于重联机车较少，因而一台机车故障后，会对整个列车运行产生较大的影响，所以除一组乘务人员操纵一台机车外，在重联机车上可设专人进行监视，或发现故障时予以及时处理，这样既可以减少乘务人员，又减轻了乘务人员的劳动强度，相应地提高了生产率。

对于多机牵引中各台机车均单独操纵时，虽然不能达到同步运转，但只要各位司机技术熟练，配合默契，仍可以得到较好的效果。特别是采用补机在列车尾部推进的方式，既可以减轻车钩拉力，在通过无电区时，又能分别断开从而保持一台机车的牵引力，对列车运行也是有利的。而采用重联运行的方式，正常运行时两台机车同步运转，能够较好地发挥机车功率，特别是在起动时，牵引力能较大地发挥。但是，若在运行中一台机车因故障跳闸，在故障消除后为使该机车恢复，有时须使另一台机车也要退电起动初始状态，才能使故障机车恢复，这样就使全部机车都丧失了牵引力。因此，机车部件质量不高及工作不可靠的机车不宜进行重联运行。

三、电力机车闭环控制系统

在电力机车上，最初是在一些环节上采用自动控制，到目前已发展到对整台机车的牵引和电制动进行自动控制。电力机车的自动控制，一般分为恒流控制和恒速控制两种。由于电力机车闭环自动控制系统的采用，不但使机车司机对机车的操纵简化了，更重要的是改善了机车的性能。

1. 单闭环控制系统

单闭环自动控制系统只有一条反馈支路，只用一个比例积分调节器 PI，只对一个量进行恒值控制。根据给定量及反馈量的不同，有下列几种单闭环控制。

1）单闭环恒流控制

单闭环恒流控制主要用在电力机车的起动运行上，目的是充分利用黏着力，使电力机车起动平稳，在 6G 型机车和国产 SS_3 型等机车上均得到应用。单闭环恒流控制的结构图如图 6-26 所示，由驾驶控制器（给定指令）、给定器（对驾驶指令进行必要的修正）、比较器、电流调节器、移相器、放大器和电流反馈系统组成。

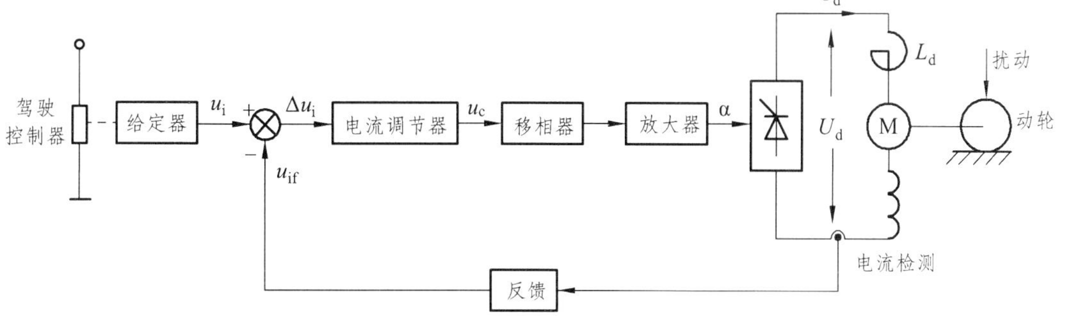

图 6-26　恒流控制结构图

控制调节按偏差原理进行。检测主电路牵引电机负载电流得到相应的反馈信号电压 u_{if}，与给定器输出的参考电流信号电压 u_i 进行比较，若实际负载电流与给定值不相同，就有偏差信号Δu_i；电流调节器根据Δu_i的大小和极性（正或负）进行调节，输出直流电压控制信号 u_c，并经连续控制器（图中未画出）变换；u_c 送入移相器，与移相器中的同步信号进行比较，产生一个相位与直流控制电压 u_c 成一定函数关系的脉冲信号，此脉冲信号触发单稳电路，单稳电路输出控制脉冲功放电路，形成一定波形、幅值和持续宽度的脉冲波；最后，功放脉冲去触发主电路的硅机组。

作为比较和电流调节，比例积分调节器 PI 可以同时实现比较与调节功能。

比例积分调节器 PI 是无差调节系统。只要给定 u_i 与反馈 u_{if} 大小不相等，就会有偏差，对反馈电容进行充放电使输出 u_c 相应变化；一旦 u_i 与 u_{if} 大小相等，就无偏差，电路输出稳定的 u_c。稳态时，Δu_i 为零，反馈电容相当于把运放输入与输出间反馈支路断开，调节器开环状态。严格讲，运放开环增益不为无穷大，稳态时的Δu_i接近为零（微小静差），是近似无静差调节系统。

主要应用是机车恒流起动，充分利用 F 粘，使机车起动平稳。如 6G、SS3 等。

对于 6G 型机车，驾驶控制器给定的指令信号为（0 ~ 23 ± 0.2）V，经指令组件后为（0 ~ 22.5 ± 0.2）V，代表牵引电机电流的大小。给定器使基准电流信号按所需的速率上升或下降，而与机车司机手柄的操作速度无关，其上升缓慢（约 6 s）以减少负载电流或牵引力的冲击，而下降快（约 0.7 s）利于三种工况（牵引、惰行、电气制动）间的快速转换。牵引电机负载电流反馈信号是用直流互感器分别检测同一台转向架三台牵引电机的电流，然后进行比较取其最大值来获得。

SS_3、SS_4 等电力机车的恒流控制系统，其原理大致与 6G 型机车相同，仅个别环节实现方法上稍有差别。

对于 6G 型机车的恒流控制，当任何一台电机电流与最大电机电流相差 10%的额定电流时，利用水平比较器就检测出空转信号，经反馈与给定指令进行综合叠加，使电流参考指令减小 35%，从而防止空转的进一步发展。

2）单闭环恒速控制

单闭环恒速控制原理框图与单闭环恒流控制相似，不同的是，一是给定指令信号（电压）代表牵引电机转速的大小，二是检测电机的转速来进行反馈，三是采用速度调节器（仍为比例积分调节器）。就控制的基本原理来说与恒流控制相同，故不拟多述。作为恒速控制，在制动工况实行恒速电气（电阻或再生）制动，对于提高列车的通过能力具有重要意义，尤其是在连续下坡的情况下，保持不同坡道上的恒速控制，可使列车平均速度提高，缩短运行时间。

3）单闭环恒压控制

单闭环恒压控制原理框图也与单闭环恒流控制相似，不同的是，给定的指令代表牵引电机端电压的大小，通过检测电机的端电压来反馈，然后进行比较调节器。

2. 双闭环控制系统

双闭环自动调节系统有两条反馈支路，要用两个比例积分调节器 PI，对两个量进行恒值。

对于恒流、恒速双闭环自动控制系统：结构框图如图 6-27 所示。它的速度反馈是主反馈，而电流反馈是局部反馈。给定速度信号 u_n 与速度反馈信号 u_{nf} 比较，其偏差信号Δu_n加在速度调节器输入端；速度调节器 PI 输出 u_i 作为电流调节信号加在电流调节器输入端；电流调节器输出直流控制电压 u_c；u_c 去控制产生触发脉冲，从而控制牵引电机端电压，以保证电机在给定速度下运转。稳态时的Δu_n与Δu_i几乎为零，调节器处于开环状态，而开环放大系数很大，因而系统是无差系统。

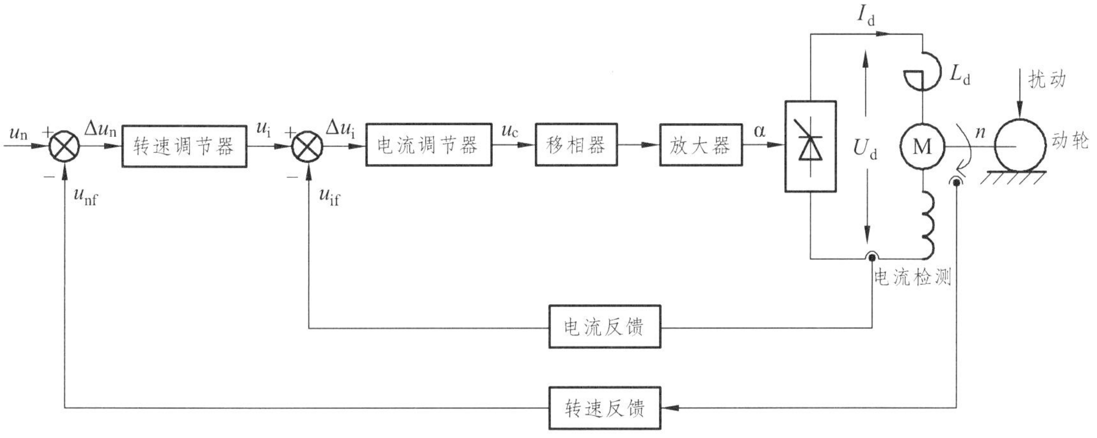

图 6-27　恒流、恒速双闭环控制系统结构图

双闭环系统的起动调节过程：

第一阶段：起动。突加转速给定信号 u_n，因列车惯性大，转速上升慢，给定转速信号与反馈转速信号比较的偏差信号Δu_n 较大，使速度调节器很快进入饱和状态，失去调节作用，速度环呈开环状态。速度调节器输出 u_i 最大值（由自身饱和限幅决定），使Δu_i最大，经电流调节器控制使电机端电压 U_d 迅速增大，电机电流 I_d 也迅速增大至最大起动电流。

第二阶段：加速。偏差随Δu_i随 I_d 的增大而减小；因控制电路的电磁惯性，I_d 会超调，使Δu_i改变极性（为负），从而电流调节器控制使电机端电压 U_d 开始下降，但大电流形成的电磁转矩大于负载转矩而使电机继续加速。

第三阶段：最大电流加速起动（双闭环起动过程的主要阶段）。速度调节器仍处于饱和状态，不起作用，系统表现为单闭环恒流控制系统。因起动电流 I_d 恒定在最大，电机以恒定的加速度线性上升，电机反电势及端压也线性增大。

第四阶段：双闭环控制。电机转速 n 达到给定值，由于起动电流大于负载电流和列车惯性，电机转速 n 继续上升而超调，使转速偏差Δu_n 改变极性，从而使速度调节器的反馈电容放电，速度调节器退出饱和状态开始起调节作用，系统进入双闭环控制且速度调节器起主导作用，电流调节器紧跟速度调节器的输出而变化。速度调节器起调节作用后，u_i 开始减小，电流 I_d 从最大值迅速下降。

第五阶段：电机转速 n 达最高转速后，起动电流 I_d 下降到小于负载电流，转速 n 开始下降，当转速 n 等于给定转速时，电机的转矩和电压方程式都达到平衡。至此，起动调节过程结束。

运行调速调节与起动过程相似，只是速度起点和终点不同，而转速 n 和起动电流 I_d 达到稳定前的变化过程是相同的。

SS_4 型电力机车采用恒压、恒流双闭环控制系统，有电压指令和电流指令两个手柄。恒压运行时，电流手柄置高位不起调节作用，电压环调节维持恒定；当电流超限时，电流环起调节作用，保证电流不超限，而电压将自动下降。恒流运行时，电压手柄置高位不起调节作用，电流环起调节作用，调节电机电压使其电流维持恒定不变；当电压超限时，电压环起调节作用，以保证电压不超限。

四、典型机车控制系统

在我国，国产韶山电力机车随型号的不同其控制电路也不相同，而从不同国家引进的机车其控制电路也不相同。本节就我国常用的典型电力机车控制电路予以简介。

1. SS_3 型电力机车控制系统

SS_3 型电力机车主电路是通过调压开关的有级调压与每级内可控硅的移相调压来实现无级调压的。因此，有级调压与可控硅相控之间必须有严格的逻辑关系，这就使 SS_3 型电力机车的控制具有特殊性，不但控制系统较复杂，而且可靠性也有一定影响。

1）牵引工况控制

SS_3 型电力机车采用恒流闭环控制，使机车在起动、加速和运行中维持牵引电机恒流[0 ~ 800（1 ± 5%）A]，充分利用粘着极限；自动限制牵引电机额定电压 1 550 V；保证调压开关换接主变压器抽头时不带电弧，以免触头烧损。

牵引工况的原理框图如图 6-28 所示。恒流闭环控制，电流指令信号由驾驶操作手柄给出，电流负反馈信号由六台电机直流互感器检测经选择器选出最大者来得到。若机车从零开始加速，初始电机电压低（反馈小），限压给定大，电压调节负饱和（ – 11 V），而此时电流调节输出约在 0 ~ – 9 V 之间，则最大选择选电流调节输出；因无降位，数模转换输出为 0 V，则最小选择选出电流调节输出。由电流调节控制产生触发脉冲，从而形成恒流闭环控制，使电流恒定在司机手柄的给定值上。

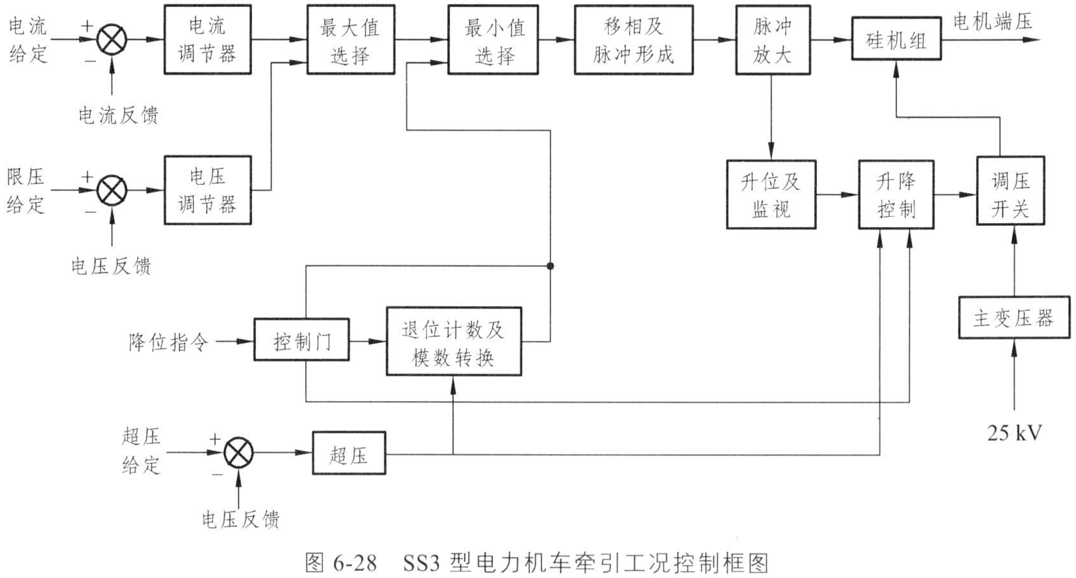

图 6-28　SS3 型电力机车牵引工况控制框图

机车加速，电机反电势随转速 n 增大而升高，电流调节控制可控硅触发角 α 从 180° 逐渐移向 0°。当可控硅满开放（$\alpha = 0°$）时，升压控制调压开关自动升一级。在调压开关升级过程中，电流调节器输出自动返“0”，且可控硅触发角α返回 180°。在新的级位上，触发角α再从 180°移向 0°。如此重复，电机端电压不断升高，最高可达 1 550 V。在电机端电压未达 1 550 V 时，系统是恒流闭环控制系统。

当电机端电压达到 1 550 V 时，反馈与限压给定相等，电压调节器退出饱和；当电压调节器输出高于电流调节器输出时，电压调节器投入工作，进入电压闭环控制限压（1 550 V），原理同恒流闭环控制。若机车再增速，因电机端电压（U_d）恒定，电流将减小，机车牵引力沿电机额压电压下的自然特性变化，从而机车工作在限压工况。所以，牵引工况时是恒流、限压控制系统。

有时当机车运行到八级（即限压）时，因网压升高或负载电流减小使可控硅交流侧阻抗压降减小，即使可控硅全部封锁，仍不能保持电机端电压恒定，甚至使电机电压超过最大值 1 650 V（因机车无自动退位环节）。这时，系统的超压保护环节起作用，首先使退位计数器置“0”，3 秒后使调压开关自动退一级，在新的级位上限压环再次限制电机电压为 1 550 V。

需要降位时，司机操作手柄由“升”回到“固”位，电流指令为 0，电流调节输出 0。司机操作手柄推“降”位，发降位指令，调压开关退一级。退位计数器置“1”，经“D/A”转换电路输出约 – 5.5 V，最小值选择器选此值为控制电压，控制产生$\alpha = 70°$的触发角（可控硅导通 110°），此为固定触发角，不随机车工况的变化而变化；同时，控制继电器断开调压开关的退级电路。此后操作手柄推一次“降”位，退位计数器就加 1。在前面推“降”位后再推两次“降”位，退位计数器分别有“2”“3”“D/A”转换分别为约 – 3.7 V、– 1.9 V，控制产生的触发角α分别为 100°、130°；而第四次推“降”位时，退位计数器转“0”态（即四进制），触发角为 180°，且控制继电器又接通调压开关退级电路。第五至八次推“降”位，又重复上一过程。可见，每推四次“降”位，调压开关控制推一大级，其中移相控制推 4 小级。调压开关 8 级退位，前 7 级有移相控制 28 次小级退位，第 8 级为无级退位。

2）制动工况控制

制动工况时，司机操作手柄给出励磁电流指令，维持励磁电流恒定[0 ~ 700（1 ± 5%）A]，它不受网压波动及绕组发热的影响，并自动限制制动电流，不超最大允许值（420 ± 5）%A。

制动工况控制框图如图 6-29 所示。

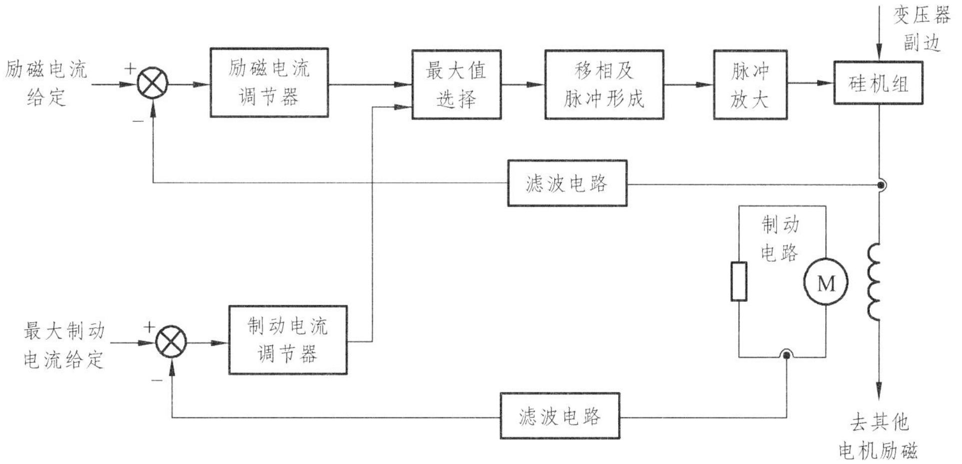

图 6-29　SS_3 型电力机车制动工况控制框图

制动时，控制手柄给定的励磁电流指令与检测反馈的励磁电流比较，经励磁电流调节送最大值选择器。当励磁电流 I_L 较小或机车速度 V 较低时，制动电流 I_Z 不大，其反馈信号与最大制动电流 I_{Zmax} 给定信号比较，使制动电流调节器负饱和（约 – 11 V）。最大值选择器选出励磁电流调节信号，产生的脉冲控制励磁电流整流，从而控制励磁电流。这形成恒励磁电流闭环控制系统，其原理与牵引时电流调节原理相同，它保证了制动时励磁电流 I_L 恒定在控制手柄给定的值上。

在某一励磁电流 I_L 下，当机车速度 V 较高，机车制动电流 I_Z 达到最大制动电流给定值 I_{Zmax}（420 A），制动电流 I_Z 反馈信号与最大制动电流 I_{Zmax} 给定值相当，制动电流调节器退出负饱和；当机车速度高使制动电流进一步增大，制动电流调节器输出值大于励磁电流调节器输出值（二者均负，绝对值小者为大），经最大值选择，进入制动电流闭环控制，自动后移可控硅触发脉冲来减小励磁电流 I_L，保证制动电流 I_Z 不超过最大制动电流限制。所以，制动工况时是恒励磁电流、限制动电流控制系统。

综上所述，SS_3 型电力机车本质上是单闭环恒值控制系统，因为另一环只在超值时的限幅，不起恒值控制作用。

2. SS_8（SS_9）型电力机车控制系统

SS_8 型电力机车的控制系统既有传统的有触点控制电路，如司机控制器，它实现机车调速（起动、加速、减速等）控制指令的给定；但更重要的是采用了微机控制，对于机车的牵引与制动控制、空电联合制动、防空转/滑行保护、自动过分相、速度分级等，都由计算机来控制实现。对于这些控制，都是将指令信号和被控制对象的检测信号送入计算机，通过计算机的计算判断都输出控制信号进行控制。主控采用 80186 单板机，再加上其他控制用计算机及控制电路，组成微机控制系统。

SS_8 型电力机车仍采用速度与电流的双闭环控制，但还采用了电压限制环节作为辅助控制，框图如图 6-30 所示。恒流起动，恒准速运行，而当电压达到限定值时电压限制环才起控制作用。

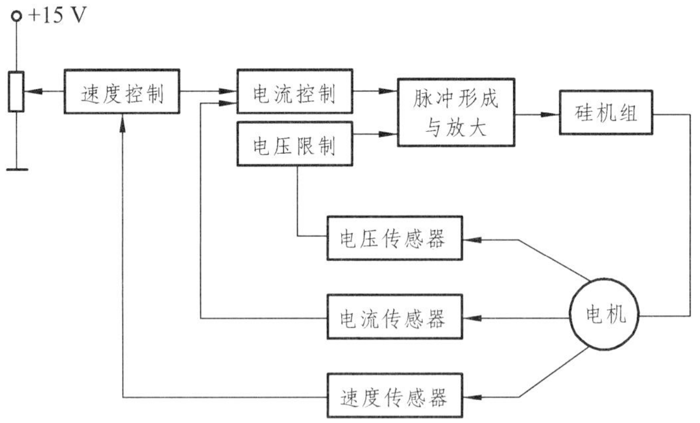

图 6-30　SS_8（SS_9）型电力机车控制原理框图

虽然 SS_8 型电力机车在主电路上与 $SS_{4改}$ 型一样，采用不等分三段绕组供电、三段半控桥式整流，通过相控实现无级调速。但 SS_8 型电力机车调速控制有微计算机来实现，微计算机接收到牵引（或制动）指令，并收到牵引（或制动）已构成的信号，就可根据司机控制手轮的速度信号来进行速度控制。速度信号（电压量）由驾驶控制手轮给定，有 0 ~ 18 级，对应电压为 0 ~ 15 V，每级代表速度间隔 10 km/h。牵引时，驾驶控制手轮从机械零位顺时针转，可调 0 ~ 18 级，每增一级就增速 10 km/h；电阻制动时，控制手轮从机械零位逆时针转，可调 18 ~ 1 级，每减一级就减速 10 km/h。SS_8 型电力机车的调速还包含微机控制的无级磁场削弱调速。在牵引控制的 18 级内，只要主电路整流输出电压达到牵引电机的二次限压值（1 100 V），而驾驶控制调速手轮仍在进级时，电路自动转入无级磁场削弱（最深削弱磁场系数达 0.43），此后维持电机限压值不变。

SS_9 型电力机车的控制总的来说与 SS_8 型电力机车相似，但电压限制则有所不同，机车速度在 100 km/h 内时限压 1 000 V，当机车速度高于 105 km/h 时限压 1 100 V，而电压达 1 100 V 限压值时自动转入无级削磁（最深削弱磁场系数达 0.43）。此外，SS_8 是四轴机车，而 SS_9 是六轴机车，但它们同样都具有两套相同的控制系统分别对两个转向架的电机进行控制，并担负对应主整流器与控制电路之间信号的交换。

第五节　交直电力机车高低压试验与常见故障处理

机车高、低压试验是机车全面检查的一个重要部分，它不仅是对机车检修后及运用前的技术安全检查，而且也是保证机车运用质量的必要手段。通过试验，可确认机车电气部件是否正常工作，相互配合是否正确，也就是用动态检查的方法对机车进行全面的质量检验。

对交直电力机车进行高低压试验前的要求：

（1）低压试验前应对机车上安装的各种电气部件或组件以及电气线路作一次一般性整备检查，并对某些电气和机械设备作必要的操作。

（2）进行低压试验的人员必须熟悉机车的电气线路和各部件的位置及其作用。在整个低压试验过程中，参加试验的人员应精力集中、密切配合，使整个试验的过程尽量缩短，以便使机车尽早投入运用。

（3）根据机车所处状态及检修修程不同，低压试验的具体过程也不完全相同。正常运用的机车，某些试验项目可以简化，某些电器动作仅在司机室内凭听觉即可判断是否正确，但对于检修后的机车，由于在检修过程中某些部件被更换、解体或部分解体，因而可能发生安装及接线错误或者更换后的部件本身不良等现象，故对这些电器部件的动作情况必须予以确认。机车的修程越大，所换部件越多，就越容易出现问题。如果在试验中发现故障，应该安全、准确、迅速地予以处理。

（4）机车高压试验主要是指机车在工频 25 kV 接触网压下进行的升弓试验。高压试验是在完成了低压试验的基础上进行的，其主要目的是检查某些在低压试验中无法检查的线路及电气部件，观察仪表的显示情况，检查牵引电机和各辅助机组转向是否正确、工作是否正常，并进行牵引和制动试验。高压试验做完以后才能进行试运行或投入运用。

（5）在高压试验前应再次对机车进行检查。对于在低压试验中或排除故障中曾拆除的部分应予以恢复，各闸刀均恢复正常运行位，带有熄弧装置的电器其熄弧装置齐全，各保护继电器的指示件均应恢复正常位，并清理各室各柜中的遗留物品，检查完毕后将车顶门和各高压室门关好。在高压试验过程中，为了确保人身安全，试验人员在升弓前必须确认各高压室无人，并经高呼和鸣笛后，方可升弓。试验中需进入高压室时，必须确认受电弓已落下；进入高压室的人员应将司机台电源开关钥匙带在身上。任何时候不允许用其他物体代替司机台电源开关钥匙和换向手柄进行操作。在整个高压试验过程中，试验人员要精力集中，加强巡视，从听觉、嗅觉和视觉等方面发现是否有异常现象，如有异常现象应立即通知司机室内试验人员断电进行处理。

（6）电力机车在试验或运行过程中一旦出现故障，要求试验人员和乘务人员能安全、准确、快速地予以处理，因此操作人员应熟悉机车电气线路，了解电路中部件及联锁接点的设置结构和具体作用。

（7）在发生故障时，首先必须正确地掌握故障时仪表及信号的显示情况、机车内部电器的动作情况及是否有响声、气味等，同时还要注意发生故障时的操作，注意当时各按键和手柄的位置所在以及操作动作与发生故障时的时间间隔等。正确地掌握故障现象是判断和处理故障的基础，如果故障现象掌握不全面就会给判断处理故障带来困难。

（8）在正确掌握故障现象的基础上，要对发生的故障进行分析，判断能造成该故障的原因，如果有多种原因均能引起这种故障现象，则应尽量在司机室内用一些其他方法来缩小可能发生故障的范围。

（9）对于多种原因均可能引起的故障，在检查处理时应分段检查或逐个检查，但应本着先易后难的原则去检查处理，即对于经常容易发生不良现象的部分和容易检查的部分首先进行检查处理。

（10）在处理故障的过程中，要求工作人员沉着、冷静，要有根据地进行分析判断，切忌凭猜测行事。

（11）对于不同状态下的机车，分析故障的方法也不尽相同。对于运用机车，各塞门、闸刀等位置均处于正常位，行车中不可能发生变化，一般故障为电路中某部分接触不良或某部件受损发生问题而造成。对于刚检修过的机车，由于部件的互换、拆装等可能有漏接、错接等现象，因而要考虑检修部分存在的问题。此外，在发生故障时，一般均考虑为一处不良而造成，即考虑为单一故障，两处以上同时故障比较少见，一般不考虑，或在单一故障排除后再去考虑。

下面我们仅就韶山 8 型机车中修后高、低压试验和韶山 8 型机车运用中常见故障的应急处理方法进行介绍。

一、SS_8型电力机车低压试验程序

1. 低压试验准备工作

（1）机车各部良好，关好车顶门，各隔离开关、自动开关，闸刀在正常位；

（2）司机控制器手柄置“0”位，钥匙控制箱为运行状态；

（3）总风缸压力不低于 750 kPa。

2. 低压试验

（1）闭合蓄电池开关 50QA。

① 电压表显示均为 92.5 V；

② 电源柜斩波器插件板上 48 V、24 V、15 V 信号灯显示；
③ 微机柜内 48 V 风扇转动；
④ 主显示屏“主断”“劈相机”等显示灯亮。
（2）按下“信号检查”按钮 9SB，主副显示屏所有信号显示灯亮。
（3）闭合控制电源开关（电钥匙）1SA、2SA。
①“零位”中间继电器 10 KA 吸合，“零位”显示灯亮；
②“零压”中间继电器 18 KA 吸合，“零位”显示灯亮；
③ 保护阀 YV 吸合动作。
（4）断开钥匙开关 1SA（2SA）而后重新合上。
①“零位”显示灯灭而后复亮；
② 保护阀 YV 释放，门联锁返回，听放气声，复而又吸合动作。
（5）主断路器试验。
① 闭合“主断路器合”开关 3SK1（3SK2）。
· 听主断路器闭合声，“主断”信号显示灭；
· 恢复中间继电器 13KA 吸合，“零压”显示灭。
② 闭合“主断路器断”开关 4SK1（4SK2）。
· 听主断路器打开声；
·“主断”信号显示亮。
（6）闭合受电弓“前”“后”开关 1SK、2SK：观察前后受电弓升起（本项只在库内作）。
（7）切除“零压”保护，闭合“劈相机”按键开关 5SK1（5SK2）。
· 13KT、29KM 吸合；
· 15KM 吸合自锁，14KT、15KT、16KT、17KT、18KT、19KT、20KT、11YV、12YV 吸合。
人为按 1AK 电子盒试验按钮，21KA 吸合，“劈相机”信号显示灭，29KM、13KT 释放。
（8）闭合“压缩机”按键开关 7SK。
① 16KT、17KT 各延时 3 s 后释放，听 11YV、12YV 放风阀放风；
② 听 16KM、17KM 吸合声。
（9）闭合“强泵风”按键开关 8SK。
动作同闭合“压缩机”按键开关 7SK。
（10）闭合“通风机”按键开关 6SK。
① 18KM 吸合，“牵引风机 1”信号显示灯灭；
② 延时 3 s，14KT 释放，19KM 吸合，“牵引风机 2”信号灯显示灭；
③ 延时 3 s，15KT 释放，22KM 吸合，“硅风机”灯显示灭；
④ 延时 3 s，19KT 释放，25KM 吸合，23KM 吸合，油泵“变压器风机”灯显示灭。
（11）司机换向手柄置“制动”位，闭合“通风机”开关
① 20KM 吸合，“制动风机 1”信号显示灭；
② 延时 3 s，18KT 释放，21KM 吸合，“制动风机 2”信号灯显示灭。
（12）换向手柄置“前”、“后”“制”位试验。
① 隔离所有风速继电器。

② 手柄置“制”位。

· 位置转换开关 1YVB、2YVB 得电吸合，转“制”位；

· 12KA、5KM、6KM、11KT 吸合。

③ 手柄置“前”位

· 位置转换开关 1YVF 得电吸合，转“前”位；

· 1YVT、2YVT 得电转“牵引位”，11KT、7KM 吸合。

④ 手柄置“后”位。

· 位置转换开关 1YVF、2YVF 得电吸合，转“后”位；

· 1YVT、2YVT 得电转“牵引位”，11KT、7KM 吸合。

（13）调速手轮置“牵引”位。

① 调速手轮置“牵引”1 ~ 2 位

·“零位”信号显示灭；

· 12KT、1KM ~ 4KM 吸合；

· 11KT、25KA 吸合，“预备”灯灭。

② 调速手轮退 0 位。

· 10KA 吸合，“零位”信号显示亮；

· 12KT、1KM ~ 4KM 释放；

· 25KA 释放，“预备”信号显示灯亮。

（14）调速手轮置“制动”位，调速手轮置离开 0 位，置 9 ~ 10 级

·“零位”信号显示灯灭；

· 12KT、1KM ~ 4KM、5KM、6KM 吸合；

·“预备”信号显示灯灭。

（15）辅助司机控制器 3AC（4AC）试验。

手柄分别置“前”或“后”1—6 级，各有关电器与信号显示分别同主控制器置“前”“后”位动作。

（16）辅助压缩机泵风试验。

将制动屏柜中“辅助压缩机”开关 43QS 置运行位，辅助压缩机打风，辅助风缸压力表徐徐上升。

（17）闭合“前照灯”按键开关 14SK1（2），15SK1（2），机车前照灯亮。

（18）闭合“副前照灯”按键开关 20SK1（2），机车副前照灯亮。

（19）闭合“标志灯”按键开关 18SK1.（2），19SK1.（2），机车标志灯亮。

（20）闭合“电扇”按键开关 16SK1.2，司机室正、副台风扇工作。

（21）闭合副台各有关照明灯按键开关 11SK、12SK、22SK 各仪表、司机室灯、走廊灯亮。

（22）保护试验

（1）原边过流：人为闭合原边过流继电器 5KC，听中间继电器 20KA 得电运作，听主断路器跳闸动作声，主显示屏“原边过流”灯亮。

（2）次边过流：人为闭合次边过流中间继电器 15KA，听主断路器跳闸动作声，主显示屏“次边过流”灯亮。

（3）牵引电机过流：人为闭合牵引电机过载中间继电器 22KA，听主断路器跳闸动作声，主显示屏“牵引电机”灯亮。

（4）主电路接地：人为使前后台车主电路接地，听主断路器分断运作声，辅显示屏“主接地 1”、“主接地 2”分别亮。

（5）辅助电路接地：人为使辅助回路接地，听主断路器分断动作声，主显示屏“辅接地”灯亮。

（6）辅助回路过流：人为闭合辅助回路过流继电器 10KC，中间继电器 19KA 得电动作，听主断路器分断动作声，主显示屏“辅路过流”灯亮。

（7）励磁过流：将 1AC 置“制”位，人为闭合励磁过流中间继电器 26KA，励磁接触器 5KM、6KM 释放，主显示屏“励磁过流”灯亮。

二、SS8 型电力机车高压试验程序

1. 准备工作

（1）低压试验良好，所有故障消除，检查确认高压室内无人；

（2）所有隔离形状置“运行”位；

（3）总风缸压力不低于 750 kPa，小闸上闸 300 kPa；

（4）闭合电钥匙开关 1SA 或 2SA，听门联锁动作声。

2. 升弓试验

（1）分别闭合受电弓“前”“后”按键开关。

看前、后受电弓上升时间在 6 ~ 8 秒，看网压表指示正常应为 22 ~ 29KV。

（2）分别断开“前”“后”受电弓按键开关。

看受电弓降弓时间 5 ~ 8 秒，降弓时无有害冲击车顶现象，看网压表降为 0。

（3）主断路器试验。

闭合“主断路器合”按键开关 3SK1.2，听主断路器闭合声，“零压”及“主断”显示灯灭，辅助电压表电压升至 110 V。

（4）辅助机组试验。

① 闭合劈相机按键开关。

听劈相机起动声，启动正常无异音，“劈相机”显示灯灭。

② 闭合空气压缩机按键开关。

· 听第 1 空压机启动无异音，电磁阀 11YV 排风声，副显示屏“空压机 1”灯灭；

· 隔 3 s 后，第 2 空压机启机无异音，电磁阀 12YV 排风，“空压机 2”灯灭；

· 看压缩机风压上升 150 ~ 300 kPa；

· 调压器调节范围在 750 ~ 900 kPa；

· 总风缸充风由 0 ~ 900 kPa 时间单泵不超过 480 s。

③ 强泵风试验：闭合强泵风按键开关，总风缸风压升至 1 000 kPa 时，总风安全阀喷气。

④ 闭合通风机按键开关。

· 第 1 牵引风机起动，副显示屏“牵引风机 1”灯灭；

· 3 s 后第 2 牵引风机起动，“牵引风机 2”灯灭；

· 3 s 后硅风机起动，“硅风机”灯灭；

· 3 s 后，油泵与变压器风机起动，“油泵”变压器风机灯灭。

（5）换向手柄置“制”位。

· 制动风机 1 起动，副显示屏“制动风机 2”灯灭；

· 3 s 后制动风机 2 起动，“制动风机 1”灯灭。

（6）分别将所有辅机开关置“故障”位

· 确认相应电机停转；

· 看副显示屏上相应辅机信号灯亮。

（7）辅机顺序起动试验。

· 将所有辅助开关置“运用”位，换向手柄置“制”位，所有辅机按键开关闭合，先将主断路器开断，然后重新合上；

· 辅机按顺序起动，压缩机先起动，再牵引风机、硅风机、油泵、变压器风机、最后制动风机起动。

（8）低位加流试验。

小闸制动 300 kPa，闭合通风机按键开关，换向手柄置“前”或“后”位，微机柜选择开关置“Ⅰ”或“Ⅱ”位，主控制调速手轮或辅控制器调速手柄置 2 ~ 3 级，看牵引电流表指示约 240 ~ 360 A。

（9）电阻制动励磁试验及加馈试验。

小闸置缓解位（注意机车后退），闭合通风机按键开关、换向手柄置“制”位，调速手柄置“制动”位 9 ± 1 级，制动缸压力自动上升约 110 kPa，后 25 s 自动缓解，励磁电流上升至约 1 000 A。电枢电机 ≤ 70 A。

（10）劈相机故障状态试验。

· 劈相机切除后，由牵引风 1（3MA）分相起动；

· 将 15QS 置“故障”位，5QA 置“电容”位，闭合劈相机按键开关，29KM、13KM、18KM 吸合，“劈相机”信号显示灭。

（11）“零压保护”试验。

起动劈相机，降下受电弓，自网压开始跌落后约 2s，主断路器跳闸，“主断”显示灯亮。

（12）“紧急制动”试验。

按“紧急制动”按钮，机车起紧急制动。

（13）闭合电暖器及窗加热开关，应作用良好。

（14）雨刷、风笛、撒砂各照明试验应作用良好。

（15）闭合空调机、热风机开关、应作用良好。

（16）恢复。恢复试验前状态，试验完毕。

三、机车故障及其分类

电力机车由于采用了许多先进技术，先进器件及新材料，使机车的性能相对可靠。但是，由于种种原因，机车在运用中不可避免地会出现各种故障，且故障原因也是多种多样。因此，要用好却车就必须深入细致地了解电力机车的原理与构造。只有这样才能准确判断和正确分析机车故障从而正确处理，保证行车安全。机车电气线路常见故障通常按故障所处电路进行如下分类：

（1）主电路故障。

主电路故障主要为构成机车调压整流电路及牵引电路各高压电气设备如电机、电器及电路的故障，主要有接地、过流、短路等故障，此类故障一般无法处理，只有应急隔离，维持运用。

（2）辅助电路故障。

辅助电路故障主要指辅助电路内各三相交流辅助机组及其有关电器、电路、电热（暖）装置故障，此类故障主要有辅机烧损、接地、线路短路等故障，此类故障主要处理方法也是隔离故障部件。

（3）控制电路故障。

电力机车控制电路故障出现的比例是所有故障中最多的。由于控制电路复杂。故障点查找比较困难。习惯上此部分故障又可分为：

① 整备控制电路故障。

整备控制是机车动车前的各项预备性工作。整备控制不良主要表现为整备电路某环节构成，导致下一环节不能继续。

② 调速控制电路故障。

在机车整备完后，机车整备电路良好，但调速控制时牵引电机仍无压无流，此时，故障处所除了极少部分发生在微机控制或电子控制系统中，大部分问题为调速控制电路不良。

③ 机车保护电器误动作。

④ 其他控制电路故障。

四、SS8 型电力机车常见故障应急处理

1. 合不上主断，主副显示屏无故障显示

原因：（1）调速手柄没有回“0”，10 KA 不吸合；

（2）合闸线圈烧损或阀芯松脱；

（3）主断主阀漏风。

处理：（1）检查主副台调速手柄是否回到机械“0”位，如不在恢复；

（2）回电钥匙进机械间人为闭合主断，但过分相绝缘时需降弓运行；

（3）把储气风缸进风塞门关闭，打开排水间，人为关闭主断，过分相绝缘降弓运行。

2. 升不起弓

原因：（1）升降弓阀和电空间故障；

（2）在取出换向手柄和电钥匙过程中，因操纵快没有转换到位或换向手柄叉口太大造成转不到位，YV 不吸合，升弓气路打不开。

处理：（1）升另一受电弓；

（2）检查钥匙控制箱是否转换到位，并用电钥匙和换向手柄进行倒方转换。

3. 主断断不开

原因：（1）主断分闸线圈烧；

（2）主断主阀故障或其他部件故障。

处理：过分相绝缘降弓运行并加强走廊巡视，注意故障显示，维持到前方站。

4. 闭合劈相机按键开关，29KM 吸合，15KM 不吸合

原因：15KM 或其控制电路故障。

处理：用第一通风机代替劈相机起动。

5. 显示辅接地跳主断且重合主断即跳

原因：（1）电炉接地；

（2）窗加热或脚壁炉接地；

（3）辅助电路某点接地。

处理：（1）拔下电炉；

（2）关闭窗加热、脚炉并断开窗加热及取暖自动开关 16QA、17QA；

（3）把辅接地隔离开关打至故障位并加强走廊巡视。

6. 显示辅接地、劈相机，跳主断，重合劈相机仍跳主断

原因：劈相机接地。

处理：把劈相机隔离开关打故障位，用第一通风机代替劈相机起动。

7. 预备灯不灭无压无流

原因：（1）某一风速继电器接触不良；

（2）某一联锁接触不良或预备本身故障。

处理：（1）在确认各风机均正常工作情况下，看 11KT 是否吸合，如不吸合，逐个将 37QS、38QS、39QS 打至故障位；

（2）在确认工况及方向两位置转换开关转换到位、牵引或励磁接触器吸合正常、各风机工作正常情况下，人为闭合 25KA。

8. 跳主断，故障显示次边过载、微机显示屏显示二架（或 2 架）过载

原因：（1）误动作；

（2）整流柜整流元件击穿。

处理：重合主断，如仍重现上述现象，需根据微机显示屏提示甩相应台架两台电机，打开微机柜面板，关闭相应微机柜电源。

9. 机车正常运行，故障显示空转，微机显示某速度传感器故障

原因：速度传感器故障或接头松。

处理：将空转保护钮子开关置切除位。

10. 跳主断，故障显示欠压

原因：网压低或欠压保护误动作。

处理：观察网压表，如高于 17.5 kV，可将 14QS 置“故障”位；如同压低于 17.5 k V，

不合主断，惰行运行待网压高于 17.5 kV 再合主断，并向电调汇报。

11. 无压无流

原因：（1）开关电源中断；

（2）微机死机；

（3）6KM 或 7KM 未释放到位，牵引或制动工况未构成。25KA 某接点不良。

处理：（1）显示 1 架（或 2 架）切除，转另一架控闸 Z。

（2）主断闭合时仍显示蓄电池合状态。断、合电子控制开关，或按复位可重新起动；

（3）一直显示主断合工况不转换（牵弓域制动工况），检查并处理 25KA。在牵引和制动位来回转换，如仍不行，人工处理使 6KM 或 7KM 释放到位。

12. 列车供电过流

原因：

处理：重新合供电钥匙继续供电，若马上再出现过流，再断开供电钥匙，判明是哪路供电过流，切除该路供电，并和车辆联系。

13. 列车供电接地

原因：

处理：先断开主断路器，再断开供电钥匙，然后重新恢复供电，如仍接地根据故障显示拉相应接地间刀，保持一路供电并和车辆联系。

14. 两个受电弓均升不起

（1）检查 52 号调压阀，调整压力应在 520 kPa 以上。

（2）钥匙箱故障：关闭 140 塞门，拆开钥匙箱来风和送风管接头，用专用风管接通，甩掉钥匙箱，开放 140 塞门。

（3）闭合电钥匙听 YV 电空阀如不吸合：检查受电弓电源脱扣；在确认一、二端主回路库用闸刀正常，天窗门关闭的前提下，可短接一端端子排 217－401（217YV 正端线）

（4）如总风压力低时用小风泵打风（打风时关闭排水阀和 97 号阀）。

习　题

1. 交直电力机车电气电路的分类有哪些？
2. 交直电力机车主电路的基本要求是什么？
3. 从哪几个方面来衡量交直电力机车主电路的性能好坏？
4. 简述 $SS_{4改}$型电力机车主电路的构成。
5. 简述主电路保护电路的构成。
6. 交直电力机车辅助电路的作用是什么？
7. 简述交直电力机车辅助电路的组成。
8. 简述劈相机的工作原理。
9. 交直电力机车控制电路的基本要求是什么？

10. 电力机车联锁方式有哪些？
11. 机车低压试验前应做好哪些准备工作？
12. 机车高压试验前应做好哪些准备工作？
13. 机车高压、低压试验的目的是什么？
14. 熟悉 SS_8 型机车的低压试验程序。
15. 熟悉 SS_8 型机车电气常见故障的应急处理方法。

第七章　HXD_{3C}型电力机车电气线路及操纵

HXD_{3C}型电力机车是交流电传动六轴干线客、货两用电力机车，牵引传动系统采用交—直—交传动形式，轴控技术。

HXD_{3C}型电力机车电气线路主要由主电路、辅助电路、DC600 V 列车供电电路（客运机车）、控制电路、制动系统控制电路和机车安全监控电路组成。

第一节　主电路

机车主电路主要由网侧电路、主变压器、主变流器及牵引电动机、主电路保护及库内动车电路等组成。

一、网侧电路

如图 7-1 所示为 HXD_{3C}型电力机车网侧电路。

HXD_{3C}型电力机车网侧电路由 2 台受电弓 PG1、PG2、2 台高压隔离开关 QS1、QS2、1 个高压电流互感器 TA1、1 个低压电流互感器 TA2、1 个高压电压互感器 TV1、1 台主断路器 QF1、1 台高压接地开关 QS10、3 台避雷器 F1 ~ F3、原边过流继电器 KC1、智能型电度表 PJ1、主变压器原边绕组 AX 及 6 个接地装置 EB1 ~ EB6 等组成。

接触网电流通过受电弓 PG1 或 PG2 后经 25 kV 高压套管 HVB1 或 HVB2 进入车内，经高压柜内的高压隔离开关 QS1 或 QS2 和主断路器的主触点 QF1 相连，再穿过高压电流互感器 TA1 与主变压器 TM1 的原边绕组 A 端子相连，经过主变压器原边绕组，从 X 端子流出，再穿过低压电流互感器 TA2 后，通过 6 个并联的接地装置 EB1 ~ EB6，经轮对回流至钢轨。

两架受电弓和两台车顶避雷器位于车顶上部，六个接地装置 EB1 ~ 6 安装于车轴端部，其余的网侧高压电器均装于车内高压柜中，从而避免高压电器由于雨雪、风沙、粉尘等侵蚀、污染而引起的闪络击穿，降低维修成本，提高机车的可靠性。

1. 受电弓 PG1、PG2

采用 DSA200D 型单臂受电弓，通过绝缘子安装在电力机车车顶。受电弓的弓头升起后与接触网网线接触，从接触网上集取电流，并将其通过车顶母线传递到车内供机车使用。弓上装有自动降弓装置，当滑板断裂或磨耗到限时，可自动降弓实施保护。

该受电弓设计速度为 200 km/h，设置了受电弓升/降扳键开关，通过电磁阀控制气囊式气缸的进、排气，从而控制受电弓的升、降弓动作。

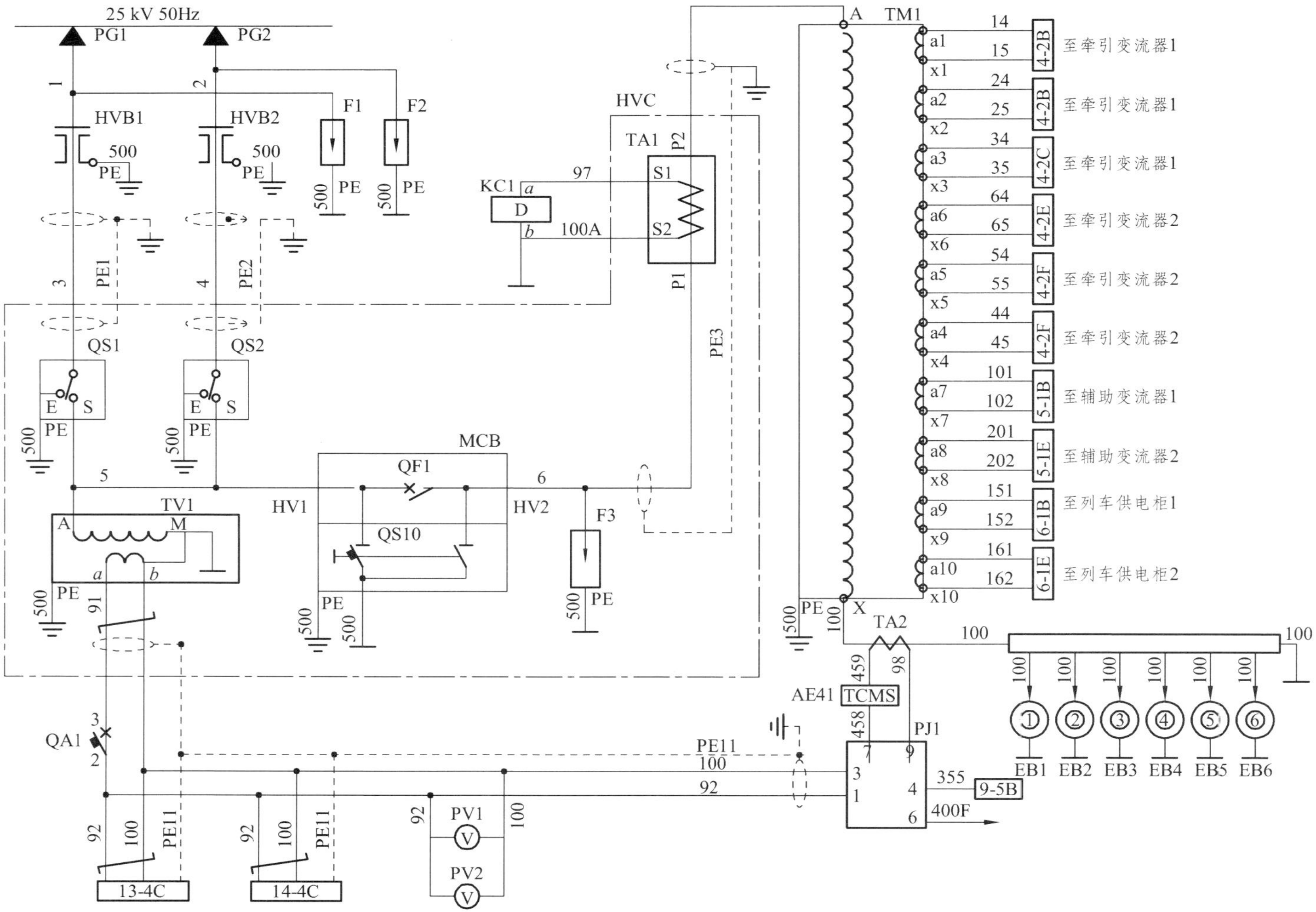

图 7-1　HXD_{3C}型电力机车网侧电路

2. 高压隔离开关 QS1、QS2

采用两台电空控制方式的高压隔离开关。当一台受电弓故障时，可通过控制电器柜上的受电弓隔离开关 SA96，将对应高压隔离开关打至隔离位，通过列车控制和监视系统 TCMS 发出指令来控制相应的电空阀，实现高压隔离开关的开闭操作，以切除故障的受电弓。高压隔离开关处于隔离位时，动触头端自动接地，确保故障端受电弓可靠接地，同时保证高压柜内部安全可靠。此时使用另一台受电弓维持机车正常运行，降低机破率，提高机车运用的可靠性。

3. 主断路器 QF1

HXD_{3C} 型电力机车主断路器 QF1 采用 22CBDP1 型真空断路器。该断路器除接通和开断机车的总电源外，当机车发生过流、接地、零压、主辅变流器故障或司机按下紧急按钮时，主断路器 QF1 迅速断开，起机车最后一级保护作用。

4. 高压电压互感器 TV1

高压电压互感器连接在高压回路的高压隔离开关及主断路器之间，采用干式高压电压互感器。其原边通过受电弓与接触网连接，检测机车所在位置接触网电压，只要升起受电弓，即可判断接触网是否有电。其次边输出的电压信号通过原边电压自动开关 QA1 分别送到主变流器 UM1 和 UM2 的控制单元，作为主变流器控制的同步信号使用；另外还为网压表 PV1、PV2 和电度表 PJ1 的计量提供电压输入。高压电压互感器的变比为 25 000 V/100 V。

5. 避雷器 F1、F2 和 F3

避雷器是一种能释放雷电和电力系统操作过电压能量的电器设备，既能保护电气设备免受瞬时过电压的危害，又能截断续流，不致引起系统接地短路。避雷器与被保护设备并联，当雷电或操作过电压的电压值上升到避雷器阀片的阀值电压时，阀片电阻突然减小，并通过巨大的峰值电流，使避雷器残压被限制在允许值以下，从而保护了机车上其他电气设备。当电压值正常后，避雷器又迅速恢复原状，以保证系统正常供电。

HXD_{3C} 型电力机车有三个避雷器，其中避雷器 F1 和 F2 为车顶避雷器，型号为 YH10WT-42/105D，分别并联于机车两端受电弓和高压隔离开关之间，用于抑制机车外部的雷击过电压和电网过电压，保护车顶和车内的高压电器。避雷器 F3 为车内避雷器，型号为 YH10WT-43/108BN，并联于主断路器和高压原边电流传感器之间，用于抑制主断路器开闭时产生的操作过电压，避免对机车内部的控制电器产生过电压侵害。

车顶避雷器 F1、F2 的持续额定工作电压低于车内避雷器 F3 的持续额定工作电压，确保机车外部的雷击过电压和电网过电压在车顶上就被抑制，避免进入车内造成危害。

6. 高压电流互感器 TA1

高压电流互感器 TA1 主要用作短路电流的检测，是保护用互感器，用以驱动原边过流继电器 KC1 动作。对其饱和度有较高要求，对其检测精度要求比测量用互感器低。

7. 低压电流互感器 TA2

低压电流互感器 TA2 为电度表的计量提供电流输入，为机车微机控制系统提供原边电流信号，用于原边电流显示，属于测量用互感器，要求有较高的测量精度。

8. 高压接地开关 QS10

高压接地开关与主断路器集成在一起，具有高压电路接地保护功能。高压接地开关与机车钥匙箱采用联锁控制，实现机车的高压安全互锁。高压接地开关上配有一把蓝色钥匙和一把黄色钥匙，其中蓝色钥匙用于控制受电弓的升弓气路，黄色钥匙用于打开机械室天窗或高压电器柜门。机车正常运行时，将高压接地开关 QS10 置“运行”位，此时 QS10 的接地端与车顶回路断开，将蓝色钥匙拔出并插入管路柜上的升弓气路阀，保证受电弓的气路连通。

当升弓气路阀关闭时，蓝色钥匙（位于空气管路柜内）才能拔出，待其插入到高压接地开关后，高压接地开关才可以打至接地位，此时主断路器的两端及高压隔离开关通过高压接地开关与车体地相连；高压接地开关上的黄色钥匙只有当接地开关打至接地位时才能拔出，并插入到机车钥匙箱，使钥匙箱上的其他钥匙解除联锁，从而确保只有在网侧回路完全接地的情况下才可打开机车的其他电器柜门，实现高压安全互锁。反之亦然，只有当所有柜门关闭上锁，钥匙全部插入机车钥匙箱，黄色钥匙才可拔出，插入到高压接地开关上，高压接地开关才可打至正常运行位， 此时蓝色钥匙才可拔出，并插入升弓气路阀，开启升弓气路。

机车需要打开顶盖天窗或电器柜门进行检修时，首先要断开主断路器并降弓，然后将空气管路柜上的蓝色钥匙旋转拔出，切除升弓气路；将蓝色钥匙插入接地开关并向右旋转至“接地”位，使车顶设备可靠接地；旋转黄色钥匙并将其拔出，便可打开天窗或高压电器柜门。

9. 电度表 PJ1

机车装有一块电度表，可实现机车牵引、再生电能的计量。电压信号取自原边高压电压互感器 TV1，电流信号取自原边低压电流互感器 TA2。电度表设有屏显窗口和窗口切换按钮，通过按钮切换，可显示正、反向有功计量以及电压和电流值。

10. 接地装置 EB1～EB6

接地装置用于实现网侧回路向钢轨的回流及机车可靠的接地性能，保护机车轮对轴承不受电蚀。

以上各网侧电路电器设备中，高压隔离开关、主断路器、避雷器、高压电流互感器、接地开关静触头均安装在高压柜中，如图 7-2 所示。

图 7-2　高压柜设备布置

1—高压隔离开关；2—接地开关静触头；3—主断路器；4—避雷器；5—高压电流互感器

二、主变压器

HXD_{3C} 型电力机车采用 JQFP-10160/25 型主变压器，用于将 25 kV 的接触网电压变换为电力机车所需的各种低电压，以满足电力机车各种电机电器工作的需要。

机车主变压器为轴向分裂、心式卧放、下悬式安装的一体化多绕组变压器，具有高阻抗、重量轻等特点。采用真空注油、强迫风冷、氮气密封等特殊的工艺措施，延长变压器的绝缘寿命。

主变压器的 6 个 1 450 V 牵引绕组分别用于两台主变流器的供电，2 个 399 V 辅助绕组分别用于两台辅助变流器的供电，2 个 860 V 供电绕组分别用于 DC 600 V 列车供电柜的供电（客运机车）。

主变压器内设有温度继电器、压力释放阀、油流继电器等，实现对主变压器的过热、过压等保护。

表 7-1　主变压器的主要技术参数

	高压绕组	牵引绕组	辅助绕组	供电绕组
额定容量/kVA	9 006（9 233）	8 400（7 467）	606	（1 160）
额定电压/V	25 000	1 450×6	399×2	（860×2）
额定电流/A	360（369）	966 （858）×6	759×2	（675×2）

注：( ) 内数值为客运方案参数。

三、主变流器和牵引电机电路

变流装置用于直流和交流之间电能的变换，并对牵引电机起控制和调节作用，从而控制机车的运行。如图 7-3 所示为 HXD_{3C} 型电力机车主电路。

每台机车采用两台主变流器 UM1、UM2，分别由主变压器的牵引绕组（a1—x1）~（a6—x6）供电，主变流器再分别给牵引电动机 M1、M2、M3 和 M4、M5、M6 供电。

主变流器 UM 内部由 3 组独立的牵引变流器（主变流器单元）构成，每组牵引变流器包含“整流—中间电路—逆变”环节。每组牵引变流器分别由 2 个接触器、1 个输入电流互感器、1 个充电电阻、1 个四象限整流器、中间电路、1 个 PWM 逆变器、2 个输出电流互感器等组成。

机车牵引变流器的主电路和控制电路相对独立，6 组牵引变流器分别为 6 台牵引电动机提供交流变频电源。为冗余控制，当其中一组或几组发生故障时，可通过 TCMS 微机显示屏，利用触摸开关将故障的牵引变流器切除，剩余单元仍可继续工作。

牵引电动机的主要技术参数：

额定输出功率	1 250 kW
额定电压	2 150 V
额定电流	390 A
极数	4
额定转速	1 365 r/min
最高转速	3 195 r/min
效率	0.95

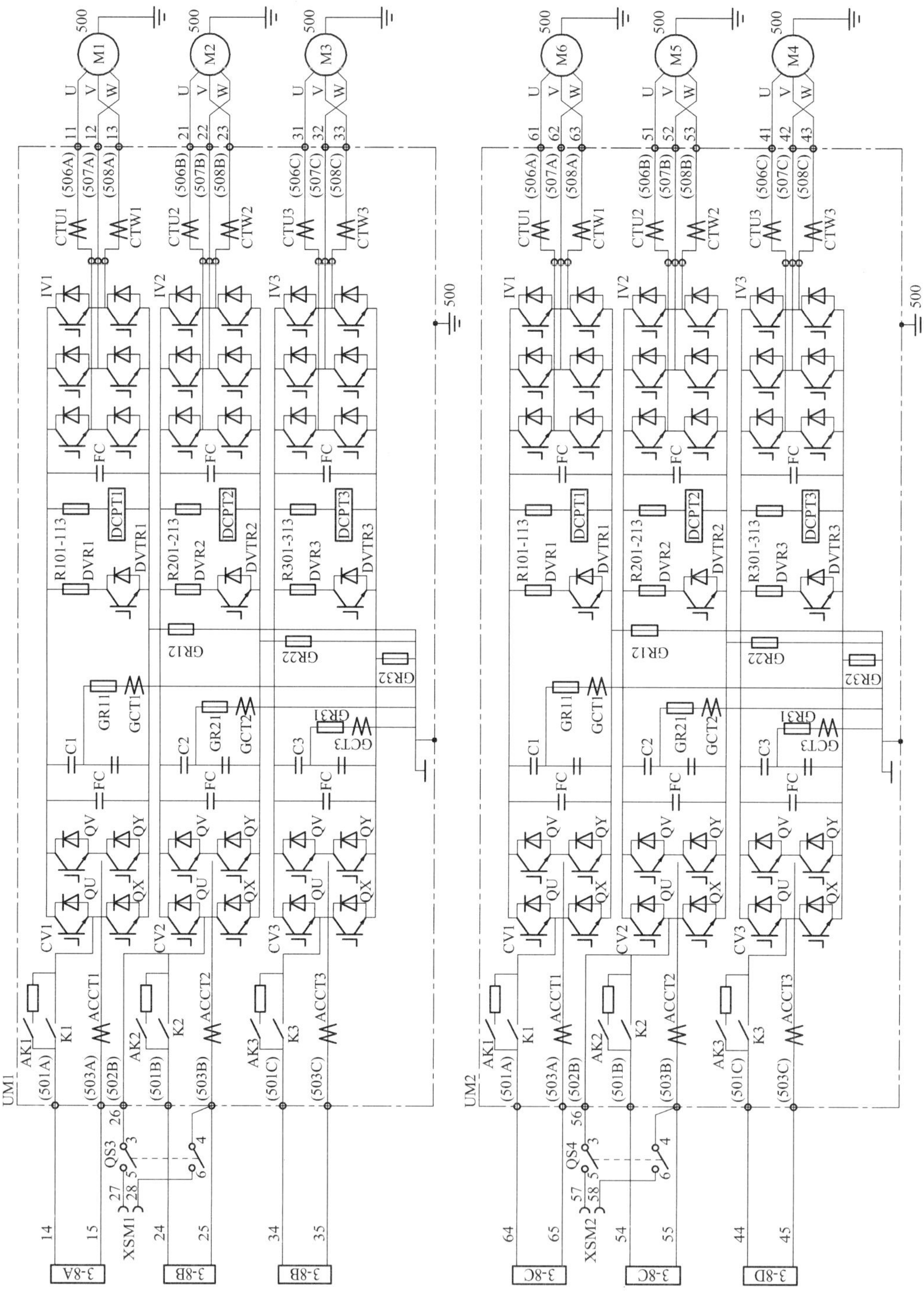

图 7-3 HXD_{3C} 型电力机车主电路

1. 四象限整流电路

如图 7-4 示为四象限整流电路。

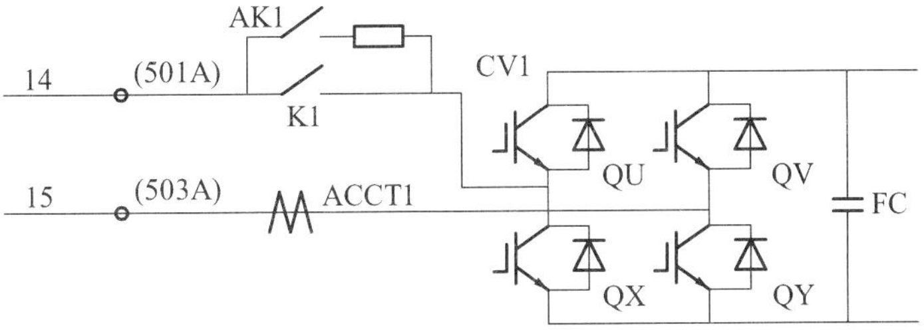

图 7-4 四象限整流电路

四象限整流电路可以使输入电压和电流工作在四个象限，所以能在两个方向上导通电流，从而能够进行传动系统的再生制动。此外，四象限整流器还能得到接近于正弦波形的电网电流，达到对功率因数和电流的控制。

四象限整流器是一个脉宽调制变流器，它将电源的交流电压通过脉冲宽度控制，控制中间直流电压的幅值和流入变流器的交流电流的相位，使交流电流的波形尽量接近正弦，交流侧的基波电压和基波电流的相位差接近于 0，这样既限制了谐波电流分量，又提高了机车功率因数。因此四象限整流器有较高的功率因数，谐波电流分量也小得多。

HXD_{3C} 型电力机车的 6 组四象限整流器的调制波相位是一致的，但载波的相位不一致，依次相差 30°，从而达到消除谐波的目的，这样还可以保证等效干扰电流 $J_P \leq 2.5$ A。

四象限整流器参数如下：

额定输入电压	AC 1 450 V
输入频率	50 Hz
额定输入电流	965 A
额定输入容量	1 280 kVA
中间电压	2 800 V

2. 中间直流电路

如图 7-5 示为中间直流回路。

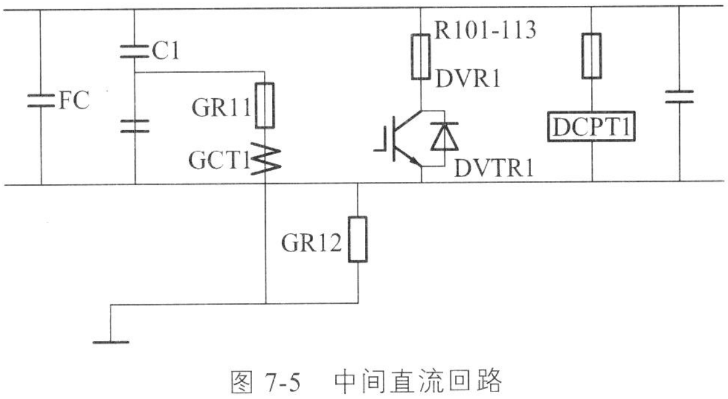

图 7-5 中间直流回路

HXD_{3C} 型电力机车采用的是电压型逆变器，为保持中间回路电压稳定性，并联了大容量的支撑电容，同时它还对四象限整流器和逆变器产生的高次谐波进行滤波。

中间直流环节是四象限整流器和 PWM 逆变器之间的中间环节。中间直流电路主要由中间电压支撑电容、瞬时过电压限制电路和主接地保护电路组成。HXD_{3C} 型机车中间直流电路通过对逆变器的软件控制，来消除二次谐波电压的影响，大幅度抑制牵引电机电流脉动现象和转矩脉动现象。

瞬时过电压限制电路由 IGBT 和限流电阻组成。当中间电压高于规定值时，IGBT 导通，降低中间回路电压。

主接地保护电路由跨接在中间回路的两个串联电容和一个接地信号传感器组成。主接地保护电路既对电路接地进行保护，还保证主电路各点有固定的电位。当主电路发生接地故障时，传感器 GCT 输出信号送给列车控制和监视系统 TCMS，对该组单元进行保护。每台主变流器含有三套独立的接地保护电路，可以分别对三组牵引变流器进行接地监测和保护。接地检测信息送至 TCMS，由 TCMS 显示屏实现故障显示。当只有一点接地时，可以将接地故障开关置于故障位，隔离接地保护，维持机车故障运行。

3. PWM 逆变器电路

如图 7-6 示为牵引逆变器和牵引电动机电路。

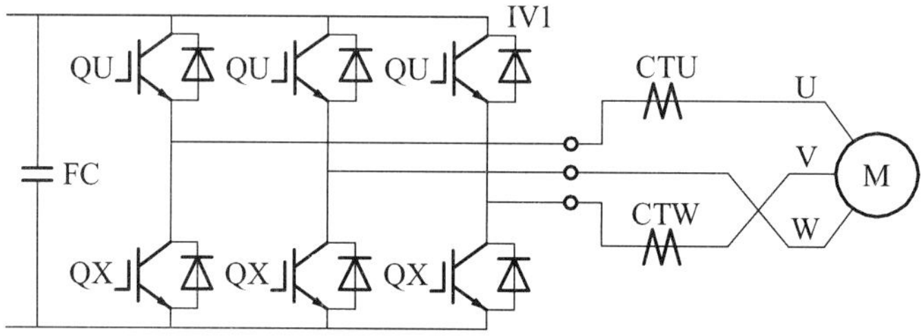

图 7-6　牵引逆变器和牵引电动机电路

PWM 逆变器由中间直流环节供电，输出三相变压变频（VVVF）电源供给牵引电机。根据控制指令，PWM 逆变器能够平稳快速地从牵引工况转换到制动工况，反之亦然。再生制动工况下，再生能量反馈到接触网。这些过程均由变流器控制单元来实现。

PWM 逆变器参数如下：

额定输入电压	2 800 V
额定输出电压	2 150 V
额定输出电流	390 A
最大输出电流	520 A
输出频率	0 ~ 120 Hz

HXD_{3C} 型电力机车的牵引逆变器是由 IGBT 元件组成的 PWM 逆变单元，整车的 6 个牵引逆变器分别向 6 台牵引电动机供电。由于牵引逆变器采用矢量控制模式，能迅速将异步牵引电动机的输出转矩控制在目标值，提高了机车的防空转能力。机车采用轴控方式，实现了对每台牵引电动机的独立控制。当机车的 6 个轴的轮径差、轴重转移及空转等可能引起的负载分配不均匀时，均可以通过牵引变流器的控制进行适当的补偿，以实现最大限度地发挥机车牵引力。

四、主电路保护

1. 主变压器牵引绕组过流保护

在每组牵引变流器的输入回路中，设有一个输入电流互感器 ACCT，用于控制和监视变流器充电电流及牵引绕组短路电流，其动作保护值为 1 960 A。保护动作时，四象限脉冲整流器和逆变器的门极均被封锁，输入回路中的工作接触器断开，同时向微机控制系统发出跳主断信号，可通过复位开关进行恢复。若在 3 min 内连续发生两次过流故障，故障将被锁定，须切断牵引变流器 CI 的控制电源，才能恢复正常工作。

2. 主回路接地保护

主牵引回路工作正常时，由于只有一点接地，接地保护电路中流过的电流为零，接地信号检测传感器 GCT 无信号输出。

当主电路某一点出现接地故障时则接地电路形成回路，接地检测回路有故障电流流过，传感器输出电流信号，使保护装置动作，其动作保护值为 10 A。保护动作时，四象限脉冲整流器和逆变器的门极均被封锁，输入回路中的工作接触器 K 断开，同时向微机控制系统发出跳主断信号。此时司机可将故障支路的变流器切除，机车仍保留 5/6 的牵引动力，维持故障运行。若确认只有一点接地，也可将控制电器柜上对应的接地开关打至“中立位”，维持机车运行，回段后再作处理。

3. 牵引电动机过流保护

在每组牵引变流器的输出回路中，设有输出电流互感器 CTU、CTW，对牵引电机过载及牵引电机三相不平衡起控制和监视保护作用。牵引电机过载保护的动作值为 1 400 A。当保护动作时，四象限脉冲整流器和逆变器的门极均被封锁，输入回路中的工作接触器断开，同时牵引变流器控制单元向微机柜 TCMS 发出 CI 过流信息，实施跳主断。

4. 原边电压保护

网侧电压由原边电压互感器 TV1 检测。

当原边网压高于 32 kV 且持续 10ms 或者是高于 35 kV 且持续 1 ms 时，变流器 CI 实施保护，四象限脉冲整流器和逆变器的门极均被封锁，输入回路中的工作接触器 K 断开，同时向微机控制系统发出原边过电压信息。

当原边网压低于 16 kV 且持续 10 ms 时，CI 实施保护，四象限脉冲整流器和逆变器的门极均被封锁，输入回路中的工作接触器断开，同时向微机控制系统发出原边欠压信息。

5. 瞬时过电压保护

在机车出现空转、滑行或者受电弓离线造成的网压中断等情况时，牵引变流器的中间回路上可能出现瞬时过电压。为了防止对变流器造成损坏，中间直流回路设有瞬时过电压限制电路，该电路包括 IGBT 和限流电阻，由牵引变流器中间直流回路电压传感器 DCPT 进行监测。当出现过电压，该 IGBT 将导通，直流回路电能经限流电阻释放，消除过电压。

当中间回路电压大于等于 3 200 V 时，瞬时过电压保护环节动作，四象限脉冲整流器和逆变器的门极均被封锁，输入回路中的工作接触器 K 断开。

当中间回路电压小于等于 2 000 V 时，中间回路低电压保护环节动作，四象限脉冲整流器和逆变器的门极均被封锁，输入回路中的工作接触器断开（库内动车除外）。

6. 牵引变流器检修安全连锁保护

在检查或操作牵引变流器之前，须断开主断路器，降下受电弓，然后闭合牵引变流器的试验开关，通过司机台上的微机显示屏确认设备内的电容器已放电完毕（小于 36 V）或观察故障显示灯中的“预备”灯灭后，才能进行检查操作，否则中间回路的支撑电容上有很高的电压，会危及人身安全。

五、其他

1. 原边电压显示

机车设置了 2 块网压表，分别为 PV1、PV2。当受电弓升起后，用来显示接触网电压。在机车控制系统自检正常后，通过微机显示屏可观察到原边电流和网压。

2. 库内动车

在库内将电源通过单相插座送到二、五位牵引电机的牵引变流器环节，即可进行库内动车作业。机车共设置 2 个主电路入库插座和 2 个主电路入库转换开关，方便库内动车需要。当需要用牵引电动机 M2 动车时，在主电路入库插座 XSM1 处接入库内动车电源引线，转换主电路入库转换开关 QS3，再闭合地面电源，通过操纵司机控制器便可以使机车向前、向后移动；当需要用牵引电动机 M5 动车时，在主电路入库插座 XSM2 处接入库内动车电源引线，转换主电路入库转换开关 QS4，再闭合地面电源，通过操纵司机控制器便可以使机车向前、向后移动。

第二节　辅助电路

机车辅助电路从功能上可以分成相对独立的三部分电路：辅助变流器及辅助供电电路、各辅助机组和辅助加热电路。如图 7-7 所示为 HXD_{3C} 型电力机车辅助电路。

一、辅助变流器及辅助供电电路

辅助电动机供电电路由辅助变流器、辅助滤波装置、电磁接触器、自动开关、辅助电动机等组成。

1. 辅助变流器

辅助变流器是辅助供电电路的核心。机车设有两组独立的三相辅助电源，每组电源由辅助变流器 UA11、UA12（又称作 APU1、APU2）、滤波电抗器、滤波电容、接触器、自动开关及对应辅机等构成。辅助变流器是为通风机和压缩机等辅助机组提供三相交流电源的装置。系统中两台冷却塔通风机和六台牵引电机通风机为 VVVF 控制模式，其他负载采用 CVCF 控制模式。

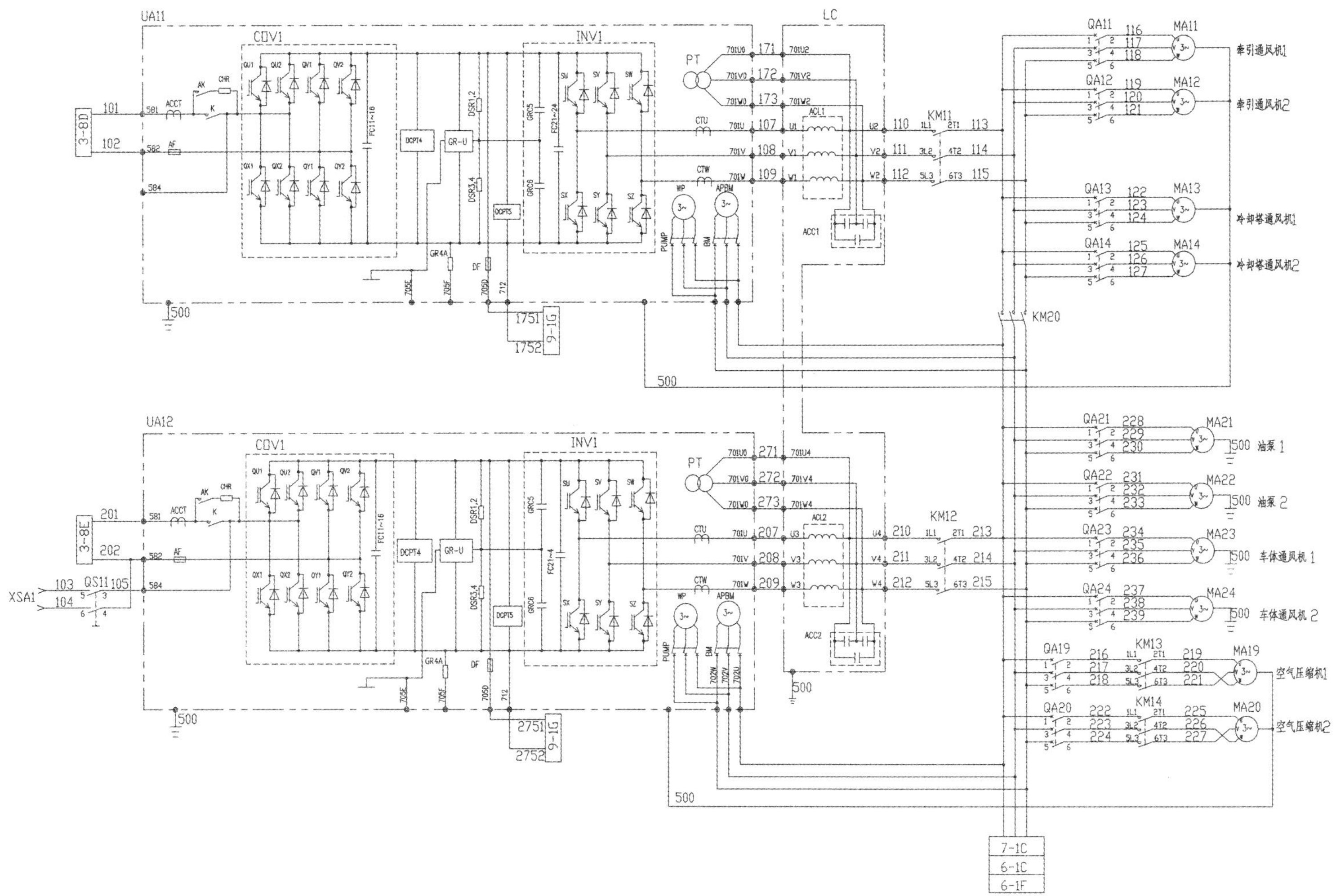

图 7-7　HXD_{3C}型电力机车辅助电路

辅助变流器 UA11、UA12 都有变频变压（VVVF）和定频定压（CVCF）两种工作方式，可以依据连接的辅助电动机情况进行设置。机车正常运行时，辅助变流器 UA11 工作在 VVVF 方式，辅助变流器 UA12 工作在 CVCF 方式，分别为机车辅助电动机供电。每一台辅助变流器的额定容量是按照独立带整车辅机的情况设计的，因此正常情况下，辅助变流器 UA11、UA12 基本上以 50%的额定容量工作。

当某一套辅助变流器发生故障时，不需要切除任何辅助电动机，另一套辅助变流器可以承担机车全部的辅助电动机负载。此时，该辅助变流器按照 CVCF 方式工作，辅助电动机系统按全功率运行，只是两台压缩机中，只有操纵端压缩机可以投入工作，从而确保机车辅助电动机供电系统的可靠性。辅助变流器的故障转换控制由机车微机控制系统 （TCMS）自动完成。

辅助变流器的中间直流回路由中间电压支撑电容、中间电压测量电路和辅接地保护电路组成。辅助逆变器采用的是电压型逆变器，为了稳定中间回路电压，并联了大量的支撑电容，同时还对辅助逆变器产生的高次谐波进行滤波。

辅助变流器的中间直流回路同时给 110 V 电源装置供电。辅助变流器 UA12 的输出还经辅助变压器，给司机室各加热设备及低温预热回路供电。 辅助变流器内设有元器件过压、过流等保护。

（1）辅助变流器参数：

每台机车数量	2
额定输入电压	AC399 V（单相）
额定输入频率	50 Hz
直流中间回路电压	DC750 V
元件类型	IGBT（1 700 V、1 200 A）
调制方式	四象限整流（输入）+ PWM（输出）
恒频恒压变流器输出容量	230 kVA
输出电压	AC380 V（三相）
输出频率	50 Hz
变频变压变流器输出容量	230 kVA
频率控制范围	0.2 ~ 50 Hz
电压控制范围	2 ~ 380 VAC

（2）辅助变流器采用最新的 IGBT 元件（1.7 kV/1 200 A），其输入电源分别由主变压器 TM1 的两个辅助绕组（a7—x7）、（a8—x8）供电，输出送入辅助滤波柜 LC，辅助绕组的电压均为 399 V，经过输出接触器向各类辅机供电。

（3）辅助滤波柜 LC 对辅助变流器输出的 PWM 波进行滤波，降低谐波含量，输出近似正弦波的三相交流电，向各类辅机供电。

2. 辅助变流器供电电路

（1）机车设有两组三相辅助电源，向各类辅助负载供电。

辅助变流器 UA11 的输出，经过辅助滤波器 LC，通过输出接触器 KM11 给牵引风机电动机 MA11、MA12 和冷却塔风机电动机 MA13、MA14 供电。

辅助变流器 UA12 的输出，同样经过辅助滤波器 LC，通过输出接触器 KM12 给空气压缩机电动机 MA19、MA20、主变压器油泵 MA21、MA22、车体通风机 MA23、MA24、司机室空调 EV11、EV12、主变流器内部的水泵 WP1、WP2、辅助变流器风机 APBM1、APBM2 、列车供电柜冷却风机 BM1、BM2（客运机车）供电，同时 UA12 还经过 AT1 隔离变压器，分别向司机室内的辅助加热设备、卫生间及压缩机加热回路和低温预热设备提供 AC220 V 和 AC110 V 交流电源。

① 辅助电源 1（VVVF）

输出电压（可变）　　2～380 V

输出频率（可变）　　0.2～50 Hz

辅助电源 1 经自动开关向两台冷却塔通风机电机和两台牵引电机通风机供电。

② 辅助电源 2（CVCF）

输出电压　　380 V

输出频率　　50 Hz

辅助电源 2 经过自动开关和接触器，通过软启动方式向空压机、油泵、水泵、辅助变流器风机、列车供电柜（客运机车）风机、司机室空调、机器间风机和各类单相辅助加热器等供电。

（2）在辅助变流器 UA11 或辅助变流器 UA12 发生故障的情况下，TCMS 将自动断开其相应的输出接触器 KM11 或输出接触器 KM12，再闭合故障转换接触器 KM20，把发生故障的辅助变流器的负载切换到另一套辅助变流器上，由该辅助变流器对全车的三相辅助电动机供电。

正常工作情况下，辅助变流器的负载功率分配情况见表 7-2。

表 7-2　辅助变流器的负载功率分配

辅助变流器 UA11/ kVA		辅助变流器 UA12/kVA	
牵引电动机通风机	38×2	空气压缩机	29.4×2
冷却塔通风机	25.3×2	主变流器水泵	4.3×2
		主变压器油泵	5.3×2
		司机室空调	6.5×2
		辅助变流器通风机	2.6×2
		辅助加热装置	22
合计	126.6	合计	122.4

3. 辅助电动机电路

机车上的各辅助电动机均通过各自的自动开关与辅助变流器连接,除 2 台空气压缩机外，均不设电磁接触器，使得辅助电动机电路更简化、更可靠。当辅助变流器采用软起动方式进行启动，除空气压缩机电动机外，其他辅助电动机也随之启动。空气压缩机的起动受电磁接触器的控制，电磁接触器受机车司机控制扳键开关和总风缸空气压力继电器的控制。

4. 辅助电动机电路的保护系统

1）辅助系统主电路接地保护

在辅助变流器 UA11、UA12 内部，分别设有 1 套接地保护装置，由跨接在中间回路的 2 个串联电容和 1 个接地信号检测传感器组成，用于辅助系统主电路的接地保护。辅助回路无接地故障时，接地保护电路中无电流流过，接地信号检测传感器无信号输出。当辅助回路某一点发生接地故障时，接地检测回路有故障电流流过，传感器输出电流信号，使该辅助变流器接地保护动作，相控整流器和逆变器的门极均被封锁，同时向微机控制系统发出跳主断的信号。可将该故障的辅助变流器切除，机车转由另一组辅助变流器对全部辅机供电。若确认只有一点接地时，也可以将控制电器柜内对应的接地故障转换开关置“中立”位，实施对接地保护的隔离，维持机车运行。

2）辅助变流器的过流和过载保护

在每一组辅助变流器的输入回路中，设有输入电流互感器 ACCT，起控制和监视辅助变流器充电电流及辅助绕组短路电流的作用，其动作保护值为 1 600 A。保护发生时，四象限整流器的门极均被封锁，工作接触器 K、AK 均断开，同时向微机控制系统发出跳主断的信号，该故障消除后 10 s 内自动复位，如果此故障在 2 分钟内连续发生两次，该辅助变流器将被锁死，必须切断辅助变流器的控制电源，才可解锁。

在每一组辅助变流器的输出回路中，设有输出电流互感器 CTU 和 CTW，对辅助电动机回路过载及辅助电动机三相不平衡起控制和监视保护作用。辅助电动机回路过载保护的动作值为 850 A。保护发生时，逆变器的门极均被封锁，同时向微机控制系统发出跳主断的信号。该故障消除后 10 s 内自动复位，如果此故障在 2 min 内连续发生 6 次，故障辅助变流器将被锁死，必须切断辅助变流器的控制电源，才可解锁。

3）辅助变流器中间直流回路电压保护

辅助变流器设有两组电压监测环节，由直流电压检测器 DCPT4 和 DCPT5 构成，对中间直流回路 750 V 直流电压进行检测，并将检测结果输入到中央控制单元。其中 DCPT4 对四象限整流器的输出电压进行检测，DCPT5 对逆变器的输入电压进行检测。当 DCPT4 监测到中间回路电压大于等于 825 V 或小于等于 270 V 时，四象限整流器门极被封锁，四象限整流器停止输出；当 DCPT5 监测到中间回路电压大于等于 825 V 或小于等于 580 V 时，中间回路电压保护环节动作，逆变器门极被封锁，逆变器停止输出。

4）辅助变流器输入电压的保护

当辅助变流器的输入电压低于 279，即网压低于 17.5 kV 时，低压保护环节动作，四象限整流器门极被封锁，工作接触器 K、AK 断开，四象限整流器停止输出。

当辅助变流器的输入电压高于 502 V，即网压高于 31.5 kV 时，过压保护环节动作，四象限整流器的门极被封锁，工作接触器 K、AK 断开，四象限整流器停止输出。

5）110 V 电源装置输入电源的短路过载保护

每组辅助变流器均可向 110 V 电源装置提供 DC750 V 电源。输出电源回路通过熔断器 DF 进行短路过载保护，熔丝额定值为 32 A。当 DF 出现熔断后，辅助变流器将通过微机控制系统 TCMS 进行 110 V 电源装置输入电源的转换，由非故障的辅助变流器向 110 V 电源装置提供直流电源，同时微机显示屏也进行相应故障的显示和记录。

6）预充电电路

四象限整流器的输出端接有直流回路支撑电容，电容器上的电压不能突变。在接触器 K 闭合瞬间，主变压器辅助绕组、整流器中的续流二极管和中间电容形成回路，如果没有限流电阻，会造成很大的电流冲击。设置预充电电路的目的就是减小这种电流冲击。

二、辅助加热装置电路

如图 7-8 所示为 HXD_{3C} 型电力机车辅助加热电路。

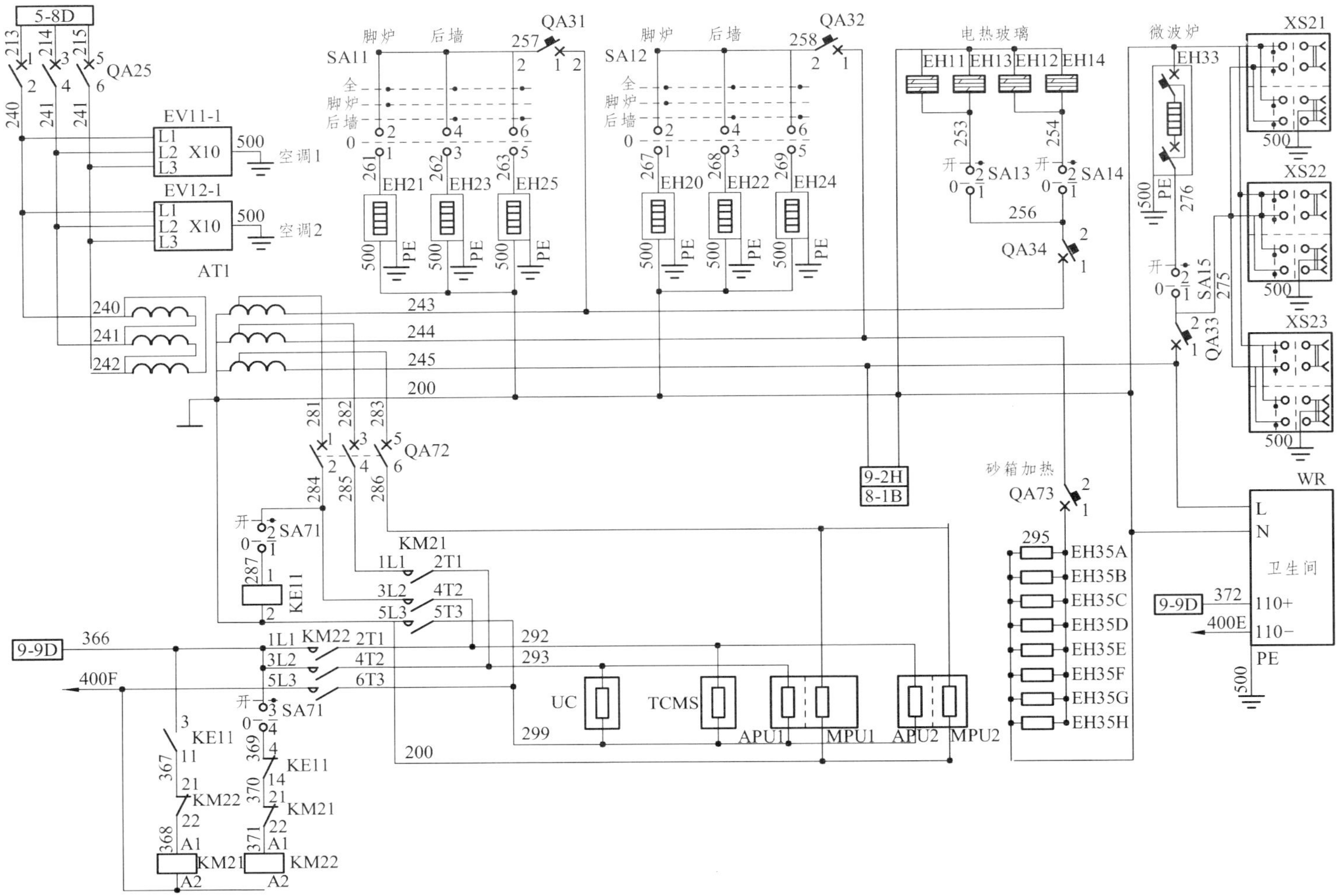

图 7-8　HXD$_{3C}$型电力机车辅助加热电路

机车辅助加热装置主要有电热玻璃 EH11-14、脚炉 EH20-21、后墙暖风机 EH22-25 及低温预热回路等，它们均由辅助变流器 UA12 通过隔离变压器 AT1 进行供电。

在脚炉、后墙暖风机支路上设置了功能转换开关 SA11、SA12，进行投入和切除转换，并设置了空气自动开关 QA31 和 QA32 进行过流保护。

在电热玻璃支路上设置了功能转换开关 SA13、SA14，进行投入和切除转换，并设置了空气自动开关 QA34 进行过流保护。

在微波炉 EH33 支路上设置了功能转换开关 SA15，进行投入和切除转换，并设置了空气自动开关 QA33 进行过流保护。另外，分别在 2 个司机室设置了电源插座 XS21、XS22，在机械间中间走廊中部设置了 1 个电源插座 XS23，提供 220 V 交流电源。

机车辅助加热回路中，还设有低温预热回路，最初采用 DC110 V 低温预热，机车一旦可以升弓合主断，辅助变流器可以工作，就转由 AC110 V 低温预热。当机车需要低温预热时，首先闭合自动开关 QA60、QA72，接触器 KM22 闭合，将采用 DC110 V 低温预热方式，对辅助变流器 APU1\APU2、110 V 电源装置 UC、TCMS 微机系统等进行加热。预热一定时间，当微机可以升弓合主断，辅助变流器正常工作后，继电器 KE11 和接触器 KM21 闭合，接触器 KM22 断开，转由 AC110 V 进行低温预热，对辅助变流器 APU1\APU2、110 V 电源装置 UC、TCMS 微机系统等进行加热。通过闭合自动开关 QA73，可以对撒砂装置进行加热。通过闭合自动开关 QA74，可以对压缩机进行低温加热，通过温控开关 TR-1，可以实现压缩机低温加热的自动投入和切除，当压缩机进行低温加热时压缩机不能工作。在压缩机的控制回路里，还设有温度保护开关 TS-1 和压力保护开关 PS-1，通过其常闭连锁，实现对压缩机的安全保护。如图 7-9 所示为 HXD_{3C} 型电力机车压缩机预热电路。

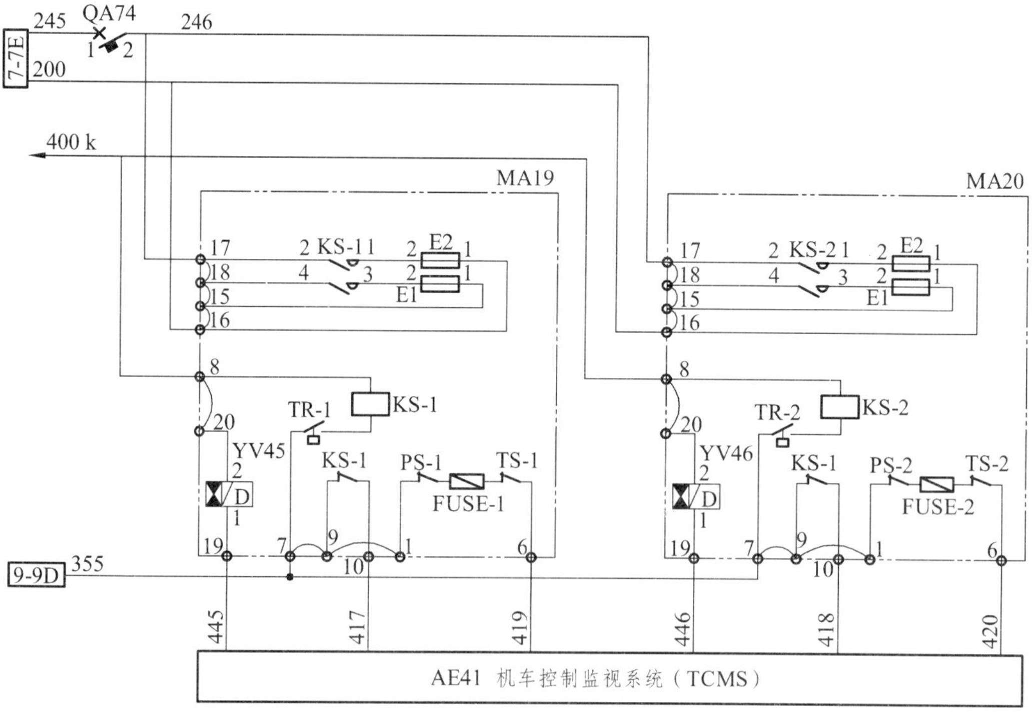

图 7-9　HXD_{3C} 型电力机车压缩机预热电路

第三节 列车供电电路（客运机车）

机车设有 DC600 V 供电电路，用以满足机车牵引客运车辆的需要。该电路主要由 2 个 DC600 V 电源柜 LG1、LG2 和供电连接器 XSA2～5 组成。其输入电源分别由主变压器 TM1 的两个辅助绕组（a9-x9）、（a10-x10）供电，经过整流单元整流后，在得到供电允许指令后可向客车车辆输出 DC600 V 电源。

列车供电柜的主要技术参数：

额定输出功率	400 kW
额定直流输出电压	600 V
额定直流输出电流	670 A
过载直流电	750 A

列车供电柜的电路分为主电路、辅助电路、控制电路和电子电路四个部分。如图 7-10 所示为 HXD_{3C} 型电力机车列车供电电路。

一、主电路

额定交流电压 860 V 从 151/161、152/162 端输入，经真空接触器与快速熔断器到单相整流桥与电流传感器，通过供电柜内的滤波电抗器和滤波电容器输出直流电压 600 V。整流桥的交流侧并联了由电阻、电容和压敏电阻组成的过电压吸收电路与控制用同步变压器。同时，在交流侧有元件击穿短路时，快速熔断器能快速熔断保护，分断主电路，避免故障进一步扩大。整流桥内各元件两端并联 RC 用于吸收元件的换相过电压。直流侧还有空载电阻与检测用电流传感器，接地分压电阻 1（2）R1、1（2）R2、电压传感器 7（8）SV 用于接地保护。电压传感器 3（4）SV、5（6）SV 分别为控制箱 A、B 组提供电压反馈信号。

二、辅助电路

列车供电柜采用了功率元件整流及直流负载电阻与交流阻容保护，工作时会产生热量，此时需要进行通风冷却。LG1、LG2 柜内各设置有一台三相交流 380 V 通风机，分别为 BM1、BM2，对柜内发热元件进行强制风冷。当通风机断路器未闭合时，不允许列车供电柜投入工作，以免损坏器件。

三、控制电路

控制电路由集控插座 JKXS1\JKXS2、控制箱 1\2、通讯模块 HCM 以及电路表等组成。列车供电柜输出 DC600 V 电源时需满足以下条件：

（1）机车与客车通讯正常：客车供电申请、客车 110 V 电源以及机车供电允许等信号正常。

（2）机车升弓、合主断正常，并且 APU2 正常工作，并发出允许供电柜工作信号；

（3）操纵台上供电钥匙 SA105\SA106 打“合”位。

每个供电柜内分别设置有一块电度表，用来测量和记录列车供电柜输往客车的电能。

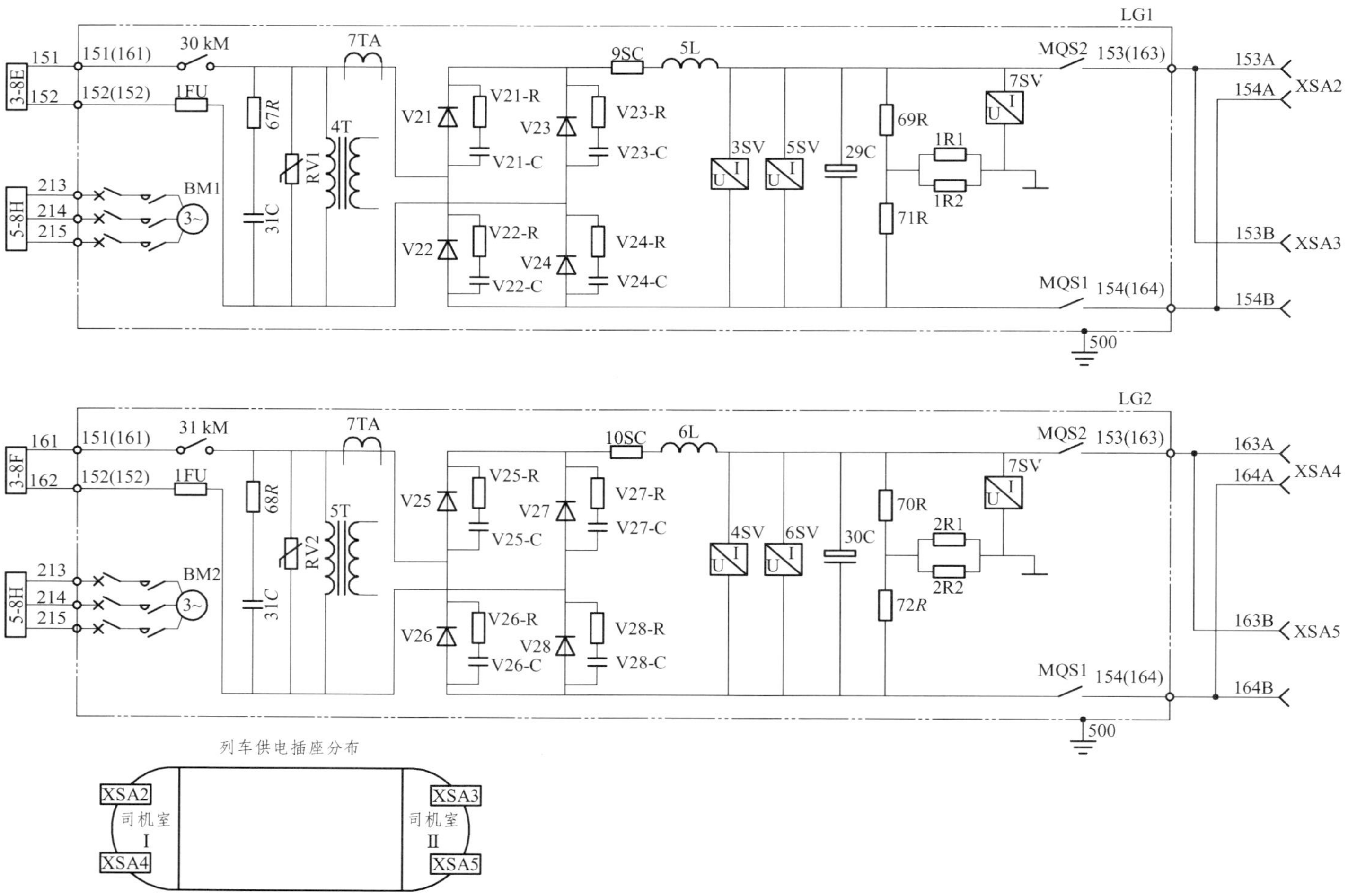

图 7-10　HXD_{3C} 型电力机车列车供电电路

第四节　控制电路

一、控制系统概述

机车的控制系统是以列车控制和监视系统（TCMS）为核心，结合目前国内现有的机车行车安全综合信息监控系统和克诺尔的 CCB-Ⅱ电控制动系统，配以机车外围电路来进行设计的。TCMS 主要功能是实现机车特性控制、逻辑控制、故障监视和诊断，并将有关信息送到司机操纵台上的微机显示屏。TCMS 包括 1 个主控制装置和 2 个显示单元，其中主控单元采用冗余设计，设有两套控制环节，一套为主控制环节（Master），一套为热备控制环节（Slave）。当主控制环节（Master）发生故障时，备用控制环节（Slave）立即自动投入工作。

机车的控制电路主要完成下列功能：

（1）顺序逻辑控制：如升、降受电弓，分、合主断路器，司机控制器的换向、牵引、制动，辅助电动机的逻辑控制，机车库内动车逻辑控制，主辅变流器库内试验逻辑控制等。

（2）机车特性控制：采用恒牵引力/制动力+准恒速特性控制，实现对机车的控制要求。

（3）定速控制：根据机车运行速度，可以实现牵引工况下机车恒定速度控制。

（4）辅助电动机的控制：除空气压缩机外，机车各辅助电动机根据机车准备情况，在外部条件具备的前提下，由 TCMS 发出指令，与辅助变流器同时启动、运行。空气压缩机则根据总风缸压力情况，通过控制接触器的分合来实现控制。

（5）CCB-Ⅱ制动机的电空网络控制。

（6）机车粘着控制：包括防空转、防滑行控制、轴重转移补偿控制。

（7）故障诊断、显示与保护：通过设在司机室的微机屏显示机车正常运行的状态信息，如：网压、原边电流、机车工况、级位、机车牵引力、机车速度等。正常的设备工作状态，如：主变流器、辅助变流器等。正常的设备开关状态，如：主断路器、辅助接触器、各种故障转换开关；显示机车即时发生的故障信息，发生故障的设备、故障处理的方法等，并将故障发生时的有关数据记忆。

（8）机车重联控制：最多可以实施同型号的 3 台机车重联。

二、控制电源电路

如图 7-11 所示为 HXD_{3C} 型电力机车控制电源电路。

1. 低压电源柜

（1）机车设有一个低压电源柜（含 110 V 电源装置 UC 和蓄电池组）提供机车所需的 DC110 V 控制电源，同时蓄电池充电单元向蓄电池组充电。110 V 电源装置中有两组功率为 11 kW 的高频充电单元 UR1 和 UR2，蓄电池充电器 UC 的输入电源来自 UA11 和 UA12 的中间回路，UA11 向 UR1 输入 DC750V 电源，UA12 向 UR2 输入 DC750 V 电源。

（2）充电单元 UR1 和 UR2 同时工作，UR1 给蓄电池充电，UR2 给机车的控制电路输送 DC110 V。当其中一组充电单元故障后，充电单元控制系统经过自动切换，转由另一组充电单元给整车控制电路供电及蓄电池充电。

（3）机车设有一个外接的蓄电池充电插座 XSC3，当蓄电池组亏电严重，低于机车电器的最低控制电压，不能保证电源模块的正常工作时，作为蓄电池的备用充电插座，或机车调试检修时的外接电源的引入插座。

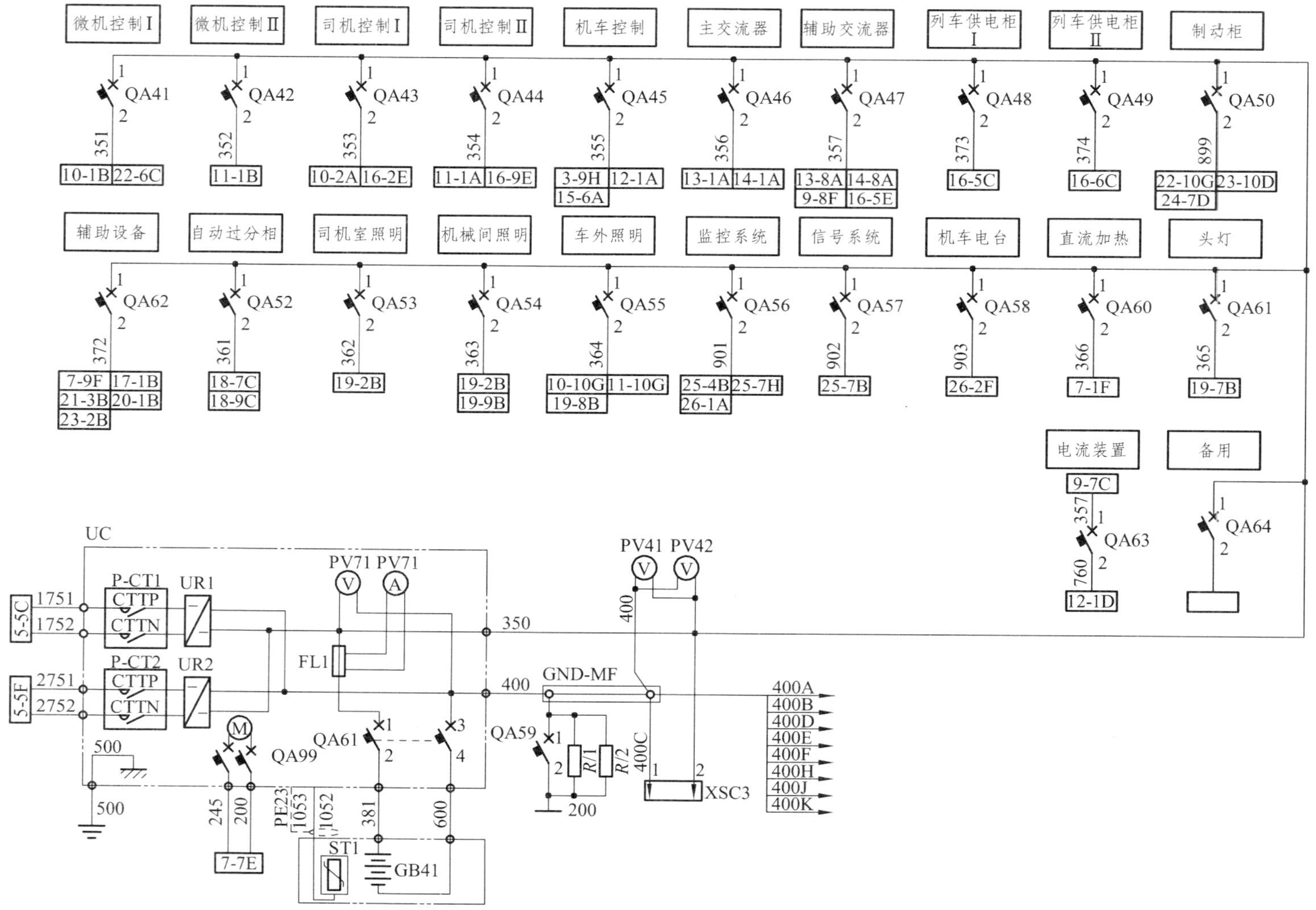

图 7-11 HXD$_{3C}$型电力机车控制电源电路

2. 控制电源的分配

（1）机车控制电源由蓄电池电压经蓄电池自动开关 QA61 后与 DC110 V 电源装置并联提供。

（2）控制电路自动开关有：微机 I 控制自动开关 QA41、微机 II 控制自动开关 QA42、司机控制 I 自动开关 QA43、司机控制 II 自动开关 QA44、机车控制自动开关 QA45、主变流器自动开关 QA46、辅助变流器自动开关 QA47、列车供电柜 I 自动开关 QA48、列车供电柜Ⅱ自动开关 QA49（QA48、QA49 仅用于客运机车）、制动柜自动开关 QA50、辅助设备自动开关 QA62、自动过分相自动开关 QA52、司机室照明自动开关 QA53、机械间照明自动开关 QA54、车外照明自动开关 QA55、监控系统自动开关 QA56，信号系统自动开关 QA57、机车电台自动开关 QA58、直流加热自动开关 QA60、头灯自动开关 QA51、电源装置自动开关 QA63 等。

（3）在两端操纵台上设置了控制电源电压表 PV41、PV42，用于随时监视控制电源的电压情况。通过微机显示屏也可监视控制电源的电压情况。

3. 110 V 电源装置的控制

（1）110 V 电源装置可以通过 RS485 网络向机车控制系统 TCMS 提供故障信息及输出电压、电流和蓄电池充放电电流等状态信息，并通过微机显示屏进行信息提示。

（2）当 110 V 电源装置发生故障时，不仅通过 RS485 网络向机车控制系统 TCMS 发出具体故障内容，同时也通过硬线向机车控制系统 TCMS 发送故障信号，“故障信号”为两路 DO 接口，其编码意义如表 7-3 所示。

表 7-3　PSU 故障信号定义

故障信息	423（A）	424（B）	状态
装置工作正常（正常）	ON	ON	PSU1 和 PSU2 正常
一个单元故障，但不影响正常使用（警告）	ON	OFF	PSU2 故障
一个单元故障，但不影响正常使用（警告）	OFF	ON	PSU1 故障
装置故障，不能正常使用（故障）	OFF	OFF	PSU1 和 PSU2 故障

4. 控制电路的监测与保护

（1）110 V 电源装置输出电流及蓄电池组充放电电流的监测。

低压电源柜可采集、监测 110 V 电源装置输出电流、蓄电池充放电电流等信号，并将这些信号通过网络传送到微机显示屏，供司机查看；在低压电源柜上设有控制电压表及蓄电池充放电电流表，方便查看。

（2）控制电源的低电压保护。

机车控制系统具有控制电源的低电压保护功能，分为两级。第一级，当控制电压低于 88 V 时，低压电源柜处蜂鸣器发声报警，同时微机显示屏弹出低压故障预警信息，状态显示模块“蓄电池亏电”灯亮；第二级，当控制电压低于 77 V 时，控制系统断电实施保护。

三、司机指令与控制功能

在机车的 I、II 端司机室设置了完全相同的控制指令开关，可以分别向机车控制系统发出命令，机车控制系统经逻辑处理后，驱动执行机构，实现机车的控制。下面以 I 端司机室控制指令为例进行说明，同时将 II 端对应的控制器件代号用（ ）进行表示。

如图 7-12、7-13 所示为 HXD_{3C} 型电力机车司机室控制电路。

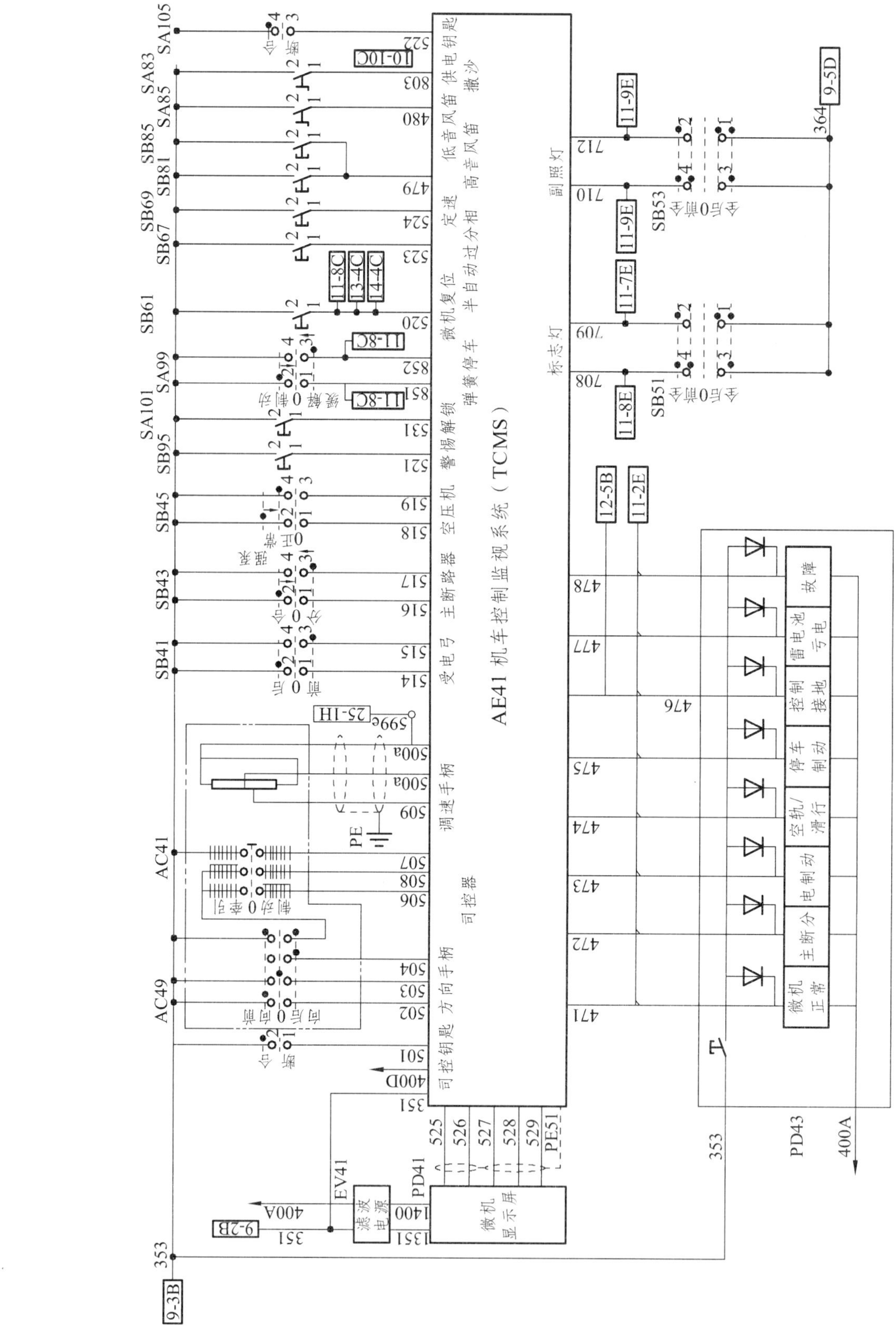

图 7-12　HXD$_{3C}$ 型电力机车司机室控制电路（一）

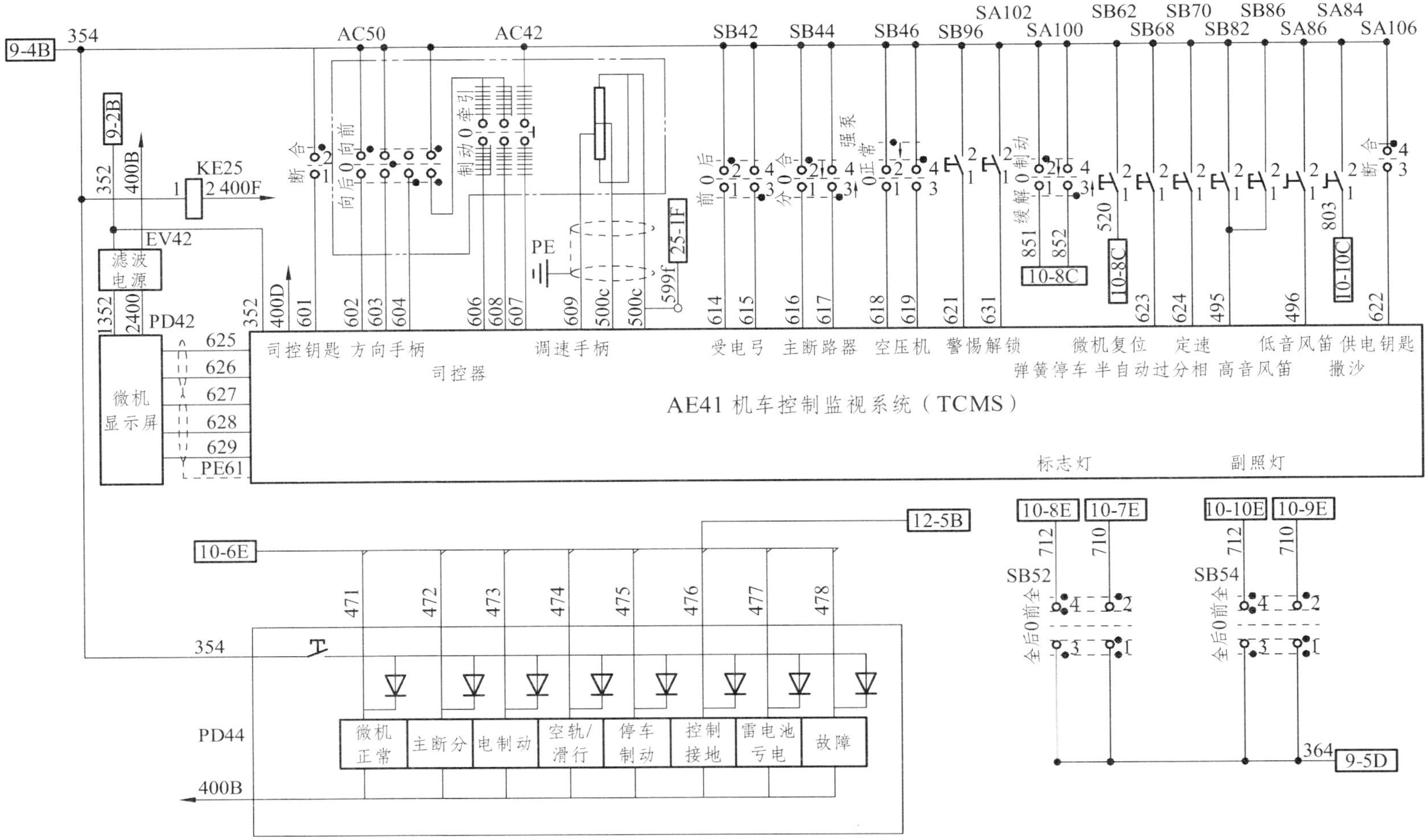

图 7-13　HXD_{3C}型电力机车司机室控制电路（二）

1. 电钥匙 SA49（SA50）

司机电钥匙开关 SA49 （SA50）有两个位置：“合”“分”，置“合”位时，机车Ⅰ（Ⅱ）端即被设定为操纵端，另一端为非操纵端。

2. 司机控制器 AC41（AC42）

司机控制器（简称司控器）有两个手柄：方向手柄和调速手柄。方向手柄有“向前”“0”“向后”三个位置，调速手柄可以提供牵引级位 0～13 级，制动级位*～12 级。两个手柄之间设有机械联锁：当调速手柄在“0”位时，方向手柄方可进行方向转换；方向手柄在“0”位时，调速手柄不能移动，只能在“0”位。

3. 受电弓扳键开关 SB41（SB42）

受电弓扳键开关设有“前受电弓”“0”和“后受电弓”三个位置，正常位置为“0”位。当 SB41 置“前受电弓”或“后受电弓”位时，受电弓电空阀 YV41 或 YV42 线圈得电，在空气管路压力正常的前提下，受电弓 PG1 或 PG2 升起；当 SB41 置“0”位，受电弓 PG1 或 PG2 均降下。

4. 主断路器扳键开关 SB43（SB44）

司机通过操纵主断路器扳键开关，可以实现对主断路器的控制。主断路器扳键开关设有“主断合”、“0”和“主断分”三个位置。主断路器扳键开关为自复式，正常位置为“0”位。

“主断合”位：QF1 线圈得电，在空气管路压力正常的前提下，主断路器闭合；

“主断分”位：QF1 线圈失电，主断路器分断；

“0”位：维持主断路器的当前状态。

5. 压缩机扳键开关 SB45（SB46）

压缩机扳键开关设有三个位置，分别为“0”、“合”、“强泵”位。“强泵”位是自复位置。

“合”位：压缩机根据总风压力开关 KP51-1 和 KP51-2 的状态投入工作；

“强泵”位：强制头车两台压缩机投入工作，补机主压缩机投入工作；

“0”位：压缩机停止工作。

6. 紧急制动、半自动过分相和定速按钮

半自动过分相按钮 SB67（SB68）、定速按钮 SB69（SB70）为自复位按钮，紧急制动按钮 SA103 （SA104）为自锁按钮。

（1）按下紧急制动按钮，机车将实施紧急制动，一方面断开主断路器，停止主变流器、辅助变流器的工作，另一方面对列车实施紧急空气制动。

（2）机车通过分相区前，司机可以按动“半自动过分相”按钮一次，机车采用半自动方式通过分相区。机车自动将牵引或制动力降为零并断开主断路器，机车通过高压电压互感器检测机车网压变化情况，当确认机车通过了分相区，接触网电压恢复至正常值并延时一定时间后，自动闭合主断路器，启动辅助变流器、主变流器等，使机车恢复到过分相区前的状态。

（3）当机车速度大于等于 15 km/h，且机车未实施空气制动时，若按下“定速控制”按钮 SB69（SB70），当时的机车运行速度被确定为“目标速度”，机车进入“定速控制”状态。

当机车实际速度大于“目标速度 + 2 km/h”时，TCMS 控制机车进入电气制动工况；当机车的实际速度降低到“目标速度＋1 km/h”时，电气制动力降至0。

当机车实际速度小于“目标速度－2 km/h”时，TCMS 自动控制机车进入牵引工况；当机车的实际速度升高到“目标速度－1 km/h”时，牵引力降至0。

机车进入“定速控制”状态后，司机控制器调速手柄的级位变化超过1级以上时，机车“定速控制”状态自动解除。

7. 停放控制

为了防止机车在停放状态下发生溜车事故，设置了弹簧停车功能。

该功能相关按钮有停放制动按钮 SB99（SB100），停放缓解按钮 SB107（SB108），均为自复位按钮。

停放制动按钮：机车进入“停放制动”状态，“停放制动”指示灯亮；

停放缓解按钮：机车退出“停放制动”状态，“停放制动”指示灯灭。

8. 无人警惕控制

机车运行时，如果司机出现打瞌睡、离岗或因紧急伤病等情况丧失操控能力时，无人警惕功能将主动实施停车，保证行车安全。该功能是通过微机控制系统来实施，并在操纵台上设有声光报警和信息提示，直至实施惩罚制动。

当机车速度大于等于3 km/h，并且司机控制器的方向手柄离开零位，60 s内如果司机没有操纵任何复位开关，司机室的语音箱开始发出“无人警惕”的语音报警，同时微机屏进行无人警惕预警提示。如果再经过10 s仍没有施加任何无人警惕复位指令，TCMS 微机控制系统会发出惩罚制动指令，机车实施最大常用制动。

操纵端司机室的下列任一操作均可复位无人警惕功能：

警惕开关：包括警惕按钮 SB95（SB96）和警惕脚踏开关 SA101（SA102）；

高音风笛按钮：SB81（SB82）；

低音风笛脚踏开关：SA85（SA86）；

撒砂脚踏开关：SA83（SA84）；

司控器的级位转换；

制动手柄的移动。

9. 微机复位

当机车在运行中发生微机故障，司机室信息显示单元中显示故障信息。故障不能自行恢复时，司机可以根据提示，通过按动微机故障复位按钮 SB61（SB62）一次，实现故障的恢复。

10. 信息显示屏和状态指示灯

（1）机车两端司机室分别设置了完全相同的微机显示屏 PD41、PD42，用于显示机车运行时的各类状态信息、制动信息、各电器设备、控制继电器、接触器、转换开关等的信息，以及机车的各种故障信息，并提供相应的故障处理建议。司机还可以通过微机显示屏实现制动模式的转换及机车部分设备的控制和隔离。

（2）机车两端司机室还分别设置了完全相同的机车状态指示灯，分别为：微机正常、主断分、电制动、空转\滑行、停放制动、控制接地、蓄电池亏电、故障。除微机正常、电制动为绿色指示灯外，其他均为红色指示灯。

四、机车逻辑控制和保护电路

机车的逻辑控制和保护电路主要是将各辅助电动机的自动开关、各控制电器用自动开关、辅助变流器库内试验开关、高压隔离开关、主断路器、各操作开关、空气管路系统压力开关，以及各类接触器、继电器和电控阀等的状态指令送入 TCMS，用于机车的各种工作逻辑及保护逻辑控制，并通过 TCMS 将有关控制指令信息送到主变流器和辅助变流器，达到整车联控目的。

1. 各辅助电动机自动开关功能

（1）牵引通风机自动开关 QA11、QA12 用于牵引通风机的故障保护和相应的逻辑控制。当牵引通风机过流造成自动开关跳断，QA11、QA12 主触点断开相应牵引通风机的供电电路，辅助触点将故障信号送到 TCMS。通过 TCMS，一方面使司机故障显示灯亮，另一方面自动隔离相应变流柜内的 3 组主变流器，使对应的 3 组牵引电动机全部停止工作。

（2）冷却塔通风机自动开关 QA13、QA14 用于冷却塔通风机的故障保护和相应的逻辑控制。当冷却塔通风机过流造成自动开关断开，其主触点断开相应冷却塔通风机的供电电路，辅助触点将故障信号送到 TCMS，同样通过 TCMS 接通相应故障显示灯，并自动隔离相应的牵引变流器，使相应的 3 组牵引电动机全部停止工作。

（3）空气压缩机自动开关 QA19、QA20 用于空气压缩机的故障保护。当空气压缩机自动开关断开后，切断相应空气压缩机的供电电路，通过 TCMS，使相应故障显示灯亮，同时断开相应空气压缩机的控制接触器线圈支路，使该接触器不能得电闭合。

（4）油泵自动开关 QA21、QA22 用于主变压器油泵的故障保护和相应的逻辑控制。当油泵自动开关断开后，断开相应油泵供电电路，同样将故障信号送到 TCMS，通过 TCMS 接通相应故障显示灯，并自动隔离相应牵引变流器，使相应的 3 组牵引电动机全部停止工作。

（5）机械间通风机自动开关 QA23、QA24 用于给机械间通风，降低机械间温度。当自动开关断开后，其主触点断开相应辅助电动机的供电电路，同时辅助触点将故障信息送入机车控制系统，由控制系统进行故障应急处理和故障显示。

2. 各辅助电动机接触器功能

机车辅助系统接触器包括辅助供电接触器 KM11、KM12、KM20，压缩机接触器 KM13、KM14，辅助压缩机接触器 KMC1。接触器的主触点用于接通相应辅机的供电电路，辅助触点用于该接触器的工作确认，确保辅机能够投入工作。

3. 原边过流继电器 KC1

当机车发生原边过流故障时，原边过流继电器 KC1 动作，其联锁触点信号送入 TCMS，跳开主断路器，实施故障保护。原边电流的动作保护值为 800A，对应次边电流为 10A。

4. 主变压器保护电路

机车控制系统通过温度继电器 KP52，油流继电器 KP49、KP50，压力释放阀 KP62 对主变压器进行油温保护和过压保护。

（1）主变温度继电器 KP52，用于主变压器油温保护，当主变压器的油温超过 100℃时，断开主断路器。

（2）主变压器具有两路油循环冷却系统，各设有一个油流继电器对油流情况进行监测。如果一个油流继电器检测到无油循环，则该冷却支路对应的牵引变流器停止功率输出，机车的牵引功率下降 50%。如果两个油流继电器都检测到无油循环，主变流器封锁，停止输出功率。

（3）主变压器安装有压力释放阀 KP62。当变压器内部压力达到（95±15）kPa 时，压力释放阀动作，释放压力，同时在微机显示屏上显示。

5. 主断路器快速保护电路

（1）当机车发生故障时，为了在最短的时间内分断主断路器，机车设置了硬线的快速分断电路。主断路器线圈闭合回路中串入紧急制动开关的常闭触点，按下紧急制动按钮会立即切断主断路器线圈闭合回路，使主断路器立即断开。

（2）主断路器的辅助触点的状态信息送入机车控制系统中，方便机车控制系统对设备状态的确认和故障判断。

6. 主变流器控制电路

机车设有两组完全相同的主变流柜 UM1、UM2，每组变流柜中有三套牵引变流器，用以控制三台牵引电动机。不同的是，变流柜 UM1 的装置识别信号设定为 110 V，变流柜 UM2 的装置识别信号设定为 0V。下面以主变流柜 UM1 的控制进行说明，( ) 内为 UM2 的外围设备信号。

（1）机车主变流器的控制是机车控制单元 TCMS 根据司控器给定指令，通过 RS485 网络传送给主变流器控制单元，并按照机车的牵引/制动特性完成对牵引电动机的控制。牵引电动机的速度传感器 BV41、BV42、BV43（BV44、BV45、BV46 将信号反馈回主变流器，完成对牵引电动机速度的闭环控制，有效地实施机车的防空转、防滑行保护，并对机车的轴重转移进行补偿。

（2）主变流器发生接地、次边过流、牵引电动机过流、主变流器自身器件故障时，故障信号送 TCMS，同时进行自动故障隔离，并在司机显示屏中给出提示，指导司机进行有关故障隔离等的操作。

（3）对主变流器的控制还设置了牵引变流器隔离功能。若发生牵引电动机故障、主变流器支路接地等情况，需要对某个牵引变流器支路或牵引电动机进行隔离时，可以通过微机显示屏隔离软按键进行相应的隔离操作。

（4）主变流器允许投入前必须具备的信号有：牵引风机风速继电器 KP41（KP46）和主变压器油流继电器 KP49（KP50）信号。当风速和油流继电器均正常闭合时，说明主变流器工作的外围条件具备，可以投入运行。

（5）库内动车信号通过主电路库用开关 QS3 或 QS4 送到主变流器控制单元，用于在库内动车时主变流器按照特定的控制程序工作。

（6）主变流器装置库内试验开关 SA75，用于在低压试验或机车出厂前时对主变流器的控制单元进行试验检查，确认其是否工作正常。

（7）为满足主变流器工作需要，在主变流器的控制单元内引入高压电压互感器 TV1 同步信号。

（8）主变流器控制单元与 TCMS 的接口信号除 2 套通讯线外，还设有主变流器隔离、工作、功率预备和故障等信号。

7. 辅助变流器控制电路

机车两套辅助变流器装置 UA11、UA12 的控制电路基本一致。不同的是，正常情况下，I 端辅助变流器装置 UA11 设定为变频变压（VVVF）工作方式，当主断路器闭合、换向手柄离开零位后，UA11 开始工作；II 端辅助变流器装置 UA12 设定为恒频恒压（CVCF）工作方式，只要主断路器闭合，UA12 就开始投入工作。下面以 II 端辅助变流器装置 UA12 的控制为例进行说明：机车主断路器闭合后，由 TCMS 发出命令，闭合辅助变流器 UA12 输出电磁接触器 KM12，并将信息传递给辅助变流器控制单元，由辅助变流器控制单元发出指令，控制辅助变流器 UA12 起动。

当机车某一辅助变流器发生故障，故障的辅助变流器能及时发信息给 TCMS，通过 TCMS 的控制，自动完成输出电磁接触器的动作转换：若辅助变流器 UA11 发生故障，则电磁接触器 KM11 断开，电磁接触器 KM20 闭合；若辅助变流器 UA12 发生故障，则电磁接触器 KM12 断开，电磁接触器 KM20 闭合。故障的辅助变流器将信息传递给另一组辅助变流器，使其工作在 CVCF 方式。同时，故障的辅助变流器被隔离。此时所有辅助电动机全部由另一套辅助变流器供电，牵引电动机通风机和冷却塔通风机将正常满功率工作。

为便于辅助变流器的隔离，在微机显示屏内设置了辅助变流器开放隔离开关，通过触摸开关进行隔离。当由于某种原因，需要进行隔离操作时，可以通过微机显示屏进行相应辅助变流器的隔离。

为确保辅助变流器正常工作，将电磁接触器 KM11、KM12、KM20 的信号引入辅助变流器控制单元。

辅助变流器控制单元与 TCMS 的接口信号除 1 套通讯线外，还设有辅助变流器隔离、功率预备和故障等信号。

8. 空调机组的控制电路

机车的两个司机室分别设置了两套司机室空调机组 EV11（EV12）、空调操作控制台 EV11-1（EV12-1），两套机组及其控制方式完全相同。

空调操作控制台安装于司机室操纵台上，设置有温度选择开关 SA77（SA76）和模式选择开关 SA79（SA78）。温度选择开关设置有九个档位，从“-4”到“+4”，实现空调的温度选择；模式选择开关有四个位置：“强风”位、“弱风”位、“关”位、“自动”位，实现空调机组的控制状态转换。

9. 机车重联控制电路

在机车两端分别设置了两个机车重联控制插座 CZ1～4，机车采用以太网通信的形式实现本务机车 TCMS 与重联机车 TCMS 之间的信息传递，实现两台（最多三台机车）间的重联控制。另外，在重联控制插座中，还包括机车重联电话信号和紧急制动信号等硬线重联。

10. 自动过分相控制电路

机车装有全自动过分相检测装置 AE5。装置设有 4 个自动过分相传感器 T1、T2、T3 和 T4 作为信号感应接收装置，用于分相区前后的信号检测。AE5 与 TCMS 之间有以下开关量的传递：信号 497 表示状态正常；信号 499 表示机车通过分相区前的预告信号或者是通过分相区后的恢复信号；信号 498 表示机车通过分相区前的强迫信号；信号 491 是 TCMS 送给 AE5 的机车 I 端向前运行指令；信号 492 是 TCMS 送给 AE5 的机车 II 端向前运行指令。

当机车运行的线路区段在分相区前后装有地面感应器时，机车全自动过分相检测装置将起作用。该装置通过向微机控制系统提供过分相区的信息：预告、恢复信号 499、强迫信号 498，保证机车每次通过分相区时，司机不需要做任何操纵，机车微机控制系统即可自动跳主断，待通过分相区后，又能自动合主断，并保证机车恢复至通过分相区前的运行状态。

11. 轴温检测电路

机车装有轴温检测装置 AE44，每个转向架上设有 12 个轴温检测点。轴温检测装置与 TCMS 间采用 RS485 总线通信。如轴温检测电路工作正常，在微机显示屏的轴温检测界面下，只显示转向架 I 和转向架 II 的工作正常与否的两个状态，正常显示为绿色，故障显示为红色。若其中任意一个检测点温度过高，检测点内的易熔合金传感器就会断开，检测装置将会把故障信息传送给 TCMS，此时微机显示屏上显示故障信息，在轴温检测界面下该转向架的状态显示为红色，提示司机该转向架一个或多个检测点温度过高。

12. 列车供电控制电路（客运机车）

机车两端分别设置两个列车供电集控插座 JKXS1、JKXS2，实现机车与客车间供电信号的传递；列车供电钥匙 SA105、SA106 用于列车供电柜的起停控制；列车供电柜与 TCMS 间采用 RS485 总线通信，可将供电电压、供电电流、供电柜主要部件状态及故障状态等信息传递给 TCMS。

13. 机车照明电路

1）司机室照明控制

机车每个司机室设有两组司机室灯，长灯 EL43 （EL44）和短灯 EL41 （EL42）；两组阅读灯 EL53、EL71 （EL54、EL72）。司机室灯扳键开关 SB47（SB48）设有“强”、“弱”、“0”三个位置，用于控制司机室长灯和短灯。阅读灯扳键开关 SA17 （SA18）用来控制阅读灯。

2）走廊照明控制

走廊灯扳键开关 SB49（SB50）实现走廊灯 EL45 ~ 47、49 ~ 51 的控制。

3）车外照明控制电路

（1）仪表灯/车底灯扳键开关 SB57（SB58）实现仪表灯 EL65（EL66）和车底灯 EL67 ~ 70 的控制，设置有“全”“仪表”“0”“车底”“全”五个位置。

（2）标志灯扳键开关 SB51（SB52），开关信号送 TCMS，由 TCMS 发出工作指令，实现机车标志灯 EL55 （EL56）的控制，设置有“全”“前”“0”“后”“全”五个位置。

（3）副照灯扳键开关 SB53（SB54），开关信号送 TCMS，由 TCMS 发出工作指令，实现副照灯 EL59、EL61（EL60、EL62）的控制，设置有“全”、“前”、“0”、“后”、“全”五个位置。

（4）前照灯扳键控制开关 SB55 （SB56）实现前照灯 EL63 （EL64）的控制。前照灯扳键开关有“强”“弱”“0”三个位置。

14. 其他辅助设备控制

（1）刮雨器开关 SA61（SA62）用于刮雨器以及刮雨器水泵的控制，设置有“快+喷水”“0”“复位”“慢”“快”“间歇”五个位置。

（2）电风扇开关 SA63 （SA64）实现司机室电风扇 MD47、MD49 （MD48、MD50）的开关转换控制。

（3）电冰箱开关 SA69 实现电冰箱 MD51 的控制。

（4）空气管路柜内的辅助压缩机开关 SB97 可实现对辅助压缩机 AMD1 的直接控制。当司机发出升弓指令后，也可由机车控制系统自动控制辅助压缩机工作。辅助压缩机由蓄电池经辅助压缩机接触器 KMC1 后供电。

（5）机车在车内和车外还设置了直流 110 V 行灯插座 XL1～XL4，用于司机行车临时使用。

（6）司机室加热控制开关 SA11（SA12）实现司机室加热器的控制，包括脚炉 EH21（EH20）和后墙暖风机 EH23、EH25（EH22、EH24）。

（7）电热玻璃开关 SA13（SA14）实现电热玻璃 EH11、EH13（EH12、EH14）的控制。

（8）微波炉开关 SA15 实现微波炉 EH33 的控制。

15. 机车控制系统与行车安全综合信息系统的接口

机车控制系统与行车安全综合信息系统的接口由 TCMS 的五个输出信号和四个输入信号构成。五个输出信号分别是：牵引或制动工况信号、调速手柄处于零位信号、方向手柄处于 I 端向前位（II 端向后位）或处于 II 端向前位（I 端向后位）信号；四个输入信号是机车卸载信号、常用制动 A 信号、常用制动 B 信号、紧急制动信号。其中常用制动 A 信号和 B 信号、紧急制动信号还通过硬线送入空气管路柜中，由 CCB-II 系统执行相应指令。

16. 快速降弓控制电路

当机车受电弓出现漏风问题时，需要立即降弓。为了保证在降弓前主断路器先断开，机车控制系统采集了受电弓风管压力开关 KP63、KP64 的信号。当压力开关动作时，机车控制系统会立即控制分主断，然后停止对升弓电磁阀 YV41 或 YV42 的输出控制，防止拉弧放电对弓网的损坏。

17. 轮缘润滑控制电路

机车安装有两个轮缘润滑电磁阀，分别是位于转向架 I 的 YV43 和转向架 II 的 YV44。机车控制系统根据机车走行距离实现轮缘润滑电磁阀的控制。

第五节　制动系统控制电路

机车控制系统采用 CCB-II 型制动机，该制动系统是基于网络控制的电空制动系统，通过

MVB 网络和硬线与制动系统全面结合，完成对制动系统的控制与监测。

机车控制系统采集各个压力开关和隔离阀的状态信号和制动系统输出信号。状态信号主要包括：紧急制动隔离 S10.01，升弓钥匙阀 U99，辅压机压关 KP57（U84）、KP58U43.02，辅助风缸隔离 U43.13，总风压力开关 KP1（P50.72）、KP2（P50.74）、KP3（P50.75）、KP4（A71 MREP），弹停压力开关 KP59（B40.07），弹停隔离 B40.06，转向架隔离 Z10.22、Z10.23，撒砂隔离 F41.02；制动系统输出信号包括：卸载、BCPS、补机故障、紧急制动。机车控制系统根据这些信号的状态进行逻辑控制。

第六节　HXD3C 型电力机车操纵

一、机车起动前的准备

（1）将机车各类开关置正常运行位，将低压电源柜上电源选择开关 SW1 置于“自动”位，闭合低压电源柜中蓄电池自动开关 QA61。司机室操纵台上的控制电压表显示电压应大于 96 V。再将其他与机车运行相关的自动开关闭合，机车各类开关打置正常运行位，做好控制电路的试验准备。

正常情况下，直流加热开关 QA60 和低温预热开关 SA71 不允许闭合，否则会对被加热设备造成损害，还会引起蓄电池亏电。仅当环境温度过低，机车各系统由于低温无法正常启动时才闭合 QA60、SA71。同时闭合交流预热用自动开关 QA72，此时机车首先使用蓄电池对机车 UC110 V 电源装置、TCMS 微机、APU1 以及 APU2 加热。当机车可以正常启动并可以正常升弓合主断后，机车就转由交流 110 V 电源对整车进行低温加热。

（2）将所有柜门关闭上锁，绿色钥匙全部插入机车钥匙箱，拔出黄色钥匙；黄色钥匙插入到高压接地开关上，将高压接地开关打至正常运行位，拔出蓝色钥匙，完成高压安全连锁；将蓝色钥匙插入空气制动柜内的升弓钥匙阀 U99，旋转钥匙开启升弓气路（此时该钥匙将无法取出），为机车升弓做好准备。

（3）将司机钥匙插入操纵台上的电源钥匙开关 SA49 （SA50）处，并转至“合”位，机车操纵端即被设定（先插入电钥匙的司机室为操纵端。机车操纵端一旦设定，机车另一端的电钥匙操作无效）。此时，机车控制监视系统 TCMS 得电，并开始自检。自检完成后，操纵台上的微机显示屏 PD41（或 PD42）进入牵引\制动界面.微机显示屏为全触屏式显示屏，主屏界面可显示“原边电压”“原边电流”“控制电压”“机车各轴牵引力”“主断分\合”等状态信息，主屏的右下方为故障显示区，当机车故障出现时，该区域可实时显示各类故障信息，如故障解除，故障信息立即消失。通过点击显示屏上相应的软按键，可进入其他状态界面。如主变流器/牵引电动机界面、开关量界面、通风机状态界面、辅助电源界面、故障履历界面等，可查看机车各电气设备的详细状态信息和故障状态信息。状态指示灯经过自检（全亮）后，如果一切状态正常，只有“微机正常”和“主断分”灯亮，表示机车已准备就绪。

（4）机车静态试验。

机车静态下可仿真机车的牵引制动性能和其他相关动作试验。

① 主断路器分合试验。将控制电器柜上库内试验开关 SA75 打至“试验”位，在风压满足要求的状态下，将操纵端主断路器扳键开关 SB43 （SB44）置于“合”位，主断路器闭合，

此时操纵台上的状态模块显示灯“主断分”灭，微机显示屏上也有主断闭合的指示。将操纵端主断路器扳键开关 SB43 （SB44）置于“分”位，主断路器断开，此时操纵台上的状态模块显示灯“主断分”亮，微机显示屏上也有主断断开的指示。

② 牵引变流器静态模拟试验。

分主断、降弓，并将自动开关 QA1 断开，将控制电器柜上库内试验开关 SA75 打至“试验”位，通过微机显示屏观察主变流器画面。将换向手柄置“前”或“后”位，6 组牵引变流器 CI 的充电接触器和工作接触器得电转换，司控器调速手柄在牵引模式下进行牵引 1 ~ 13 级转换，通过微机显示屏确认随着输出级位的增大，每个牵引变流器输出的牵引力也在逐级加大，直至达到货运模式下的最大值 95 kN（25 吨轴重）或 87 kN（23 吨轴重）及客运模式下的 87 kN。司控器调速手柄移至制动区域，进行制动 12 ~ 1 级转换，观察状态显示模块上电制动灯亮。牵引制动画面显示制动工况下的输出力矩与级位变换。将调速手柄回 0。

将自动开关 QA1 闭合，SA75 置运行位，升弓合主断。

通过微机显示屏进入主变流器界面，确认可以实施牵引变流器的隔离与恢复。

③ 其他静态试验。试验开关 SA75 在“正常”位下，进入显示屏检修状态界面，输入密码即可进入到试验界面下。试验界面出现“主司控器试验”“起动试验”“零级位试验”“辅助电源试验”“显示灯试验”“无人警惕试验”“轮喷试验”等试验项目。依次点击试验项目，分别按照显示屏提示信息进行，如试验通过，则进行下一项。

二、升弓、合主断及各辅机起动

1. 升弓控制

司机将受电弓扳键开关 SB41（SB42）置于“前”或“后”位，若压力开关 KP58 在闭合状态，则受电弓直接升起；若机车辅助风缸压力低于 480 kPa，即压力开关 KP58 在断开状态，则机车辅助压缩机自动开始打风，待风压达到 735 kPa 时，辅压机停止打风，受电弓升起。当受电弓升起后，操纵台上的网压表 PV1（PV2）可显示当前原边网压，同时微机显示上也有原边网压显示和受电弓升起指示。

注：① 当辅助风缸压力不满足升弓要求时，也可在发出升弓指令之前，直接到空气管路柜前按下辅助压缩机按钮 SB97，使 KMC1 闭合，辅助压缩机 U80 直接起动，对辅助风缸进行打风。

② TCMS 自动控制辅助压缩机运行时间不超过 10 分钟，再次投入工作需间隔 20 分钟。

2. 主断路器闭合控制

将主断路器扳键开关 SB43 （SB44）置于“合”位一次，可听到主断路器闭合声，此时操纵台上的状态模块显示灯“主断分”灭。微机显示屏上也有主断闭合的指示。

3. 定频定压辅助变流器的起动及对应辅机的供电

主断路器闭合后，辅助变流器 APU2 采用软起动方式投入运行，并以定频定压方式向油泵、水泵、车体通风机、及辅助加热等装置供电。

DC110 V 电源装置检测到 DC750 V 直流输入电压后，自动启动，向机车提供 DC110 V 控制电源。

压缩机设定为间歇运行模式，将压缩机扳键开关 SB45（SB46）置于“合”位，当总风缸压力低于（680±20）kPa 时，KM13、KM14 间隔 3s 得电吸合，机车两台压缩机依次启动，投入工作；当总风缸压力升至（900±20）kPa 时，KM13、KM14 失电，压缩机自动停止工作；当总风缸压力降至（750±20）kPa 时，只有非操纵端压缩机投入工作（即 I 端为操纵端时，空压机 2 工作；II 端为操纵端时，空压机 1 工作）。将压缩机扳键开关 SB45（SB46）置于“强泵”位，KM13、KM14 间隔 3 s 得电吸合，两个压缩机依次起动，此时不受总风缸压力开关的控制。强泵风时若总风缸压力升至（950±20）kPa 时，高压安全阀动作并连续排气，此时应立即停止压缩机工作，将扳键开关离开“强泵”位。

空气压缩机的工作方式分为间歇式和连续式两种模式，通过微机显示屏进入检修模式下的功能选择界面，可进行压缩机模式选择。间歇式为压缩机的常规运行模式，连续式模式主要是为了防止压缩机机油乳化、压缩机频繁启动等问题的发生，在间歇运行模式的基础上，增加压缩机的空载运行功能。压缩机空载运行时只进行内部循环，不再向总风缸进行供风。

4. 变频变压辅助变流器 APU1 的起动控制

机车为货运模式时，将主控制器换向手柄由“0”位转换为“向前”或“向后”位，此时辅助电源装置 APU1 采用软起动方式投入工作，开始向牵引电动机用通风机和复合冷却器用通风机供电。机车为客运模式时，主控制器换向手柄在“0”位时，只要主断路器闭合，辅助电源装置 APU1 就采用软起动方式投入工作，输出电源频率为 33 Hz。机车在客、货运两种模式下，手柄级位≤4 级时，APU1 输出电源频率为 33 Hz，手柄级位＞4 级时，APU1 输出电源频率为 50 Hz。

5. 试验低压电源柜单元选择功能

将电源装置面板的 SW1 选择开关由自动位打到单元 1，此时充电单元 UR1 工作，观察面板上的电压值和充电电流值是否在正常允许范围内。再由单元 1 打至单元 2，此时充电单元 UR2 工作，观察面板上的电压输出值和充电电流值是否在正常允许范围内。

6. 客车供电空载试验

（1）将集控器故障隔离开关置故障隔离位；将列供控制单元转换开关置 A 组。

（2）升弓、合主断，APU2 辅助电源投入运行。

（3）合操纵端列车供电钥匙 SA105（SA106），确认微机显示屏指示的供电电压为 DC（600±30）V。

（4）A 组试验完毕后，再将供电控制箱转至 B 组试验，试验步骤同上。试验完后将集控器故障隔离开关打至运行位。

三、机车起动

1. 机车起动前应首先确认以下各项：

（1）弹簧储能制动处于缓解状态。

（2）总风缸压力达 750 kPa 以上。

（3）空气制动系统作用良好并处于缓解状态（在坡道起动等特殊情况下，也可先施加起动牵引力，再缓解空气制动）。

（4）接触网电压在 17.5 ~ 31.5 kV 之间，控制电压为 110 V。

（5）辅组变流器机组工作正常，无故障。

2. 司机控制器换向手柄的操作

将司机控制器换向手柄打至“向前”或“向后”位，辅助电源装置 APU1 工作，牵引电动机通风机及冷却塔通风机均采用软起动方式开始工作。同时，主变流器的充电接触器、工作接触器相继转为“闭合”状态。

3. 司机控制器调速手柄的操作

司机控制器调速手柄从“0”位向“牵引”区转动时必须按下手柄头部的联锁按钮。手柄从“0”位向“制动”区转动时不存在此联锁。司机控制器调速手柄置牵引区域时，机车为牵引工况，调速手柄可在* ~ 1 ~ 13 级位范围内任意选择，机车遵循该级位的牵引特性曲线，实现恒力矩准恒速特性控制。司机控制器调速手柄置制动区域时，机车为制动工况，调速手柄可在* ~ 1 ~ 12 级位范围内任意选择，机车遵循该级位的制动特性曲线，实现恒力矩特性控制。

4. 机车的准恒速运行

（1）机车根据调速手柄的位置设定目标速度，按照准恒速特性来控制。

（2）从机车速度范围的最低值开始运行，输出牵引力达到目标速度。

（3）当机车速度接近设定的目标速度范围时，机车牵引力自动减小。

（4）当机车速度达到目标速度时，机车牵引力降为 0。

① 当线路条件发生变化，机车的速度降低时，机车开始再次牵引，以维持目标速度。

② 当机车进入下坡线路时，机车速度上升，此时需将调速手柄回“0”位，并采取必要的制动措施，通过司机控制器或空气制动器，施加制动力以调整机车速度。

5. 动力制动操作

（1）当机车以一定的速度运行在下坡道或需要抑制机车速度时，司机应及时使用动力制动。

（2）司机控制器调节手柄从“0”推到制动位，动力制动开始作用。当机车实施动力制动时，操纵台上的电制动指示灯亮。

（3）HXD_{3C} 型机车具有恒制动力的电气制动特性，每个制动级位对应着一个固定的动力制动力值，但不超过该速度下的最大动力制动力。

（4）如果司机先通过司机控制器施加了动力制动，然后使用自动制动手柄，机车仍保持主司控器施加的动力制动，机车不实施空气制动，但后面的车辆实施空气制动。当施加单独制动时，机车的空气制动可以激活，当制动缸压力达到 90 kPa 时，动力制动将被切除。

（5）当司机先通过单独制动手柄施加空气制动，在机车制动缸压力达到 9 kPa 后，追加动力制动，动力制动无法投入。

（6）当机车处于定速控制，机车速度比目标速度低时，动力制动不起作用；机车速度比目标速度高时，动力制动起作用，以维持目标速度。

6. 定速控制操作方法

当机车速度大于或等于 15 km/h，且机车未施加空气制动时，按下操纵端“定速”按钮

SB69（或 SB70）后，当前的机车运行速度被认定为“目标速度”，机车进入“定速控制”状态。

（1）机车定速模式下运行时，微机控制系统 TCMS 将根据定速模式下的牵引电制动特性，自动控制机车在牵引或电制动工况下运行，并实现牵引工况和电制动工况的自动转换。

（2）当机车的实际速度低于“目标速度 – 2 km/h”时，TCMS 自动控制机车进入牵引状态，牵引力遵循速度—牵引力特性关系增大。当机车的实际速度加大到“目标速度 – 1 km/h”时，牵引力为 0。

（3）机车进入“定速控制”状态时，若司控制器调速手柄级位变化超过一个级位以上，则机车的“定速控制”状态自动解除。

注：途中运行，不宜使用定速按钮进行机车定速控制，防止由于机车自动调节速度时不断变换牵引、制动工况造成列车冲动。

7. 通过分相区的操作

机车可以采用三种方式通过分相区：全自动方式、半自动方式和手动方式。微机显示屏对全自动方式和半自动方式进行信息显示。

1）全自动方式

采用全自动方式过分相区的机车安装有自动过分相装置。该装置通过检测地面埋设的信号来判断分相区的位置，并将处理后的信号传送给机车控制系统 TCMS，由 TCMS 自动完成过分相区时的减载、分主断和合主断动作，并自动恢复到过分相区前的运行工况。

2）半自动方式

当机车接近分相区时，将司控器手柄回零，按下过分相按钮 SB67（SB68），机车控制系统自动分主断，待机车通过过分相区后，机车控制系统重新检测到网压后，自动合主断，司机操纵司控器加载，继续维持机车运行。

3）手动方式

当机车接近分相区时，司机手动进行卸载、分主断操作。待机车通过分相区后，手动进行合主断、加载等操作。

8. 警惕操作

当机车速度≥3 km/h，并且司机控制器的方向手柄不在零位时，无人警惕功能被激活。

（1）此时每一分钟内，司机都要注意复位，无人警惕按钮、警惕脚踏开关、撒砂开关、鸣笛按钮、主司控器级位、EBV（包括大闸、小闸）状态变化都可复位无人警惕功能。

（2）无人警惕报警间隔周期为 60 s，如果在 60 s 时间内，司机无相应的复位操作，警惕功能将点亮警惕指示灯，同时语音箱发声进行为时 10 s 的声音报警，报警结束后机车将实施惩罚制动（常用减压至 0）。在列车停车后，将大闸置于紧急位 60 s 后，再移至运转位，才能缓解列车。在机车实施惩罚制动前，司机均可复位警惕功能。

（3）显示屏上设有无人警惕状态显示：

无动作：黑色，

计时开始：绿色，

计时 40 s 后：黄色闪烁，

报警开始：红色闪烁，

报警 10 s 后：红色，同时输出惩罚制动。

无人警惕装置故障应及时通知车间管理人员，记好时分，方可切除无人警惕装置。切除方法：开放状态→无人警惕→触摸无人警惕变红→开放。

机车因警惕动作而实施惩罚制动后，微机显示屏将进行提示，同时机车控制系统记录相关信息。

无人警惕具有隔离功能，通过显示屏软开关隔离，微机系统记录“无人警惕隔离”故障信息；无人警惕通过隔离开关恢复时，微机系统记录“无人警惕投入”信息。

无人警惕具有静态测试功能。当机车处于静态时，按动微机显示屏上“无人警惕测试”按钮后，系统将进入测试模式。

9. 故障排除运行

当机车的主要设备发生故障时，微机显示屏的故障信息显示区显示相应故障。司机可根据故障信息的显示及处置方式，进行相应的故障隔离或排除操作。

1）微机控制柜 TCMS 的冗余控制

TCMS 采用冗余设计，微机控制柜中有 2 组完全相同的控制单元设备。一组称为主控设备，另一组称为辅助控制设备。在微机控制系统 TCMS 正常运行的条件下，只有主控单元工作，辅助控制设备为通电热备状态。当主控单元发生故障时，辅助控制设备立刻自动投入使用，不影响机车的正常运行。

2）牵引电动机、主变流器故障隔离运行

机车主电路采用 6 组牵引变流器，分别向 6 台牵引电动机独立供电。每三组牵引变流器和一组辅助电源装置置于一个变流器柜里，各个装置相互独立。当某一牵引电动机或其对应主变流器单元发生故障时，可以通过操作微机显示屏隔离界面下相应的软按键，隔离相应的故障单元，继续维持机车运行。

3）主变流器复位

当机车在正常运行中发生某一主变流器故障时，若不能自行恢复，故障信息在司机室信息显示单元中显示出来，司机可以根据提示，通过按动微机复位按钮 SB61（SB62）1 次，实现故障变流器恢复。若复位后，故障仍存在，司机可通过微机显示屏将故障支路的主变流器切除，继续维持机车运行，回段后再作处理。

4）DC110 V 电源装置故障时的隔离驾驶

机车设有一个低压电源柜（含 DC110 V 电源装置 UC 和蓄电池组）提供机车所需的 DC110 V 控制电源，同时蓄电池充电器向蓄电池组充电。充电器中有两组功率为 11 kW 的高频充电单元 UR1 和 UR2，蓄电池充电器 UC 的输入电源来自 UA12 或 UA11 的中间回路。机车正常时，UA12 向 UR1 和 UR2 输入 DC750 V 电源，当 UA12 故障时，由 UA11 向 UR1 和 UR2 输入 DC750 V 电源。机车正常运行模式下，充电单元 UR1 和 UR2 同时工作，且 UR2 给机车的控制电路输送 DC110 V，UR1 给蓄电池充电。当其中一组充电单元故障后，充电单元控制系统经过自动切换，转由另一组充电单元给整车控制电路供电及蓄电池充电。若无法自动转换，此时，可手动转换电源柜面板的 SW1 转换开关，转换到无故障的充电器工作。

5）辅助电源装置断开时的运行

机车设有两套辅助电源装置 APU1 和 APU2，其输出方式既可以选择变压变频（VVVF 方式，也可以选择恒压恒频（CVCF）方式，以满足不同负载的需要。辅助变流系统正常工作时，将所有泵类负载如压缩机、油泵、空调机组等由辅助变流器 APU2 供电，采用 CVCF 方式；而所有风机类负载如牵引风机、冷却塔风机等，由辅助变流器 APU1 供电，采用 VVVF 方式；当任何一组辅助变流器出现故障时，通过微机控制监视系统可以实现辅助回路负载的冗余供电转换，由另一组辅助变流器以 CVCF 方式完成对全部辅助机组供电，从而提高了机车辅助变流系统供电的可靠性。

6）主变流器接地保护

当机车主电路的次边输入发生接地现象时，机车的接地监测保护装置动作，跳主断，并自动隔离故障回路的主变流器，实施二次接地保护。微机显示屏会显示二次接地故障信息。司机可通过微机显示屏将故障支路的主变流器隔离，继续维持机车运行，回段后再作处理。

当机车主变流器的输出回路如牵引电机侧发生接地现象时，机车的接地监测保护装置动作，自动隔离故障回路的牵引变流器，但不跳主断，实施主接地保护。微机显示屏会显示主接地故障信息。司机可将故障支路的主变流器切除，继续维持机车运行，回段后再作处理。

7）辅助电动机隔离运行

机车上各辅助电动机电路均安装有空气断路器进行过流和过载保护。当某一辅助电动机发生过流过载时，其对应的空气断路器将断开，实施保护。

机车辅助电动机在故障运行时应注意以下几点：

（1）若列车运行时仅一台空气压缩机工作运转（当任一 APU 故障时，只有非操纵端的压缩机工作）由于充风所需的时间很长，运用时需要注意保证总风缸的压力不显著下降。

（2）当一组牵引电动机通风机发生故障被隔离时，其对应变流柜内的 3 组主变流器和 3 组牵引电动机全部停止工作。

（3）当一组复合冷却器用通风机发生故障时，其对应变流柜内的 3 组牵引变流器和 3 台牵引电动机全部停止工作。当两个冷却塔通风机都发生故障时，机车实施牵引封锁。若此时机车工作在客车模式下，为确保列车供电柜正常往客车车厢输送 DC600 V 电源，需将其他不必要的辅机关掉，保证客车用电。

（4）主变压器油泵发生故障被隔离时，其对应主变流柜内的 3 组主变流器单元和 3 台牵引电动机全部停止工作。

8）受电弓断开运行

（1）受电弓升弓气路发生故障时，降下该受电弓，并将侧墙升弓气路板上的阀门关闭，切断该受电弓的气路。

（2）一组受电弓损坏或存在接地故障的情况下，在分主断、降弓模式下将控制电器柜上的受电弓隔离转换开关 SA96 打至相应隔离位（受电弓 I 隔离/受电弓 II 隔离），高压电器柜内相应受电弓高压隔离开关 QS1 或 QS2 将断开，故障受电弓被隔离并接地。机车需要升起另一组受电弓，继续维持运行，回段后再做处理。

9）紧急制动

紧急时按下驾驶台的紧急制动开关（红色按钮），分主断，机车实施紧急制动。

10）列车供电柜故障隔离

列车供电柜发生接地故障时，将接地隔离开关打隔离位，可继续维持该列车供电柜运行；

列车集控器发生故障时，将集控隔离开关打隔离位，可继续维持列车供电柜的运行；列车供电柜发生控制单元 A 故障时，将列车供电单元转换开关由 A 组转至 B 组，继续该列车供电柜运行。

10. 结束运行操作

运行结束，离开机车前需完成以下操作：

（1）将主控制器的调速手柄和换向手柄回“0”位。

（2）等待 2 min 后断开主断路器（APU1 和 APU2 多运行 2 min，使各辅助系统充分冷却），降弓。

（3）将司控器钥匙开关置零位，机车自动上弹停放制动和惩罚制动

（4）关闭操纵台上所有开关，取下司机钥匙。

（5）关掉低压电源柜的蓄电池空气断路器（QA61）。

本章小结

HXD_{3C} 型电力机车是交流电传动六轴干线客、货两用电力机车，牵引传动系统采用交-直-交传动形式，轴控技术。

HXD_{3C} 型电力机车电气线路主要由主电路、辅助电路、DC600 V 列车供电电路、控制电路、制动系统控制电路和机车安全监控电路组成。

HXD_{3C} 型电力机车主电路主要由网侧电路、主变压器、主变流器及牵引电动机、主电路保护及库内动车电路等组成。接触网电流通过受电弓 PG1 或 PG2 后经 25 kV 高压套管 HVB1 或 HVB2 进入车内，经高压柜内的高压隔离开关 QS1 或 QS2 和主断路器的主触点 QF1 相连，再穿过高压电流互感器 TA1 与主变压器 TM1 的原边绕组 A 端子相连，经过主变压器原边绕组，从 X 端子流出，再穿过低压电流互感器 TA2 后，通过 6 个并联的接地装置 EB1 ~ EB6，经轮对回流至钢轨。

HXD_{3C} 型电力机车辅助电路从功能上可以分成相对独立的三部分电路：辅助变流器及辅助供电电路、各辅助机组和辅助加热电路。

HXD_{3C} 型电力机车的控制系统是以列车控制和监视系统（TCMS）为核心，结合目前国内现有的机车行车安全综合信息监控系统和克诺尔的 CCB-Ⅱ电控制动系统，配以机车外围电路来进行设计的。TCMS 主要功能是实现机车特性控制、逻辑控制、故障监视和诊断，并将有关信息送到司机操纵台上的微机显示屏。

HXD_{3C} 型电力机车控制系统采用 CCB-II 型制动机，该制动系统是基于网络控制的电空制动系统，通过 MVB 网络和硬线与制动系统全面结合，完成对制动系统的控制与监测。

HXD_{3C} 型电力机车操纵与试验是检修人员与乘务人员必备的技能之一，通过试验可以确认机车电气部件和电气系统工作是否正常。

习　题

一、填空题

1. 接触网电流通过受电弓后经____________进入车内，经高压柜内的高压隔离开关和____________的主触点相连，再穿过______________与主变压器的原边绕组相连，经过主变

压器原边绕组后，再穿过低压电流互感器，通过 6 个并联的__________装置，经轮对回流至钢轨。

2. HXD_{3C} 型电力机车有三个避雷器，其中避雷器___________为车顶避雷器，_________为车内避雷器。

3. HXD_{3C} 型电力机车采用 _____控方式，实现了对每台牵引电动机的独立控制。

4. HXD_{3C} 型电力机车控制系统具有控制电源的低压保护功能，当控制电压低于___________V 时，低压电源柜处蜂鸣器发声报警，当控制电压低于___________V 时，控制系统断电实施保护。

5. 当 HXD_{3C} 型电力机车速度大于等于_______km/h，并且司机控制器的方向手柄离开零位，______s 内如果司机没有操纵任何复位开关，司机室的语音箱开始发出“无人警惕”的语音报警，同时微机屏进行无人警惕预警提示。如果再经过______s 仍没有施加任何无人警惕复位指令，TCMS 微机控制系统会发出惩罚制动指令，机车实施最大常用制动。

二、判断题

1. 机车避雷器与被保护设备串联。 (   )

2. 正常情况下，HXD_{3C} 型电力机车直流加热开关 QA60 和低温预热开关 SA71 应处于闭合状态。 (   )

三、简答题

1. HXD_{3C} 型电力机车主电路由哪些部分组成？

2. HXD_{3C} 型电力机车有一台受电弓故障时，如何操作？

3. 主断路器的作用是什么？

4. HXD_{3C} 型电力机车主电路的保护有哪些？

5. HXD_{3C} 型电力机车主电路原边电压过高或过低时如何实施保护？

6. HXD_{3C} 型电力机车的辅助变流器 UA11 和 UA12 在正常情况下分别给哪些负载供电？

7. HXD_{3C} 型电力机车操纵端司机室的哪些操作可复位无人警惕功能？

8. 简述 HXD_{3C} 型电力机车升弓前高压接地开关钥匙的操作顺序。

9. HXD_{3C} 型电力机车起动前应确认的机车状态有哪些？

10. HXD_{3C} 型电力机车以半自动方式或手动方式过分相区时，司机如何操作？

参考文献

[1] 刘友梅. 韶山 6B 型电力机车[M]. 北京：中国铁道出版社，2003.

[2] 郭世明. 机车动车牵引交流传动技术[M]. 北京：机械工业出版社，2012.

[3] 刘文正. 城市轨道交通牵引电气化概论[M]. 北京：北京交通大学出版社，2011.

[4] 宋雷鸣. 动车组传动与控制[M]. 北京：中国铁道出版社，2012.

[5] 胡汉春. 机车电传动与控制[M]. 北京：中国铁道出版社，2012.

[6] 杜彦良. 现代轨道交通技术与装备[M]. 北京：科学出版社，2012.

[7] 连级三. 电力牵引控制系统[M]. 北京：中国铁道出版社，1994.

[8] 黄济荣. 电力牵引交流传动与控制[M]. 北京：机械工业出版社，1998.

[9] 张曙光. CRH2 型动车组[M]. 北京：中国铁道出版社，2008.

[10] 余卫斌. 韶山 9 型电力机车[M]. 北京：中国铁道出版社，2005.

[11] 付娟. 电力机车控制[M]. 成都：西南交通大学出版社，2014.

[12] 张斌. 轨道交通电气传动控制系统[M]. 成都：西南交通大学出版社，2013.

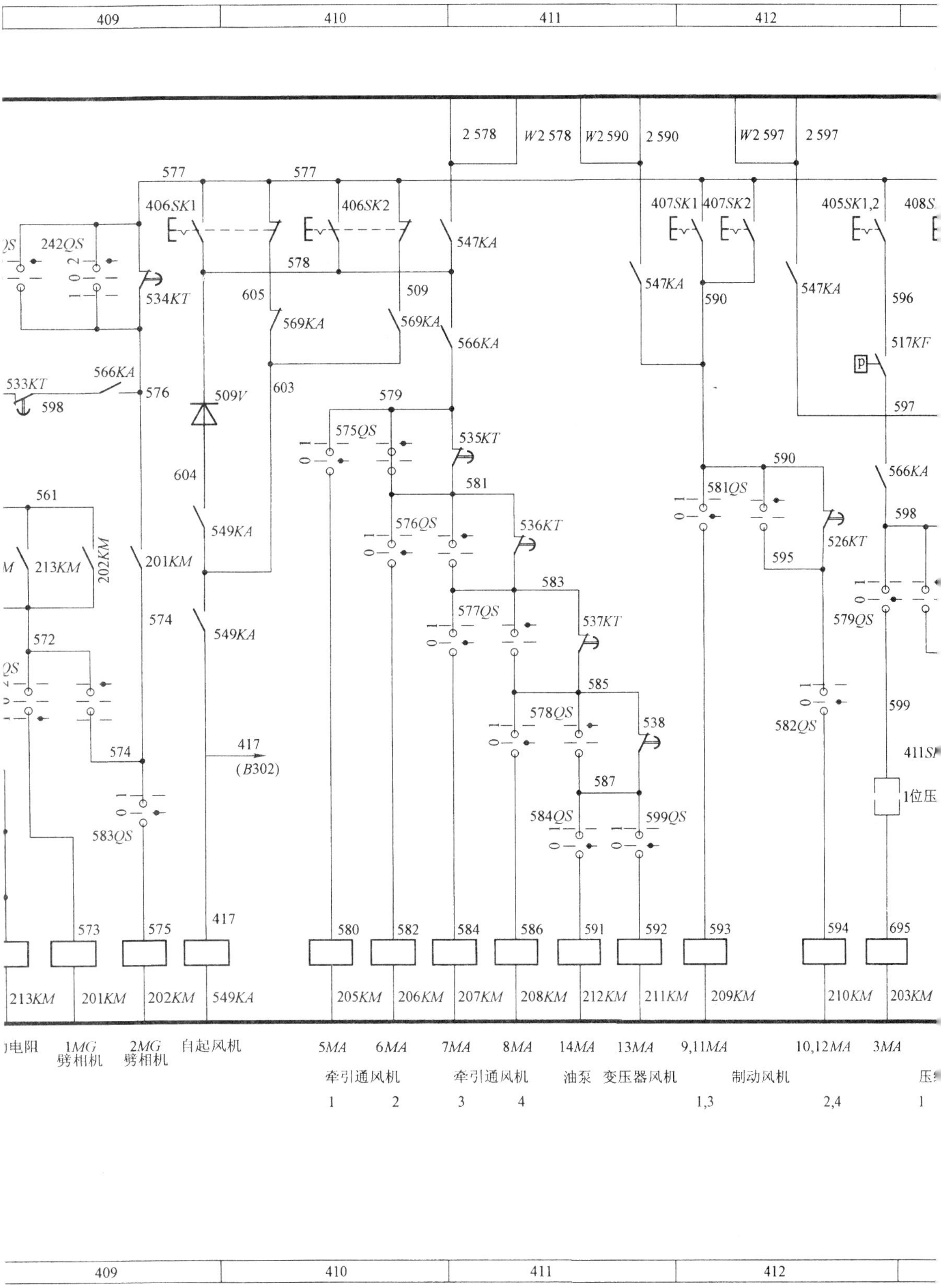
409
410
411
412
2 578
W2 578
W2 590
2 590
W2 597
2 597
577
406SK1
406SK2
407SK1
407SK2
405SK1,2
242QS
534KT
547KA
578
605
509
569KA
566KA
590
596
517KF
533KT
598
576
509V
603
579
597
575QS
535KT
604
561
581
213KM
202KM
201KM
549KA
576QS
536KT
526KT
595
583
574
577QS
537KT
579QS
572
585
538
599
578QS
582QS
417
(B302)
587
584QS
599QS
583QS
1位压
573
575
580
582
584
586
591
592
593
594
695
213KM
201KM
202KM
549KA
205KM
206KM
207KM
208KM
212KM
211KM
209KM
210KM
203KM
1MG
劈相机
2MG
劈相机
自起风机
5MA
6MA
7MA
8MA
14MA
13MA
9,11MA
10,12MA
3MA
牵引通风机
牵引通风机
油泵
变压器风机
制动风机
1
2
3
4
1,3
2,4
1
409
410
411
412

控制电路原理图（二）

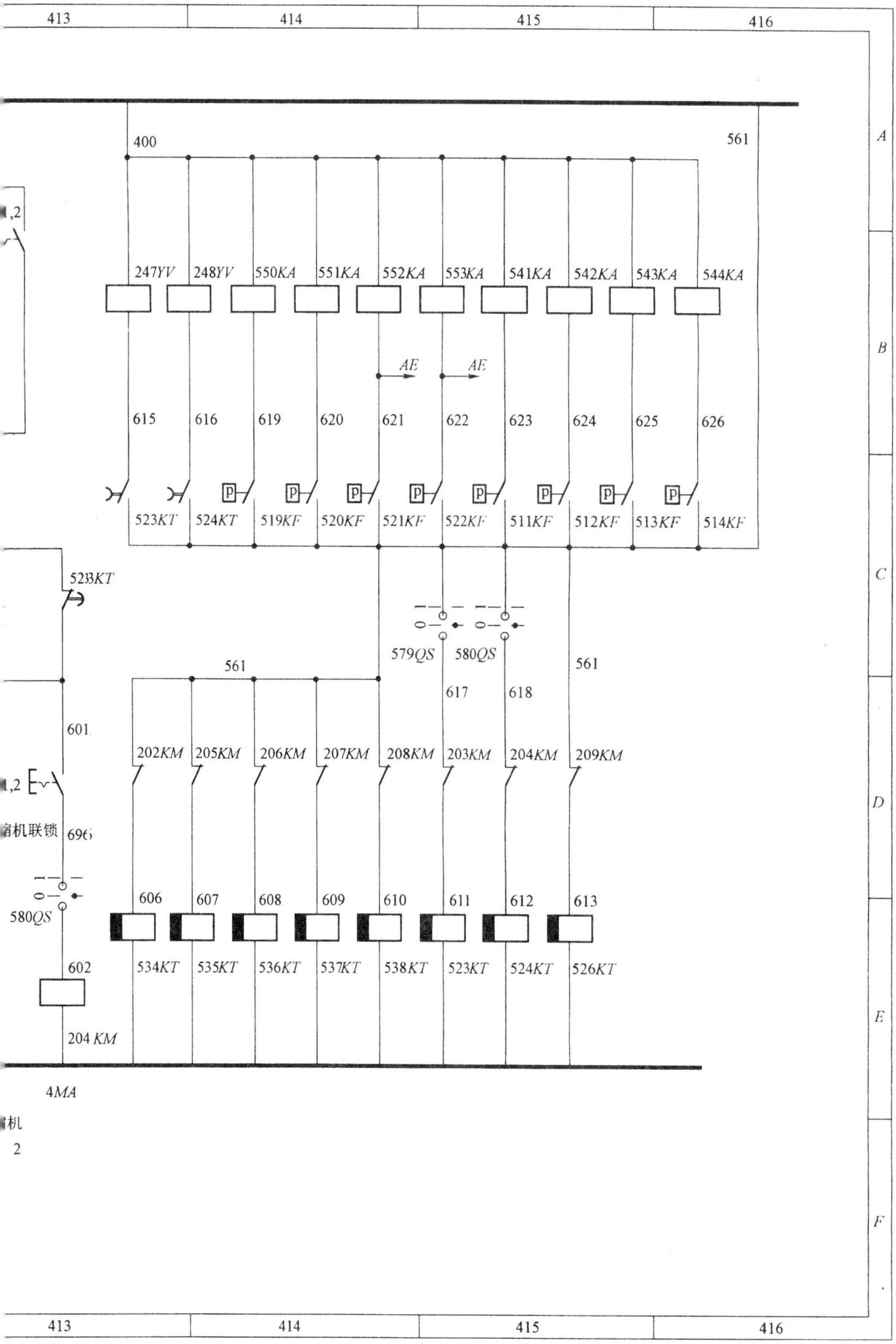

413
414
415
416
400
561
247YV
248YV
550KA
551KA
552KA
553KA
541KA
542KA
543KA
544KA
AE
AE
615
616
619
620
621
622
623
624
625
626
523KT
524KT
519KF
520KF
521KF
522KF
511KF
512KF
513KF
514KF
523KT
579QS
580QS
617
618
561
561
601
202KM
205KM
206KM
207KM
208KM
203KM
204KM
209KM
606
607
608
609
610
611
612
613
580QS
534KT
535KT
536KT
537KT
538KT
523KT
524KT
526KT
602
204 KM
4MA
A
B
C
D
E
F
413
414
415
416

809	810	811	812

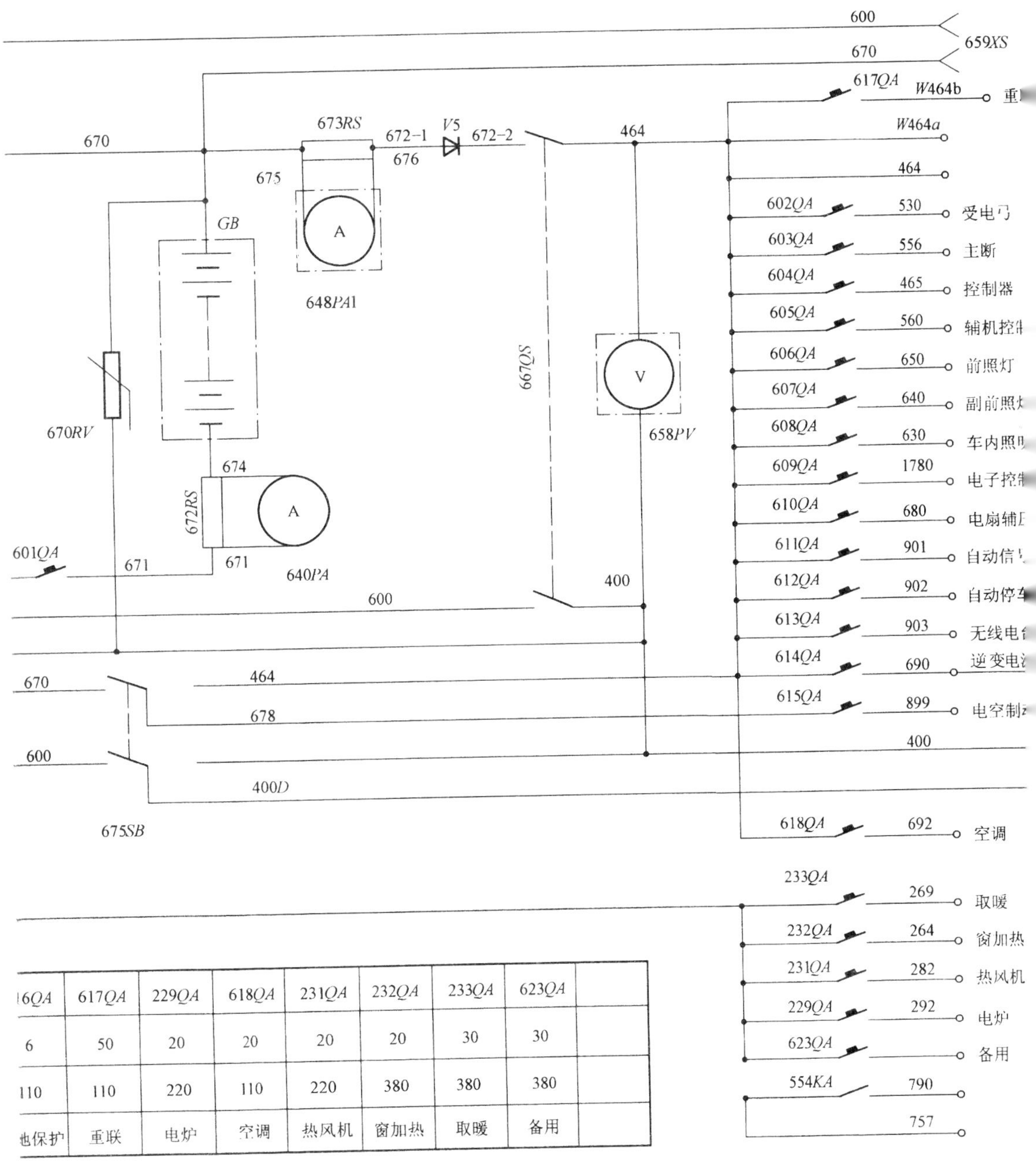

16QA	617QA	229QA	618QA	231QA	232QA	233QA	623QA	
6	50	20	20	20	20	30	30	
110	110	220	110	220	380	380	380	
池保护	重联	电炉	空调	热风机	窗加热	取暖	备用	

809	810	811	812

车控制电路原理图（六）

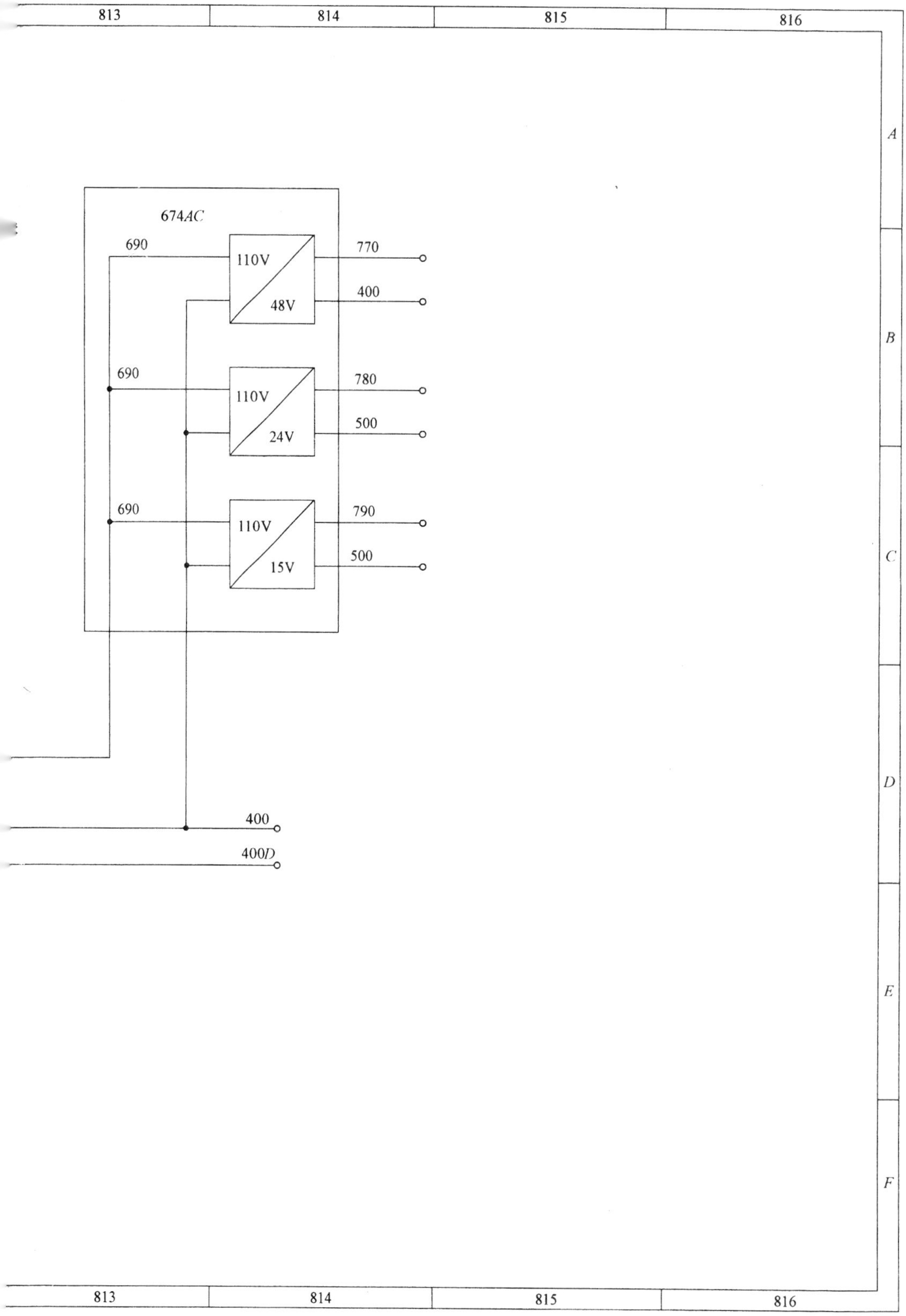
813
814
815
816
A
B
C
D
E
F
674AC
690
110V
48V
770
400
690
110V
24V
780
500
690
110V
15V
790
500
400
400D
813
814
815
816